教师招聘考试·真题精选
主观题680道

教育理论基础

山香教师招聘考试命题研究中心 主编

扫码免费领取:
①免费名师视频课程
②精选20套历年真题(带答案和解析)
③山香独家内部讲义
④上岸必刷题库
⑤考试资讯第一时间获悉,从容准备,不错失每一次机会
⑥备考交流群,山香专业老师互动答疑,打卡督促学习

免费领取方式:
①扫码关注公众号
②回复备考省份

图书在版编目(CIP)数据

教师招聘考试真题精选.主观题·教育理论基础/山香教师招聘考试命题研究中心主编.--北京:首都师范大学出版社,2017.11(2021.6重印)

ISBN 978-7-5656-4045-2

Ⅰ.①教… Ⅱ.①山… Ⅲ.①教育理论—聘用—资格考试—习题集 Ⅳ.①G451.1-44

中国版本图书馆CIP数据核字(2017)第296563号

教师招聘考试真题精选·主观题

JIAOYU LILUN JICHU

教育理论基础

山香教师招聘考试命题研究中心　主　编

策划编辑　张文强

责任编辑　曹亮亮　王慕飞　　　　封面设计　山香教育

首都师范大学出版社出版发行

地　　址　北京市西三环北路105号

邮　　编　100048

咨询电话　010-68418523(总编室)　　010-68982468(发行部)

网　　址　http://cnupn.cnu.edu.cn

印　　刷　河南黎阳印务有限公司

经　　销　全国新华书店

版　　次　2018年1月第1版

印　　次　2021年6月第13次印刷

开　　本　889mm×1194mm　1/16

印　　张　23

字　　数　300千

定　　价　58.00元

前　言

近年来，国家扩大和补充教师队伍的政策力度不断加大，教育部在《关于进一步做好中小学教师补充工作的通知》中指出："深化教师队伍补充机制改革，确保教师聘用质量。全面推行新任教师公开招聘制度，形成长效机制。"这意味着教师招聘考试各方面将日益规范和深入。对每一位立志成为人民教师的考生来说，这既是新的契机，也将是巨大的挑战。教师招聘考试（教师入编考试，简称招教考试）是我国公开招聘教师的选拔性考试，其目的是为教育行政部门录用优秀教师提供参考。各地依据考生笔试成绩，结合面试情况，按已确定的招聘计划择优录取。

考生如何在竞争激烈的教师招聘考试中脱颖而出呢？山香教师招聘考试命题研究中心的老师们根据对全国各地教师招聘考情的分析，在深入研究教师招聘考试特点及近几年考试变化趋势的基础上，针对考试中分值较高的主观题特精心编写了这本《教师招聘考试真题精选·主观题·教育理论基础》，旨在帮助考生通过大量而有针对性的练习，不断提高解题技巧，提升实力。

紧扣真题　直击考点

本套题库包含了教师招聘考试中的七大主观题型：辨析题、名词解释、简答题、论述题、案例分析题、教育教学设计题和写作题，涉及的内容有教育学、心理学、教育心理学、教育政策法规、新课程改革、教师职业道德、教育教学技能等。山香教师招聘考试命题研究中心的专家在对历年真题进行深入分析的基础上，筛选了大量符合考试难度的真题，剖析考点，揭示规律，让考生在做题的过程中全面掌握考试重点，把握命题趋势，提高实战能力。

权威解析　深刻有道

本套题库由山香教师招聘考试命题研究中心的专家在潜心研究教材内容的基础上，详细讲解答题思路，极具参考性，对于提高考生的考试能力大有裨益。

限于时间及水平，本套题库难免会有疏漏之处，衷心希望各位专家、学者及读者朋友们批评指正。

编　者

目　录

题型解读与例析

一、辨析题

(一)题型介绍

辨析题又叫判断说明题,是一种先判断正误再做解释的题型。这种题型不仅可以考查考生对理论基础知识的掌握和运用程度,而且可以考查考生的辩证思维能力。辨析题难度大、要求高、区分度强,因此解读辨析题对考生复习尤为重要。

辨析题可分为以下几种类型:

(1)单向型辨析题。这类辨析题的题干要么是无可争议的客观事实或是已公认的真理,要么与客观规律或事实完全背道而驰。

(2)正误混合型辨析题。这类辨析题有三种情形:①命题内容总体正确,但其中包含错误或不合理因素;②命题内容总体错误,但其中包含合理因素;③命题的前提正确,但结论错误;或前提错误,结论正确。

(3)条件不完全式辨析题。这类辨析题的题干所述观点有合理的一面,但由于遗漏了一些方面而使得对观点或现象阐释得不够全面、充分。

(二)解题策略

回答辨析题的过程是一个运用书本知识,结合现实进行思维加工的过程。拥有了牢固、扎实的理论知识,以及严密的逻辑推理能力,就可以正确回答辨析题。

回答辨析题时,应注意辨析题由“辨”和“析”两部分组成,它的特点是有辨有析、辨析结合。辨是辨别判断,析是对判断的说明。

对于单向型辨析题,首先判断正误,然后写上相关知识点,最后针对题干中的错误进行简要分析。

对于正误混合型辨析题,首先应分别指出其合理的因素是什么,指出其合理、正确的依据;然后指出错误的因素是什么,指出其错误的依据,并提出与之相对立的正确观点。

对于条件不完全式辨析题,首先肯定命题的正确性,并简要说明理由,其次有针对性地补充其所需要的条件。

(三)应考必练

(2021福建)动机强度与学习效率之间构成线性关系,且与学习任务的难易无关。这种说法是否正确?请运用心理学知识加以说明。

【参考答案】(1)这种说法是不正确的。(2)根据"耶克斯—多德森定律"可知,动机水平和行为效果的关系表现为:①动机的最佳水平随任务性质的不同而不同。在比较容易的任务中,行为效果(工作效率)随动机的提高而上升;随着任务难度的增加,动机的最佳水平有逐渐下降的趋势。②一般来讲,最佳水平为中等强度的动机。③动机水平与行为效果呈倒U型曲线。因此,本题说法错误。

二、名词解释

(一)题型介绍

名词解释主要是将教育基础知识中的一些基本的概念或原理作为命题对象,难度不大。

(二)解题策略

在名词解释的解答过程中,考生可以借鉴以下步骤:

1. 在理解的基础上记忆

名词解释主要考查的是考生对于基础概念或原理的记忆准确程度。考生需要在理解的基础上记忆,可以在记忆概念的同时,依赖于具体的理解。在正式面对考题时,考生能够联想到备考时所做的理解,就能够写出名词解释的大意。

2. 一定要解答准确

考生在解答该题型的时候,一定要注意尽量写得完整而准确,这就要求考生在备考的过程中不仅要理解,还要深刻地记忆。

(三)应考必练

(2020江苏)儿童中心论

【参考答案】儿童中心论是19世纪末叶以后在世界上广泛流行的一种教育思潮。其特点是反对传统的成人中心、书本中心和教师中心,主张从儿童的本能、自发的兴趣和需要出发,以儿童自身的活动为教育过程的中心。它认为教育的目的在于促进儿童的成长,因此教育要从学生的兴趣和需要出发,整个教育过程要围绕儿童进行,其代表人物有法国的卢梭和美国的杜威。

三、简答题

(一)题型介绍

一般而言,简答题涉及的都是较大的问题,让你阐述一种观点,或者对某种理论做出解释,也可能是提供证明,有一定的系统性。回答要层次清楚、言简意赅,论点或根据不可遗漏。总之,简答既是简

答题内容上的要求，也是这类题的题型特点。

（二）解题策略

（1）对已有的科学事实和观点做出肯定，阐明其具体表现，这是简答题中比较好解决的一类问题。在回答中，只要说明“是怎样”就可以了。

（2）比较难的一种问题，要求突出实践过程，强调具体方法，回答“应当怎样”。对这类问题，要注意操作的程序性，否则，回答就可能出现错误。

（3）最多的一类问题，要求阐明原因，回答“为什么”。对这类问题，关键是把道理讲清楚，论据要全面。

（4）还有一种特殊问题，要求对两个容易混淆的概念或观点界定，加以区别。回答这类问题，语言必须简洁，直接点出差异所在，就达到了题目要求。有时，最好的办法和策略，就是叙述概念，自然把差异说了出来，不必再写什么。

（5）在简答题中，最简单的是一些记忆性问题，不要求考生解释，只要求考生整体把握。回答的要点多，是这类问题的特点。

（三）应考必练

（2021天津）简述中学生情绪发展的主要特点。

【参考答案】（1）初中生情绪的发展。在初中生的情绪表现中，充分体现出半成熟、半幼稚的矛盾性特点。其情绪表现出明确的两面性。主要表现在以下三个方面：①强烈、狂暴性与温和、细腻性共存；②可变性和固执性共存；③内向性和表现性共存。

（2）高中生情绪的发展。由于高中生认知能力、意识水平的提高，其情绪体验呈现如下特点：①情绪体验的时限延长（延续性）；②情绪体验的内容较为丰富（丰富性）；③情绪体验存在个人独特的差异（特异性）；④情绪体验更加深刻（深刻性）；⑤情绪体验更加细腻（细腻性）。

四、论述题

（一）题型介绍

理论性强是论述题最突出的特点。论述要有深度，这是论述题主要的质量要求。论述题的答案，并不强调标准化，允许自由发挥，鼓励有自己的见解。因此，从论述题的回答中可以看出考生的学科水平。

（二）解题策略

（1）论述题涉及的都是主要理论，其中一些问题，需要全方位论述。因此，开阔视野，多角度看问题，就是解答论述题的首要策略。

（2）能否用一定的理论知识去指导实践，是论述题考查学生掌握知识程度的又一个方面。针对这种类型的问题，建议考生先解释给定的理论，然后再与实践结合起来进行回答。

(3)对一种教育观点或新生事物做出评价,是论述题中最难的一类问题。要会分析,指出优点和可能存在的弊端。一定要表明自己的看法,最好能自由发挥。当然,这种发挥要符合教育原理或心理规律,不能偏离主题。

(三)应考必练

(2021四川)班主任建设和管理班级的主要策略有哪些?

【参考答案】(1)创造性地规划班级发展目标。①以提高素质、发展个性为导向,制定适合班级组织实际水平的发展目标;②在班级组织的目标管理中,既要注重提高班级的整体发展水平,又要为班级中的每个成员精心规划其个性发展目标,并创造达成合理的个人发展目标的机会和条件,使班级中的每个成员在集体目标下树立自尊、自信、自强的自我形象。

(2)合理地确定学生在班级中的角色位置。①科学地诊断班级人际关系的现状;②实行班干部轮换制;③丰富班级管理角色;④正确对待班级中的非正式群体。

(3)协调好班内外各种关系。①协调班级内的各种组织和成员的关系;②协调与各任课教师及学校其他部门、其他班级的关系;③协调班级与社会、家庭的关系;④协调好班级内的各种活动和事务。

(4)建构“开放、多维、有序”的班级活动体系。在活动主题的选择和方式上须注意:①主题性活动的确定要贴近学生成长的实际;②主题性活动的开展应体现学生的全员参与和获益;③主题性活动要达到使学生在活动中有新的体悟和变化,避免形式主义;④主题性活动的形式要丰富而富有创意。

(5)营造健康向上、丰富活跃的班级文化环境。创建班级文化要做到:①营造文化性物质环境;②营造社会化环境;③营造良好的人际环境;④营造正确的舆论和班风;⑤营造健康的心理环境。

(考生可结合实际加以阐述,言之有理即可)

五、案例分析题

(一)题型介绍

该题型是向考生提供一段背景资料,然后提出问题,在问题中要求考生阅读、分析资料,依据一定的理论知识,或做出决策,或做出评价,或提出具体的解决问题的方法或意见等。分析题属于综合性较强的题目,考查的是高层次的认知目标。它不仅能考查考生了解知识的程度,而且能考查考生理解、运用知识的能力,更重要的是它能考查考生综合、分析、评价方面的能力。

材料是活的知识点,是对生活的提炼。分析是考生运用有关知识解决实际问题能力的集中体现。分析题最大的特点是:陈述的是教学,凝聚的是知识,蕴涵的是能力。从表面上看,材料所描述的是一组教学场景,但实际上其中蕴涵着许多知识点和规则,而在这些知识点和规则的背后又支撑着大量的知识运用。所以,在考试中,考生不仅要从给出的生活情景中找出这些知识点和规则,而且要明白这些知识点和规则所隐含的道理,最后还要熟练地运用自己找出的知识点或规则来解决题中的实际问题。

考生只要掌握分析题的特点与规律，以及正确的解题方法，就可以使分析题成为自己的得分强项。

（二）解题策略

破解分析题的方法可归纳为“三知与四步”。

“三知”就是：知情、知点、知规则。知情，即考生明白案例反映的问题；知点，就是考生明白考查的知识点；知规则，即考生明白如何利用知识点所反映出来的规则分析、解决该问题。“三知”是解题的基础，任何一个环节都不能出现闪失，考生只有理解了材料的内容是什么，知识点是什么，要考的问题是什么，才能正确找到解题的对策。

“四步”就是破解分析题的四个具体步骤：看点、审题、找规则、答题。

第一步，看点。就是看题干最后提出的问题，弄清考什么。在审题之前，考生不妨先看看提问，了解考的是哪一个知识点，属于哪种题型等。经验表明，带着问题审题的效果比直接审题更好。找准考点是解题和得分的关键。对于评分者而言，考点就是出分点，见一个考点给一次分。而对考生来说，考点就好比灯塔，有了灯塔就有了解题的方向，少一个或错一个考点就意味着少一个得分点。看点，重在准确、明晰。

第二步，审题。认真而仔细的审题是至关重要的。审题可逐字逐句地阅读，也可同时画出关键词，即在与提问有关的词下面画线，标明人物、地点、时间、事件、发生、发展、结果等。对于较为复杂的材料，也可以提炼出一个简要的“案情”或“关系图”，以帮助全面、准确地掌握材料重点，防止遗漏。审题，重在快速、全面、准确和理解。

第三步，找规则。考生在审题后应根据题干所提出的问题和给定的材料，思考所要考查的知识点，回忆有关教育理论的概念或原理。有必要的话，可将有关知识点或原理列在稿上。教育理论是从现实生活中总结出来的科学理论，与人们的成见或习惯往往存在差异，因此考生千万不要想当然。成见本身就是陷阱，命题者经常利用考生的成见或习惯设计陷阱，一旦考生考虑不周到，绕不过题弯就必然落入陷阱。

第四步，答题。答题就是事实与教育理论的有机契合，是考生解决问题能力的体现。答题可分为三步：先组织解答提纲，再确定解答方式，最后落笔成文。组织解答提纲，即根据问题、材料、有关知识点和教育理论，逐一列出其解答要点，不要遗漏。答题做到完整准确、简明扼要。判题工作量大，判题者的主要工作就是找点，考生只要答到“点”即可，无须展开和赘述。此外，行文应尽可能多用专业语言和教育理论语言，书写尽量整洁明了。术语是同行沟通的桥梁，如果考生缺乏用术语的意识或书写不清，就容易错题失分。

（三）应考必练

（2021安徽）小楠是一名五年级的学生，经常协助老师检查班级同学的学习情况。最近，同学们新学了一首古诗，老师要求大家利用课外时间把它背熟，并安排小楠负责检查背诵情况。小楠发现：有些同学没有认真准备，背得磕磕巴巴，在多次提醒后才能勉强背出来。有些同学记忆力非常好，仅读几遍，就能够顺利地背出来，记得很快。有些同学先学习这首诗的基本意思，在理解这首诗创作时的作者境遇和历史背景之后，不仅背得很流利、声情并茂，而且记忆深刻，就像知识在脑子里“生了根”。

(1)结合材料，谈谈记忆品质的类型。

(2)记忆过程包括哪些环节？

(3)教师如何在教学中运用记忆规律？

【参考答案】(1)记忆品质包括敏捷性、持久性、准确性和准备性。

①记忆的敏捷性是指能够在较短的时间内记住较多的东西，是记忆速度和效率方面的特征。材料中有些同学记忆力非常好，仅读几遍，就能够顺利地背出来，记得很快，这是记忆敏捷性良好的体现。

②记忆的持久性是指能够把知识经验长时间地保留在头脑中，甚至终身不忘，是记忆内容在记忆系统中保持时间长短方面的特征。材料中有些同学背得很流利，声情并茂，而且记忆深刻，是记忆保持性良好的体现。

③记忆的准确性是指对于所识记的材料，在再认和回忆时，没有歪曲、遗漏、增补和臆测。材料中有些同学能够顺利、正确地背出古诗词，这体现的是记忆的准确性。

④记忆的准备性是使人能及时、迅速、灵活地从记忆信息的储存库中提取所需要的知识经验，以解决当前的实际问题。材料中有的同学背得磕磕巴巴，在多次提醒后才能勉强背出来是记忆的准备性不好的体现。

(2)记忆过程包括识记、保持、再现(再认或回忆)三个环节。从信息加工的角度来看，记忆过程是对输入信息的编码、储存和提取的过程。信息的输入编码是识记过程，信息的储存相当于保持过程，信息的提取是再认或回忆过程。

①识记。识记是记忆过程的第一个基本环节，是个体获得知识经验的过程。它具有选择性的特点。

②保持。保持是指已获得的知识经验在人脑中的巩固过程，是记忆过程的第二个环节。识记的材料在保持过程中总会发生不同程度的变化和遗忘。保持的量随着时间的延长而趋于减少。

③再认或回忆。再认是指人们对感知过、思考过或体验过的事物，当它再度呈现时，仍能认识的心理过程。回忆是过去经历过的事物不在面前时，人们在头脑中把它重新呈现出来的过程。

(3)教师在教学过程中运用记忆规律包括两方面：第一，依据记忆规律合理安排和组织教学。①合理安排教学；②向学生提出具体的识记任务；③使学生处于良好的情绪和注意状态；④充分利用无意识记的规律组织教学；⑤使学生理解所学内容并把它系统化；⑥培养学生良好的记忆品质，提高其记忆能力。第二，依据记忆规律有效地组织复习。①复习时机要得当；②复习方法要合理；③复习次数要适宜；④重视对记忆品质的培养；⑤注意用脑卫生。

六、教育教学设计题

(一)题型介绍

教育教学设计题是事业单位公开招聘教师岗位考试中极为重要的一种题型,主要考查教师必须具备的教育方案设计能力。教育教学设计题一般分为主题班会、班级学习活动、班级科技活动、心理辅导活动、文体活动、社会实践活动等六大类,教师招聘考试中常考查的类型为主题班会和班级学习活动。

(二)解题策略

1. 确定主题、明确目标

针对不同类型的活动,要明确通过活动想要达到的目的。以主题班会为例:主题班会主要是在班主任的指导下,以班为单位,以学生为主体,围绕特定的主题对学生进行教育的一种重要的活动,目的是培养学生能力、增强学生团体协作意识。主题班会也应有自己明确的主题,即准备围绕什么召开。

不管是哪种类型的活动,必须具有启发和教育意义,能反映"真、善、美"的内涵。

2. 设计可行的活动方案

(1)符合学生发展

目标设计要符合不同阶段学生的发展水平,从多元角度引发学生主动学习,体现出有效的师生互动,并能把控实施的效果。

(2)具有可操作性

活动过程要设计得简洁、具有可操作性,能通过较短的时间,达到较高的教育教学效果,实现预期目标。活动过程通常采用三段式:开头、活动、结尾。具体实施中一般由老师主持、进入正题,结尾可以由老师、家长或学生完成,中间的活动设计要有互动,能达到预期的目标。

(3)资源选择切合实际

活动方案的设计要考虑不同环境下实施的效果,资源的利用要因地因时制宜。

(三)应考必练

(2020河南)为贯彻落实《中共中央国务院关于全面加强新时代大中小学劳动教育的意见》《大中小学劳动教育指导纲要(试行)》,全面提高学生劳动素养,某乡村小学拟开展"公益劳动周"活动。在"公益劳动周"活动开始前,班主任李老师想通过主题班会的形式,使学生们进一步认识该公益劳动,积极参加公益劳动。

相关情况:活动对象为小学五年级学生,班级人数为40人。

请你根据上述材料完成主题班会的方案设计。

【参考答案】1. 活动主题:爱公益爱劳动

2. 活动目标:

(1)使学生认识到劳动的重要性,帮助学生树立劳动光荣的观念;

(2)培养学生独立生活的能力,并掌握一些基本的知识和技能;

(3)使学生体会到劳动的辛苦,做到尊重劳动者及其成果,激发学生参加公益劳动的积极情感。

3. 活动准备:

班主任准备好活动方案及班会所需的课件、教具等物品。学生准备好自己的发言稿,协助班主任做好布置教室等事宜。

4. 活动过程:

(1)《劳动最光荣》引入主题。

(2)"这些我来做"深化意识。通过小组合作的方式,让学生共同探讨出生活中可以自己动手完成的事情,并形成"这些我来做"小公约,培养学生爱劳动、勤动手的意识。(学生自由回答在生活中动手完成的事情)

(3)通过参加劳动技能竞赛体会劳动的乐趣。通过劳动技能竞赛,让学生在劳动中接受锻炼,体会劳动的乐趣,使他们成为生活中的小能手。(鼓励学生积极分享自己参加劳动活动的体验)

(4)"这些事情我要做"升华主题。每位同学以"这些事情我要做"为主题,写一写可以做哪些公益劳动,如义务植树、义务大扫除、青年服务等。

5. 活动评价:班主任自评此次班会的效果,再由家长评价学生在班会中的表现,最后学生互评在班会中的表现。

七、教育写作

(一)题型介绍

教育写作主要考查考生对于全面教育及新课程改革精神的理解和把握,主要目的是通过教育写作使老师掌握新的教学理念,属于知识运用题型。我国近年来的教育写作一般以议论文为主,大多以单项材料或多项材料试题为主要试题形式,需要考生分析概括材料,拟出标题,依据要求进行写作。

(二)解题策略

1. 审题

审题包括阅读和理解两个方面。正确审题是顺利解题的关键,考生的审题能力直接决定着答题质量。审题要首先把握材料主旨,分析命题角度。审题就是分析材料所表现出来的主旨、意图和角度,由于材料本身的意思是由阅读者本人领会出来的,所以会造成理解上的多样性,这种多样性只要符合材料的主旨、命题者的意图,都是允许存在的。

审题方法主要有以下几种:略读、精读、速读、跳读。在审题时,考生要想完全理解材料,至少要将材料阅读两三遍,每一次阅读都有应该完成的任务。第一遍:主要是了解材料内容,速度应尽可能快,只要把握住关键句和中心句就行。在这一遍阅读中要掌握阅读的技巧——圈点画线,编注眉批,把握

材料关键句和中心句。第二遍:主要是理清材料脉络,提炼材料中心思想。第二遍阅读材料的目的就是由感性认识上升到抽象理解。理清脉络的具体步骤是:总结自然段;划分段落层次——可用合并同类法;提炼中心思想——透过表面分析本质。第三遍:检查有无遗漏和误解。

2. 写作

近年来教师招聘考试写作的主要题型是论述类题型,考生需要就给定材料所反映的主要问题进行论述,要求中心明确,内容充实,论述深刻,有说服力。

(1)写作步骤

①通读材料及写作要求,抓住主要问题。

②思考材料提出的主要问题,提炼出中心论点。注意要从命题人的思维角度出发,把握其命题意图。

③围绕中心论点选择能证明其合理性的材料,在头脑中酝酿写作提纲,对全文进行谋篇布局。

④将头脑中酝酿成熟的文章内容表述出来。注意不要随意修改,不写错别字,保持卷面整洁。

(2)文章写作

①确立论点。论点是考生的主要观点、见解,因此确立论点首先应联系实际并严格遵循针对性、新颖性、准确性和前瞻性的原则。同时,立论应注意以下问题:第一,把握题意,全面分析;第二,要有理论分析,显示专业素养;第三,明确写作角度,符合题意。

②确定标题。标题是文章的"窗口",它能透射出文章的中心思想,显示出作者的写作水平。因此,好的标题能使人耳目一新,吸引阅卷教师的注意力。教师招聘考试写作中标题的拟定方法主要有以下几种:开宗明义,点明主旨;高度概括文章内容;运用修辞,为文章添彩;引用诗句或名言。

注意:教师招聘考试写作中切忌标题不准确,表述老套。

③论证要充分。论证是文章的骨架,是论点的支柱,因此论证要严密、得当,才能支撑文章论点。这主要表现在逻辑严密、结构严谨、详略得当。

④论据要有力。论据是文章的血肉,好的论据应做到声情并茂,使文章鲜活起来。如果说论述是晓之以理,那么论据就要动之以情了。

论据的引用需遵循的基本原则:第一,引用材料要简洁明了;第二,切不可直接引用试卷中所给材料;第三,联系实际,突出论据的针对性。

(三)应考必练

(2020河北)请根据以下材料,写一篇不少于800字的论述文,题目自拟。

2020年春季学期,因为"新冠肺炎"疫情的特殊性,许多中小学除毕业班外,其他年级基本没有复学复课,"停课不停学"成为各级教育行政部门对学校、老师等的基本要求。为此,学校、老师、家长积极行动起来,开设"网课"成为解决"停课不停学"的最佳手段和措施。这个春季学期,无论是城市还是乡村,"线上教学”都成为中小学教学中的正常现象。

【参考范文】

疫情下网课的利与弊

当突如其来的新冠肺炎疫情打乱了学校的开学计划,学校不能如期开学时,孩子们怎么上课成了一个难题。俗话说:“车到山前必有路,船到桥头自然直。”“停课不停学”的要求让老师们在线直播授课成了这个时期最好的选择。小时候常常想如果不去学校就能在家里听老师讲课那是多么不可思议的事情啊!没想到今天的孩子们是在这种情况下被迫在家中接受网上授课的。而线上教学相对于传统教学来说,有优势也有不足。

“停课不停学”对保障正常教学秩序和维护社会稳定意义重大,但也需要防止落实过程中的异化和走偏。有一线教师反馈,个别学校超前讲授,以“不停学”之名,行提前教学和假期补课之实。还有个别在线教育机构和平台提前上线新学期学习资源,以免费公益之名,行市场推广之实。不仅给仍处于假期中的学生增加额外负担,导致新的“教育焦虑”产生,也让“停课不停学”的内涵被曲解,背离了假期定位和政策初衷。面对延长的假期,确保“停课不停学”好经不被念歪,已成当务之急。

学校、教育机构都应严格遵守假期规定,确保假期属性。严格意义来讲,只要各地没有宣布正式开学,就仍处于假期当中,相关教学安排,特别是义务教育阶段的教学安排就需符合假期定位。个别学校把疫情期间看成“弯道超车”的机会,在原有寒假作业基础上布置新的在线学习内容,还有一些家长要求孩子大量学习在线教育机构提供的免费学科类课程,这些都在一定程度上给学生增加了额外负担。从这个角度来说,之前发生的小学生“组团”给一些在线教育平台和工具打“一星差评”,留言“还我假期”的现象就不难理解了。

除此之外,还应明确“不停学”究竟该“学”什么。因为疫情,这个假期承载了特殊而厚重的教育使命。在寒假和延期开学阶段,广大教师、机构应以身心健康为核心倡导对学生进行生命教育、科学教育、健康教育、艺术教育等,通过引导学生自主阅读、自主锻炼、自主劳动、自主探究,实现更有价值的自主成长。

每临大事有静气,教育尤是如此。我们期待,在这个特殊的假期,更多学校、在线教育机构、家长能保持一份静气与定力,让教育始终沿着有情怀、有温度的方向稳健前行。这不仅是学生之需,也是未来之需,更是国家和民族之需。

模块一　辨析题

专题一　教育学

1.［2018 河南］凡是能影响人的身心发展的活动都是教育。

2.［2019 山东］教育对受教育者和社会的发展产生的是正向功能。

3.［2018 北京］终身教育就是成人教育，成年人也应该进行终身学习。

4.［2017 黑龙江］教育学的研究对象就是教育方针政策。

5.［2018 北京］孔子提出的化性起伪中的“伪”指虚伪、不真诚。所以教育就是要改变人的虚伪、不真诚。

6.［2018 浙江］教育先行是指教育可以先于政治、经济、文化而发展。

视频讲解

7.［2021 江西］针对人口出现零增长或负增长现象，未来教育发展的战略重点要放在教育的量的发展上。

8.［2019 安徽］教育对人的发展起主导作用是有条件的。

9.［2019 浙江］人的身心发展在整个生命过程中是均衡和匀速的。

10.［2019 湖北］教育应符合学生的身心发展规律，因此教师要根据学生的现有发展水平实施教育，超前于现有发展水平去教育学生就是揠苗助长。请对这一观点做出判断和分析。
要求：判断准确，观点明确，分析合理，条理清晰，字数不超过400字。

11.［2018北京］杜威的教育无目的论，就是指教育没有目的。

12.［2017河北］减负就是减轻学生的作业负担。

13.［2018河北］让学生上兴趣班，多开展文体活动，就是在进行素质教育。

14.［2018浙江］教师取得资格证书意味着教师已经达到了专业化水平。

15.［2017D类］有人认为，“教师只要学科知识过硬、实践经验丰富就行了，是否掌握教育理论并不重要”。请对这一观点做出判断和分析。

要求：判断准确、观点明确、分析合理、条理清晰，字数不超过400字。

16.［2021 四川］师生之间价值观念的对立是师生关系紧张的思想根源。

17.［2019 安徽］课程是课程表中所列出的学科科目。

18.［2018 浙江］我国课程计划中的活动课程，就是传统的课外活动。

19.［2018 河南］活动课程夸大了儿童的个人经验，忽视了知识本身的逻辑顺序，影响了系统知识的学习，所以容易导致教学质量的降低。

20.［2019 浙江］校本课程就是学校自己组织的活动课程。

21.［2018 北京］校本课程的开发主体只能是教师。

22.［2021 安徽］课程计划是课程标准的具体实施步骤。

23.［2017 江苏］课程计划是根据学科课程标准制订的。

24.［2017 江西］学生在新课程中，既是课程资源的消费者，又是课程资源的开发者。

25.［2017 河北］智育是通过课堂教学活动实现的。

26.［2021 浙江］学校的教育工作应该坚持以教学为主，全面统筹地安排其他各项工作。

27.［2017 河南］教学的首要任务是引导学生掌握系统的科学文化基础知识。

28.［2017 贵州］有教师认为，课堂教学就是以传授学科知识、达成“双基”为目的，而不应再承担其他任务和功能。

29.［2020 内蒙古］新课程改革的背景下，强调教育要回归儿童的生活和实际，因此儿童在学校的主要任务就是学习直接经验。

30.［2017 江西］学生掌握了知识就能形成相应的能力。

31.［2018 江西］完整的教学过程共有内容选择和方法运用两个环节。

32.［2018 江西］问题教学法是一种启发式教学方法，而讲授法则是一种注入式教学方法。

33. [2021 福建]常言道“教学有法，但无定法”。某教师认为这意味着自己在教学中可以任意采用某一种教学方法。该教师的观点是否正确？请运用教育学知识并结合实际加以说明。

34. [2020 内蒙古]探究式教学和接受式教学是两种完全不同的教学方法。

35. [2020 江西]教师备课就是备教材。

36. [2018 北京]教学活动的中心环节是备课。

37. [2021 安徽]评定学生学业成绩只能通过考试。

38.［2020 内蒙古］概括地讲，学校德育就是学校的思想政治教育。

39.［2018 河北］学生思想品德的形成过程就是德育过程。

40.［2021 浙江］德育过程必须从训练学生的行为习惯开始。

41.［2019 山东］德育过程是对学生知、情、意、行的培养与提高过程，从任何一个方面都可以开始进行品德教育。

42.［2021 江西］教师和家长应尽量为学生提供各种各样的活动和交往，来促进学生道德发展。

43.［2018 河南］教育者严格要求学生，就很难尊重信任学生。

44.［2019 重庆］德育应当普遍存在于一切教学活动之中。

45.［2021 江西］班集体的核心队伍由班干部组成。所以，班主任建立班集体的核心队伍就是要加强班干部的选拔和培养。

46.［2017 江苏］班主任管理班级的内容就是组织和培养班集体。

47.［2020 福建］班主任工作内容中的个别教育，实质上是对少数学生的教育。对此你觉得是否正确，请用教育学知识说明理由。

48.［2021 浙江］教育研究的基本程序是以查阅文献资料作为起始环节的。

专题二　心理学

1. [2018 河北]人们觉得早上睡醒后背单词记得更好，是因为新的一天刚开始，没有前摄抑制的干扰。

视频讲解

2. [2018 四川]长时记忆的保持量只会减少，不会增加。

3. [2019 安徽]遗忘总是不利于学习的。

4. [2020 福建]根据遗忘的干扰说可知，为了防止遗忘，应及时复习。对此你觉得是否正确，请用心理学知识说明理由。

5. [2018 福建]“幻想是一种不切实际、不能实现的想象，不宜提倡。”这种说法是否正确？结合想象的知识说明理由。

视频讲解

6. [2021 福建]注意的起伏和注意的分散都是稳定性差的表现。这种说法是否正确？请运用心理学知识加以说明。

7. [2017 安徽]激情与应激是两种不同的情绪状态。

8. [2020 江西]学生问老师竹子的竹筒有没有空气，老师没有回答他，而是引导学生自己思考，学生试过摇、敲、破的方法，最后想到将竹筒放进水里，学生看到有水泡冒出来，非常兴奋。从情感的社会角度看，这种兴奋是一种道德感。

9. [2018 江西]具有良好的意志品质是指一个人很坚强。

10. [2018 河北]学生的学习兴趣既可以来自对学习活动本身的直接兴趣，也可以来自对学习结果的间接兴趣。

11. [2019 山东]学生的学习成绩好坏是由智力水平决定的。

12. [2020 内蒙古]简要地说,智力就是指学生的聪明程度。

13. [2019 浙江]教育测验中有信度就一定有效度。

14. [2021 安徽]性格有好坏之分。

15. [2020 福建]某生的血型是AB型,有同学说:"你这种血型属于黏液质。"对此你觉得是否正确,请用心理学知识说明理由。

专题三　教育心理学

1. [2018 北京]有的人二三十岁才上大学,而有的人十二三岁就上大学了,所以心理发展具有个别差异性,个体心理发展的顺序可以逾越。

2. [2018 河北]按照皮亚杰的认知发展阶段学说,儿童只有发展到形式运算阶段才能解决数学应用题。

3. [2019 浙江]人格随环境和教育的变化而变化,因此不稳定性是人格的典型特征。

4. [2021 四川]埃里克森强调心理性欲对人格的影响。

5. [2020 江西]试误学习的过程中,学习者对刺激情境做出反应之后,能够获得满意的结果时,联结力量就会增强,这符合桑代克联结学习的练习律。

视频讲解

6.［2021 浙江］有人认为惩罚就是负强化。

7.［2018 江西］班杜拉认为，所谓自我强化就是指观察者因看到榜样的行为被强化而受到强化。

视频讲解

8.［2018 浙江］奥苏贝尔提出了有意义接受学习，他认为有意义接受学习的效率更高。

9.［2021 四川］“先行组织者”策略是布鲁纳对知识教学的独特贡献。

10.［2019 浙江］建构主义学习过程常常是在社会文化互动中完成的。

11.［2020 江西］学习动机是直接推动学习行为的原因和动力。

12. [2021 福建]动机强度与学习效率之间构成线性关系,且与学习任务的难易无关。这种说法是否正确?请运用心理学知识加以说明。

13. [2017 江西]学习的成败经验是影响学生自我效能感的重要因素,学生的学习成功经验越多,其自我效能感就会越强。

视频讲解

14. [2021 江西]强化一定能够增强学生的学习动机。

15. [2019 安徽]学习迁移是指一种学习对另一种学习的促进作用。

视频讲解

16. [2021 四川]前摄抑制是一种顺向迁移,倒摄抑制是一种逆向迁移。

17. [2019 河北]两种学习材料的相似度越高越容易产生正迁移。

18. [2021 四川]陈述性知识就是有关“怎么办”的知识。

19. [2018 江西]在动作技能形成的过程中,需要在头脑内反复思考身体动作的进行过程。这表明动作技能的学习过程中反馈因素很重要。

20. [2019 江西]提出假设是问题解决的重要阶段。提出假设的数量和质量主要取决于个体思维的灵活性和个体的好奇心两个条件。

21. [2017 江苏]思维定势会阻碍问题的解决。

22. [2018 四川]道德是一种社会现象,品德是一种心理现象。

23. [2019 北京]没有惩罚的教育是不完整的教育。

24.［2018 内蒙古］在一次以教学设计为主题的教学研讨会上，张老师发表了看法："我认为教学设计的依据就是现代教学的理论、系统科学的原理与方法，还有教师的教学经验。"

请结合教育学的相关知识，对张老师的观点进行判断和分析。

25.［2018 北京］非正式群体对班级教学没有影响。

26.［2021 安徽］学生的心理健康问题只表现为学习问题。

27.［2021 四川］教师威信最基本的是要能有效地管理学生。

28.［2018 江西］教学反思是教师在教学活动后对自己教学行为的思考。

专题四　小三门(新课改、师德、法规)

1. [2019广东]“新课程改革强调教学要充分发挥学生的主体作用,把课堂完全还给学生,教师讲解得少,学生活动才能多,课堂才能高效。”请对该观点进行判断和分析。

2. [2019江西]综合实践活动是国家义务教育和普通高中课程方案规定的必修课程,所有年级的课时平均每周不少于2课时。

3. [2020江西]循循善诱,诲人不倦,是教师开展教书育人工作的目标指向。

4. [2018江西]树立“以人为本”的师德理念,意味着教师应该更加懂得育人先育己。

5. [2019浙江]依法治教就是以法治教。

6.［2018 河北］小明上课随意说话，班主任让他到教室外罚站。小明找到校长，说班主任侵犯了其受教育权。

7.［2021 浙江］对违规违纪情节严重或影响恶劣的小学生可以停学，要求家长在家进行教育、管教直至改正。

8.［2020 福建］有人认为家庭教育完全是父母或者监护人的事情。对此你觉得是否正确，请用法律法规知识说明理由。

9.［2017 河北］《中华人民共和国教育法》不适用于外国人在中国境内创建的学校。

10.［2021 安徽］义务教育是公益性事业。

11. [2017 河北]偏远落后地区的儿童七周岁开始上学并不违背教育法律。

12. [2018 河北]《中华人民共和国教师法》规定,学校或其他教育机构对教师进行考核的内容是:政治思想、业务水平、工作年限和师生关系。

13. [2018 河北]寒暑假指的是学生放假,学校或教育行政部门可以随意安排教师寒暑假从事与教育教学相关的各种工作。

14. [2018 浙江]学生在竞技活动中受伤,学校不应当承担责任。

模块二　名词解释

专题一　教育学

1.［2020 内蒙古］教育学

2.［2017 江苏］关键期

3.［2018 天津］智育

4.［2020 江苏］素质教育

5.［2020 江苏］应试教育

6.［2017 内蒙古］学制

7.［2017浙江］教师

8.［2020江苏］儿童中心论

9.［2017内蒙古］课程(广义)

10.［2017浙江］活动课程

11.［2020天津］显性课程

12.［2019辽宁］校本课程

13.［2018河南］教学过程

14.［2020 内蒙古］教学原则

15.［2019 辽宁］教学方法

16.［2020 江苏］班级授课制

17.［2020 天津］分组教学

18.［2019 内蒙古］形成性评价

19.［2019 内蒙古］榜样示范法

专题二　心理学

1.［2016天津］投射效应

视频讲解

2.［2016辽宁］明适应

3.［2018天津］模像直观

4.［2016浙江］幻想

5.［2016辽宁］发散思维

6.［2020天津］概念转变

7.［2020天津］内省智力

8.［2016内蒙古］性格

专题三　教育心理学

1.［2019河南］最近发展区

视频讲解

2.［2019内蒙古］自我意识

3.［2019天津］自我同一性

4.［2020河南］智慧技能

5.［2018天津］自我强化

6.［2020天津］替代强化

7.［2018 天津］消退

8.［2017 浙江］认知结构

9.［2018 天津］先行组织者

10.［2020 天津］支架式教学

11.［2016 天津］耶克斯—多德森定律

12.［2020 江苏］习得性无助

13.［2017 江苏］自我效能感

14.［2019 河南］学习策略

15.［2017天津］元认知策略

16.［2018天津］精加工策略

17.［2019辽宁］学习迁移

18.［2020天津］命题网络

19.［2018天津］心智技能

20.［2017天津］高原期

21.［2016浙江］创造力

22.［2019 内蒙古］态度

23.［2016 天津］合作学习

24.［2019 辽宁］掌握学习

25.［2016 辽宁］发现学习

26.［2019 天津］课堂结构

27.［2016 内蒙古］罗森塔尔效应

专题四　小三门(新课改、师德、法规)

1.[2019内蒙古]自主学习

2.[2017江苏]教师职业道德

3.[2016浙江]教育行政法规

4.[2017浙江]教育法律关系

5.[2017浙江]学生申诉制度

6.[2020河南]核心素养

模块三 简答题

专题一 教育学

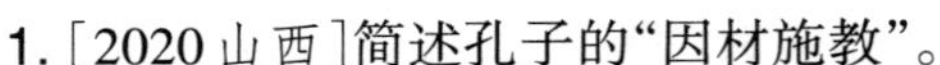
1.［2020山西］简述孔子的“因材施教”。

2.［2018河南］教育的个体功能有哪些？

3.［2017湖南］简述现代教育的发展趋势。

4.［2017四川］简述教育学的基本价值。

5.［2017河北］简述洛克的“白板说”。

6.［2018 河南］简述实用主义教育学的主要观点。

7.［2017 河南］简述陶行知“生活教育”观点的主要内容。

8.［2020 河南］简述教育与社会政治经济制度的关系。

9.［2018 湖南］简述科学技术对教育的影响。

10.［2018 浙江］简述教育的文化制约性。

11.［2021 安徽］人口对教育发展有哪些影响？

12.［2017 重庆］简述什么是教育的社会制约性和相对独立性。

13.［2019 天津］请简述教育对文化的影响。

14.［2018 内蒙古］简述教育对科学技术发展的作用。

15.［2021 安徽］学校教育在人的身心发展中的主导作用主要体现在哪些方面？

16.［2020 江苏］根据学生个体身心发展的规律，教育者应该采用什么样的策略？

17.［2021 四川］简述教育目的的功能。

18.［2020 河南／浙江］简述我国教育目的的基本精神。

19.［2020 浙江］简述小学生素质教育的特点。

20.［2021 贵州］简述素质教育的内涵。

21. [2017 重庆]简述全面发展和个性发展的关系。

22. [2019 安徽]简述全面发展教育各组成部分之间的关系。

23. [2019 天津]请简述教师劳动的特点。

24. [2017 江苏]结合自己所教(或所学)的课程,说说教师应该具有的专业素养。

25. [2018 内蒙古]简述教师的专业知识素养包括哪些方面。

26.［2019 山东］简述教师能力素养的构成。

27.［2018 四川］简述教师专业发展的主要途径。

28.［2020 安徽］中学教师应树立怎样的学生观?

29.［2020 山西］如何全面地认识教师与学生的关系?

30.［2019 辽宁］教师在良好师生关系的建立中应做出哪些努力?

31.［2020江苏］师生关系的本质是一种人际关系，我国社会主义新型师生关系有哪些特点？

32.［2020湖南］第30个教师节前夕，习近平总书记考察北京师范大学时，在勉励广大师生的讲话中提倡做“四有好老师”。简述“四有好老师”是指哪“四有”。

33.［2018天津］什么是课程？请列举不同的观点，并谈一谈你对课程的理解。

34.［2020江苏］简述分科课程和综合课程的区别。

35.［2019广东］我国学者对隐性课程的研究始于20世纪80年代中期，简述隐性课程的特点。

36.［2019内蒙古］简述制约课程的因素。

37.［2017重庆］简述课程目标的来源。

38.［2019安徽］简述社会中心课程论的主要观点。

39.［2019广东］教师应树立哪些新课程资源的理念？

40.［2019湖南］当前课程评价发展的基本特点是什么？

41.［2017 湖南］简述新一轮基础教育课程改革对于课程体系的设计构想。

42.［2019 安徽］简述教学与智育的关系。

43.［2018 河南］简述教学的一般任务。

44.［2020 湖南］教学过程作为一种特殊的认识过程，其特殊性主要表现在哪些方面？

45.［2019 山西］简要回答教学过程中有哪些规律可循。

46.［2021 浙江］简述直接经验和间接经验相结合的规律。

47.［2020 天津］教学过程的基本阶段有哪些？结合教学实践谈谈你的看法。

48.［2020 河北］简述在教学中贯彻思想性和科学性相统一原则的基本要求。

49.［2018 安徽］简述教学的启发性原则及其要求。

50.［2018 广东］“学而时习之”“温故而知新”与教学原则的哪一个思想相一致？

51. [2017广东]著名教育家陶行知曾言:培养教育人和种花木一样,首先要认识花木的特点,区别不同情况给以施肥、浇水和培养教育,这叫“因材施教”。请联系实际,简述教学中因材施教的内涵和做法。

52. [2019安徽]简述循序渐进教学原则的含义及其贯彻的基本要求。

53. [2020河南]讲授法的基本要求包括哪几个方面?

54. [2018安徽]简述谈话法的含义及其运用的基本要求。

55. [2019山东]简述课堂教学中运用讨论法的基本要求。

56.［2017 安徽］简述读书指导法及其运用的基本要求。

57.［2018 广东］参观法是教师根据教学目的和要求，组织学生到社会场所，让学生通过观察来获取新知识的方法。简述运用参观法的基本要求。

58.［2020 山东］疫情背景下，我国开展了线上教学。请简述线上教学选择和运用教学方法的基本依据。

59.［2018 天津］什么是分组教学？分组教学的优缺点有哪些？

60.［2019 内蒙古］什么是慕课？解释其内涵。

61.［2020 山西］简述教学工作的基本环节。

62.［2020 山东］一位历史教研员带领全区教师去听一位具有30年教龄的教师讲课，大家都被这位教师精彩的讲解吸引了，以至于很多老师都忘记了做听课笔记。当课下听课老师问他为这节课准备了多长时间时，他说我准备了一辈子，但这节课的准备我只用了15分钟。请结合案例谈一下你对备课的理解。

63.［2021 浙江］简述一堂好课的基本要求。

64.［2017 广东］教师正确而及时地批改作业能有效地发挥反馈—矫正的作用。请简述教师批改作业应注意的事项。

65.［2018 安徽］简述教学评价的原则。

66.［2018 山东］根据教学评价的作用，可将其分为哪几个类型？

67.［2018 山西］简述抛锚式教学及其教学环节的基本步骤。

68.［2018 河南］课堂导入的类型主要有哪些？

69.［2020 湖南］简述课堂提问的基本要求。

70.［2019 内蒙古］简述课堂提问的意义。

71.［2017 广东］完整的课堂教学设计主要包括哪些环节？

72.［2020 安徽］简述德育过程的基本规律。

73.［2019 广东］简述教师在德育中贯彻疏导原则的基本要求。

74.［2017 内蒙古］德育过程中贯彻因材施教原则的要求有哪些？

75.［2020 河南］在德育工作中贯彻知行统一原则的基本要求有哪些？

76.［2019 浙江］简述教育影响的一致性与连贯性德育原则的贯彻要求。

77.［2017 山东］如何构建校内外一体的德育网络？

78.［2020 安徽］简述小学德育的途径。

79.［2017 安徽］试列举我国中小学常用的德育方法。

80.［2019 江西］说服法是德育中运用最广泛的一种方法，简述教师运用说服法的基本要求。

81.［2018 河南］简述品德评价法及其要求。

82.［2019 江苏］请列举几种具有代表性的德育模式的名称。

83.［2019 广东］班级是学校的基本单位，班级教学是现代最具代表性的一种教育形态。简述班级组织的社会化功能。

84.［2020 安徽］班主任如何建设培养班集体？

85.［2021 安徽］中小学班主任的工作任务有哪些？

86.［2020 安徽］简述新时代中学班主任的角色。

87.［2017 河北］班主任工作的重要性体现在哪些方面？

88.［2019 广东］简述做好个别学生教育工作的一般要求。

89.［2019 广东］简述教师如何教育和转化后进生。

90.［2018 安徽］什么是课外活动？其教育作用有哪些？

91.［2018 天津］开展课外活动的基本要求有哪些？

92. [2021 浙江]教育研究的基本步骤。

93. [2018 河南]简述观察法的主要优点和不足。

专题二　心理学

1. [2019 安徽]简述知觉的基本特征。

2. [2021 安徽]教师如何培养学生的观察力?

3. [2019 河南]简述如何培养学生良好的记忆力。

4.[2020 河北]简述良好的记忆品质表现在哪些方面。

5.[2021 安徽]依据遗忘规律,如何合理地组织复习。

6.[2018 浙江]简述中学生记忆发展的特点。

7.[2019 江苏]再造想象与创造想象有什么相同与不同?

8.[2019 浙江]简述创造性思维的特征。

9.［2019湖南］简述思维的一般过程。

10.［2018江苏］简述在小学教学中如何讲授基本概念。

11.［2018天津］简述注意的概念及功能。

12.［2018四川］简述影响无意注意的刺激物的主要特征。

13.［2017四川］简述引起和保持有意注意的主要条件。

14.［2018 河南］在教学应用中，教师应如何把握不随意注意的规律。

15.［2019 江苏］什么是有意注意？怎样运用有意注意的规律组织教学？

16.［2019 浙江］简述情绪的三种状态类型。

17.［2018 江西］简述小学生情绪情感的发展特点及教育。

18.［2021 天津］简述中学生情绪发展的主要特点。

19.［2018 安徽］如何提高小学生的情绪调节能力？

20.［2017辽宁］简述影响压力的主要因素。

21.［2017江西］简述良好的意志品质的特征。

22.［2020安徽］如何培养学生良好的意志品质?

23.［2020山东］试述马斯洛的动机理论中需要的五种层次及各层次的关系。

24.［2020河南］简述知识与能力之间的联系。

25.［2019河南］简述斯腾伯格的三元智力理论。

26.［2017 河南］简述影响能力形成与发展的因素有哪些。

27.［2017 安徽］简述性格与能力的关系。

28.［2020 安徽］简述影响性格形成和发展的因素。

29.［2017 浙江］简述学生良好性格培养的主要途径。

30.［2019 天津］请简述性格与气质的联系和区别。

视频讲解

专题三　教育心理学

1.［2020山东］简述学生心理发展的基本特征。

2.［2019山西］简要回答皮亚杰的认知发展阶段论。

3.［2020山东］简述最近发展区的概念及其在教学中的意义。

4.［2019贵州］影响人格形成和发展的因素有哪些？

5.［2020浙江］简述小学生自我意识的发展趋势。

6.［2020天津］什么叫学习风格？了解学生的学习风格对教学有什么意义？

7.［2018 河南］学生性格特征的差异表现在哪些方面?

8.［2019 广东］根据学习者学习感受器的不同,可将学习分为哪几种类型?请分别简述各类型的特点。

9.［2020 河南］简述加涅提出的五种学习结果分类。

视频讲解

10.［2020 天津］桑代克提出的三条学习定律是什么?并作简要说明。

11.［2021 安徽］班杜拉认为自律行为的养成需要经历三个阶段,请你简述这三个阶段。

12.［2019 河南］简述苛勒顿悟说的基本内容。

13.［2018 河南］简述布鲁纳的认知—发现学习理论。

14.［2019 河南］简述接受学习与发现学习的主要区别。

15.［2021 四川］简述有意义学习的条件。

16.［2019 河南］简述学习的信息加工过程和策略。

17.［2020 河南］简述建构主义学习观的内容。

18.［2019 湖南］建构主义学习理论的基本观点有哪些？

19. [2019 河南]简述抛锚式教学的操作阶段。

20. [2020 安徽]简述动机强度与学习效率之间的关系及对教育的启示。

21. [2021 浙江]简述自我价值感理论的基本思想。

22. [2019 山东]小明面对接连的考试失利非常沮丧,认为自己能力不足,从而产生厌学情绪,作为老师应如何帮助小明恢复信心?

23. [2018 天津]什么是习得性无助?学习中产生习得性无助的原因有哪些?

24. [2020 山西]简述班杜拉的自我效能感理论。

25. [2020 河南]简述创设问题情境激发学生学习动机对教师的基本要求。

26. [2020 内蒙古]简述学习策略的特征。

27. [2019 安徽]列举学习策略的种类。

28. [2018 天津]什么是元认知？元认知策略有哪些？

29. [2020 山东]简述学习策略的训练要遵循哪些原则。

30.［2018 四川］简述主要的迁移理论。

31.［2020 天津］影响学习迁移的主要因素有哪些。

32.［2018 内蒙古］简述原有认知结构对迁移的影响。

33.［2019 河南］在教学中如何提高知识直观的效果？

34.［2018 天津］简述如何运用记忆规律促进知识的保持。

35.［2021 四川］简述知识学习的一般心理过程。

36.［2019 湖南］操作技能的形成有哪几个阶段？

37.［2019 安徽］简述影响动作技能形成的因素。

38.［2021 安徽］心智技能的形成过程包括哪几个阶段？

39.［2020 内蒙古］简述心智技能培养的基本要求。

40.［2019 广东］任何复杂的动作技能都必须通过练习才能达到熟能生巧的程度。练习的方法主要有哪些？

41.［2019 广东］简述问题解决的一般心理过程。

42.［2019 广东］现代认知派对问题解决过程倾向于更深层次的内在机制的探索，其中，格拉斯认为，可以把问题解决过程分为既区别又联系的四个阶段，这四个阶段分别是哪些？

43.［2018 河南］简述问题解决策略的主要种类及其优缺点。

44.［2020 安徽］影响问题解决的因素有哪些？

视频讲解

45. [2020 天津]如何提高解决问题的能力？

46. [2021 天津]什么是功能固着？

47. [2018 江西]培养学生的创造力是创新教育的核心。请简述影响学生创造力的因素。

48. [2019 安徽]学生的创新意识和创造力的培养，是时代赋予教师的使命。从环境上看，应如何培养学生的创造力？

49. [2017 河南]简述皮亚杰的道德发展论。

50.［2018 黑龙江］简述认知不协调理论。

51.［2019 天津］简述良好的态度与品德的培养方法。

52.［2017 内蒙古］简述小学生品德发展的基本特征。

53.［2019 辽宁］简述社会规范学习的三阶段理论。

54.［2017 河南］控制和减少儿童攻击性行为的方法有哪些?

55.［2018 黑龙江］简述什么是样例教学。

56.［2020 山东］在布卢姆的教学目标中，认知目标分为六级，请对每一级举例说明。

57.［2017 广东］教学策略是指教师采取有效的措施达到教学目标的一切活动计划，包括教学顺序的安排，教学方法的选用，教学媒体的选择等。请列举以学生为中心的教学策略类型，并做简要说明。

58.［2020 天津］什么是合作学习？

59.［2019 河南］简述小组合作学习的基本要素。

60.［2017 河北］简述影响发现学习的几个因素。

61. [2021 贵州]简述程序教学的原则。

62. [2018 广东]请结合实际,简要谈谈为了使课堂教学中学生的合作学习真正有效,教师应该注意哪些方面。

63. [2019 内蒙古]简述影响教师课堂管理的因素。

64. [2017 天津]请简要说明课堂管理的策略。

65. [2018 广东]班级规模是如何影响课堂管理的?

66.［2018 江苏］最近，李老师发现自己的课堂气氛比较沉闷，部分学生上课时注意力不够专注，发言也不主动。经过调查，李老师决定从增强学生课堂学习的动机入手来改变这种状况。

为此，你觉得李老师应该怎样做？

67.［2019 天津］简述如何增强班集体的凝聚力？

68.［2019 湖南］教师应如何营造良好的课堂气氛？

69.［2019 山东］简述如何维持课堂纪律。

70.［2019 湖南］请简述处置与矫正课堂问题行为的方法。

71. [2016河南]教师在对学生进行必要的惩罚时应注意哪些方面?

72. [2018河南]简述小学儿童同伴交往的特点。

73. [2020黑龙江]简述心理健康的标准。

74. [2017广东]对于大多数心理健康的学生而言,心理健康教育的目标是什么?

75. [2020贵州]简述学校开展心理辅导的主要途径。

76. [2017 江苏]学习困难儿童的主要特征有哪些?

77. [2019 湖南]学生的心理健康问题一直都深受社会的关注,学生的心理健康状况直接影响着他们的成长,学生出现心理健康问题可能会产生哪些病症,并提出对应的解决措施。

78. [2019 河南]在教学工作中,我们可能会遇到学困生,你将如何帮助他们进步?

79. [2019 广东]在学习过程中,学生常会出现各种学习问题。学习问题主要有哪几种?

80. [2020 山东]近年来全国各地中小学都发生了多起学生自杀自残事件,全社会都对这些生命的逝去感到惋惜,请分析为预防这类极端行为的发生,学校应当采取哪些干预措施。

81. [2019 河南]教师怎样给学生创造宽松的心理环境?

82.［2020 河南］教育威信与教育威严的区别是什么？

83.［2019 广东］简述教师应如何树立自身威信。

84.［2019 天津］专家型教师熟练掌握的教学技能主要有哪些？

85.［2020 内蒙古］简述教师成长与发展的基本途径。

86.［2019 河北］简述教师反思的几个环节。

87.［2019 河南］作为一名小学教师，您在教学过程中应怎样控制消极情绪，保持良好的心情？

专题四　小三门(新课改、师德、法规)

1.[2019辽宁]简述新课程改革的具体目标。

2.[2018天津]简述我国基础教育课程改革的发展趋势。

3.[2018河南]简述新课程改革的基本理念。

4.[2019山东]简述新课程改革背景下教师角色的转变。

5.[2018河南]新课程要求教师是学生学习的促进者,请简述“促进者”这一教师角色的内涵。

6.［2020河南］简述新课程背景下所倡导的教学观。

7.［2017辽宁］请列举新课程改革倡导的学习方式，并加以简要说明。

8.［2018河南］现代学习方式的基本特征是什么？

9.［2021浙江］简述综合实践活动的内容。

10.［2019贵州］教师的职业道德具有哪些功能？

11.［2017河北］请谈谈加强教师职业道德建设的具体内容与意义。

12.［2017河南］职前教育中的师德教育包括哪几个方面？

13.［2019广东］教师职业道德基本原则有哪些？

14.［2018河南］教师职业道德范畴主要包括哪些？

15.［2020江苏］2008年修订的《中小学教师职业道德规范》中规定的教师职业道德的主要内容是什么？

16.［2018河南］教师职业道德规范中“爱岗敬业”的行为要求是什么？

17.［2017 河南］教师职业道德规范中“教书育人”的具体要求有哪些？

18.［2019 江西］简述《中小学教师职业道德规范》中“为人师表”的主要内容。

19.［2017 内蒙古］教育法律原则的具体内容是哪些？

20.［2021 四川］简述教育法规与教育政策的关系。

21.［2018 浙江］简述我国教育法律法规的类型。

22.［2019 浙江］简述教育法律关系的概念及其构成要素。

23.［2018四川］简述教育法律关系中几种具体客体。

24.［2017河南］什么是教育法律救济？途径有哪些？

25.［2020山东］2020年3月，中共中央国务院出台了《关于全面加强新时代大中小学劳动教育的意见》。请结合教育实践，谈一下新时代中小学开展劳动教育的目标。

26.［2021浙江］依法执教是依法治教在教师工作中的具体体现，简述其基本要求。

27.［2021浙江］简述预防教师违法侵权行为发生可采取的措施。

28. [2020 河南]根据我国《教育法》的规定,受教育者享有哪些权利?

29. [2021 浙江]简述保护未成年人的原则。

30. [2016 浙江]简述《中华人民共和国义务教育法》关于入学年龄与原则的规定。

31. [2019 山东]我国《教师法》规定教师享有哪些权利?

32. [2019 广东]《中华人民共和国教师法》中明确规定了教师的权利和义务。教师应当履行的义务有哪些?

33.［2018 河北］简述我国《教师法》中规定的教师申诉的范围及其受理机关。

34.［2018 河南］近日，微博上出现这样一段视频：一位女性教师让十余名学生在教室门口站成一排，并用一根棍子挨个抽打。视频显示，学生中有男有女，每个学生被打六七下。事后，该老师说是“恨铁不成钢”，学校领导也以“压力很大”为其开脱。这样的解释显然没有说服力。作为教师，是该拥有一定的惩戒权，但却不能混淆了惩戒和体罚的边界。用棍子挨个抽打学生显然属于体罚，实不应该。

请简要回答为什么不应该体罚学生。

35.［2017 贵州］为了有效避免学生伤害事故的发生，学生在校园内出现哪些情况时，学校在采取紧急措施的同时必须第一时间联系监护人？(回答三条即可)

36.［2019 广东］2017 年 3 月 22 日，某市一所小学发生一起学生踩踏事故，事故造成一名学生因抢救无效死亡，多名学生受伤。据不完全统计，近几年来我国每年都有学校发生踩踏事故，这对学生的生命安全构成了严重的威胁。请你谈谈校园踩踏事故应急处置的一般步骤与方法。

37.［2019 湖北］《中国学生发展核心素养》以培养“全面发展的人”为核心，分为文化基础、自主发展、社会参与三个方面，综合表现为六大素养，请具体写出这六大素养。

模块四　论述题

专题一　教育学

1.［2018河南］教育者和教师是怎样的关系？

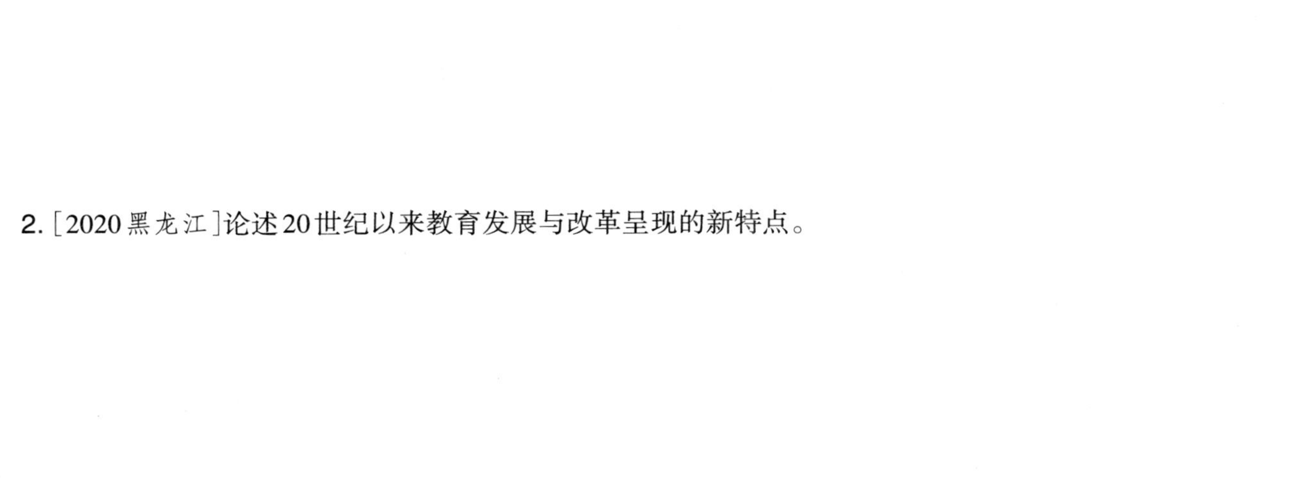

2.［2020黑龙江］论述20世纪以来教育发展与改革呈现的新特点。

3.［2019河南］“教学做合一”是陶行知生活教育理论的方法论，它既是教学方法的界定，也是生活法的说明，同时又是“真知识”的源泉。从教学论意义上来说，“教学做合一”是在实践基础上的教学，体现的是主体性教学，同时又是创造性的教学。

（1）请简述“教学做合一”的涵义。

（2）请结合陶行知的教育思想，联系教学实际，分析“教学做合一”的基本要点。

4.［2019广东］我们当前一直在提倡要建立“全民学习、终身学习的学习型社会”。请论述实现学习型社会的具体措施。

5. [2018 黑龙江]试述教育的文化功能。

6. [2019 陕西]结合自己的学习经历,简要分析影响个体发展的基本因素及其作用。

7. [2017 福建]霍尔说“一两的遗传胜过一吨的教育”。请评析这个观点,并说明遗传在人的身心发展中的作用。

8. [2020 广东]“世界上没有两片完全相同的树叶,同样,世界上也没有完全相同的两个人。”人与人之间既有生理层面的差异,更有心理层面的差异。对于学生的差异性,教师应当如何看待和把握?

9. [2017 广东]全面发展教育是对含有各方面的素质培养功能的整体教育的一种概括,是对为使受教育者多方面得到发展而实施的多种素质培养的教育活动的总称。试论述我国全面发展教育的内容。

10.［2020 天津］试述全面发展是不是要求均衡发展？

11.［2019 山东］在2018年的全国教育大会上，习近平总书记提出“培养德智体美劳全面发展的社会主义建设者和接班人”。把“劳”列入全面发展的素质要求，丰富了新时代党的教育方针。高位的制度设计要有力、有效地落实到教育实践之中，还有一系列的问题需要我们来作出回答。
请论述一下家庭、学校、社会在劳动教育中的角色定位以及如何实现三者的有效联动。（不少于500字）

12.［2019 河南］习近平总书记指出，教育决定着人类的今天，也决定着人类的未来，素质教育是教育的核心。请简述素质教育的基本内涵，并结合自身学科阐述在教学实践中如何实施素质教育。

13.［2018 四川］现代教师的主要角色有哪些？

14.［2017 黑龙江］试述教育机智形成的条件。

15. [2019湖南]你认为一名合格的人民教师应具备哪些基本素养?

16. [2019广东]有人说要蹲下身子做教育,只有“蹲下”才能与学生的视线保持同一水平,以同一视野去看世界。请你说说“蹲下教育”的含义,并结合相关专业知识与实际情况,说说你认为在教学工作中如何贯彻这一理念。

17. [2020黑龙江]论述新时代教师专业发展的核心要素。

18. [2017重庆]教师专业发展的内涵是什么?教师专业发展的主要途径有哪些?

19. [2018广东]有人认为要当好老师并没有必要学教育学,不学也一样能当好老师。有好多农村老师没有学过教育学,古代的孔子等伟大教育家也没有学过教育学,依然能够成为优秀的老师或教育学家。你认为以上观点正确吗?请用有关的原理来分析。

20.［2018 山西］请结合以人为本的学生观，说一说当学生犯了错应该怎么做。

视频讲解

21.［2017 江西］请结合“以人为本”的学生观，试述教师加强教学创造性的主要策略。

22.［2019 浙江］论述师生关系在教育中的作用。

23.［2018 河南］“真正的教育存在于人与人心灵距离最短的时刻，存在于无言的感动之中。”请举例说明你对这句话的理解。并结合自己所任学科的某个案例阐明自己的观点。

24.［2017 广东］试述师生发生冲突的原因，新时代如何构建良好的师生关系。

25.［2018 浙江］试述教学过程中师生的地位及其关系。

26. [2018 河南]试述如何处理师生在教学中的地位和关系,有效调动双方的主动性和创造性?

27. [2019 广东]关于课程的分类有许多维度。从课程内容所固有的属性来看,分为学科课程和活动课程。试比较学科课程与活动课程的区别。

28. [2018 湖南]在新课程改革中有人认为知识最重要,有人认为能力最重要。请结合形式主义教育与实质主义教育,谈谈你对这个问题的认识。

29. [2020 山东]2020 年初,新型冠状病毒影响了全球各国人民的生产和生活,截至目前,全球被感染人员已破千万。我们国家在以习近平同志为核心的党中央坚强领导下,全国各族人民的积极配合下,戮力同心,众志成城,取得了疫情防控的阶段性胜利。各级各类学校积极响应教育部门的号召,落实“停工不停学,离校不离教”的要求,开始了史无前例的大规模的“线上教学”。

(1)结合实际,谈谈线上教学的优越性。

(2)针对存在的问题,谈谈如何进一步提高线上学习的有效性。

30. [2020 河南]请结合你所教学科,选择一种教育原则并试举例论述。

31. [2019 河南]结合实际,试述在班级教学中如何贯彻因材施教原则。

32. [2020 河南]请结合实际,论述运用榜样示范法的基本要求。

33. [2017 广东]试论述班级授课制的优势与不足。

34. [2019 广东]当前,由于人口向城镇集中,有些地区学校建设没有跟上,导致学校班级人数增多,出现了"大班额"现象。2019 年政府工作报告明确指出,要抓紧解决城镇学校"大班额"问题。请你就如何解决城镇学校"大班额"问题谈谈自己的看法。

35. [2018 江西]结合实际,谈谈教师应如何备课。

36. [2019 山东]谈谈在教学中如何发挥教师主导作用与学生主体作用的相统一。

37. [2019 内蒙古]学生没完成作业的原因有很多,以下是两段有关的对话。

对话一:

教师甲:"为什么没完成作业?"

学生甲:"不会。"

教师甲:"相同的老师,相同的作业,为什么别人会你不会?"

对话二:

教师乙:"为什么没完成作业?"

学生乙:"作业太多了,昨天写到很晚也没写完。"

教师乙:"相同的老师,相同的作业,相同的时间,为什么别人能写完你写不完?"

这两段对话算是经典对白了,很多教师对学生的回答不以为然,认为学生在找借口。对话的结果往往是教师义正辞严,学生哑口无言。

(1)你认为教师的反问是否正确,为什么?

(2)请说出作业布置的基本原则。

38. [2017 重庆]论述接受教学与探究教学各有何优点和局限,在教学中应该怎样处理二者之间的关系?

39. [2019广东]教育评价是对教育活动满足社会与个体需要的程度做出判断的活动。请结合教学实际谈谈教育评价的功能。

40. [2020河南]论述教师应如何评价和对待学生的考试分数。

41. [2019广东]2019年2月,中共中央办公厅、国务院办公厅印发的《加快推进教育现代化实施方案(2018~2022年)》明确指出,要增强中小学德育针对性实效性。请你就如何提高德育工作的实效性谈谈自己的看法。

42. [2019河南]请结合新时代立德树人的要求,论述学校德育的主要途径。

43. [2017河南]德育处于应试教育困境,试述德育产生困境的原因并对学校德育改革提出建议。

44. [2020黑龙江]论述学校班级管理中存在的问题及解决策略。

45. [2020 山东]某班的学生情况很复杂，有留守儿童、成绩差、不遵守纪律的等各种各样情况的学生。假如让你担任这个班的班主任，请结合实际论述一下你的工作措施。

46. [2017 黑龙江]试述小学教师应具备的班级管理能力。

47. [2021 四川]班主任建设和管理班级的主要策略有哪些？

48. [2018 湖南]结合教学实际，试述班主任工作的原则。

49. [2018 江苏]班主任是班级的灵魂，全面负责一个班级学生的思想、学习、健康和生活等工作。班主任是班级的组织者、领导者和教育者，也是班级中全体任课教师教学、教育工作的协调者。假如你是一名班主任，你认为班主任的主要工作有哪些？

50. [2018 内蒙古]试述在教学过程中班主任应该怎样做好后进生的教育转化工作。

专题二 心理学

1.［2016 黑龙江］试述学习和研究中等学校心理学的意义。

2.［2020 浙江］论述遗忘的规律以及影响遗忘进程的因素。

3.［2019 河南］简述思维的认知加工方式，并请谈谈如何在课堂上加强学生的思维？

4.［2018 河南］研究表明，小学儿童思维是一种过渡思维，即从具体形象思维向抽象逻辑思维过渡，其思维带有很大的具体性。根据小学儿童思维特点，如何进行教育教学？

5.［2018 河南］联系实际，谈谈什么是创造性思维，教师应如何培养学生的创造性思维。

6. [2017河北]试论述如何培养小学生的思维能力。

7. [2019浙江]如何运用注意规律提高小学生的课堂注意力?

8. [2017天津]由于父母不让看电视剧离家出走,和同学产生矛盾就拒绝上学,因为老师没收了手机就轻生,专家称现在的孩子普遍缺乏"挫折教育",心理承受力太差。请联系实际谈谈如何开展挫折教育,增强学生的抗挫折力。

9. [2019天津]请论述马斯洛需要层次理论的主要内容,并对该理论进行评价。

10. [2020 黑龙江]结合实际情况,论述教师激发学生学习兴趣的策略。

11. [2017 江苏]中国有句俗语:“人各有所长。有人工于计算,有人擅长写作……”加德纳说,每个孩子都是潜在的天才儿童,只是经常表现为不同的形式。请问这反映了什么智力理论?请简述其基本观点,并阐述对教育工作的启示。

12. [2019 河南]如何在教学过程中促进学生智力的发展?

13. [2017 天津]黏液质的典型特征有哪些?如何对黏液质的学生进行因材施教?

专题三 教育心理学

1. [2017河南]请结合实际论述教育心理学对教师在教育实践中的作用。

2. [2016河南]有个学生家长说:“孩子,我想走进你的心里,你不让;我想让你走进我的心里,你不进。”学生进入少年时期后,经常表现出与家长、教师的对立,而与同伴关系密切。试分析成人与孩子心理冲突的原因及教育对策。

3. [2020河南]奥苏贝尔说:“假如让我把全部教育心理学仅仅归结为一条原理的话,那么,我将一言以蔽之:影响学生学习新知的唯一最重要的因素,就是学习者已经知道了什么,要探明这一点,并应据此进行教学。”请谈谈你的理解和看法。

4. [2017福建]试述埃里克森的人格发展理论(前五阶段)及其教育启示。

5.［2017 浙江］分析罗杰斯非指导性教学理论的基本内涵及其对教学改革的基本启示。

6.［2018 天津］结合教学实际，试述建构主义的知识观、学生观。

7.［2020 河南］建构主义者认为，学生不是一张白纸，不是空着脑袋进教室的，教师要成为学生建构意义的帮助者。请谈谈在教学过程中教师应该如何发挥帮助作用。

8.［2018 江西］结合实际，试述建构主义教学模式中“随机进入教学”的具体操作。

9.［2018 河南］结合实际，论述建构主义学生观在教育中的应用。

10.［2018 浙江］试述建构主义学习理论的教学意义。

11.［2019 福建］阿特金森认为，在面对成功概率为50%的任务时，人们存在两种相反的选择倾向。阐述该理论的主要观点及其教育启示。

12.［2018 浙江］试论述韦纳的成败归因理论及其在教育上的意义（联系实际）。

13.［2020 天津］结合中小学实际教学情况，试述激发学生学习动机的方法。

14.［2020 河南］在教学中如何促进学生的学习迁移？请举例说明。

15.［2020 河南］试论述定势对学习迁移的作用。

16.［2021 浙江］试述程序性知识的教学过程和教学策略。

17.［2019 山西］试述问题解决的过程、策略、影响因素及培养措施。

18.［2019 辽宁］试述科尔伯格的道德发展阶段论。

19.［2017 黑龙江］试述学生品德不良的矫正措施。

20. [2018广东]近年来,校园暴力以及欺凌事件层出不穷,一桩桩事件触目惊心,严重影响学生的身心健康发展以及家庭、学校与社会的关系。请联系实际,试述在教育活动中应如何避免校园暴力以及欺凌事件的发生。

21. [2019河南]在教学过程中,如何正确对待和教育班级中的非正式群体?请结合所报学段(小学/初中/高中)学生身心特点加以论述。

22. [2018陕西]小学生交往的对象包括哪些?依照你自己的理解谈谈小学生在这个阶段与不同对象交往的特点呈现怎样的发展趋势。

23. [2018天津]请阐述青少年人际交往的发展特点,并谈谈如何对青少年进行人际交往教育?

24.［2020山西］中小学生心理健康的标准有哪些？请联系实际论述中小学校开展心理健康教育的意义与途径。

25.［2020内蒙古］举例说明如何运用代币奖励法改变儿童的不良行为习惯。

26.［2018北京］以你的学段为例写一个常见的心理问题以及出现问题的原因，并且写一下解决的方法。

27.［2018江苏］你在实际教学中如遇到学生厌学、学习动力不足的情况时，应如何应对？请结合实际论述。

28.［2017辽宁］试述教师必备的心理素质并举例说明。

29.［2017 贵州］随着教育改革不断深入，教育观念不断变革，教师威信的内涵也发生了变化。请谈谈：(1)你对教师威信的理解。(2)论述如何有效地建立教师威信。

30.［2018 黑龙江］试述影响教师威信形成的因素。

31.［2018 山东］教师的心理健康不仅影响教师本人及教学工作，还影响着学生们的发展。受多种因素影响，当前部分中小学教师面临着职业倦怠、疲劳综合征等负面职业心理状态。请你联系实际，谈谈调整教师职业心理状态的有效策略。

32.［2018 河南］华东师范大学叶澜教授曾经说过："一个教师写一辈子教案不一定能成为名师，但是写三年反思就有可能成为名师。"美国学者波斯纳曾提出来一个非常有名的公式：教师成长就是经验加反思相互作用的结果。因此，教学反思一直以来是教师提高个人业务水平的一种有效手段，教育界有成就的名师一直非常重视反思的作用。

请论述在教学实践中，您如何实施反思性教学？

专题四　小三门(新课改、师德、法规)

1. [2018陕西]新课程标准的核心理念是以人为本,即“一切为了每位学生的发展”。请结合相关知识,谈谈你对该理念的理解。

2. [2020河南]在对待教学上,新课程强调教的本质在于引导。试述在课堂教学中如何进行引导。

3. [2020河南]新课程要求教师应是学生学习的促进者。试述促进者这一教师角色的内涵和实现的途径。

4. [2018广东]新课程改革强调学生学习方式的转变,小组合作学习是新课程改革积极倡导的有效学习方式之一。试述小组合作学习的优缺点。

5. [2019河南]耶鲁大学校长理查德·莱文曾说过:“真正的教育不传授任何知识和技能,却能令人胜任任何学科和职业。这才是教育,也是判断一个人是否受过教育的标准。”请结合教学实践,谈谈你的理解和认识。

6.［2019 河南］孔子说:“其身正,不令而行;其身不正,虽令不从。”教师应如何做好学生的表率,真正做到为人师表？请根据上述话语给你的启示联系实际展开论述。

7.［2019 四川］试述教师职业道德修养的内容、途径和方法。

8.［2019 黑龙江］试述加强教师职业道德建设的策略。

9.［2019 黑龙江］试述教师职业行为规范的内容。

10.［2021 安徽］试论述中小学教师职业道德失范行为的成因。

11. [2020 河南]中国学生发展核心素养，以培养“全面发展的人”为核心，分为文化基础、自主发展、社会参与三个方面。要培育学生的核心素养，必须建立起核心素养与课程教学的内在联系，充分挖掘各学科课程教学的独特育人价值。

从课堂教学的角度，论述应如何培育学生的核心素养?

12. [2019 湖南]义务教育的均衡发展的基本内涵是什么?在新形势下，我国应如何推进义务教育均衡发展?

13. [2019 湖南]《中国教育现代化 2035》提出了推进教育现代化的八大基本理念，请结合教学实际谈谈你对这八大基本理念的理解。

14. [2019 广东]校园突发公共卫生事件是指在学校内突然发生，造成或可能造成师生员工身体健康严重损害的公共卫生事件。试述校园突发公共卫生事件应急处置的一般步骤与方法。

模块五　案例分析题

专题一　教育学

1.［2020 江苏］今年，由于疫情的影响，各行各业都受到了较大的冲击，尤其是对教育事业，你觉得这次疫情对我国的教育事业的影响和冲击有哪些？通过这次疫情你对教育有哪些思考？

2.［2019 安徽］**材料一**　据统计，全国共有乡村教学点 8.68 万个，偏远地区的学校在硬件条件、师资队伍、教学管理诸多方面与大城市的学校存在较大差距，缩小这样的差距是我们实现教育公平的首要任务。

材料二　据统计，全国教学点数字教育资源全覆盖项目惠及边远贫困地区 400 多万孩子，国家数字教育资源公共服务体系基本建立。通过互联网、人工智能等技术整合，能够把优质的教育资源，迅速、高效、低成本地辐射到边远贫困地区，并在一定程度上满足个性化教育需求，进一步增加优质资源的适切性。

材料三　未来，人工智能与机器人技术有机结合，将扮演智能导师的角色，使得部分教育教学活动可以由机器人来组织与担任。学生可以和机器人对话学习外语；可以和人工智能下象棋学习棋艺。人工智能不仅成为教师的得力助手，也将成为学生们的学习伙伴，从而实现更广泛的教育公平。

——资料来源：熊璋，杨晓哲．充分利用人工智能促进教育公平［N］．中国教育报，2019-06-01.（有改动）

(1)推进区域教育公平可能遇到哪些问题？

(2)教师如何利用信息技术助推教育公平？

3.［2019 河南］随着社会现代化水平的提高和信息化手段的运用，一些学校开始借助网络技术促进学生的学习，例如，布置开放性作业，让学生通过网络查找相关资料，或是让学生在班级群对读课文、写作业进行“打卡”。对这种做法，家长褒贬不一。认同的人认为作业的形式就应多种多样，学生的信息素养就是要在日常的学习中养成，坚持打卡，有助于学生养成良好的习惯。但也有家长吐槽，为了完成作业，学生经常使用手机、电脑，有时甚至耗时 1 到 2 个小时。学生频繁使用网络会造成一定程度的网络依赖，同时视力也会受到影响。

用教育学相关知识分析上述案例。

4.［2019 天津］蔡元培先生是我国近代的著名教育家，他在 1922 年 3 月的《新教育》杂志上发表了《教育独立议》一文，提出教育要“保有独立的资格”，“要超然于各派政党和各派教会之外”，这是我国教育家在那个时代对教育是否应该保有一定独立性的思考。

请根据材料内容，谈一谈你对当今我国教育相对独立问题的看法和思考。

5. [2018广东]小敏今年8岁，从她6岁起，小敏妈妈就开始带她上各种特长班，开发她的智力和培养她的兴趣爱好。但是，小敏妈妈发现小敏最近不愿意去上特长班，常在上课前说自己不舒服，要么肚子疼，要么头疼，就算去上课了，也会跟老师说自己难受要提前回家。小敏变得孤僻起来，回家后不愿意跟妈妈聊天，也不跟爸爸散步了。小敏父母想了很多办法，但小敏的这一情况没有改变，他们十分苦恼。

(1)小敏妈妈对小敏“望女成凤”所付出的努力为何取得反效果？请从教育与个体身心发展的关系分析。

(2)请列出个体身心发展具有的规律。

6. [2019河南]有两个孩子：一个喜欢弹琴，想当音乐家；另外一个喜欢绘画，想当美术家。但不幸的是，喜欢弹琴的那个孩子聋了，喜欢绘画的那个孩子眼睛瞎了。然后喜欢弹琴的孩子改学绘画，喜欢绘画的孩子改学弹琴，开始了新的追求。后来，失聪的孩子成为了技术超凡、名扬四海的美术家，而失明的孩子，则成了技艺卓绝、享誉天下的音乐家。事实证明，只要努力，当命运堵塞了一条道路的时候，它还给我们留下了另外一条路。

(1)请结合材料，谈谈材料中反映了个体身心发展的什么规律？

(2)请结合材料，谈谈老师如何促进个体的身心发展。

7.［2019 江苏］一位纳粹集中营的幸存者，后来当上了美国一所学校的校长。在每一位新教师来到学校时，他都会交给那位老师一封信。信的内容完全一样，里面写的是："亲爱的老师，我是集中营的生还者，我亲眼看到人类所不应该见到的情景：毒气室由学有专长的工程师建造，儿童由学识渊博的医生毒死，幼儿被训练有素的护士杀害，妇女和婴儿被受过大学教育的人枪杀。看到这一切，我怀疑，教育究竟是为了什么？我的请求是：请你帮助学生成为具有人性的人！因为只有孩子在具有人性的情况下，读写算的能力才有价值！"

(1)上述材料中反映了教育目的的什么取向？

(2)列举该取向的代表人物。

(3)请结合相关教育目的的价值取向来评价其优缺点。

8.［2020 广东］2020 年 6 月 5 日下午，某市实验小学迎来了劳模大讲堂首场开讲活动。活动伊始，学校葛校长隆重为师生们介绍了此次讲座的嘉宾——本市农业科学院科研管理科副科长宋老师，他不平凡的经历引起了孩子们极大的兴趣。紧接着，宋老师以《你想要成为什么样的人》为题，为六年级的孩子们开启了一场富含深意的毕业课程。宋老师从孩子们熟悉的小麦、玉米、小米等农作物引入，开始了他生动有趣而又富含丰厚专业知识的讲解。图文并茂的课件，深入浅出的讲解，宋老师为孩子们展现了科技发展的巨大力量，拓宽了大家的视野，深深地吸引了在场的所有听众。

小听众们一边听，一边记，个个专注入神。学习现场氛围热烈，互动积极。宋老师由种植农作物谈到培育新品种，由此引发孩子们思考：自己想要成为一个什么样的人。他用自己的亲身经历，让孩子们明白："遇到困难，要迎难而上。没有什么问题是解决不了的，只要我们敢于不断尝试。"

转眼间，报告会就要结束了，葛校长对宋老师的讲座给予了高度评价，并为其颁发了荣誉证书。

这场别开生面的劳模讲座，给即将毕业的孩子们开启了一扇窗，让他们对农业知识有了进一步的了解，对科学攻关有了更深刻的认识。

根据以上材料，回答相关问题。

(1)学校开展劳模讲座的意义和目的是什么？

(2)联系实际，说说学校应如何更好地开展劳动教育？

9.［2019河南］9月，正是各高校开学的时间，连日来，记者采访发现，不少大学新生几乎都是被家长“抱着”送进大学的。高校迎新时，各校报到处的马路上挤满了送学生的汽车。有的父母双手拎着几个箱子，孩子却空手而行。在一处新生报到台前，一位农村母亲拿着入学通知书满头是汗地到处找人，女儿却远远地坐在树荫下，当老师要她喊女儿自己来办时，她忙解释说：“她一路坐车累了。”在各处新生公寓，最常见的一景是：家长跑来跑去领公寓生活用品、铺床、买饭、打水，孩子则多甩手在一边看着，有些学生甚至不会存钱，找不到宿舍，找不到超市买牙膏。

请结合材料，从素质教育的角度谈谈我国应该如何深化义务教育教学改革？作为教师应该怎样做？

10.［2021安徽］黄老师是刚刚从大学毕业的新老师。黄老师刚刚开始教学时，为了了解六(3)班的英语成绩，组织了一次随堂测验，结果发现该班学生的成绩差距很大，成绩好的学生可以在测验中取得96分，而成绩差的学生只取得31分。

这让黄老师感到很意外，在黄老师不知道该如何进行教学工作时，突然想到了大学时期学到的“要按素质教育的要求进行教育教学”，根据这点，黄老师认为，如果按照优秀学生的水平进行教学，则基础不好的学生会跟不上讲课的进度，所以应该按照班上学生的最低英语水平进行教学，这样才能确保每一位学生都能听懂。

请你分析黄老师的观念是否正确，并说明理由。

11. [2020河南]近年来,人工智能的发展环境发生了深刻的变化,呈现出深度学习、跨界融合、人机协同、自主操控等新特征。在可预见的未来,诸如超市收银员、银行柜台服务人员、高速公路收费人员、餐饮服务人员等将会被人工智能部分或全部取代。但是,根据一项国际研究的预测和分析,未来二十年最不容易被人工智能取代的职业之一是教师职业。

请结合案例,运用教育学知识分析:人工智能时代教师职业角色的"不变"与"变化"各是什么?

12. [2019广东]青年要顺利成长成才,就像幼苗需要精心培育,该培土时就要培土,该浇水时就要浇水,该施肥时就要施肥,该打药时就要打药,该整枝时就要整枝。

——摘自习近平总书记《在纪念五四运动100周年大会上的讲话》

作为一名高中/职校教师,请你简要分析上述材料所蕴含的教育内涵。

13. [2020安徽]**材料一**　教育部、财政部于2010年启动实施的"中小学教师国家级培训计划"走过了10年历程,参与其中的教师达1500万人次,效益显著。为进一步提升教师培训的针对性和实效性,教育部组织相关专家,研究制定了"中小学教师专业能力建设项目系列指南",包括《新教师入职培训指南》《青年教师助力培训指南》《骨干教师提升培训指南》和《教师培训者团队研修指南》。"系列指南"致力于探索建立基于教师发展规律开展分层分类培训新体系,推动我国教师培训工作进入从规划设计、组织实施到过程管理、效果评价等全流程专业引领、分项目科学实施新阶段,更好地实现教师学习的变量控制、教师培训的生态优化,从而形成"学习强师"的新局面。

——资料来源:李源田,陈睿."学习强师"的行动路标——中小学教师专业能力建设项目实施指南解读[N].中国教育报,2020-5-2.(有改动)

材料二 我是一位有着30年教龄的老教师，看到4月22日《读书周刊》讨论理科教师的阅读，我想说，在我的教师生涯中，让我受益最大的是全科阅读。刚刚参加工作时学校里没有书，我就到处去借，一次偶然的机会看到了一本过期的数学杂志，里面有一篇介绍解题方法的文章，如获至宝的我在课堂上应用了这些方法，取得了良好的教学效果。尝到甜头的我自费订阅了二十多种教育报刊，并长期在教育书店邮购书籍。我的阅读面非常广，《教育学》《心理学》《初等数论》《马桥词典》都在我的阅读书单中。多年的阅读让我受益匪浅，教育教学能力得到很大提升，教学效果得到学生、同行和家长的一致认可，先后获得特级教师等多项荣誉称号。在教学之余，我还将自己对教育教学的思考和经验汇聚成籍，先后出版了《现场与背后》《寻变》《重新认识课堂》等多本著作。读书、教书、写书就是我的生活。

——资料来源：贲友林．“我受益最大的是全科阅读”[N]．中国教育报，2020-5-6.（有改动）

(1)结合材料分析影响教师专业发展的主要因素。

(2)根据教师专业标准，你认为新时代中学教师应具备哪些专业素养？

(3)作为新任教师，你认为应如何提升自己的专业素养？

14.［2019湖南］阅读材料，按要求作答。

“小林同学头脑聪明，连续两年都保持着第一的成绩，不愧是外交官的孩子。”课堂上，张老师刚表扬了在这次期末考试中取得班级第一的学生，转而就对考了倒数第一的学生进行严厉批评：“李××，在神游呢？俗话说，‘龙生龙，凤生凤’，我看你就不是块读书的料，谁都教不好你，趁早回乡下陪你父母种田算了。”

请运用教育学的相关理论对材料中张老师的观点进行评价。

15.［2018贵州］在上主题是“寻找有生命的物体”的科学课时，我安排学生去校园里寻找有生命的物体，并做好观察记录。走出课堂的孩子们显得很兴奋，不一会儿，一位同学跑过来说：“老师，我捉到一只小鸟。”其他同学也围了过来，突然，一个同学说：“这只是公的。”围观的同学们哄堂大笑。我问道：“你怎么知道的？”“科普书上写的，公鸟的羽毛更艳丽。”他自信地说。这是孩子最直接的推理，确实难能可贵。我及时表扬道：“你真是一个小生物学家，科学就是发现问题、提出问题、分析问题和解决问题，希望你能做进一步的研究。”孩子认真地点点头。过了一会儿，一位同学跑过来告状：“小明把小鸟的羽毛扯掉了。”我很快意识到这是一个绝好的教育机会，便走过去，看见几个同学正在气呼呼地指责小明。我对他们说：“小鸟也是有生命的。我们应该爱护每一个生命体。我相信小明一定是无意扯掉了小鸟的羽毛。同学们，我们应该怎么对待这只美丽的小鸟呢？”小明马上大声说：“老师，我们把小鸟放了吧，让它去找小伙伴！”这节课给我的感悟是：在潜移默化中，学生对生命的理解和珍惜，会比单纯说教来得更加有效。

结合案例，试从教师职业理念的角度，评析老师的教学行为。

16.［2020黑龙江］刘老师发现小月同学有些自卑，便决定召开一次主题班会活动，帮助同学们克服自卑心理。在班会上，刘老师让每个人在自己的背后贴一张纸，由其他同学在纸上写出他的优点。小月看到自己的纸条上写着“帮助班级浇花”“帮助同学答疑”……她才发现原来自己也是有很多优点的。后来小月的自卑心理渐渐改善了，学习的积极性也提高了。

请从学生观的角度评价刘老师的教学行为。

17. [2019广东]陈老师在语文教学中，总是先让学生明确学习目标，然后提出问题，让学生围绕问题各自探索并在小组内进行交流。大家都解决不了的问题，就由陈老师讲解，一学期下来，很多学生觉得不但收获了知识，解决问题的能力也增强了。

当然，陈老师也会遇到一些“意外”情况，有的同学老是找不到学习的方法，也不愿意发言，习惯当听众。小明就是这样的孩子，有次陈老师让小明发言，小明站起来紧张得面红耳赤，陈老师示意小明坐下，课后，陈老师把小明叫到办公室，说：“你既然不愿意在班上公开讲，那我们就私下聊吧，现在只有我们两人，你就补上你的课堂发言吧。”在陈老师的多次鼓励下，小明慢慢克服了胆怯，也敢上台发言了。

作为班主任，陈老师号召学生扩大阅读面，他给学生推荐了很多书目，包括古今中外的文学名著，也包括科技史、通俗哲学读物、成功者的励志故事等，他还经常组织学生交流阅读体会，一学期下来，学生的视野明显开阔了。

请结合材料，从学生的角度，评析陈老师的做法。

18. [2017河南]据北京教科院基础教育研究所的一个调查显示：78.5%的教师主张教师为了教育孩子，应做孩子的知心人。但与此同时，50.2%的教师认为自己所在的学校存在着教师体罚、讽刺、挖苦学生的现象，并有38.6%的教师认为教师经常批评、惩罚学生是出于对学生负责和对学生有爱心。虽然反映教师经常发脾气的小学生、中学生的比例只有7.3%和9.8%，但是反映教师不发脾气的小学生和中学生的比例也只有20.6%和13.4%，也就是说有79.4%的小学生和86.6%的中学生认为教师在他们面前发脾气，只是有经常、有时、偶尔的程度不同而已。

对以上调查结果你有什么感触？请用当代学生观的理念进行分析。

19.［2017江西］俄国作家契诃夫讲过一个他叔叔养猫的故事：契诃夫的叔叔希望他的猫成为一名训练有素的“捕鼠高手”，所以在它很小的时候就在猫笼里放了一只老鼠，小猫的捕鼠本领还未完全发育。所以，它只是好奇地观察那只老鼠，不带任何敌意。他想教育小猫认敌为友是不对的，所以他对小猫一顿鞭打责备，还羞辱它，甚至把它赶出去。第二天，那只老鼠又被带到小猫面前，这次，小猫心生恐惧，更没有任何攻击的意向了。于是他又是一顿打骂羞辱。如此的管教一天一天的重复。一段时间下来，只要这只猫见到或是嗅到老鼠，它就会惊叫起来，吓得往墙上爬。事已至此，他终于失去了耐心，只好把猫送人，说它太笨了，什么也学不会……

结合教育理论，判断契诃夫的叔叔作为老师的做法是否正确？若不正确，请指出他在教学过程中的不妥之处。

20.［2019江苏］一年级学生莎莎，由于母亲工作忙，开学第一天，莎莎的耳朵没有洗干净。第一节课，张老师发现了莎莎的耳朵脏，叫莎莎站起来给大家看，作为一个反面的教材，引起了全班同学的大笑。从此以后，每次上到张老师的课，莎莎总是把头埋得很低，总是觉得大家都在看她，都在嘲笑她。因此莎莎的数学成绩一直很差。老师把原因归结于莎莎上课不认真，没能集中注意力去听课，以致莎莎的成绩越来越差，数学就考40分，莎莎的身心受到了严重的影响。终于有一天，妈妈发现了莎莎不对劲，问了莎莎原因。在妈妈的询问下，莎莎把这件事情告诉了妈妈，妈妈要求更换班主任，此事受到了学校的重视，学校对张老师进行了严厉的批评。张老师也意识到了自己的错误，并向莎莎道歉。

综合案例，运用“以人为本”的学生观，分析张老师的教育教学行为。

21.［2019 安徽］阅读材料，回答问题。

陶行知在《师范生应有之观念》一文中有这样的论述："教育者，乃为教养学生而设，全以学生为中心，故开办学校、聘请教师，无一非为学生也。若无学生，焉有学校？既无学校，焉有教师？然则教师与学生，焉可无同情耶？同情谓何？即以学生之乐为乐，以学生之忧为忧；学生之休戚即我之休戚，学生之苦恼即我之苦恼是也。"

(1)你认为新型师生关系有何特点？

(2)教师应树立什么样的学生观？

(3)谈谈如何建立良好的师生关系。

22.［2019 江苏］在一所学校的课程改革中，高老师在新学期的第一堂课上，发给每位学生一份课程导航，导航第一页写着课程名称、教学目标、教材名称和拓展学习材料目录，之后列出了教学日程安排，包括每堂课的学习材料、学习目标和重点、课前预习内容、课后作业等。导航中还有对学生考评的说明：课堂参与10%，平时作业20%，课外时间活动10%，期中考试20%和期末考试40%。小晨举手说："老师，这些加起来正好是100%。"高老师点头："你很细心，没错。每个人期末的得分会是这几项得分的汇总。"在"平时作业"这项里学生又发现，如果对自己的成绩很不满意，找出原因并改正后可重新拿回满分。高老师说："同学们，请保管好你手中的这份导航，因为我们要经常使用这份导航来评价自己和他人。学习是个过程，而不是一场考试，平时大家可以根据导航的指标看看自己在哪些方面可以做得更好。"

请结合案例阐述高老师课程评价方式的特点和意义。

23. [2017广东]周五下午,某校三(2)班学生最盼望的"茶道课"开始了!在清雅的古典音乐中,老师、家长和孩子们一起煮水、温杯、洗茶、泡茶、品茶。教室里茶香四溢,所有人都凝神静气,沉浸在优雅淳厚的古风古韵中。

说起这"茶道课"还有一段故事呢!

半年前,班里一位对茶文化有研究的家长发现自己的孩子和班里不少同学都有喝碳酸饮料的习惯,于是她和班主任沟通,希望通过让孩子们学习茶道,亲近几千年的中国茶文化,来改变这种不健康的习惯。她的建议得到了班主任和家长委员会的积极响应,家长委员会很快为班级购置了茶具,并由这位家长亲自担任授课教师。她不仅教给孩子们泡茶的方法,还为孩子们讲解饮茶历史、饮茶与健康、中外茶道、饮茶与中国传统礼仪。为了让更多孩子喜欢喝茶,她还和孩子们一起尝试在淡淡的茶水中加入水果、牛奶、蜂蜜、冰糖、抹茶等,制成了各具特色的"创意茶"。

如今,"创意茶"成为了孩子们最喜爱的饮料,"茶道课"也成为了最受孩子们欢迎的课程之一。

请阐述上述校本课程开发及实施的案例对你的启示。

24. [2021安徽]华应龙有一节堪称经典的数学课"规律的规律"。这是一堂复习课。他打破了教材原有的教学目标,不是带领孩子回顾和巩固规律,而是鼓励他们主动怀疑和打破规律,在许多老师和学生看来,数学是真理,是就是,不是就不是,是确定的。但是,华应龙在课堂上明确地告诉学生:"世界上的一切事物都是变化的,都是有范围的,可能在这个范围里是对的,超出这个范围就是不对的。所以,我们看问题不可以绝对化,要随时修正。"最后,他以"规律的王国也是有国界的"作为这节课的结束语,不仅孩子们意犹未尽,听课的老师也感到非常震撼。

华应龙在讨论自己的这节课时说过一句话:"优秀的数学老师一定要有很高的视野,要跳出小学数学看数学,要跳出数学看数学,要用哲学的眼光看数学。数学老师要想上出具有文化味道的课,既要有一定的数学专业基础,也要有一定的文化素养。"

——材料来源:华应龙著.我不只是数学[M].北京:中国人民大学出版社,2018.02.(有改动)

(1)结合某一条教学规律,谈教师为什么要上"具有文化味道的课"?

(2)教学应完成哪些任务?

(3)促进教师专业发展的方式有哪些?

25.［2020 河南］为了提高教学效果，加强学生的主体性，郝老师一改原来的教学方式，在课堂上使用“三少”教学法：“少说”，用最少的语言呈现最多、最有价值的信息，让学生参与讨论；“少写”，板书简洁，层次分明，有主有次，内容明确；“少做”，不越俎代庖，相信学生，让学生动手实验。

有学生反映，“讲得太少，不理解学习内容”“讨论学不到东西”“老师不示范，学生瞎做”。郝老师很迷惑，一方面大家抱怨老师满堂灌，但让学生积极表达时，却不尽人意，是不是还要继续这种教学方式？

(1)结合案例，请对郝老师的教学进行评价。

(2)请谈谈在实际教学中，你是如何提高教学效果的。

26.［2019 内蒙古］孙老师是一位经验丰富的小学语文老师，对所带班级有充分的了解，并能有针对性地进行教学。一天，他在给学生布置语文作文作业的时候说：“春天到了，请同学们利用周末走向大自然，仔细观察并完成一篇记录和描写春天的作文。”紧接着，孙老师根据全班学生的能力分别提出了要求，他对学习程度低的学生说：“请你们在感受春天的同时，用手机如实拍下春天的景象，录下百鸟的声音。”对学习程度中等的学生说：“请你们用自己的语言描写出春天的景象。”对学习程度较高的学生说：“请你们引用借鉴中外名句描写美丽的春天。”

请根据案例，回答以下问题。

(1)请问此案例中孙老师在教学中贯彻了哪些教学原则，并解释其含义。

(2)结合案例，谈谈教师在贯彻教学原则时的要求是什么？

27.［2018陕西］王老师在教《再别康桥》的过程中，向学生提问："这首诗歌抒发了诗人告别母校时的感想，题目却用了'再别'而不是'告别'。这是否文不对题？题目是否该改一改？"王老师的问题"一石激起千层浪"，学生们纷纷从不同的角度阐述自己的观点。在活跃的讨论中，大家一致肯定"再别康桥"这个题目不能改，整首诗虽没明显体现出"再别"，但这首诗是诗人故地重游因物是人非有感而发的诗篇。"再别"一词奠定了整首诗歌的感情基调，表达了诗人对母校无尽的留恋之情。至此，疑惑释然，情理并露，该课在学生们的争辩声中顺利结束。

(1)请结合案例分析王老师在教学中主要贯彻了什么教学原则。

(2)请结合案例分析王老师运用了哪种教学方法。

28.［2020内蒙古］一位中学生在自己的日记里这样写道："我觉得给我们上课的老师，他们工作得很辛苦、很可怜，也很无奈。他们一个个像走马灯似的走进来走出去，口若悬河，给我们留下来那么多知识，但是我们就是不学习。老师，您该气坏了吧！"

请你用讲授法的优缺点对上述案例中教师上课的利与弊进行分析评价。

29. [2017贵州]课堂上教师给学生布置了讨论任务，学生以小组形式开始讨论后，教师马上将身体转向黑板，抓紧时间板书，很快板书写好，教师转过身来，问道："同学们讨论好了吧？"同学们回答："讨论好了。""嗯，我看大家都讨论得很好，现在谈谈你们讨论的情况。"

请分析此案例中的教师在教学方法的运用上存在哪些不足，并阐明理由。

30. [2019山东]在一堂数学课上，教师让学生解答一道古老的数学题目：鸡兔同笼。题目是这样的：一个有鸡和兔的笼子里有头45个，脚116只，问鸡兔各有多少只？

学生议论纷纷，有的开始尝试计算，但是却算不出来。解题的突破口在哪里呢？鸡的两只脚和兔子的四只脚在"捣乱"，如果让鸡和兔的脚数一样，那题目就容易了。于是，老师下令："全体兔子立正!提起前面的两只脚。"

全班同学哄堂大笑，个个睁大了惊奇的眼睛。

"现在，兔子和鸡的脚数一样了。上面有45个头，下面该有多少只脚呢？"

"45×2=90(只)。"学生们齐声回答。

"和先前相比，少了多少只脚呢？"

"少了26只。"反应快的马上叫了起来。

"这26只脚哪里去了？"

"被兔子们提起来了。"

"那么，现在你们知道笼子里有多少只兔子了吗？"

"有13只兔子!"同学们欢叫着。

请结合所学教育学的理论对老师的这一教学片段进行分析。

31.［2019广东］以下是某位教师教授初三年级课文《孔乙己》的教学片断：

学生A："文章最后一段说'大约孔乙己的确死了。'这一句中的'大约'和'的确'是矛盾的，作者为什么要这样写？"

教师："对！这个问题提得好，的确是个非常有价值的问题。那么，为什么会这样呢？请同学们畅所欲言，各抒己见，共同解决这个问题。"

学生B："'大约'是修饰'孔乙己的确死了'这一句的，而'的确'只是修饰'死了'这个词的，它们修饰的范围不同，所以并不矛盾。"

学生C："我们曾经学过，一个病句不但要看它是否有语法错误，还要看它是否符合语言习惯。任何人一看这句话，都会觉得是不通顺的。"(同学们都笑了)

学生D："鲁迅是个大文豪，他也懂得这个道理，可是为什么还要这样写呢？"(同学们大笑)

学生E："我觉得可以这样理解，这个'大约'是因为孔乙己死了那么多年，没有人知道他死的消息，人们只能根据推测来判断，而推测的根据是孔乙己一生的遭遇，说明他的死是带有必然性的，所以要在后面用'的确'这个词。又因为孔乙己很穷，在社会上没有地位，所以他死了也没有人知道得那么确切，作者只能用'大约'以表示强调。"

听了同学们的发言后，老师说："刚才同学们发言很踊跃，讲得也很有道理。好，下面我们继续学习。"

请运用教育学原理谈谈该教师在运用讨论法教学时的优点与不足。

32.［2019河南］有位教师在教"圆"这个概念时，一开始就问学生："车轮是什么形状？"同学们觉得这个问题太简单，便笑着回答："圆形。"老师又问："为什么车轮要做成圆形呢？难道不能做成别的形状，比如说，做成三角形、四边形等。"同学们一下子被逗乐了，纷纷回答："不能！""因为它们无法滚动。"老师再问："那就做成这样的形状吧！(老师在黑板上画了一个椭圆)行吗？"同学们开始茫然，继而大笑起来："这样一来，车子前进时就会一会儿高一会儿低。"老师再进一步发问："为什么圆形就不会一会儿高一会儿低呢？"同学们议论纷纷，最后终于找到了答案，因为圆形车轮上的点到轴心的距离是相等的。至此，老师自然地引出"圆"的概念。

(1)请评价这位教师教学方法的独到之处。

(2)教师应如何上好一堂课？请结合案例分析。

33.［2020黑龙江］小佳毕业后成了一名特岗教师。上岗后，小佳格外珍惜当老师的机会，她勤奋努力，虚心向优秀教师学习，经常看"一师一优课"视频，仔细研究教材教法，观摩优秀课堂教学，但是所带班级的成绩还是不理想。自己对待工作认真负责，在工作中向优秀教师学习，并且还是师范院校毕业生，为什么教学效果不理想呢？为此，小佳陷入了迷茫……

(1)结合案例，分析小佳教学效果不理想的原因。

(2)请提出改进教学的建议。

34.［2019山西］2017年《教育蓝皮书》发布了我国中小学校班额的调查结果，大班额现象在我国中小学普遍存在，问题比较严重。有媒体报道，河南驻马店某县一中学的平均班额为109人，周口某县一小学的平均班额达113人。

2010年出版的《国家中长期教育改革和发展规划纲要(2010～2020年)》提出，"要逐步消除大班额现象"。2016年，国务院印发文件明确要求，2018年年底全国要基本消除66人以上超大班额，2020年底基本消除56人以上大班额。

(1)按照国家要求，目前中小学班容量应控制在多少人以内？

(2)简要说明大班额、超大班额给学校教育造成的不利影响。

35. [2019 重庆]阅读下面一段材料，分析材料所揭示的现象及产生这种现象的原因，并论述如何通过改进课堂教学组织形式来促进教学过程中的机会均等。

每个教师都意识到应努力为班内的所有学生提供均等的学习机会，然而，群体教学中的实际情况与这种理想相差甚远。对师生在课堂上互动情况所进行的观察表明：教师（可能是习惯性的）针对某些学生进行教学与讲解，而忽视了其他学生。教师给予了某些学生更多的积极强化与鼓励，鼓励他们积极参与课堂讨论以及回答问题，对待其他学生就并非如此。一般情况下，教师对班内三分之一或四分之一的优秀学生最为关注并给予最多的鼓励，班内半数以上较差的学生所得到的关注与帮助最少。师生之间关系的这些差异，使得一些学生得到了（其他学生所得不到的）更多的机会与鼓励。

36. [2020 河南]2020 年，某市青年教师优质课大赛中，陈老师执教的一节课情境导入新颖，环节流畅，学生参与度高，问题预设抽丝剥茧，步步深入。最后，专家点评说："本节课最大的优点是完美，最大的缺点是太完美。"

请从预设与生成关系的角度，谈谈你对专家点评的理解。

37. [2018 安徽]从教 20 年来，我在校内外多次观摩听课。近年来，我发现，有些经过教研组集体合力打磨的课，展示时总感觉太失真，作秀太明显；也有一些教师精心准备的课，却受到学生的冷遇，台上教师口若悬河，台下学生却昏昏欲睡。这种情况与教师课前没有充分了解学生的情况有关。所以教师备课不应只是备课本，更要关注学生学情，并由此出发有针对性地设计教什么、怎么教的问题。

——资料来源：陈长礼. 精心准备的课为何学生不买账[N]. 中国教育报，2018-5-2

(1)教师备课在教学过程中的地位与作用是什么？

(2)教师备课应该树立什么理念？

(3)教师备课有哪些基本要求？

38.［2021安徽］**材料一**　“作业是学生在非课堂教学时间完成的专门性智力活动，对于学生建构生活意义，增进学习体验，优化师生关系具有积极作用。”作业的根本目的在于强化学生对所学知识的认知与理解，并培养学生的综合运用能力。

材料二　2017年9月，中共中央办公厅、国务院办公厅印发的《关于深化教育体制机制改革的意见》指出：“提高课堂教学质量，严格按照课程标准开展教学，合理设计学生作业内容与时间，提高作业的有效性。”在2021年全国教育工作会议上，教育部党组书记、部长陈宝生谈到了要管理好中小学生的五件“小事”：作业、睡眠、手机、读物、体质，作业管理至关重要。他强调：“让学校的责任回归学校，让家庭的责任回归家庭，共同引导孩子自主完成、自我管理作业。”

(1)结合材料，谈谈作业的作用。

(2)你认为教师给学生布置作业有哪些要求。

39.［2019安徽］阅读下列材料，回答问题。

山东省东明县第四实验小学摒弃一张试卷考学生、按照考试分数排名次的做法，实施多维度学科板块式评价改革。如语文学科，学校设计了生字过关、课文精彩片段背诵、经典诵读监测、“同读一本书”、话题演讲等五个板块。学校邀请优秀的学生担任“大法官”“裁判员”，并给他们免考的奖励。同时，还邀请家长参与学生评价过程，鼓励家长、教师、学生共同参与，形成开放式多元评价。自实施评价改革两年多来，学生学得轻松，老师教得轻松，学生有自信了，家长也愁眉舒展了。

——资料来源：魏海政．突破“唯分”困局——一所小学的学生评价改革探索[N]．中国教育报，2019-04-03(有改动)

(1)简要分析传统考试评价中存在的缺陷。

(2)试分析该校的教育评价观。

(3)随着评价观的转变，教师的教学行为应发生哪些变化。

40. [2020河南]**材料一** 因为新冠肺炎疫情，教育部下发通知，要求2020年春季延期开学，并做到"停课不停教、不停学"，提倡各地教育部门取消各类线下课程，充分利用网络信息技术，积极开展线上教育。

教育部统筹整合国家、有关地方和学校相关教学资源，提供丰富多样、可供选择、覆盖各地的优质网上教学资源，全力保障教师们在网上教、孩子们在网上学。拟于多数地区原计划正常开学的2月17日开通国家网络云课堂，以"一师一优课、一课一名师"项目获得部级奖的课程资源为基础，吸收其他优质网络课程教学资源，供各地学校组织学生开展网上学习。

材料二 受新冠肺炎疫情影响，全国各地许多高校返校时间延期，网上授课陆续开启。网上关于老师化身"十八线主播"，直播误开"超级美颜"的视频、段子，已经透露出全新的授课模式对师生的"考验"。

调查显示，大多数学生认为网络或网课软件不稳定是网络课堂目前存在的最大问题(79.86%)。此外，上课互动体验不好(53.11%)、师生不能面对面导致学生容易走神(54.93%)、老师难以判断学生是否能跟上讲解进度(54.48%)也是目前网络课堂存在的缺陷。还有被调查学生反映，不同课程授课老师使用不同的软件，来回切换要花费很多时间；现在没有课本，也让学习有些不便；也有的老师和学生操作网课软件不是很熟练。

网课带来的挑战不仅让学生不太适应，也让老师们直呼"太难了"。老师和学生在家上课的软、硬件设施差异很大。在网络和电脑、手机等设施比较完善的情况下还好，但在网络和硬件条件有限的地方，上课变得更加困难。

(1)谈一谈你对新教学模式的认识。

(2)作为一名新教师，面对网络教学你会如何做？

41. [2019黑龙江]小学数学教材中有这样一个问题：一个服装厂计划做660套衣服，已经做了5天，平均每天做75套。剩下的要3天做完，平均每天要做多少套？

为了让学生积极参与，王老师把题目改编为"'六一儿童节'要到了，我们五年级学生要参加表演，需要演出服装660套，爱心服装厂已经做了五天，平均每天做75套。现在离'六一儿童节'还有3天，请你帮忙算算，工人每天需要制作多少套服装，我们才能按时拿到服装？"巧妙的设计激发了学生浓厚的学习兴趣……

请对王老师成功的教学情境创设进行评析。

42. [2019贵州]阅读下面案例,根据要求回答问题。

在某小学"磁铁有磁性"的科学课上,张老师首先给学生播放了动画片《机器人总动员》中的片段——"机器人与磁铁",孩子们看到磁铁非常喜欢机器人瓦力,一见到瓦力就会和它紧紧拥抱在一起。

接下来,张老师开始带领孩子们进行课堂实验探究。

第一轮,实验探究的主题是"找呀找呀找朋友"。张老师拿出卡纸、回形针、木片、铁钉、铁夹子等物品让孩子们用磁铁去吸引这些物品,通过实验孩子们发现上述物品中金属类物品是磁铁的朋友。

第二轮,实验探究的主题是"谁是我的好朋友"。张老师拿出一些镍、铁、铝等不同材质制成的金属硬币。再让孩子们用磁铁去吸它们。孩子们发现不是所有的金属硬币都能被磁铁吸起来,只有铁质物品才是磁铁的好朋友。

第三轮,实验探究的主题是"万水千山总是情"。张老师首先让孩子们用磁铁隔着一张纸去吸一颗铁钉,随后又分发布片、木片、塑料片等不同材质的隔板以及大小不同的磁铁。实验发现只要磁性够大,磁铁可以隔着不同的物体吸引铁质物品。

实验结束后,张老师让孩子们把今天实验探究的发现进行归纳整理得出如下结论:磁铁可以吸引铁质物品,还可以隔物吸引铁质物品,隔物越厚所需要的磁性越大。

结合案例分析张老师课堂教学的艺术。

43. [2019河南]语文老师在讲授孙犁的散文名篇《黄鹂》时,是这样开头的:教师先问:"大家能说出哪些有关黄鹂的诗文?"学生根据自己的知识积淀,能够说出"两个黄鹂鸣翠柳,一行白鹭上青天"(杜甫),"千里莺啼绿映红,水村山郭酒旗风"(杜牧),"留连戏蝶时时舞,自在娇莺恰恰啼"(杜甫),"漠漠水田飞白鹭,阴阴夏木啭黄鹂"(王维)。然后教师总结:"在这些诗文中,黄鹂作为春天的使者,给大好春光增添了盎然的生机和无限的活力。那么,在我国著名的散文家孙犁的笔下,黄鹂又是怎样的呢?"

材料中的老师运用了哪种课堂导入方法?并简述课堂导入在课堂教学中的作用。

44.［2019河南］《我应该感到自豪才对》的教学片段一：

师：(板书课题)今天，我们一起来学习一篇新课文《我应该感到自豪才对》。

(生齐读课题)

师：看到这篇课文的题目，你的头脑中产生了哪些疑问？

生1：题目中的“我”指的是谁？

生2：小骆驼一开始就自豪吗？

生3：小骆驼后来因为一件什么事感到自豪？

师：下面就让我们自由读一读课文，自己试着解决这些问题吧！

《我应该感到自豪才对》的教学片段二：

师：同学们，谁能告诉我“自豪”的意思是什么？

生1：做了了不起的事情感到光荣就是自豪。

生2：有成就感。

生3：取得成就而感到高兴。

……

师：大家解释得都挺好。请大家讲一讲，你曾经因为什么事情感到自豪？

生1：……

生2：……

(学生们兴致勃勃地讲自己感到自豪的事)

师：同学们，今天我们要学习的是一篇十分有趣的童话故事。

(板书《我应该感到自豪才对》)

师：题目“我应该感到自豪才对”中的“我”是谁？为什么说“应该自豪”？你还能从题目中提出哪些问题？请大家朗读课文，看能否找到这些问题的答案。

请对上述课例中设置疑问的教学行为进行评析。

45.［2017河北］随着网络、手机的普及和广泛使用，人们获得知识的途径越来越便捷，也越来越依赖于网络和手机，并且在使用过程中出现了随用随搜的现象，人们读书越来越少，掌握的知识也变得碎片化。在学生中手机的使用更是有向低龄化、日常依赖化发展的趋势。

作为一名教育工作者，你怎么看待这一现象？在教学工作中如何处理？

46. [2017福建]升国旗仪式后,少先队大队部下发了为残疾儿童献爱心的倡议。回教室途中,班主任刘老师听到本班有位同学在嘀咕:"献爱心,献爱心,想必又要让我们捐款了。"一旁的同学也在低声讨论着。下午的班队课上,刘老师组织同学们观看有关残疾儿童的纪录片,并围绕"有何感想"和"我们能做什么"进行分组讨论。集体交流时,A同学说:"我们小区有一个这样的孩子,真的很可怜,我去帮过他,但是我要上学做作业,只能偶尔帮帮他。"其他同学也纷纷发言:"我们可以省下自己的零花钱,更多地帮助他们。""众人拾柴火焰高!""捐物捐款只是献爱心的一种表现,帮助他们对生活充满信心才是关键!""我们可以给他们写信、送贺卡。"……刘老师总结时,分享了自己很喜欢的一句话——"让别人因为我们的存在而感到幸福。"

结合案例,分析刘老师的行为遵循了哪些德育规律。

47. [2017贵州]某老师在新同学见面会上对学生说:"现在我们来说说迟到的问题。一般来说,迟到了站在教室门口喊'报告'是一件难为情的事情,谁不想早一点到校呢?学习是自己的事情,谁不想对自己的事情负责呢?但人们难免会有这样那样的原因可能迟到,现在我向全班同学征求意见,本学期打算迟到30次的请举手。"全班无一人举手。"打算迟到20次的请举手。"全班还是无人举手。"打算迟到10次的请举手。"仍无人举手。"打算迟到5次的请举手。"全班只有一人举手。老师说:"非常好,看来我们班本学期迟到的同学并不多,最多的才5次,而且仅仅是打算,很可能达不到5次,即使达到或超过5次也没有关系,只要大家对于时间观念有了正确的认识就行了。"老师承诺:"本学期结束,如果全班无一人迟到超过5次,我给大家唱两首歌。""好。"同学们不约而同地热烈鼓掌。学期结束时,全班仅有2位同学迟到3次,5位同学迟到一次。在期末家长会上,老师唱了两首歌,虽然唱得并不是特别好,但家长和全班同学都报以热烈的掌声。

此案例中这位老师的教育艺术有许多值得借鉴之处,请从三个方面谈谈并阐明理由。

48.［2018山西］某次班会课上，班主任刘老师策划了一次民主测评会，要求大家不记名投票选出三名“差生”。除了两名同学最近因违反了学校纪律，无可争议地成了“差生”之外，11岁的肖亮，因为被同学列举出了12条罪状，成为了第三名“差生”。班会结束后，班主任刘老师召集三名“差生”，要求他们写一份检查，将自己干的坏事都写出来并让家长签字，下周一上交。肖亮只好按照老师的要求写下了检讨，并交给妈妈签字，这时肖亮的妈妈才知道孩子最近情绪低落、一直逃避上学的原因。她随即询问班主任刘老师，刘老师说：“你的孩子是同学们用无记名投票的方式选出来的，是大家公认的‘差生’。”当肖亮妈妈质疑这种做法会挫伤孩子的自尊心时，老师却回答：“孩子的自尊心是自己树立的，不是别人给的，这样做其实也是为了孩子好。”

虽然肖亮学习成绩不理想，不守课堂纪律，经常旷课、迟到，但这样“劣迹斑斑”的他，在音乐老师冯老师的眼里却是一个十足的“才子”，肖亮热爱音乐，尤其喜欢吉他，极有天赋。他经常参加学校的各种文艺表演，还代表学校参赛，屡获佳绩。

根据上述案例，结合实际，回答下列问题：

(1)请用德育的有关知识对刘老师的做法进行评析。

(2)假如你是班主任刘老师，你会如何对待肖亮？

49.［2020广东］小叶是一名初一学生，性格活泼好动。某次小叶将自己纸折的青蛙放在课桌上玩了起来，嘴里发出呱呱的叫声，干扰老师上课，老师非常生气，当着全班同学的面严厉地批评了他，结果第二天小叶带来了一只小狗。接着出现了麻雀、老鼠、兔子等，有一次小叶竟然将一条蚯蚓放在讲台上。班主任也拿他没辙，只能一次又一次地批评和惩罚他。他在大家眼中成了不可救药的调皮大王。初二时来了一位新班主任，新班主任了解小叶的情况后，没有着急批评他，而是仔细观察他。了解到他喜欢上生物课，于是找他谈话，还告诉他班上要成立一个动物兴趣小组，准备让他当小组长。小叶听后非常开心，向班主任表示一定改正自己的缺点。在小组活动中，他懂得了学好各门功课的重要性，对学习产生了浓厚的兴趣，成绩也有了很大的进步。后来他不仅完成了科学小论文，还带领小组在比赛中获得奖项。

根据以上案例，回答相关问题。

(1)教师应如何发现学生的闪光点？

(2)教师在运用长善救失教育原则时应注意哪些问题？

50. [2020广东]王老师发现班里的小兰虽然很聪明，但是不爱学习，经常在课堂上与同学聊天，影响他人学习。所以，他将小兰调到学习成绩好又不爱讲话的小伟旁边，希望能让小兰有所改变。然而一段时间后，小伟找到王老师，说小兰经常给他写情书。于是，王老师在班会课上把小兰的情书公之于众，并通知了小兰的家长。结果，小兰受到了家长的责骂和同学的取笑，每天情绪都很低落。

该案例中王老师的行为违背了哪些德育规律和德育原则？正确的做法应该是什么？

51. [2018重庆]初中生小明热爱篮球，他不但花大量时间打篮球和关注篮球消息，而且沉迷于篮球电子游戏。这导致他的学习成绩下滑，疏远了班集体。小明还经常带领班上几个男生一起打篮球、玩篮球电子游戏，有时他们连作业都不按时完成。父母和老师经常批评教育他们，可收效甚微。对此，班主任张老师十分焦虑。新学期伊始，学校组织篮球联赛，张老师找到了解决问题的办法，他没有像过去那样让体育委员组织球队，而是让班级同学选举的队长来组织球队。小明和他的球友都积极报名参加球队，小明还主动向张老师表达自己想带领球队为班级争光的想法，张老师表示支持，小明被选为队长。在班主任和体育老师的指导下，小明和队友刻苦训练、努力比赛，全班同学也为他们加油呐喊。小明在同学们的鼓励下带伤坚持比赛，并为班级赢得了冠军奖杯。从那以后，小明好像换了一个人，开始主动认真地学习，也能够有节制地玩游戏和打篮球，学习成绩逐步上升，和同学相处极为融洽。父母和老师对小明的变化感到十分欣慰。

用德育原则的相关理论评析班主任的做法。

52.［2020 河南］班主任王老师就一位学生的化妆问题,找她谈了一次话。

老师:“为您服务”节目看了吗？有趣吗?

学生:有趣。

老师:那个要大家评论四张妇女化妆像好坏的节目,你觉得怎么样？你能讲出她们的优缺点吗?

学生:这还不晓得！第一个脸长却梳高发型;第二个年纪好大还化浓妆;第三个脸大画细眉,脸就更大了,丑死了……

老师:为什么丑死了?

学生:那些妆不符合她们的身份和特征。

老师:哦……要是她们都是中学生,应该怎么化妆?

学生:我不晓得,老师讲讲。

老师:依我看,中学生应该朴素自然、整洁大方、健康活泼。化妆切记莫乱学别人浓妆艳抹。

学生:为什么呢?

老师:因为中学生接触的主要是同学和老师,浓妆艳抹会在同学之间、师生之间造成隔阂;青少年应有自然朴素的美,过分的化妆会掩盖住你脸上的青春活力和红润的肤色,让人觉得矫揉造作,不伦不类。

学生:嗯,有道理。

老师:还有,中学生应该有蓬勃向上的气质,浓妆艳抹会让人以为你是几十岁的妇女,把少女天真活泼的自然美都糟蹋了。

学生:想不到化妆还有这么多学问!

老师:是啊,穿也是一样,要注意自己的身份、体型、肤色等特征。

学生:哎,老师,我那天化妆化得……嘻嘻。

试运用德育原则和方法的相关理论对这次谈话加以评析。

53.［2019黑龙江］班里有一位女生经常上课迟到，自习课上又不安心学习，多次跑出教室，科任教师和其他学生都纷纷向班主任反映，希望班主任严肃批评她。班主任了解到她以前挨批评已是“家常便饭”，似乎“习以为常”了，再严厉的教育她好像都不在乎。因此，班主任没有正面批评指责她，而是采取了“旁敲侧击”的方法去教育、影响、鼓励她。一次，班主任因公务上课迟到两分钟，走进教室，便主动向学生检讨，较详细而深刻地分析此事的严重性。老师感叹到，如果所有老师都迟到几分钟，那么要浪费全校同学多少时光？并向学生保证以后决不再出现类似现象，请大家监督，也请大家每天准时上下课。此后那个女生果然不再迟到或早退了。一天放学前，她到班主任办公室，主动承认了以前的错误，并表示以后一定准时到校，言传身教的效果在她身上体现了出来。

(1)结合案例分析班主任老师贯彻了哪些德育原则。

(2)班主任运用的德育方法是什么？结合该方法的运用要求分析案例。

54.［2019湖北］央视曾经有一则给妈妈洗脚的公益广告。

画面一：一位年轻的妈妈给孩子洗脚，哄孩子上床睡觉。

画面二：这位妈妈重新打洗脚水来到另外一个房间，帮婆婆洗脚，正好这一切被还未入睡的孩子看见，孩子转身走了。

画面三：妈妈为婆婆洗完脚，再次回孩子的房间时，看见孩子正吃力地端着一盆水向她走来，并说：“妈妈，洗脚!”听着孩子稚气的声音，看见他满脸的水珠，这位妈妈会心地笑了。

(1)假如你是一位家长，你认为这则公益广告蕴含了家庭教育中的什么教育方法？这种家庭教育方法有什么好处？

(2)假如你是一位班主任，你可以借用此素材对班级学生开展哪一方面的教育？简述你开展这一教育的途径。

55. [2019江苏]根据以下案例,分析班主任张老师工作的德育智慧。

上课铃响后,班主任张老师走上讲台,正准备开班会。突然,一个乒乓球大的白色纸团飞到张老师的脚下。张老师的目光立即转向纸团的"发射台",只见班上多次违纪、屡教不改的张浩,旁若无人地坐在自己的位置上,潇洒地把头一仰。同学们都静静地看着张老师,看她准备如何发落。张老师脸色阴沉,压抑着满腔怒火。她想,张浩真是肆无忌惮、无法无天,必须要对他进行严厉地批评。可是,她转念一想,疾风暴雨式的批评已经不止一次了,但收效甚微,何不利用这次机会,尝试一下其他教育方式呢?

于是,张老师若无其事地整理了一下讲台,面带微笑地说:"同学们,大家都不要紧张。请想一想,你们平时有没有过类似的乱扔垃圾的行为呢?如果有,请你说一说,你是怎么看待自己的这种行为的?"

教室里一片寂静。过了一会儿,依然没有人说话。张老师又和颜悦色地说:"没关系,大家可以畅所欲言,老师是绝对不会批评你们的。"

这时,一向活泼的刘博率先站起来说:"我有过类似的行为。昨天,我在上数学课时,鼻涕流出来了,我掏出卫生纸擦了一下,然后随意地扔了。"

被大家公认最遵守纪律的吴昊接着说:"有一次,我吃完零食后,把包装纸扔在了操场上。我为我不文明的行为向同学们道歉。"

……

同学们纷纷举手,"揭发"自己在学校甚至在校外的一些不文明的行为。

刚才扔纸团的张浩同学看到大家坦率地承认了自己的错误行为,也羞愧地站起来说:"我也不知怎么了,擦完鼻涕就随手把纸团扔在了教室的地上,也许是习惯了。我保证今后不这样了,请老师原谅我,请同学们相信我。"

……

56. [2018安徽]陶行知先生于1926年11月在"南京中等学校训育研究会"上说:"训育上还有一个最不幸的事体,这事就是教育与训育分家:把教育看作知识范围以内的事,训育看作品行范围以内的事,以为学习知识与修养品行是受不同的原理支配的,甚至于一校之中管教务与训育者不相接洽,或背道而驰。殊不知学习知识与修养品行是受同一学习心理定律之支配的。我们如果强为分家,必致自相矛盾,必致教知识的不管品行,管品行的不学无术。所以,我们希望担任训育的人,要打破知识、品行分家的二元论,而在知识品行合一上研究些办法出来。"

注释:训育即现在所说的德育。

——资料来源：谢维和．陶行知先生留下的“作业”——立德树人的逻辑与实践研究之一[J]．人民教育，2017(7)

(1)依照陶行知先生的观点，你认为影响和制约德育的主要因素有哪些？

(2)你认为德育有哪些基本途径？

(3)你认为要切实落实立德树人根本任务应遵循哪些基本原则？

57.［2017广东］这个学期，某小学的李老师刚接手了五(3)班，担任该班的班主任。这个班是让各科老师都比较头疼的“差班”。不少任课老师反映，该班班风太差了，学生纪律散漫，学习基础普遍较差，学习氛围不浓厚。课堂纪律较差，上课时，同学们有的低头玩手机，有的看漫画，有的聊天，有的吃零食，认真听讲的学生极少，甚至连班干部也带头上课聊天、看小说……班级凝聚力不强，校运会每班需要派出运动员，报名参赛的同学少之又少。

(1)请谈谈班风的含义及其作用。

(2)结合案例和教学管理实际，谈谈李老师应如何进行班风建设。

58.［2019山东］张老师作为新入职的教师，被学校安排担任五年级(3)班的班主任，接任后张老师发现该班学生分配不均衡：浮躁生多，后进生多，特别是有令老师和学生闻之色变的自封“四大金刚”的学生——A学生、B学生、C学生、D学生。开学已有两周时间，但张老师的班级仍像一盘散沙：上课纪律差，作业多人不完成，即使是上交作业的学生，其上交的作业质量也极差。同学们时有吵架、打闹现象，任课老师三两天就来告状。这些弄得张老师心烦意乱，火气直冒，真想狠狠收拾他们一顿。

冷静下来后，张老师仔细调查、了解、查找原因。经过了解，她发现造成该班如此混乱、难管的原因主要是学生缺乏自我约束能力、学生都以自我为中心，班干部的管理软弱无力，同学间不团结，不追求上进，缺乏竞争意识。还有一个主要原因是：“四大金刚”太张狂，无人敢管，大家在他们四人的不良影响下无心读书、无人上进。

(1)根据上述案例，作为一名班主任，张老师应该怎么改变该班“散、差、乱”的面貌？

(2)结合材料，运用有关教育理论知识，谈谈如何转化后进生。

59. [2019湖南]A省B市××学校的一位学生家长说，今年3月份，孩子的班主任贺某为了整顿班级纪律，让班干部记录上课不专心的学生，贺某按照记录上的名字，逐一让学生自扇嘴巴。“贺某要求学生扇嘴巴时，必须要让她在教室任意一个位置都能听到声音。”

该校多位学生家长表示，贺某让学生扇嘴巴的事情也在自己孩子身上发生过。另一名学生家长介绍，贺某让她家孩子当着全班同学的面，扇了十个嘴巴。“刚开始的时候孩子不告诉我，后来有家长在班级群里说了这个事，我问孩子好几次才告诉我”。贺某还给班上12个比较调皮的孩子取了外号，叫“十二颗老鼠屎”。这位家长表示，学生家长到学校开家长会时曾提出贺某要求学生自扇嘴巴一事，会上贺某承认自己管理学生的方式不对，但并没有对上述事情作出任何道歉和处理。

请结合教育学相关知识，对材料中的教师贺某进行班级管理时的行为进行评析，并谈谈合理的班级管理方法应具备哪些特征。

60. [2020河南]放学路上，你听见几位同学议论：在疫情阻击战中，医护人员职业太辛苦、工作太危险，我将来肯定不会去学医。

假如你是这群学生的班主任，你将怎样引领班级舆论？

61.[2019广东]**材料一**　习近平总书记在全国教育大会上指出,“办好教育事业,家庭、学校、政府、社会都有责任。家庭是人生的第一所学校,家长是孩子的第一任老师,要给孩子讲好‘人生第一课’,帮助扣好人生第一粒扣子。”随着全社会对家庭教育越来越重视,随着《关于加强家庭教育工作的指导意见》等政策的颁布,家庭教育工作的重要意义、工作格局、主要内容、保障措施等更加明确。但是,家庭教育仍需要进一步关注和支持。

材料二　《关于进一步促进家庭教育发展的提案》提到,家长对学生的教育普遍感到焦虑,而九成以上班主任认为家校沟通存在问题,家长参与沟通积极性不高,家校教育理念存在差异,家长缺乏家庭教育知识,普遍存在焦虑情绪等,需要多方合力支持家庭教育。

材料三　据中国青年报社会调查中心联合问卷网的调查,一些家长在与学生的沟通的过程之中因为沟通方式不当,导致一些学生存在沟通上的压力问题。如学生小陈虽然能理解父母的想法与喜好,她认为,父母应该给孩子一些人生规划,但不能简单地自己觉得什么是对孩子好的就强加在孩子身上。

(1)根据材料并结合实际,谈谈当前家校矛盾的主要表现。

(2)为缓解家长的焦虑,推动构建家庭教育与学校教育的良性互补关系,你有什么解决建议?

62.[2018湖北]我为学生和家长设计、组织了一项长期的班级活动——家长讲座。家长讲座邀请全班学生的家长积极参与,在三年内定期请不同的学生家长为全班学生做讲座。具体的活动形式如下:家长自愿报名参加讲座;讲座内容要有利于学生的成长,可以是家长自己的人生故事、人生经历,也可以是工作感悟、所见所得;活动最后由全班学生推选出10名“最佳演讲者”,让学生为参加讲座的家长戴红花。在实际活动中,家长都非常用心地参与进来,每位家长进行讲座前都精心准备;学生自己策划组织活动流程,使每次活动都获得圆满成功。不同人生经历的家长为全班学生呈现了丰富多彩的思想和经验、五花八门的知识和故事,全班学生听得津津有味,感触颇深。

——任小艾的报告材料(节选)

(1)分析材料,任老师的做法中哪些教育理念值得我们学习和借鉴?

(2)假如你是班主任,围绕家校合作,你打算做哪些工作?

专题二　心理学

1. [2019山东]上课铃响后，李老师走进教室，看到黑板还没有擦，就问："今天谁值日？"学习成绩较差的王刚走上讲台擦了起来。李老师说："真不负责任！"不知谁低声嘟囔说："今天不是他值日。"这时，成绩优异的张凯慢腾腾地站起来小声说："今天……我……值日。"李老师愕然了，干咳一声说："你先坐下，下回注意。"

请从心理学的角度分析李老师的行为。

2. [2020河南]在一次演出中，扮演管家的演员给扮演员外的演员开了一个玩笑：他把本该递给"员外"的念白词，换成了一张白纸。"员外"拿到手中一看，顿时慌了神。他虽已多次唱过这出戏，但每次都是照着念，根本没有记下。他灵机一动，把白纸在眼前晃晃，慢条斯理地说："今天光线太暗，我看不清，麻烦你给我念一念。""管家"尽管听了无数次，由于与自己无关，也没记住，只好顺水推舟说："天色就是太暗了，奴才也看不清，我去掌灯来。"边说边急忙走进后台，一边拿灯，一边又把原来的念白词拿来，偷偷递给了员外。

请结合案例运用心理学知识进行分析：

(1)该案例体现了什么心理规律？

(2)教学中教师如何运用该规律，提高学生的学习效果？

3.［2021 福建］甲同学有偏科现象，对语文、历史等学科产生较强的畏难心理。他平时学习缺乏主动性，总是“临时抱佛脚”。考前复习时总以为“文科就靠背”，可以不求甚解。他采取反复识记的方法，但刚能背诵就停止学习，浅尝辄止。再加上时间紧、任务重，学习效果往往欠佳。他对一些形象的知识记忆效果相对好些。对抽象的知识，他采取相同的学习方法，尽管也投入大量的时间和精力，但总难以取得相应的记忆效果。后来，甲同学不断尝试运用自己习惯的记忆方法，发现早晨起床后和晚上临睡前的记忆效果好。

（1）运用记忆理论，分析“早晨起床后和晚上临睡前的记忆效果好”这一现象。

（2）结合材料，分析甲同学记忆方面存在的问题并提出相应的改善措施。

4.［2021 安徽］小楠是一名五年级的学生，经常协助老师检查班级同学的学习情况。最近，同学们新学了一首古诗，老师要求大家利用课外时间把它背熟，并安排小楠负责检查背诵情况。小楠发现：有些同学没有认真准备，背得磕磕巴巴，在多次提醒后才能勉强背出来。有些同学记忆力非常好，仅读几遍，就能够顺利地背出来，记得很快。有些同学先学习这首诗的基本意思，在理解这首诗创作时的作者境遇和历史背景之后，不仅背得很流利、声情并茂，而且记忆深刻，就像知识在脑子里“生了根”。

（1）结合材料，谈谈记忆品质的类型。

（2）记忆过程包括哪些环节？

（3）教师如何在教学中运用记忆规律？

5.［2019 江苏］王老师是一名经验丰富的老师，为帮助学生记住所学内容，改善学生的学习效果，他教给学生很多的学习方法。比如，要求学生每天课后对所学的新内容进行及时回顾；有时候会把材料编成顺口溜帮助学生记忆；记忆学习内容的时候，不要刚会背诵就停止了，还要再多背几遍；睡前在脑海中回想当天所学内容等。学生按王老师的方法去做，取得了很好的学习效果。

请结合案例阐述王老师运用了哪些记忆策略帮助学生学习？

6.［2020 河南］冬冬是幼儿园中班的小朋友。一天，老师让小朋友自己画画，冬冬在画纸上随意涂画，不知道该画什么，当他看到邻座的亮亮在画气球，他便开始画气球。冬冬的气球还没画好，又发现文文画了个“小兔”很好玩，便改变主题开始画起了小兔。冬冬画好了一只小兔子，很高兴地要求老师看，老师正在指导别的小朋友作画，就让他等了一会儿。过了一会儿，等老师看他的画时，他不高兴地对老师说：“小兔子生气跑走了。”原来他把画纸上的小兔子涂黑了。还有一天，冬冬听了去广州出差回来的爸爸给家人讲在广州的见闻后，就告诉幼儿园的老师和小朋友：“我前几天去广州旅游了，那里可美了！”

请结合案例运用心理学知识分析：

(1)该案例中冬冬的想象具有什么特点？

(2)教师应该如何培养幼儿的想象力？

7. [2019河南]许老师在讲授新课《按比例分配》时,先提出了一个问题:“把12本书分给2组,每组可以分几本?”学生们都异口同声地说:“6本。”许老师又询问道:“有没有不同的答案?大家再认真思考一下。”于是学生们开始重新思考,过了一会,孙亮和其他学生举手发言,许老师示意孙亮发言,他站起来说:“每组分6个不一定对。”“为什么呢?”许老师追问到,这一问题也吸引了其他学生的注意。孙亮说:“题干并没有说怎么分,如果是平均分,每组就是6个。如果不是平均分,答案有很多种。”许老师带着表扬的口吻说:“很好,回答得很正确。以前我们学习平均分,今天我们学习不平均分。”之后,许老师立即在黑板上写出:按比例分配。学生们好像也从朦胧中被叫醒,兴奋起来。这样,许老师让学生们在习惯认知中巧妙地由单一思维变成多维思维。

(1)分析基于学习认知规律的思维能力培养的重点。

(2)如果你顺利走上教师岗位,许老师的做法给你带来了什么启示?

8. [2017云南]在课堂上,教师让学生“列举砖头的用处”时,学生小方的回答是:“造房子,造仓库,造学校,铺路。”学生小明的回答是:“盖房子,盖花坛,打狗,敲钉。”

请问小方和小明的回答如何?你更欣赏哪种回答?为什么?请根据思维的原理进行分析。

9. [2018天津]小学语文教师李老师即将进入工作岗位,将要面对一群活泼好动、充满热情的低年级学生。由于识字是低年级教学的重点,低年级学生的识字量又很大,李老师的第一节课决定这样做:在教授“喜爱”的“喜”字时,李老师先询问孩子们应该怎样记忆,大部分学生都想到了“十+豆+口”的记忆方法,由于这个方法没有规律,不容易记忆,李老师就分别呈现了甲骨文版“喜”、金文版“喜”和小篆版“喜”字,来展示“喜”字的演变过程。同学们瞪大眼睛听着李老师的讲解,他们发现原来“喜”字上部分表示热闹的庆祝场面中常出现的鼓,底下的“口”表示人们开心的样子。接着李老师用同样的方法讲解“家”字,为了让学生理解“家”的真正含义,李老师仍旧呈现了几个版本的“家”字,让学生明白了“家”的“宀”与房屋有关,最早的房子是用来祭祀祖先或家族开会,“豕”指猪,是当时非常难得的祭品。整堂课大家听得津津有味。

李老师轻松形象的授课形式深得学生的喜爱，同学们纷纷觉得这样的字词易学易记，妙趣横生。在李老师的带领下，同学们摆脱了死记硬背，对生字及其内涵都有了深刻的记忆和认识。

(1)结合案例分析李老师的教学遵循了学生什么样的认知发展特点？

(2)结合有关理论谈谈在教学中如何利用上述特点提升教学效果。

10.［2019福建］阅读材料，按要求作答。

案例一 预备铃一响，闹哄哄的教室迅速安静下来。陈老师走进教室，提醒个别仍未做好上课准备的同学调整好状态。开始上课之后，陈老师进行了“如何把6颗糖分成3份”的教学，并要求学生用学具模拟分糖果。学生答出了三种分法，陈老师引导学生进行对比，最后得出“2:2:2”的分法是最公平的分法，让学生初步体会到平均分的意义。随后，陈老师揭示本节课的题目——《平均分》，明确本次学习的目的及任务。

案例二 在教学过程中，当学生通过幻灯片展示操作成果时，陈老师发现赵同学低着头在做小动作，于是悄悄予以提醒，赵同学立即改正。在后续的学习环节中，赵同学认真听课，陈老师及时肯定，他更加自觉主动地投入到课堂学习中去。陈老师决定评选星级作业，作业被评为“五星级”的同学，老师可以帮他实现一个愿望。赵同学一改以往对待作业不认真、马虎了事的不良习惯。经过一番刻苦努力，他的作业最终被评为“五星级”。

(1)预备铃声和课前陈老师的提醒，有助于影响学生的哪一种注意品质？

(2)根据引起和维持随意注意的条件，分析陈老师的教育教学行为。

11.［2019 山东］在美国，人们为了保护鹿，就杀掉了鹿的天敌——狼，于是鹿的数量剧增。鹿由于终日无忧无虑地饱食于林中，结果体态变得蠢笨，植物因为鹿的迅速繁殖和践踏而凋零，继而鹿由于缺少充足的食物、安逸少动所带来的疾病而大量死亡。无奈，人们只好又把狼请进来，鹿又恢复了蓬勃生机。

请谈谈这个案例给你的启示。

12.［2020 安徽］阅读材料，回答问题。

材料一 小明是一个七年级的孩子，他做任何事情都是开始时劲头十足、热情高涨，但是一遇到困难，就会退缩不前，经常是虎头蛇尾。

材料二 小刚是一个八年级的孩子，他做事非常执拗，即使环境发生变化，仍然墨守成规、固执己见、不能变通，也就是我们常说的“一条道走到黑”。

(1)结合意志品质相关知识，分析小明和小刚的行为。

(2)意志品质对中学生意志行动有何影响？

(3)作为中学教师，如何培养学生良好的意志品质？

13.［2019 湖南］在某班，王同学受父母离异影响，由一个自觉学习的好孩子变成了上课容易走神、不按时完成作业的“问题学生”；李同学因受到班主任的公开辱骂而厌恶上课，经常逃学玩游戏。王、李两位同学的学习成绩都下降了。

(1)根据马斯洛的需要层次理论，王、李两位同学的学习成绩下降分别是由哪些需要没有得到满足造成的？

(2)运用马斯洛的需要层次理论，就如何满足王、李两位同学的需要提出两条合理的建议。

14.［2020 河南］美术课上，刘老师对同学们说：“今天我们要画风。”大家一听就懵了。风无影无踪，看不到摸不着，怎么画？看到大家一脸茫然，刘老师接着说：“同学们是不是觉得风不好画，让我们先来听一听风的声音，也许大家就知道该怎么画了。”刘老师打开播放器，教室里就响起了一阵阵风声：飓风、大风、狂风……“大家想一想，怎样画才能表达出风的力量呢？”“老师，我画被风吹弯的烟可以吗？”刘老师点点头说：“很好啊！”教室里顿时活跃起来了。“我画飘扬的红旗”“我画水面的浪花”……刘老师看到大家思路打开了，就对大家说：“下面大家开始画风，比比看谁画的又好又有创意。”快下课了，刘老师总结说扬州八怪之一的李方赝画风很有名，但他只画了一幅《风竹图》，而你们都画出了几幅不同的风，将来一定能出现超过李方赝的大画家。

请运用心理学知识对该案例进行分析。

15.［2021 河南］有四名学生犯错了，老师分别把他们叫到办公室，小赵积极承认错误，答应老师一定改，可是之后还是犯同样的错。小钱没等老师说就气急败坏，愤怒暴躁。小孙去了一句话也不说，然后默默地走了。小李去了，满脸忧郁，感觉天都要塌了。

(1)请分析案例中学生都有什么气质类型？

(2)针对小李的气质类型如何进行教育管理？

16.［2017 河北］小学生吴明，从小与父母生活在一起。吴明的父母性格内向，忠厚老实，不善言辞。由于平时忙于农活，而且文化水平不高，吴明的父母平时很少与他交流。在学校里，吴明与同学相处时也比较自私，对集体利益也漠不关心；对于学习，他也是马马虎虎，每次作业都是应付了事；由于成绩总是在班级最后几名，每到期末考试前，他偶尔也会制订复习计划，但很快就放弃了；对于将来干什么，也没有自信。

如果你是吴明的老师，结合吴明的实际情况，如何开展对他的性格的培养和教育工作？

专题三　教育心理学

1.［2020广东］**案例一**　小林，男，14岁，是邓老师所带的初二(4)班的学生。小林学习成绩优异，对数理化特别感兴趣，理科成绩较突出，但性格倔强、个性刚硬、自尊心特别强，逆反心理十分严重，经常和父母、老师发生冲突、顶撞，有很强的抵触情绪。在家里，一旦父母不能满足他的要求，他就使性子，以赖在床上不去上课来抵抗父母，弄得父母无计可施，有时还得到学校搬来班主任邓老师才能勉强解决问题。在学校，他的这种反抗行为也很尖锐，每当老师批评他时，他总是眼睛直对着老师，一脸不服气的样子，甚至还和老师顶嘴。数学老师因他上课讲话点他名字，从此他专和数学老师作对，上课故意睡觉，不交作业。慢慢地，小林的数学成绩出现明显滑坡，成绩亮起了“红灯”。

案例二　最近，黄老师收到了不少家长的求助。

我有个儿子，今年14岁。孩子在小学和初一时都表现较好，但是从初二下学期开始，他的成绩开始下滑，后来逐渐发展到经常不完成作业，特别是现在跟班主任关系闹得很僵，不服从老师管理。应该说，作为家长，我的教育存在很大问题。我最开始的教育方法简单、粗暴，老师最初跟我联系时，没引起我的重视。现在，我认识到了问题的严重性，一方面，我改变了态度，经常跟他讲道理；另一方面，我除了工作，其余时间都陪着他学习，帮助他解决学习中的问题。但是我发现他老是跟我唱反调，我说东，他说西，经常不按照老师或者我的要求完成作业，我该怎么办？

——家长刘先生

最近，孩子回家后的大部分时间都花在做作业上，和我们的交流少了很多。孩子喜欢打篮球，周末经常和同学约好出去运动，与我们相处的时间更少了，交流主要在饭桌上。我们不了解他现在在想些什么，我们提出的意见也基本没用。他经常和我们说的就是“你们不懂”“别管我”。之前，孩子期中考试成绩有进步，我们本想借机跟孩子好好沟通一下，没想到孩子的反应却让我们不知所措——“这有什么好高兴的，就这么回事。”

——家长胡先生

(1)请结合案例，分析初中生的心理发展特点。

(2)假如你是案例一中的邓老师，面对小林这类学生，你会怎么做？

(3)请以黄老师的名义，给案例二中的家长写一份书面回复。

2. [2019黑龙江]皮亚杰曾经做过一个实验:当着儿童的面向两个同样大小的杯子倒入同样高度的水,并问儿童两个杯子中的水是否一样多,在得到肯定的答复后,实验者把其中的一杯水倒入另一个较高且细的杯子中,然后问儿童这两个杯子中的水是否一样多。结果发现,3~6岁的儿童大多数回答细高杯子中的水比较多,而7岁以上的儿童则回答两个杯子的水一样多。

请根据实验的结果分析案例中儿童认知发展分别处在什么阶段,具有哪些特点?

3. [2020河南]**片段一**:在教学《氧气的性质》时,教师:英国动物学家康莫森在某个国家的水塘里发现一种鱼,常浮在水面上,并向空中伸一伸头。当时康莫森对这种奇怪的现象做了一个奇怪的解释,即这种鱼浮在水面是为了嗅一嗅空气中的气味,因此把这种鱼命名为"爱嗅气味的鱼",现在人们称其为"嗅鱼"。根据你的估计,这种气体究竟是什么呢?它具备哪些性质呢?

片段二:在教学《声音的发生和传播》时,老师提问:关于声音,你们有什么想要研究的问题吗?

学生答:想知道声音是怎样产生的?人为什么会听到声音?声音是怎样传播到耳朵的?为什么有噪音、乐音?声音为什么只能听到而看不到?声音轻重由什么决定?为什么有的声音很好听,有的声音很难听?……

面对学生提出的这些问题,老师不慌不忙地说:这么多问题我们先研究哪一个呢?

学生讨论、争辩,最后认为应先讨论"声音的产生"。

教师假装疑惑:为什么?

甲生:因为不产生声音,就听不到声音,噪音、乐音等就不存在了。

乙生:因为没有声音,也就没有其他问题的研究。

就这样,老师一边调动学生"放出"问题,一边又引领学生"收回"问题,在宽松的对话、沟通中进行教学。

片段三:在教学《观察土壤中有什么》时,老师鼓励学生设计实验和表格,从生物、非生物、颜色、颗粒大小、含水量、含气量等角度观察,并展示学生的设计方案与实验成果,对那些观察视角独特、有新发现的学生,给予鼓励。有些观察活动周期较长,还要求学生持之以恒地做好观察记录。

上述教学案例是运用"最近发展区理论"实施的教学片段,请根据你的认知进行分析评价。

4.［2019河南］陈明和罗亮今年高三，是一对好朋友，两个人在处理问题的认知风格方面有较大的差异。比如，让他们从一个复杂的图形中找出另外一个简单的图形，陈明会找得很快，而罗亮则会花费很长的时间。陈明在学习上遇到问题时，常利用个人经验独立对其进行判断，喜欢用概括的、逻辑的方式分析问题，很少受到同学与老师建议的影响。而罗亮遇到问题时的表现则与陈明相反，他更愿意听老师和同学的建议，并以他们的建议作为分析问题的依据。另外，罗亮还喜欢察言观色，关注社会问题。

（1）请结合材料谈谈二人的认知风格有何差异。

（2）请从教师的角度来说说如何根据二人的认知方式的差异进行教育。

5.［2019广东］以下是两位学生的学习风格对比，阅读并回答问题。

小川：长处在于具有良好运动节律感，平衡感极佳。平日里，小川喜欢操作、装配各种事物，她的书写十分整洁，但各种书面测验的成绩总是不理想。

龙龙：长处在于语音辨析，课堂上接受老师口头指导的效果很好，口头语言表达能力很强，日常表现良好，但考试成绩一般。龙龙的不足在于做书面作业时常常感到困难，运动技能较差。

（1）从感觉通道要素的不同偏好上来看，小川和龙龙分别属于哪种类型的学习者？

（2）针对小川和龙龙的学习风格，教师应分别为他们选择怎样的匹配教学策略？

6. [2018江苏]对于学生在课堂上的违规行为,教师可能采用各种不同的办法进行处理。下面是5个实例:

例1:学生小明在课堂上对邻座做鬼脸,引起对方发笑,老师对其注视片刻后,即不再理睬,继续讲课,学生遂终止其不当行为。

例2:当学生的违规行为获得部分学生的认可时,让违规学生坐到教室后边,与其他学生分开,有效地阻止了学生的违规行为。

例3:刚上课时,军军抽掉前座华华的椅子,华华重重地摔了一跤,老师当即严肃地批评了军军,并令其放学后到老师办公室写情况说明。

例4:课间有两个学生吵架,前来上课的老师厉声制止,但毫无效果,围观的学生越来越多。老师于是决定用8分钟时间让两个学生吵个够,而让其他学生在一旁静观。结果两个学生很快就不再吵架了。

例5:对于平时在课堂上经常讲闲话的学生,一旦他在某节课不再讲闲话,老师就及时予以表扬。

请用行为主义学习理论的观点,分析说明上述各例中处置学生不当行为的教育措施的心理学依据。

7. [2019安徽]小明现为八年级的学生。小学阶段,在学习进步时或承担家务后,他都会得到父母给予的奖励——零花钱或玩游戏。为获得更多奖励,他学习努力,表现突出。升入中学后,父母因工作繁忙,很少与他谈心,便通过加大奖励激发他努力学习,但效果却不明显,甚至事与愿违。近期,父母发现他要么玩游戏,要么做一些其他与学习无关的事情……父母只好向老师求助。老师与小明深谈后得知:小明认为有无奖励无所谓,自己想要的都有了,更主要的是,自己已经长大了,可父母不太关心他,一直把他当小孩子,不愿花时间陪伴他。

(1)简要评析小明父母的强化方式。

(2)分析小明行为变化的原因。

(3)家校如何合作以增进学生心理健康?

8. [2019天津]A:一个有弄不懂的数学问题而不敢向老师请教的学生,在辅导老师的鼓励下,大胆地向数学老师求教,得到老师的耐心帮助和肯定,以后向老师求助的行为不断增加。

B:一个学生看到同学关心集体的行为受到表扬和奖励,会增强自己以同样的方式行事(如主动打扫教室、向班级提合理化建议、在公益活动中发挥作用)的倾向。相反,看到某同学考试作弊的行为受到学校严厉批评和惩罚,就会减少自己的作弊行为。

C:小雯今天给自己定了一个目标,一天做完50道数学题,做完了就奖励自己一袋零食,做不完就惩罚自己不能吃饭。

(1)根据班杜拉的观察学习理论判定三个案例分别属于什么强化类型?

(2)结合实际谈谈该理论对于教育教学工作具有怎样的积极影响?

9. [2018安徽]以下是丁老师访谈学生和家长的记录片段:

丁老师:你觉得现在学习任务重吗? 学生冰冰:总的来说还是挺重的,我的课表被安排得满满当当,回家后还要完成很多家庭作业。

丁老师:你平时自由活动的时间能自主支配吗? 学生冰冰:很少有自由活动时间,更谈不上自主支配了!

丁老师:你对自己孩子的学习管得多吗? 冰冰母亲:你也知道当前社会竞争压力很大,为了能让孩子上好的大学,我会督促孩子完成各科作业,还让她去学一技之长。

丁老师:在这个过程中,你考虑过孩子的学习兴趣吗? 冰冰母亲:我较少考虑她的兴趣。我觉得兴趣不是凭空而来的,一旦有了成绩,自然就会产生兴趣。

丁老师:孩子跟你叫过苦吗? 冰冰母亲:说过,但我觉得,只要学习就比瞎玩强。

(1)根据人本主义的教育目的观,谈谈你对访谈内容的理解。

(2)人本主义所倡导的有意义学习有何特点?

(3)根据人本主义学习理论,教育者应该如何改进自己的教育活动?

10.［2019河南］布鲁纳指出：教师在从事知识教学时，必须先配合学生原有的经验，将所授教材做适当组织，务必使每个学生都能从中学到知识。教材的难度与逻辑上的先后顺序，必须针对学生的智力发展水平及认知表征方式做适当的安排，以便学生的知识经验前后衔接，从而产生正向学习迁移。

奥苏贝尔说："如果我不得不把教育心理学还原为一条原理的话，我将会说，影响学习的最重要的原因是学生已经知道了什么？我们应当根据学生原有的知识状况进行教育。"

维果茨基认为，最近发展区的教学为学生提供了发展的可能性。

孔子曰："知之者不如好知者，好之者不如乐知者。"

请举例论述以上教育思想如何在教学实践中得到贯彻体现。

11.［2018山东］小明是某初中二年级的学生，性格开朗，爱看报纸、玩电脑、打篮球，喜欢数学，成绩优秀。一次偶然，他在英语测验中没考好，小明感到很自责。老师认为小明没有考好的原因是没有认真备考，在考试之前打篮球，因此把他作为反面教材在全班人面前批评了他。由于成绩差了、名次后退，回家后小明也受到了父母的批评。这让小明的压力很大，他希望下周的数学测验成绩可以提高，以便重新获得老师和家长的认可。但由于压力过大，不仅数学没考好，其他科目也考得不好。面对老师和家长的批评、恨铁不成钢的态度，小明感觉自己很差，各个方面都很差，进而对自己失去了信心，也变得不爱和同学交流了。

(1)小明的学习动机是什么类型？

(2)假如你是小明的老师，面对这种情况，你认为应该从哪些方面对他进行帮助？

12.［2019河南］学习成绩一直很优秀的菲菲连续两次月考成绩都没上总分优秀榜，她认为自己学习很努力，考出这样的成绩，感觉很丢人。并且身为英语课代表，她十分担心同学们不再佩服她，由此轻视她。之后，她对同学们之间的谈话、开玩笑等变得很敏感。同时，她经常纠结于自己的“不争气”，经常自怨自艾，自信心也逐渐消减了，人也变得沉默寡言了，也不愿到人群中去。

假如你是菲菲的班主任老师，你会怎样引导帮助她激发其潜力，使其身心健康地融入到学习中去。

13.［2019天津］王亮特别聪明，但是他平时特别贪玩，学习不努力，考试时总是寄希望于靠好运气过关。这次期中考试的成绩不理想，王亮认为是自己这次考试的运气不够好。

（1）根据韦纳的归因理论分析这种归因方式对他以后的学习会产生什么影响？

（2）教师掌握归因理论的教学意义是什么？

14.［2020河南］先把实验组的狗放进一个无法逃脱的笼子里，里面有电击装置。给狗施加电击，电击的强度能够引起狗的痛苦，但不会伤害狗的身体。结果，这只狗在一开始被电击时，拼命挣扎，想逃脱这个笼子，但经过再三的努力，仍然发觉无法逃脱后，挣扎的程度逐渐降低了，最后根本不再挣扎。随后，把这只狗放进另一只笼子，这个笼子由两部分构成，中间用隔板隔开，隔板的高度是狗可以轻易跳过去的。隔板的一边有电击，另一边没有电击。当把经过前面实验的狗放进这个笼子时，实验者发现它们除了在头半分钟惊恐一阵子外，此后一直卧倒在地接受电击的痛苦，那么容易逃脱的环境，它们连试也不去试一下。而把对照组中的狗，即那些没有经过前面第一个程序实验的狗直接放进后一个笼子里。却发现他们全部能逃脱电击之苦，轻而易举地从有电击的一边跳到安全的另一边。

请结合材料运用教育心理学的知识分析：

（1）实验组的狗为什么不再尝试逃脱？

（2）怎样做才能使实验组的狗再跳起来，从而逃脱电击的环境？

15.［2019河南］在新课程改革的形势下，广大教师对“兴趣是最好的老师”有了更深刻的意义认识，对“学习过程是学生积极主动自主构建的过程”等新的课程思想有了认同。于是，在课堂教学中，教师为了调动学生兴趣采用了丰富多彩的教学形式和教学手段，确实收到了较好的学习效果。

在这其中也有一些教师喜欢采取物质奖励的形式。比如：有的教师给学生准备了粘贴画，有的准备了小风车，还有的直接把香甜的水果奖励给学生。于是，课堂上出现了空前的气氛高潮，学生个个精神抖擞，争先恐后，场面热烈异常。

(1)根据心理学理论，请分析以上教学方式会产生哪种效应？

(2)根据相关理论，请对上述案例进行评析。

16.［2020安徽］阅读材料，回答问题。

一位小学语文老师，因为学生不爱学习成语，感到非常头疼，为了让学生爱上成语学习，她在班级组织开展了成语辨音、成语接龙、成语达人、成语造句明星秀等系列活动，并设置了荣誉榜，对每项活动的优胜者奖励“五角星”。当“五角星”达到一定数量后，学生可以用来兑换橡皮、笔记本等学习用品，一开始，学生们对这种外在奖励非常感兴趣，比的是谁的奖励多；后来，大家比的是谁的成语说得多、说得准、用得好；再后来，大家不再互相比较，而是对成语本身产生了极大兴趣，常常沉浸于成语的结构美、韵律美、和谐美之中，享受成语表达的快乐。

(1)从动机转化的角度分析学生的行为变化。

(2)作为教师，应如何培养和激发学生的学习动机？

17. [2019山西]甲同学在小学阶段学习成绩优良，尤其对数学学科很感兴趣，参加数学竞赛还获得了一等奖。升学后，在学校举行的第一次摸底考试中，他的成绩很不理想，在班内处于中下等水平。回家后，他的父亲很不高兴，责怪他不努力学习，这让他很有挫败感。甲同学很想好好学习，取得好成绩，可这次的挫败感使他越来越不自信，甚至连他最喜欢的数学也出现了不及格现象。有一次，一位老师用红笔在他的作业本上写到“字迹潦草，思维混乱，简直不是人写的”。久而久之，甲同学对学习失去了信心，上课不认真听讲，拖欠作业，对考试成绩也抱着无所谓的态度。

(1)甲同学对学习丧失信心的原因是什么？

(2)简要说明教师应如何激发学生的学习动机。

18. [2019浙江]东东是个说话有些口吃的四年级男孩，经常被同学取笑，行为上变得更加退缩、不敢说话，在学校表现也很被动，学习成绩一直处在中下游，家长向班主任反映东东厌学情绪严重、害怕上学。新来的语文老师黄老师发现东东的作文写得很不错，想让几个作文写得好的同学上讲台朗读自己的作品，其中包括东东。由于了解到东东的特殊情况，黄老师决定先找他单独谈话。下面是黄老师和东东的部分谈话内容。

黄老师：“东东，老师觉得你这次作文写得不错，想请你上台和同学们分享，好吗？”

东东：“……老师，我怕……怕出错，同学们会笑话我。”

黄老师：“你是怕同学们会笑话你说话结巴，对吗？”

东东：“是的……”

黄老师：“但老师觉得说话结巴和分享优秀作文是两回事，老师认真读了你的作文，感觉文笔优美、感情真挚、观察细腻。在文中你不是也表达了希望同学们能知道你的心声嘛，……这次参加作品朗读，老师相信你一定会成功！”

……

经过老师的一番耐心谈话，东东最后决定接受黄老师的邀请。在黄老师的帮助下，东东朗读时同学们并没有笑话他。后来黄老师经常邀请东东和其他作文写得好的同学一起朗读作文。一年过后，东东不仅学习成绩有了很大的进步，口吃也明显有了好转。

(1)结合心理学相关理论分析黄老师的做法和东东的改变。

(2)结合材料分析教师如何运用培养与激发学习动机的策略。

19. [2019河南]A、B两个中学生。A是百灵鸟型,喜欢早睡早起,白天学习效率高;B属于猫头鹰型,夜晚学习效率好。对于重要又紧急的事情,他们两人都能用更多的时间去处理。对于重要不紧急的事情,A总是能提前规划,并愿意花费更多的时间去完成;B却不善于规划,喜欢拖延,仅花较少的时间去处理。早上,A、B两位学生都习惯听外语和新闻,对于这类不重要又不紧急的事情两人的时间使用情况如下图所示:

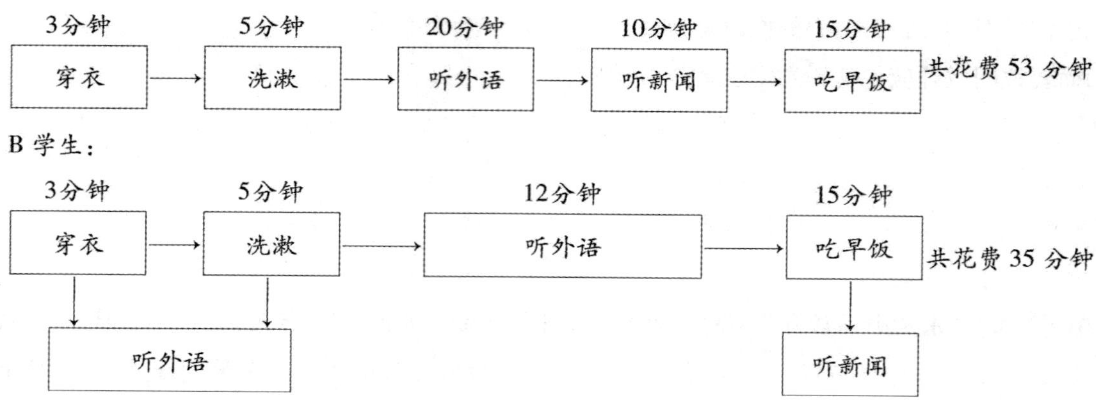

请结合材料运用心理学知识分析:

(1)A、B两个学生时间管理的策略有何不同?

(2)如何帮助学生进行时间管理?

20. [2019河南]李老师将知识点反复讲了很多遍,仍无法阻止某生在考试时出错,无法阻止其在考试时脑子一片空白。李老师对这种情况很窝火,就指责他说:"这道题明明教过的,你怎么还不会做?还有这一道题都做那么多遍了,你怎么还是做错?"对该生不留一点情面,慢慢地,该生的态度逐渐变得消极了。当老师责怪他时,为了回避老师、保住面子,他就找借口搪塞。如此循环往复,该生丧失了学习兴趣,学习效率降低了,学习成绩也下降了,以致最终出现了偏科现象。

(1)请根据相关教育理论知识,就如何改善该生的学习状况,给该老师提出一些建议。

(2)从学习策略的角度谈谈该案例对你的教学启示。

21. [2018 福建]小学科学《磁铁有磁性》教学中,蔡老师播放《机器人总动员》中的片段"机器人与磁铁",让学生明白,磁铁之所以喜欢机器人瓦力,是因为瓦力是铁做的。

第一个实验探索的问题是"能被磁铁吸引和不能被磁铁吸引的物品分别有哪些?"学生带着问题进行观察,随后踊跃回答:"能被磁铁吸引的有回形针、铁夹子","不能被磁铁吸引的有卡纸、棉布、木片、橡皮筋"。蔡老师及时引导,学生得出结论:磁铁可以吸引铁材料做的物体。

第二个实验主题是"用磁铁识别铁家族成员"。学生通过观察发现,同样是硬币,却有着能被磁铁吸引和不能被磁铁吸引的差别,进而得出:能被磁铁吸引的为铁质硬币。

第三个实验中,学生通过铁质教具"芭蕾舞者"的演示得知,磁铁隔着纸也能吸引铁制品。随后,蔡老师分发木片、布片和塑料等不同材质的隔板及不同大小的磁铁,进行分组探究实验。学生发现:磁铁可以隔物吸铁,且与磁性大小有关。

蔡老师紧接着提出:"磁铁被固体隔着能吸铁,被液体隔着呢?"学生利用水、牛奶等液体进行第四个实验,进一步验证了磁铁可以隔物吸铁的结论。

结合案例,分析蔡老师是如何引导学生进行知识概括的。

22. [2020 福建]阅读材料,按要求回答问题。

心算技能一般可利用运算规律,对算式进行变形,使算式表达符合已有的心智操作基础,从而准确快速地计算。例如,某教师在教 1.8×27 时,教学过程是:

呈现 1.8×27=(2-0.2)×27=2×27-0.2×27

或者 1.8×27=1.8×(30-3)=1.8×30-1.8×3

出一些类似的题目引导学生进行纸笔操作练习,从而产生言语表征,形成熟练的心算技能。

根据心智技能形成理论,说明教师如何引导学生形成心算技能。

23.［2021福建］某教师对两组学生进行以下测试：

第一组的测试问题为：抽屉里有混在一起的黑色袜子和白色袜子，黑色袜子和白色袜子的数量比例是4:5。如果在黑暗中取袜子，至少要拿出几只才能保证得到一双颜色相同的袜子？

第二组的测试问题为：从混在一起的黑色袜子和白色袜子中，眼睛不看，至少拿出几只即可得到一双颜色相同的袜子？

测试结果显示，第二组解答问题的正确率和速度均明显优于第一组。

(1)材料中影响测试问题解决的因素是哪种？

(2)结合材料分析，该因素如何影响问题解决？

24.［2020河南］阿西莫夫是世界著名的科普作家。有一次，一位汽车修理工对他说："有一位聋哑人，想买几根钉子，就来到商店，对售货员做了一个这样的手势：左手食指立在柜台上，右手握拳做出敲击的样子。售货员见状，先给他拿来一把锤子，聋哑人摇摇头。于是售货员就明白了，他想买的是钉子。聋哑人刚买好钉子，走出商店，接着进来一位盲人。这位盲人想买一把剪刀，请问：盲人将会怎样做？"阿西莫夫顺口答道："盲人肯定会这样——"，他伸出食指和中指，做出剪刀的形状。听了阿西莫夫的回答，汽车修理工笑着说"：盲人想买剪刀，只需开口说'我买剪刀'就行了，他干吗要做手势呀？"

请结合案例运用心理学知识分析：

(1)该案例反映了什么心理效应？

(2)该心理效应对学生的学习有什么影响？

25.［2019湖南］一位初二的男同学，其父母老来得子，从小就对他非常宠爱、百依百顺。这导致他发现问题不自己积极解决，反倒对老师提很多不合理的要求，因而学习习惯很差，上课不听讲，不做作业，行为习惯也非常糟糕。他在课堂上偷吃东西、唱歌、将干燥剂撒在别人的水杯里；课后也经常恶作剧，故意天黑尾随同学回家，躲在暗处突然跳出来吓人；将偷来的烟藏在同学的书包里，陷害同学；更过分的是，他在课堂上悄悄露出自己的隐私部位，还故意让周围的同学看见。该同学在做了上述事情后并不会不好意思，虽然认错态度良好，但是转头依旧我行我素。他很想和同学们玩，但当同学们友好待他时，他又忍不住捉弄他们，所以，时间一长，同学们都对他敬而远之了。

(1)请结合相关知识，分析该同学有上述行为的原因。

(2)如果你是他的班主任，你将采取怎样的措施教育他？

26.［2019天津］某天，几位班主任老师在讨论着班级里一些“不良学生”的行为表现，A班班主任说到了小孙同学，虽然他在课堂上表现得规规矩矩，但是老师讲的东西从来不听。据历史老师反映，他注意力不集中，思想开小差，都讲到37页了，他还在翻34页，一节课下来，书上和笔记本上干干净净。一次英语老师让他从A、B、C中选一个答案，他说选D，引得同学哄堂大笑。课下作业应付，成绩可想而知，一直是班级倒数。

B班班主任讲到他们班的学生小戴，也一脸无奈。他无心读书，自由散漫，早自习和上课总要迟到，要求7点到校，他常常是手里提着早点，过了二十多分钟才晃悠到教室门口，跟他谈过话，也同父母沟通过，还是收效甚微。

C班班主任说到他们班的小许，十分恼火。小许脾气暴躁，一次数学课上，小许在座位上与周围同学交头接耳，平易近人的数学老师上前阻止，小许桌子一拍骂了老师一句。课后小许被带到办公室谈话，让他写保证书并回家反省，谁知在办公室里摔东西，甚至想动手打老师。

几位班主任交谈时，发现班级里还有类似行为的学生，他们的表现违反了教育规范，不单影响正常教学活动的进行，还会危害他人和社会，这些学生的前景不免令老师担忧。

(1)请结合案例，谈谈上述三名学生的失范行为表现在哪些方面，并用心理学相关知识对失范行为进行解释。

(2)请结合案例和实际，谈谈作为一名教师，你对规范学生的失范行为有哪些建议？

27. [2018广东]**案例一** 小组合作学习是教学的必要环节，当前在课堂教学中流于形式的合作学习时有发生。例如，某校四年级语文课的第一堂新授课中，短短四十分钟，总共进行了五次小组合作学习的方式。又例如，在某校五年级英语课上，老师为了让课堂教学方式多样化，提出了几个问题，还没有留给学生思考的时间，就宣布合作学习开始，不到两三分钟就叫停止，进入下一个教学环节。

案例二 某节课上，赵老师按照课堂教学的设置进行小组合作学习，当老师参与到学生的小组讨论中去时，学生的表现令他大吃一惊。在讨论的时间，大家互相推诿，并没有真正地讨论，有些小组在不断地分工，几分钟过去，还没有确定谁来发言，并没有开展实质意义上的小组合作学习。

(1)请对案例一反映的问题进行简要分析，并谈谈开展小组合作学习需要哪些前提条件。

(2)结合以上案例，谈谈在实际教学中教师应如何组织引导开展高效合作学习。

28. [2021江苏]新入职的张老师最近很焦虑，因为她的课堂这段时间总是出问题，尤其是课堂氛围和她课前预想的活泼有序、积极互动的良好氛围大相径庭。比如，有一天刚开始上课时，她发现班级气氛过于沉闷，学生学习兴趣不高。为了活跃课堂气氛，调动学生的学习积极性，她随即提出了一个问题，话音刚落，同学们立马来了精神，便七嘴八舌地讨论起来，有的学生过度兴奋，出现了故意捣乱、起哄的情况，张老师多次制止都无济于事，场面一度失控。这种对抗的课堂情况让张老师不知所措。

(1)请分析出现上述情况，教师方面的主要原因有哪些。

(2)请结合上述案例，说明如何创设良好的课堂气氛。

29.［2020 河南］新的学年开始了，某班的班主任韩老师在第一堂课上，向班上的学生提出了4个问题，即："你认为我应当如何对待你？""你认为应当如何对待他人？""你认为自己应当受到怎样的对待？""当发生冲突时，我们应当如何相互对待？"韩老师让学生分小组讨论这4个问题，然后全班进行讨论。这种教师和学生一起讨论课堂规则的方式在开学初会持续几天，学生会对规则不断提出自己的看法和修改意见。在课堂规则完成后，韩老师让每一名学生都在规则上签名，作为遵守规则的承诺。

结合案例，评价韩老师的教育行为，并谈谈这样制定课堂规则的方式有哪些影响？

30.［2021 安徽］子骞是某校一年级的学生，今年7岁。子骞上学的时候总不能专心，一会看看教室里面的花和动画贴纸，一会看看门口路过的老师和操场上的大树，又因为坐在最后一排，子骞还经常在教室后面走来走去，不是去丢个垃圾，就是站起来看看其他的同学。朱老师观察了子骞许久，认为子骞的年纪还小，出现这些问题是可以理解的。子骞刚从幼儿园升入小学，还不太理解小学和幼儿园的区别，因此对待子骞的情况不能操之过急，要根据子骞的身心发展情况，循序渐进地了解子骞，改变其行为特点。朱老师还针对子骞喜欢关注其他同学的特点，让子骞担任了纪律委员，这样不仅能够促进其他同学遵守班级纪律，也能督促子骞自觉遵守班级纪律。子骞自从当了纪律委员后，上课乱动的情况确实减少了，但是还是不能专心听老师讲课。

(1)针对子骞的课堂表现，请从课堂管理角度提出能改善子骞情况的建议。

(2)案例中，朱老师运用了哪些学校心理辅导的基本原则？

31. [2019广东]期末考试前的某节课上,张老师准备了一份期末自测卷给学生练习,考虑到时间只有一节课,整张试卷内容又较多,所以他说最后一道综合题可以不做。话音刚落,讲台下学生小方未举手就问:“那我做,可不可以呢?”老师用严厉的眼神看了小方一眼。小方属于捣蛋型的学生,平时基本不认真完成作业。老师考虑到其他学生可能会做完全部题目,于是对着所有同学说:“想做的话当然是可以的。”“那做对了你批的时候是否加分?”小方又脱口而出。很显然他醉翁之意不在酒,他想在课堂上表现一下自己。张老师有点无法容忍了,严厉地对小方说:“假如有问题,请举手。做对了,不加分。”小方马上用拉长的调子喊了一句:“切——”全班哄堂大笑。张老师制止后,让其他学生继续考试,把小方叫出教室谈话。

(1)结合案例,分析学生在课堂随意发言,违反课堂纪律的原因。

(2)联系实际,谈谈处理日常学生违反课堂纪律的策略有哪些。

32. [2019河南]问题学生是学校管理的难点,也是管理的重点,纪律问题学生是其中的典型之一。在学校教育中,有的班主任怕问题学生在课堂上影响他人,于是采取了一些措施。就拿安排座位这件事来说,有的班主任采用了设“隔离带”的方法,其典型的做法就是前后左右都是女生,中间安排一名问题学生,让他处于包围圈之中。有的老师喜欢为纪律差的学生设“专座”,有的老师把“专座”设在眼皮底下,这样便于控制;有的老师设在犄角旮旯,以减少影响。有的老师喜欢用“游击式”的方法来安排座位,对那些纪律问题严重的学生,班主任今天当众命令他“坐这”,明天命令他“坐那”,意在找一个有利于克服他毛病的环境,可班主任没想到,他会像火种一样,坐到哪,哪儿的学生就会说起话来。最后老师也不得不承认“哑巴挨着他,也会开口说话”。

你怎样看待上述案例中的做法?结合实际,谈谈对于课堂纪律差的学生应如何管理。

33.［2021安徽］小华是一名刚升入初中的学生。由于老师每天讲述的知识点不多，他感觉自己什么都懂，就没有进行必要的复习和巩固练习。几次测验，他的各门功课都是刚刚及格，任课老师为此分别找他谈话。认识到问题的严重性后，他决定好好学习，每天进行晨读午练，晚上也学习到很迟才睡。接下来的几次测验，他的成绩虽然有所好转，但远远没有达到预定的目标。他把问题归结为自己还不够努力，于是更加刻苦学习，就连平时的休息时间、运动时间都花在了做题上。结果，成绩仍不理想，甚至还不如原来。后来，只要听到"测验""考试"，他就高度紧张，甚至吃不香、睡不好。对此，他很着急，也非常迷茫。

(1)请分析小华可能存在的心理健康问题。

(2)结合材料，谈谈学习动机与学习效果的关系。

(3)作为教师，如何正确激发学生的学习动机？

34.［2019广东］小明是一名一年级新生，在上幼儿园时，小明虽然有时有点任性、依赖性强，但总的来说还比较听话。因父母做生意忙，爷爷奶奶年迈，小明就寄宿在学校，刚开学的第一晚，小明就产生了一个问题——学校恐惧症。小明和妈妈打电话，说我不适应。小明妈妈认为过段时间就好了。但是后来小明还是无法适应，并出现恶心、发热、出汗等现象，夜里还会失眠、做噩梦，情绪不稳定，少说话、表情紧张，每次提到上学便烦躁不安、眼泪汪汪，并且大声哭闹，赶紧要躲起来。父母曾带他到医院检查，未发现异常。经建议，求助于学校心理健康老师。

(1)小明产生了什么情绪问题？

(2)假设你是心理健康老师，你决定为小明做心理辅导，请你为本次心理辅导制定短期目标、具体目标和终极目标。

(3)对于小明的这种情绪反应，一般可以采用哪些方法可以改善？

35. [2019内蒙古]李某上初中后,把大部分精力都放在学习上,平时成绩不错,但一到快考试时就会一直紧张,担心考不好。压力大、注意力难集中,伴随出现睡眠不好、心慌、出汗,甚至恶心、呕吐的症状,为此他十分苦恼,成绩也开始下降。

(1)李某的情况属于什么心理问题?

(2)针对李某的问题老师应提供什么帮助?

36. [2019安徽]巴班斯基等人用了两年的时间对学困生学习认识活动的特点进行了研究,发现学困生的思维发展存在缺陷:思维发展水平和思维速度都低于同年龄者,他们不善于区分教材中的重点,概括能力差,思维独立性差。巴班斯基进一步指出,学困生的思维发展缺陷主要并不是由先天的生理解剖特点造成的,而更多地与后天因素,特别是学校的教育因素有关。因此,为了克服学生思维发展中的缺陷,首先必须着眼于提高教学和教育工作的质量。

(1)请你分别从思维能力和思维品质两方面分析学困生存在的问题。

(2)谈谈如何培养学困生的思维能力。

37. [2019江西]随着智能手机的普及,中小学生上课玩手机的现象日益普遍,有一天,某校班主任李老师正在召开班会的时候,发现一位男同学正在玩手机游戏。李老师走过去想要没收他的手机,学生看见老师过来则迅速把手机藏在书包里面。李老师非常生气,大声训斥该学生不尊敬老师,不听老师讲话,并要求他立即交出手机,否则将把他赶出教室。这位男学生不承认自己在玩手机,并且小声说:“老师在上晚自习课的时候,不也在玩手机么?”李老师听后,顿时感觉自己平时建立起来的教师威信受到挑战,没有面子。当时就搜出了这位男学生的手机并扔到垃圾桶里面。同时,为了杀一儆百,树立老师的威信,李老师把这位男学生赶出了教室,让他到教室外面站一个小时。李老师对全班学生说:“我没收他手机、罚他站,是为了他好,否则我才不管他呢! 以后开班会和上课期间还有谁玩手机,我就没收他的手机,或者

干脆把它砸了，同时让他到教室外面罚站。"其他学生听后，都默不作声，但内心对李老师的做法都有不同的意见。

请运用相关理论，结合本案例，谈谈李老师应该如何正确维护教师的威信？

38.［2018河南］初任小学班主任的赵老师，满怀希望地想做出一番成绩，但经过一个月的工作实践，他发现尽管自己已经竭尽全力，甚至放弃了个人的休息时间，可班级仍处于杂乱无章的混乱状态，一个个问题接踵而来，总也处理不完。为此，赵老师决定向"市级优秀班主任"牛老师请教。这日，正与牛老师交谈时，几名学生拿着许多黑板报样稿叽叽喳喳地走进了办公室，学生们说这是班级同学上交的作品，需要赵老师选一个最好的上报学校，本想调动大家积极性让学生自己评选，但为了在学校举办的黑板报评比活动中夺得名次，赵老师最终还是自己选了一幅交给学生。这拨学生刚走，又进来一名学生报告说，同学小刘拒不打扫卫生区，赵老师听后很生气，将小刘叫到办公室严厉批评道："你马上去把卫生区打扫干净，一会儿我检查，这样的事情以后绝不许再发生！"小刘的眼圈有点泛红，刚说了句"我没有……"就被赵老师打断："打扫完卫生再跟我说。"小刘低着头走出了办公室。赵老师苦笑着对牛老师说："你看，这就是我的学生，调皮、事多、难管，很多事情都需要我亲自处理，不然会更加乱套。"牛老师笑了："从刚才的两件事情来看，我觉得你的班级管理效果不理想，原因可能不全在学生。"赵老师皱起了眉头，牛老师继续说……牛老师的一席话，让赵老师茅塞顿开。

根据上述案例，作答下列问题。

(1)有人认为，赵老师的苦恼实际上是班级管理自我效能感不高。何为自我效能感？你认为应如何提高班主任班级管理效能感？

(2)根据教育学和教育心理学的相关知识，请将牛老师的话补充完整。

要求：至少选取五个角度，分条列项作答。

39.［2020福建］阅读材料，按要求回答问题。

一个新教师和一个具有20年教龄的教师各自上了一节公开课，得出以下数据。

		新教师	老教师
学生课堂注意的时间比例		70%	95%
对学生回答的反馈	未理睬	36%	5%
	鼓励	43%	57%
	追问	21%	38%
学生的作业效果	好	44%	75%
	一般	22%	20%
	差	34%	5%
练习针对性		中等生	全体学生
学生执行课堂规则		中	优

根据专家型和新手型教师的差异，比较两位教师的教学过程。

40.［2019广东］**镜头一：**我工作10年了，感到一年比一年累，耐心一年比一年少，对学生比较容易烦躁、上火，对自己的孩子也是一样。有时候也感到愧疚，孩子们是无辜的，可是自己的情绪常常不稳定。对家人也是这样。我想我不会一辈子呆在学校里工作，因为随着年纪越来越大，情绪会越来越不稳定，我可不想变成神经质的女人。

镜头二：在学校呆久了，社会上的一些新事物接受得也少了，能换什么工作呢？我只能指望丈夫在事业上成功一些，凭关系帮我换个轻松点的工作。我最大的愿望就是能有安静的工作环境，而在学校工作这么多年，安静是最大的奢望，听到孩子们的吵闹，我的头都要涨死了！

(1)教师职业厌倦是由外界压力和自身心理素质相互影响而形成，结合材料和实际，谈谈教师职业厌倦的原因。

(2)教师职业厌倦会对其个人造成很大的影响，影响教师个人与他人的人际关系，并导致家庭危机和职业危机。谈谈有什么方法可以对教师职业厌倦症进行干预。

专题四　小三门(新课改、师德、法规)

1.[2020天津]“一支铅笔8(　)”。有一道小学二年级的考题,要求填写合适的人民币单位。二年级三班的小明同学填上了“元”,却被老师判错。老师的解释是,这道题的“标准答案”是“角”。小明同学觉得被判错很冤枉,因为妈妈不久前就给他买过10元一支的铅笔。于是小明同学到学校附近的文具店逛了一圈,发现几角钱的、几元钱的、十几元钱的铅笔都有。一些多彩铅笔、有自动出芯功能的铅笔、3D打印的个性化铅笔,价格从几十元到几百元一支不等。小明更是觉得委屈和冤枉,他心想:“难道铅笔的印象只允许‘8角钱’的这一种款式,而那些品种繁多、创意无限的铅笔就不算铅笔了吗?”类似的事情,让小丁同学也觉得冤枉,一道“问村庄旁的溪水是什么颜色?”的题目,备选答案有白色、无色、彩色。小丁同学选择了“彩色”,被老师打了一个叉。小丁同学心想:“大自然是那么的生机勃勃,在明媚蓝天映照下,在青山和鲜花反衬下,溪水色彩斑斓,这样也没错啊!”

有人会说,考试不是教育的最终目的,但常常扮演着风向标和指挥棒的角色,所以考试的内容和方式、考试的标准和答案,对实现怎样的教育而言尤为关键。

(1)结合案例,请从新课程改革的角度来分析上述现象?

(2)结合实际,对于改善上述问题,你有哪些想法或建议?

2.[2018广东]**案例一**　小平在做习题时发现自己难以理解表语从句这一语法点,但她并没有向老师或者同学求助,而是自己在网上搜索关于表语从句这一语法点的相关教学视频。她将搜索到的几个视频反复观看后,解决了自己对这一知识点的疑惑。随后小平在网上搜索了一下,发现几乎所有学科的所有知识点都能在网上找到对应的教学视频。通过这次学习,小平产生了深深的疑惑:既然这些知识都能在网上找到资源,那我还有必要每天去学校听老师讲课吗?

案例二　某报刊在一篇名为《未来将会消亡的职业》的报道中指出,随着社会科技的发展,某些职业将会被人工智能或互联网所取代。其中提及了教师这一职业,由于获取知识的途径越来越多,学生完全可以不通过教师来获取知识,教师对学生的作用也越来越小。随着科技的进步,教师这一职业也会逐渐消亡。刚入职的王老师看了报道后非常担忧,他认为报道中的分析非常有道理,他已经开始担忧自己未来会失业了。

(1)请结合两个案例,分析现代教师角色发生了何种转变,请列出至少三点。

(2)请结合教师劳动的特点,分析案例二中王老师的担忧是否会成真。

(3)请结合案例,谈谈一线教师在课程实施方面该如何进行课程改革。

3.［2019 江苏］随着社会的进步与网络的发展，有些人开始提出所谓“学校消亡论”，认为随着人们获取信息的渠道越来越丰富，学生完全可以在家中通过互联网并在家长的帮助下接受教育，而不必到学校去。近年来，美国也出现了越来越多的“家庭学校”，有些家长认为学校不能提供给他们的孩子所需要的教育，因而不把孩子送到学校，而是在家中由自己担任教师，借助互联网等的帮助，对孩子进行教育。这种现象引起很大的争议。

结合教育学的知识，请说说“家庭学校”的出现，对学校教育改革提出了什么样的挑战或要求。

4.［2020 河南］“尖子生”“种子选手”等等存在于各个班级。老师们每年的得意门生都源于此，老师们都会关注着这些学生，所以，在讲课过程中，也会经常经意不经意地关注并提问他们，以通过这样的形式，表达对他们的关注和关怀，促进他们的学习与进步。

学习成绩稳定的学生，是其他学生学习的榜样和膜拜的对象，更是老师们的掌上明珠。老师提问这些学生的目的就是用这些学生出色准确的回答获得成就感，也能在学生面前刷一下存在感：“看，怎么样，能说老师没有讲过吗？”

请简析上述案例反映的问题，并谈谈如何改变这种情况。

5.［2019 天津］张明平时数学成绩很差，眼看要期中考试了，看着别人都在紧张的复习，他也受了触动，考试前的几个晚上停止玩手机游戏，认真地做了一些练习题。考试时恰巧有几道题他都做过，自我感觉发挥得还不错。试卷发下来，69 分，居然及格了。这是张明上初中以来数学成绩最高的一次，比之前有了很大的进步，他非常开心，不禁和同桌分享起自己的喜悦心情。

教数学的王老师这时在班里说：“张明，你有什么可高兴的，虽然考试及格了，但是你的成绩依然是全班倒数的！又拖了班级的后腿，回去好好反思一下。”顿时，张明的喜悦心情一扫而光，呆坐在书桌前，更没有心情去学习数学了。

(1)请结合新课程改革的相关知识，评价一下王老师的做法。

(2)结合学习动机的相关理论及知识，谈谈如果你是王老师，你会怎样做？

6. [2019 湖南]阅读材料，按要求作答。

森林里有一所“动物学校”，开设了跑步、跳跃、爬行、游泳、飞行五门课程，并规定学生要全部掌握。第一批学生有鸭子、兔子、松鼠、鹰和泥鳅。

鸭子游泳一向突出，飞行勉强及格，由于跑得慢，他不得不每天放学后留在学校练习跑步，但期末考试成绩仍然没有及格，他的游泳由于长期不练习，期末只获得中等成绩。

兔子是班里跑得最快的，但由于游泳作业太多，他不得不整天泡在水里，泡得精神都快要崩溃了。

松鼠原本是较出色的，但对于飞行感到非常沮丧，因为老师只许他从地面起飞，不许他从树顶起飞。由于他非常喜欢跳跃，花了很多时间发明了一种跳跃游戏，结果期末考试，爬行刚好及格，跑步甚至不及格。

鹰受到老师的严格管理，在爬行考试中，他第一个到达树顶，但他用的是自己的方式而不是老师所教的那种方式，因此并没有得到老师的表扬。

学期结束时，普普通通的泥鳅，由于游泳马马虎虎，跑步、跳跃、爬行成绩一般般，同时也能飞一点点，因此他的总成绩是班里最高的。毕业典礼那天他作为全体学生的唯一代表在大会上发言。

许多鼠类动物子弟没有到“动物学校”学习，因为学校拒绝增开挖掘课。为子女着想，鼠类动物联合创办了另外一所学校……

请运用新课改的理念指出“动物学校”存在的主要问题和违背的教育教学规律，并提出解决办法。

7. [2021 浙江]李老师作为新老师，主张与时俱进，她认真学习新课程理念，认为传统的教学方法已经过时了，应该摒弃。她在四十余人的课堂上，几乎从不讲授知识点，所有课程都使用自由讨论及小组合作的方法。一段时间后，李老师发现大部分学生掌握的知识不够系统，学习效果差，她不知如何是好。

你怎么看待李老师的困惑？有何建议？

8.［2020河南］过去，总会听到有些教师批评学生的时候使用诸如“你怎么这么蠢”“你死脑筋呀”“你就是个破坏之王”“你就是个土匪”等标签式的评语。甚至，一些学校还有层出不穷的侮辱学生的“创新之举”。比如江西某学校的“不听话押金”，该校班主任收取学生的费用中，有一项名为“不听话押金”，如果学生在校违反纪律，押金将会被逐一扣罚。比如深圳某校的“蓝印章”，该校有教师在表现不好的学生脸上盖章以表示批评。比如西安某学校出现的“绿领巾”，据了解，学习成绩不好的学生才会戴“绿领巾”。

请运用相关教育理论知识，从教育教学角度对上述案例进行分析。

9.［2020河南］河南省洛阳市栾川县某希望小学只有4个年级，共45名学生，学校实行复式教学。校长吴振华坚守教育岗位30多年。他既是校长，负责学校的协调和管理工作；又是教师，承担着该校的语文教学任务；还是炊事员，经常在学校食堂帮厨；还是保安，经常担任着学生的安全保卫工作；还是诗人，撰写了多篇诗作和论文发表在不同的刊物上。该校在简陋的条件下，极力营造以中国传统美德为核心的学校文化，教育教学成绩显著，学生均顺利进入高一年级学习，保障和巩固了当地义务教育普及率。有的学生后来升入南京航空航天大学、西安交通大学等著名学府。

请运用教师职业道德的相关知识对上述案例进行分析。

10.［2018江西］英语老师叶老师在讲新课前向罗飞同学提了一个问题，但是罗飞因为太紧张了回答不出来。叶老师耐心地对罗飞说：“不着急，我们一起回忆之前学过的内容和昨天英语角的活动。英语角活动上你们小组的对话很成功，你还能想起来吗？”罗飞思考了片刻，答对了一部分，叶老师高兴地称赞道：“对，只要我们肯动脑，就会有思路。你还有要补充的吗？”罗飞再次思考了一会儿，做了补充，完整地回答出了问题的答案。叶老师又称赞道：“你回答得很好，请坐。”结果，一整堂课罗飞都听得非常认真。罗飞对英语的兴趣也越来越浓厚，期末考试还考了全班最高分。

结合上述案例，分析叶老师的教育方式。

11.［2019江苏］根据以下报道，分析李芳老师有哪些内在美的师德值得我们铭记并学习。

李芳——用生命完成最后一课

在失控三轮车冲向学生的那一刻，李芳老师用自己的血肉之躯，挡在死神与学生之间，将生命定格在伟大的瞬间。李芳是河南省信阳市浉河区董家河镇绿之风希望小学教师。中师毕业后，她选择去董家河最偏远、条件极其艰苦的黄龙寺小学教书。从教29年，她始终没有离开过乡村小学的讲台。在日常生活和工作中，她单纯实在、不争不抢、宽厚大度、真诚待人。在学校，哪里需要老师，李芳就去哪里。近几年，学校准备给她评高级教师，给她一些荣誉，她都推辞了。她说："农村教育需要年轻人，他们比我更需要那些激励。"直到李芳牺牲，仍然只是一级教师。班里三分之一的学生都是留守儿童。天冷了，她要告诉孩子多穿衣服；放假了，她要提醒孩子不要玩水玩火；学生没钱回家，她要给学生买车票；去学生宿舍，她要特地换上走路声音小的软底鞋……6月16日，近5000人为她送行。

12.［2021贵州］小张是一名刚毕业参加工作并担任班主任的教师，因为年轻没有经验，害怕镇不住那些调皮的学生，他不仅在工作上兢兢业业，还对待学生十分严厉，经常采取罚款，不许学生进教室，甚至罚站、罚跑步等变相体罚的方式来惩罚犯错误的学生，严重影响了学生的身心健康。由于小张急于想在教学中做出一番成绩，他对成绩好的那些"好孩子"十分关心，在许多问题上，更多采纳"好孩子"们的意见，而不太注意其他学生的感受，学生和家长对他的做法意见很大。据此，学校领导也善意地批评过他，但小张却不以为然。

运用所学的教师职业道德知识，对小张的做法进行分析。

13.［2018山东］1980年,江西省奉新县边远山村教师奇缺。时年只有十九岁的南昌市进贤县姑娘支月英不顾家人反对,远离家乡,只身来到离家两百多公里、离乡镇45公里、海拔近千米且道路不通的泥洋小学,成了一名深山女教师。

一到白洋教学点,她发现这里条件比想象中还要艰苦。学校地处江西省奉新县和靖安县两县交界的泥洋山深处,交通不便,离最近的车站都要20多里地,师生上学全靠两条腿在崇山峻岭间爬行。山村生活条件异常艰苦,食品稀缺。支月英像当地人一样,自己动手种菜。

当地老百姓十分疑虑:这个外地姑娘能坚持下来吗?是不是想过渡一下,过不久就溜掉?这话不假,山旮旯太偏太穷。前些年,教师如同走马灯似的来了又走。但过了一年又一年,乡亲们不但看到支月英坚持了下来,还看到无论刮风下雨、结冰打霜,她都把孩子一个个送回家,像对待自己的亲人一般。于是乡亲们议论开了:"这位老师靠得住,肯定会用心教好我们的孩子!"但也有不同声音,"莫想啊,顶多再过两年就会走掉,我们这地方哪能留住这般好老师啊!"冬去春来,寒来暑往。这位外乡的女教师,用自己36年的倾心守望,兑现了自己的承诺,成为深山乡村人人尊敬的人民教师。

上述材料中主人公的事例体现了哪些职业道德?对你有什么启发?

14.［2019广东］2018年12月底,某学校语文老师徐老师,在家长微信群里布置元旦作业时,学生小青的爸爸提出质疑,于是双方在群里互呛,小青的爸爸在群里用不文明的语言辱骂徐老师,结果被徐老师移出微信群。学生小艺的爸爸在群里声援小青爸爸后,也被移出微信群。之后,小青的爸爸被告知:"因你无理谩骂语文老师,语言下流,在你真诚地在群里道歉前,学校决定拒收小青到本校学习。"小艺的爸爸也被告知因"站在了错误的一边",下学期学校将不接收小艺入学。

(1)上述案例中徐老师的做法是否合理?为什么?

(2)请结合实际教学工作,谈谈教师应如何通过"微信群"与家长建立和维持良好的关系。

15. [2017 河北]某村小学老师李某，教学成绩较好，但是对待学生很严格，甚至是严厉，批评学生时语言粗暴，脾气特别大，有时候还辱骂、打学生。因为都是同村的，彼此都很熟悉，家长心里也清楚老师是为了孩子好。有一次李老师把粉笔头扔在某个男生眼睛上，致使该男生眼睛红肿了几天，李老师视而不见，不承认错误，更别提主动道歉，这个男生之后心情压抑，上完中学，成绩也不好就外出打工去了。

(1)李老师的行为违背了《中小学教师职业道德规范》中的哪一条？写出这一条的具体内容。

(2)对李老师提出合理建议。

16. [2019 山东]刘子涵老师为了做好本职工作，她不断加强业务理论学习，提高业务能力，改进教学方法。在教学工作中，她关心每一位学生的成长，也能针对不同学生的特点因材施教。明明是个聪明的学生，可就是在课堂教学活动中注意力不集中，课上经常左顾右盼做些小动作。于是刘老师就针对这一特点，通过改变课堂教学方式，设计教学游戏和竞赛活动，吸引明明的注意力，激发他的上课兴趣。为了达到家校共育的目的，刘老师经常与家长沟通，虚心接受家长提出的合理化建议。由于工作成绩突出，刘老师所在的班级被评为先进集体，刘老师个人也被评为优秀教师。

请运用教师职业道德知识对该案例进行分析。

17. [2021 安徽]**材料一：**习近平指出："一个人遇到好老师是人生的幸运，一个学校拥有好老师是学校的光荣，一个民族源源不断涌现出一批又一批好老师则是民族的希望。"

——资料来源：习近平．做党和人们满意的好老师——同北京师范大学师生代表座谈时的讲话[N]．人民日报，2014-9-10.

材料二：2021 年 3 月 6 日，习近平看望了参加全国政协十三届四次会议的医药卫生界、教育界委员，并参加联组会，听取意见和建议。他指出，教师是教育工作的中坚力量。有高质量的教师，才会有高质量的教育。做好老师，就要执着于教书育人，有热爱教育的定力、淡泊名利的坚守，就要有理想信念、有道德情操、有扎实学识，有仁爱之心。要把师德师风建设摆在首要位置，引导广大教师继承发扬老一辈教育工作者"捧着一颗心来，不带半根草去"的精神，以赤诚之心、奉献之心、仁爱之心投身教育事业。

——资料来源：新华社．习近平在看望参加政协会议的医药卫生界教育界委员时强调着力构建优质均衡的基本公共教育服务体系[N].中国教育报,2021-3-7.

(1)为何“要把师德师风建设摆在首要位置”?

(2)提升师德修养的方法有哪些?

(3)中小学教师职业道德规范的主要内容包括哪些?

18.[2018浙江]阅读下面材料并回答下列问题。

某乡村小学六年级学生小飞(化名)发现自己身上仅有的一些伙食费不见了。他马上把消息告诉了班主任朱老师,上晚自习时,朱老师在教室里仔细查找,当问到小满(化名)和小鹏(化名)的时候,发现他们的脸红了。于是,朱老师命令班长对他们进行仔细的盘问和搜身,但无结果,不过这一举动引起了全班同学的关注。第二天早自习时,朱老师宣布:“为了帮助小飞找到遗失的钱,请大家无记名投票选小偷。”五分钟后,朱老师郑重宣布了投票的结果:“贼人”就是小满和小鹏。小满和小鹏的家长知道此事后将朱老师告至当地教育局,但小飞和班里许多学生却认为朱老师平时工作努力,此事没有做错,家长有包庇自己孩子之嫌。

(1)你认为朱老师的言行违反了哪些教育法规?请结合有关法规中的具体条文分析朱老师侵犯了学生的哪些权益?

(2)平时工作勤勉的朱老师却有如此的错误做法,而大部分学生却还支持、配合他,你认为其中反映了什么问题?

19.[2021福建]细心的周老师发现,班上苏同学那活泼纯朴的样子有了一些改变,课上注意力不集中的现象也时有发生。周老师便找到苏同学要好的几位同学了解情况,有同学反映曾经在抖音上看到苏同学做直播。于是周老师对苏同学进行了家访,苏同学是单亲家庭(母亲意外早逝)的留守儿童,她奶奶常称赞自己的孙女乖巧懂事,只是最近一段时间晚上回家迟了,苏同学解释为初一作业越来越多,就在学校做完作业才回家。

晚自习下课后,周老师跟踪发现,苏同学走进了学校附近的一家销售美容产品的店,跟进去时却没找到她,周老师经过追问店主得知,苏同学正在为该店进行网络直播带货。原来,店主为了营销产品,发现苏同学聪明秀气,又了解到其家庭经济困难,于是为其提供智能手机和相关设备,让苏同学注册直播账号,每天做1小时直播,并为其行为签约付费。周老师要求店主立即停止这种不当行为,让自己带领苏同学回家。在周老师耐心细致的开导和帮助下,苏同学改正了错误。

不久后,周老师发现本校另一位女生晚自习后也走进那家商店,许久未出店门,经过确认发现该生

也在参与直播带货。周老师便与店主交涉，店主先是设法讨好周老师，遭到拒绝后，便称该生并非周老师班上的学生，让周老师不要多管闲事，还对周老师进行口头威胁。周老师见店主不能认识和改正自身的行为，果断地向相关部门进行举报。

(1)运用《中华人民共和国未成年人保护法》(2020年修订)分析材料中的违法主体及其违法行为。

(2)结合材料，分析周老师践行了新时代中小学教师哪些职业行为准则。

20.［2019福建］班主任李老师建立了家校联系微信群。为规范使用该群，他专门制定了群规，如不在群里发广告、不发网络投票链接等。李老师从不在群里公开学生成绩或布置家庭作业。学生家长高某在学校周边经营一家小书店，不时在群里发布有关商品信息。李老师在群里再三提醒，未能奏效，便发布严正警告。其他家长纷纷支持李老师，并指责高某行为不当。高某便到李老师家送礼，遭到果断拒绝。为此，高某四处发布李老师向他索取高额回报的消息，并向该校举报。

校长为避免事件扩大，要求李老师向高某道歉，李老师坚决拒绝。高某又向教育局匿名举报，称李老师参与有偿补课。教育局经调查核实后，相关部门对高某的不良行为给予相应的行政处罚。

(1)分析对高某给予行政处罚的法律依据。

(2)结合相关法律法规分析校长的做法。

(3)结合材料分析李老师遵守了哪些新时代教师职业行为准则。

21.［2018四川］某中学组织学校篮球比赛，比赛过程中学生张某(14岁)在争抢篮球落地过程中，摔在球场上，造成大腿粉碎性骨折。经医院治疗，花费医疗费用近4万元。事后，张某父母认为篮球赛是学校组织的，理应由学校承担全部医疗费用，要求学校赔付4万元医疗费用，但学校认为这是校方组织的正常篮球比赛，在这种具有风险性的体育竞赛中，学校也不可能预见意外的发生，学校认为自身没有过错，不承担责任。

(1)根据学校过错原则，学校在此案件中是否存在过错？

(2)学校是否需要承担全部医疗费用？请说明理由。

22.［2019辽宁］学生李某这一段时间内学习成绩下滑，慢慢失去了学习的兴趣和信心。班主任刘老师经调查了解到该生放学后经常去网吧打游戏，同时结交了一位女网友。刘老师与其父母沟通后发现他们对孩子的问题知之甚少。其父亲每天回家后多半时间在玩手机，母亲经营一家小超市，无心关注孩子的成长。父母回到家中偷偷地查看了李某的QQ聊天记录，发现其与女网友聊天频繁，断定他有早恋倾向。李某回到家中发现父母偷看了自己的网络聊天记录后很生气，与父母发生争执，父亲断然将其反锁在家中，拔掉网线，没收手机。刘老师得知后来到李某家中与其父母沟通交流，家长同意让李某继续上学。

李某回到学校后，刘老师与他进行了深入交谈，对其晓以利害，并组织班级干部和李某组成互助小组。同时，根据其思维敏捷、喜欢数学的特点，让其担任数学课代表，推荐他参加学校的“计算机编程特长班”。在刘老师的引导下，他放学后不再去网吧打游戏，也不和网友聊天了，将精力都用于计算机编程的学习中。在刘老师的鼓励和支持下，李某的各科学习成绩有了明显的提升，并在市里举行的中学生编程大赛中获得一等奖的优异成绩，学习信心增强。

依据教育法律相关规定，分析李某家长的行为。

23.［2020河南］李老师参加了某教育学会组织的为期一天的学术研讨会，事先未向学校请假，也未向学校领导请示派人代课，导致他所任教的两个班各有一节缺课。学校发现后，按照本校的教学管理规定，认定为教学事故。李老师对学校认定意见不服，向学校的主管部门提出申诉，要求撤销对其教学事故的认定，其申诉理由是依据《中华人民共和国教师法》规定：“教师享有从事科学研究、学术交流，参加专业的学术团体，在学术活动中充分发表意见的权利”。

请结合案例运用法律法规知识分析。

(1)该教师有权利对学校的认定意见提出申诉吗？

(2)该校的主管部门会同意他的申诉要求吗？为什么？

24. [2019贵州]某校因为师资紧张,就聘用了大学应届毕业生小李,小李到岗后担任四年级某班班主任,班上的小明因为个头矮、口吃,被同学排挤、歧视。同学经常不让他吃早餐,把他的书藏在别处,给他取侮辱性的绰号,小李得知之后却漠不关心,并未进行干预。一次,小明的雨伞被同学抢走,他冒雨回家导致感冒发烧引发严重肺炎,其父愤怒地冲到学校,和小李产生了激烈的肢体冲突,辱骂并威胁小李。在校长调解的过程中,小明父亲质疑小李老师的业务水平,此时大家才发现小李并未取得教师资格证。

根据《中华人民共和国教师法》分析上述案例中的违法行为。

25. [2017福建]某小学五年级(1)班期中考试数学试卷改完了,有10多位学生的成绩低于80分,班主任戚老师很生气,便向这些学生的家长群发了短信:"某某67分,某某73.5分,某某78分……。这些连80分都达不到的成绩是垃圾成绩!某某只考了29分,简直是垃圾中的垃圾!留在学校没有任何意义,建议主动退学,收到短信的家长明天下午请到学校开家长会。"短信中使用了学生的真实姓名,所有家长都能了解到每位学生的成绩。

根据《中华人民共和国未成年人保护法》,结合以上案例分析该老师的行为侵犯了学生的什么权利。

26. [2020江苏]李铭是一名初二学生,平时学习不认真,常常违反学校规定。假期结束后,李铭返校上学时还以学习需要用手机的名义将手机带到学校。一天,李铭在课堂上用手机给班上的女同学发暧昧信息,被正在上课的邓老师发现并收缴了手机。邓老师非常生气,当着全体学生将李铭给女同学发的信息内容进行了宣读,同时对李铭进行了严厉的批评,并指责其"思想堕落,道德败坏"。下课后,李铭要求邓老师归还手机,邓老师说:"这是罪证,不能归还给你,我要把它交给学校德育处处理。"

(1)请根据案例,列出邓老师在教育李铭同学过程中的不当之处。

(2)请提出你的教育方案。

27.［2019 山西］**材料一** 这几天，妈妈李兰经常唉声叹气，说孩子的班主任在家长微信群里公布了全班学生的考试成绩，自己的女儿因成绩排名下降太快，被老师点名批评。为此，李兰很焦虑，感觉班主任这样公布女儿的成绩排名，让自己很不舒服，也觉得班主任这样公布学生们的考试成绩排名是不合理的。

材料二 2018年初，教育部正式印发了《义务教育学校管理标准》，首次全面系统地梳理了我国教育学校管理的基本要求，其中包括“控制考试次数”“考试成绩不进行公开排名，不以分数作为评价学生的唯一标准”等要求。

(1)老师公布学生考试成绩排名的做法是否合理？为什么？

(2)为什么学校不得公布学生的考试成绩排名？

28.［2019 广东］2018年12月16日，一段题为“毕业后，他用耳光报答当年的老师”的视频在网上热传。视频显示，在河南洛阳栾川县，一名自称常某的男子站在路边将骑车经过的老师拦下，自己一边扇老师嘴巴一边骂：“你还记不记得我？以前咋削我你还记得不记得？”被打老师没敢还手，仅嘴里说道“对不起”。16日晚，疑似打人男子常某“解释”了殴打老师的原因，称20年前在中学读书时，因家里没钱没权，被该老师任意欺负践踏尊严，多次把他踩在脚底下连踹十几脚并踹头，对他的心灵造成了一辈子的伤害。

(1)根据材料反映的现象，谈谈暴力教育会给学生造成哪些影响。

(2)当前基础教育领域仍存在一些不和谐的现象，请结合《新时代中小学教师职业行为十项准则》，为杜绝“拳头”等暴力教育方式提出可行性的建议。

29.［2019 广东］**案例一** 在A市中小学正式开学的前夕，有不少学生开始“疯补”寒假作业，图书馆、咖啡厅等场所成为他们的据点。

由于寒假作业任务重，并且假期前半段没怎么写作业，开学前一个多星期，某学生开启了“恶补模式”，每天白天在图书馆做完后，回到家还要熬夜赶作业。“学校布置的作业大部分是刷题。”她按了按叠成一摞的将近二十张数学试卷，吐槽说，“希望将来笔头作业少留一点，光刷题意义也不大，假期大家状态都比较放松，没有精力像在学校那样高效学习。”

由于寒假作业中的抄写类作业不少，为了及时完成，有学生甚至找别人来代劳。

案例二 某小学二年级学生家长反映，语文每天都有背诵，老师还要求写童话短文，600字左右，每周一

篇,孩子不会的字特别多,得一个个查字典,这样的作业起码要用2小时。英语方面,每天都要背诵英文短文,当遇上短文内容是一名外国人介绍他的家庭时,由于外国人名又多又长,孩子从晚上8点背到11点,最后带着哭腔说:"妈妈,我觉得我永远都背不下来了。"

(1)上述两段材料反映了什么现象?造成这一现象的原因有哪些?

(2)为减少上述现象的产生,你有哪些建议?

30. [2019河南]近日,山东省日照市五莲二中教师体罚学生的事件引起极大反响。五莲县教育和体育局调查发现,2019年4月29日下午,五莲二中两名初三学生上课迟到,被班主任杨某责令到教室门口反省,其后两人离开教室门口到操场,被杨某发现后叫回。在教学楼楼道内,杨某让学生蹲在地上,用课本抽打、脚踢两人,实施体罚、批评教育10多分钟。之后,学生李某家长到校发现孩子脸部、颈部、腿部等多处红肿,随即报警。辖区派出所出警调查后,依法移交教育部门处理。

事件发生后,五莲县教育和体育局深入调查,认为杨某尽管出于管教学生的目的,虽未造成严重后果,但无视国家教育法规及上级三令五申严禁体罚学生的有关规定,公然体罚学生,对学生的身心造成了伤害。依据相关法律法规,决定扣发杨某2019年5月至2020年4月奖励性绩效工资,责令杨某所在学校2019新学年不再与其签订《山东省事业单位聘用合同》,将其自2019年7月纳入五莲县信用信息评价系统"黑名单",社会信用等级降级,5年内不得参与评先树优。

请你对这件事发表一下自己的看法。

31. [2018山东]某地中学,各班班主任根据模拟成绩将班内学习成绩较差的学生家长叫到学校进行谈话,让其孩子"自愿"退学,不参加考试,到期准时颁发毕业证。

结合案例和相关教育法规分析该校的行为,并就学生和家长如何维权提供建议。

32.［2018河南］王某是天津某中学初三的学生，因与同学发生纠纷，班主任白老师、教导主任郭老师对其进行了耐心细致的教育，并对双方都提出了批评。王某觉得不公平，随后在教导处服毒自杀，学校随即将其送往医院进行抢救并通知其家长，后经抢救无效死亡。王某的父亲将学校、白老师和郭主任告上法庭，认为他们应当承担相应的刑事责任和民事赔偿责任。

请运用相关的教育法律法规对该案例进行分析。

33.［2018福建］A小学是一所农村片区中心学校，郑老师是该校的新任校长。开学前，郑校长深入调查了A小学之前的办学情况，了解到一些问题：因外来生源多而学位有限，采取考试入学；学校经费管理、使用不够规范，存在虚报、挪用少量代课金现象；个别教师在校外进行有偿补课。

开学后，郑校长组织全体教职员工系统学习教育法律法规，提高依法执教和依法治校的思想认识，纠正了原有的错误做法，对各项管理工作建章立制，以身作则，模范遵守。他工作兢兢业业，坚持深入教学第一线，承担一门课程的教学任务。他积极参加进修学习和课题研究，努力提高自身科学管理水平。他为人和蔼可亲，善于沟通激励，并且公平公正、铁面无私。有位教师对学生实施变相体罚，产生不良影响，郑校长拒绝熟人说情，召开学校行政会，依照学校规定给予该教师警告处分。

(1)结合相关教育法律法规，分析案例中存在的违反教育法律法规的现象。

(2)结合案例，分析郑校长践行了哪些中小学教师职业道德规范。

模块六　教育教学设计

1. [2020 河南]某版本《道德与法治》四年级上册第一单元“与班级共成长”第一课《我们班四岁了》。第一课时有两个主题，第一个主题是“我们班的成长足迹”：我们在一起学习已经三年多了，三年多的班级生活给我们留下许多美好的回忆。让我们一起对着过去的照片，回忆一下班里发生过哪些有趣或难忘的事，重温一下班级的成长足迹吧！第二个主题是“我们班很棒”：每个班都有自己的优点，你能说出自己班棒在哪里吗？每个班都有自己的不足，我们一起来找一找自己班还存在哪些问题。

请为本节课设计教学目标和导入环节。

2. [2019 河南]根据人教版七年级上册语文古诗《天净沙·秋思》，设计一份完整的教学方案，并对教学方案主要部分的设计意图和理论依据进行详细的解释说明。

天净沙·秋思

马致远

枯藤老树昏鸦，小桥流水人家，古道西风瘦马。夕阳西下，断肠人在天涯。

3. [2019 江苏]东方小学拟立足于平时的活动，以现实问题为驱动，确立“提升学生质疑能力的实践探索”的研究课题，这一研究着眼于培养学生的质疑能力，让学生带着问题去活动、带着问题去探索、带着问题去合作、带着问题去总结。在批判与反思中实现学习方式与方法的改变、学习能力的提升。

现请你担任课题负责人，对本课题的研究目标、研究内容、研究方法、研究步骤做出系统设计。

4.[2018河南]从你所教的学科和学段中选出一节你所熟悉的课，做一个教学设计。

要求：

(1)各学科教学设计，以各科课程标准为依据，鼓励体现自己教学特色或教学风格的设计。

(2)突出教学过程的探究性，充分体现学科新课程的基本理念，整体把握教学活动的结构，关注学生，把握课前预设和灵活生成的统一。

(3)要有材料分析、学情分析、教学目标、教学过程、教学策略，板书设计、教学反思等环节。

5.[2020河南]为贯彻落实《中共中央国务院关于全面加强新时代大中小学劳动教育的意见》《大中小学劳动教育指导纲要(试行)》，全面提高学生劳动素养，某乡村小学拟开展“公益劳动周”活动。在“公益劳动周”活动开始前，班主任李老师想通过主题班会的形式，使学生们进一步认识该公益劳动，积极参加公益劳动。

相关情况：活动对象为小学五年级学生，班级人数为40人。

请你根据上述材料完成主题班会的方案设计。

6. [2020河南]共青团中央维护青少年权益部、中国互联网络信息中心联合发布的《2019全国未成年人互联网使用情况研究报告》显示，2019年我国未成年网民规模为1.75亿，未成年人互联网普及率达93.1%，我国未成年人互联网使用已相当普及。网络原住民增加，未成年人网络环境问题引起人们的高度关注。特别是今年新冠肺炎疫情暴发以来，未成年人使用网络进行学习的需求大幅度提升，未成年人网络环境整治更是迫在眉睫。以某些劣质的"饭圈文化"为代表的不良信息和行为对青少年的价值导向、生活观念、社会认知、正当的学习和娱乐都造成了严重的负面影响。

请针对中学生的特点，设计一节以"享受健康的网络生活"为主题的班会课。

7. [2018河北]请以"感恩父母"为主题，针对某一特定班级，设计一个主题班会计划书。

8. [2019湖北]班会课上,学生们纷纷谈论自己未来的人生理想。

小可说:“我想当医生,能治病救人,多崇高啊!”

明明说:“我想当宇航员,探索宇宙的奥秘。”

婷婷说:“我想当明星,既风光,还可以轻松挣大钱。”

……

当小方说自己的理想是长大后当农民时,他的话引发了同学们的哄笑和议论。

“哦?难道小方当农民的理想有问题吗?我们的日常生活能离开农民的辛勤劳动吗?”听班主任张老师这么一问,学生们一下子都安静下来,陷入了沉思。

“老师,听您的意思,似乎当农民还是一种不错的选择?”小丁低声地说出了心中的疑惑。

“同学们,职业不分高低贵贱,职业理想完全可以多样化。我们可以选择做一个高级白领、政府官员、企业家,也可以选择做农民……”张老师接着说。

张老师知道只靠一堂班会课,不一定就能让学生真正懂得这些道理。那么,如何才能引导学生正确认识不同职业的价值,规划自己未来的人生呢?

假如你是张老师,请针对讨论中反映出的问题,设计一个主题教育活动方案。要求完成以下具体任务:

1. 拟定活动方案的主题。

要求:主题鲜明,概括准确,字数不超过25字。

2. 阐述活动方案设计的依据。

要求:合理清晰,表达简洁,字数不超过100字。

3. 写出活动方案目标、内容与过程。

要求:目标明确,内容充实,措施得当,具有针对性和可操作性,字数不超过600字。

4. 如果该方案付诸实施,你将如何评估其结果?

要求:指标恰当,方法可行,字数不超过100字。

模块七　教育写作

1.［2020河北］请根据以下材料，写一篇不少于800字的论述文，题目自拟。

2020年春季学期，因为“新冠肺炎”疫情的特殊性，许多中小学除毕业班外，其他年级基本没有复学复课，“停课不停学”成为各级教育行政部门对学校、老师等的基本要求。为此，学校、老师、家长积极行动起来，开设“网课”成为解决“停课不停学”的最佳手段和措施。这个春季学期，无论是城市还是乡村，“线上教学”都成为中小学教学中的正常现象。

2.［2020河南］**材料一**　罗恩·克拉克是美国的明星教师，他爱学生，并且经常亲手给他们烤曲奇饼干。每次发饼干时，学习优异的孩子会开心地得到一块，而表现平平的孩子就没份儿。这种做法得到了许多家长的不解和质疑：为什么我的孩子没有，您为什么这样对待我的孩子？

真的是每个孩子都应该得到饼干吗？一句“我已经很努力了”难道就应该得到表彰吗？这让我想起了曾经参加过的一些颁奖活动，有的活动中，每个孩子都能获得一纸被冠以各种名目的荣誉证书，孩子和家长都感到自豪且获得满足。可我的内心却在不停地掂量着：这样的表彰“含金量”究竟有多少？当我们近乎过分地迁就孩子的自尊心时，有没有考虑到他们的表现和能力？

所以，我的观点与罗恩·克拉克不谋而合。如果我们把饼干给了那些不够格的学生，就等于在告诉他们，即便不够好也可以得到奖励，哪里还需要持续的付出和努力。再往深里探究，这种做法其实会阻碍许多年轻人对美好的追求，并导致他们过度依赖别人提供帮助。

不是每个孩子都应该得到“曲奇饼干”，如果“饼干”是我能想到给予孩子优秀表现的最好奖励。有时候，一些降低了条件、改变了规则、降低了要求的奖励，看似是在给那些够不到“饼干”的孩子踮起脚就能拿到食物的机会，看似是在激励帮助孩子树立信心，其实传达了一种隐性的信息——即便不够好，我也同样可以拥有和别人同样的奖励。我不希望用这样的迁就放慢孩子努力追寻、不断成长和超越的脚步。

作为班主任，我会告诉没有得到奖励的孩子，“饼干”还会有，只要你愿意努力，不断改进，总有一天可以得到属于自己的那块最香甜的"饼干"。我也愿意陪伴孩子一起在努力中修正,在坚持中完善,在前行中探寻适合的成长方式。更重要的是,尽管我不愿意改变原则和标准把奖励违心地送出去,但愿意时时在他们成长的路上给予最贴心的支持和鼓励。因为我明白,奖励和表扬更多要靠外部、他人的赋予,但支持和鼓励激发的却是孩子自身的能量。

不是每个孩子都应该获得一块"饼干",除非孩子的努力达到了标准;不是每份降低标准的奖励都是爱,真正的爱是对坚持和自我超越的温暖引领。

材料二 教育评价具有重要的导向作用,事关教育发展方向,是教育改革的关键环节,用科学的教育评价导向引领教育发展,就是要围绕立德树人,从培养"德智体美劳全面发展的社会主义建设者和接班人"这一根本任务出发,使教育评价更加关注教育对象的身心发展、品行发展、学业发展。科学开展过程性、综合性、多元性的评价,切实扭转单纯以考试分数来衡量学生发展、以升学率评价教育质量的倾向,课堂教学评价是教育教学改革的核心关键与焦点问题,是促进课堂教学立德树人的内在动力与时间尺度,也是深化教育评价改革的重要内容与关键环节,科学有效地开展课堂教学评价不仅可以深层次促进课堂教学立德树人的有效落实,也将直接影响教育评价整体改革的进程与成效。课堂教学作为最基本的教育实践活动,是以课程内容为中介的教师"教"与学生"学"交互作用的动态文化统一体。在这个动态文化统一体中,必然蕴含课程内容的真善美对学生生命的激发与浸润,蕴含教师高尚的道德或良知对学生生命的启迪与感召,也蕴含学生主体发展动能自觉而完满的释放与张扬。毫无疑问,育人是课堂教学的应有之义。从这个意义上说,课堂教学评价应对课堂教学的育人质量做出总体价值性判断。与此同时,课堂教学的育人质量必须依托课程的育人功能、教师的育人功能以及学生的主体发展动能这三个要素的相互协调作用得以实现。因此,评价课堂教学的育人质量应涉及三个方面:学生主体发展的核心指标、学生主体发展的成效和水平、影响学生主体发展的相关要素的育人功能与成效。因此,对课堂教学不应进行单一的、显在的、静态的、孤立的评价,而应进行整体性、发展性、动态性和综合性评价。

根据上述材料作答。

请结合所报学科和课堂教学,以"教育评价的育人性"为主题,自拟题目,写一篇不少于800字的作文。

3.［2020 湖北］请阅读以下材料，并根据要求作文。

材料一 教育部指出，“十三五”教育信息化工作要强化深度应用、融合创新，大力提升信息化在推进教育公开、提高教育质量中的效能；要运用信息技术来设计和推进“教改”“课改”，促进教学方法、管理模式以及教育服务供给方式的变革。2020年初，全国大中小学校推迟开学，2.65亿在校生转向线上课程，在线教育应用呈现爆发式增长。中国互联网信息中心发布的第45次《中国互联网络发展状况统计报告》显示，截至2020年3月，我国在线教育用户规模达4.23亿，较2018年底增长110.2%，占网民整体的46.8%。当前，数字化技术不断取得新的突破，为深化教育改革带来新的机遇，智慧校园是未来教育发展的必然趋势。

专家表示，教师队伍的建设离不开人工智能，要大力提升教师信息素养，推动教师主动适应信息化技术的变革。

材料二 随着云计算、大数据、移动互联网、人工智能等现代化科技的发展和应用，“互联网+”与“教育”的融合渗透不断深入，信息化教育在内涵、深度和质量上也不断发展，教育教学系统的结构和形态正在发生变革与转型，逐步形成新的教育理念和模式。

某学校积极顺应时代发展，组织教师开展智慧课堂教师培训。培训结束后一位教师表示：“在科技飞速发展的今天，教师不能只停在原有知识的认识上，要不断地完善和充实自己。现在的学生非常聪明，能通过互联网等多种途径学到许多知识。因此教师必须有一种超前意识，同时，良好的信息素养是教师终身学习，不断完善自身的需要。”

材料三 以下是一则小学数学的智慧案例：

在自主思索、协作交流环节，引导学生自主探究生活中的角，辨别哪些是角，并能够指出角的各部分名称，最后学会如何画角等。学生利用PAD进行拍照并上传教师端展示探索成果。

在交流展示、评价反思环节，教师端下发画板题，小组长通过局域网上传探究结果。在此过程中，教师主要通过终端监控和即时巡视指导的方式发挥监督的作用，保证探究活动的正常运行，有利于学生形成时间观念和小组责任感。

接下来，教师通过电子书包端IRS互动反馈系统，设置抢答环节。教师抛出问题，学生利用电子书包快速抢答。同时，为检验每个同学的知识掌握情况，设置统一答题环节。最后，教师引导学生自学云端书柜拓展资源，可以与同桌分享发现的问题或者了解到的相关知识，为下一节课的学习做准备。传统的课堂教学一味地强化练习，学生会觉得枯燥与恐惧。而在轻松自由的氛围中采取的小组抢答、限时统一答题的方式，有助于对知识的强化巩固，即时反馈学生的学习结果，不断加深学生对角的认识。

请阅读以上材料，以“智慧教育与教师专业发展的关系”为主题，自选角度，自拟题目，写一篇1000字左右的议论文。

4.［2020贵州］下面是某班主任的教育日记的一段节选：

手机铃声突然响起，是成绩优秀的小明的妈妈打来的，“张老师，您好！听说夏老师还继续教咱们班地理？她虽然很有责任心，但是毕竟年轻，孩子说她上课枯燥，详略不当，而且没有高三教学经验，孩子一生就一次高考，不能让她用咱们班的孩子来练经验，请您跟学校讲一下，看能不能换个有经验的老师？”

放下电话，作为班主任的我，心情非常复杂。放假前，校长在新高三教师动员会上表示：“每一位新高三班主任以及科任老师都非常优秀，是经过学校严格考评、慎重考虑以后才确定的，而且每一个学科组都有丰富的备考经验，也有成熟的帮带制度，如果有哪个班的家长要求换科任老师，请这个班的班主任做好沟通工作。”

读了以上材料，你有哪些思考？假如你是这位班主任，请给小明的妈妈写一封信说服她，让她打消更换地理老师的念头，圆满地解决这件事情。

要求：观点鲜明，说理充分，结构完整，条理清晰，表达简明，语言得体，不少于600字。

5.［2020山西］阅读下面的材料，根据要求写作。

人生犹如攀登台阶，无论在哪一层，阶下总有人在仰望你，阶上也有人在俯视你。有人认为，抬头自卑，低头自得，唯有平视，才能看到真正的自己。也有人认为，抬头不自卑，低头不自得，才是从容淡定的自己。还有人认为……

对于上述材料，你有怎样的感悟和思考？请写一篇议论文，表明你的态度，阐述你的看法。

要求：自拟标题，自选角度，确定立意；符合文体特征；不要套作，不得抄袭；不得泄露个人信息；不少于700字。

6. [2019河南]美国心理学家詹姆斯曾说:“播下一个行动,收获一种习惯;播下一种习惯,收获一种性格;播下一种性格,收获一种命运。”

根据以上材料,从教师角度出发,自拟题目,写一篇600字的议论文。

7. [2020河南]要保证贫困山区的孩子上学受教育,有一个幸福快乐的童年。(习近平)

下一代要过上好生活,首先要有文化,这样将来他们的发展就完全不同……把贫困地区孩子培养出来,这才是根本的扶贫之策。(习近平)

抓好教育是扶贫开发的根本大计,要让贫困家庭的孩子都能接受公平的有质量的教育,起码学会一项有用的技能,不要让孩子输在起跑线上,尽力阻断贫困代际传递。(习近平)

综合上述材料,你有怎样的感触及思考?请联系实际,写一篇不少于600字的文章。

要求:选好角度,确定立意,自拟标题;除诗歌外,文体不限。

8.［2019广东］**材料一** 随着互联网和手机终端的发展，成瘾性网络游戏、邪恶动漫、不良小说、互联网赌博等不断出现，造成一些中小学生沉迷游戏、行为失范、价值观混乱等问题。严重影响了中小学生的学习进步和身心健康，甚至出现人身伤亡、违法犯罪等恶性事件。

数据显示，我国网络游戏人口达4.42亿，中国青少年首次接触网络游戏的年龄呈日益低龄化趋势。15～18岁青少年中近80%首次接触网络游戏的年龄在14岁及以下，11～14岁青少年中45.09%首次接触网络游戏的年龄在10岁及以下，6～10岁的青少年中有约16.6%首次接触网络游戏的年龄在5岁及以下。

材料二 中国科学院院士、北京大学第六医院院长陆林说，近年来，青少年网络成瘾现象比较普遍，即青少年对于网络的过度依赖不能控制，或者反复使用网络，最后导致学习和社会功能出现问题，持续一段时间出现学业和社会功能障碍。网络成瘾包括游戏成瘾、色情成瘾、信息收集成瘾、网络关系成瘾、赌博成瘾、购物成瘾等。

2018年世界卫生组织将网络成瘾障碍纳入精神心理疾病的一类。据统计，全世界青少年过度依赖网络的发病率是6%，我国接近10%左右，而关于这一领域的治疗规范仍在制定之中，过度依赖网络只是一个现象，有一半的孩子依赖网络的背后涉及其他问题，比如与父母的关系问题、学业问题、注意缺陷障碍、焦虑或抑郁等。青少年往往因为这些问题，出现过度依赖网络的行为。

请联系教学实践及自身感悟，围绕“预防青少年网络成瘾，加强网络安全教育”这一话题，写一篇文章。

要求：(1)自拟题目，自选角度，立意明确，有思想性；(2)不脱离亦不拘泥于给定材料；(3)内容充实，语言畅达；(4)字数为800字左右。

9.［2019江苏］2018年9月10日，全国教育大会召开，会议指出：“教育是国之大计、党之大计。”的确，教育兴则国兴，教育强则国强，教育不仅对中华民族伟大复兴具有决定性意义，也决定着人类的今天和未来。

结合以上材料，谈谈你的认识和思考。

要求：(1)题目自拟；(2)写一篇议论文；(3)不少于600字。

10.［2019贵州］杭州学军中学原校长陈立群，退休后依然坚守对教育的理想信念，无偿到贵州省台江县民族中学担任校长，被誉为“时代楷模”。

贵阳市白云三中教师刘芳虽然双目失明，但创办心理咨询室阳光驿站，用砥砺自我、关爱他人的精神影响着身边的师生，不愧为“师德标兵”。

人民教育家于漪在学习中永不满足，在教学中从不重复自己，她常说最好的课永远在下一节。

贵阳市兴农中学校长蒲邦顺，抱有仁爱之心，长期资助来自各地的寒门学子，温暖他们的人生。

习近平总书记说：一个人遇到好老师是人生的幸运，一个学校拥有好老师是学校的光荣，一个民族源源不断涌现出一批又一批好老师则是民族的希望。

上述材料一定会引发你许多的感悟和思考，请结合材料的内容和含义，自选角度、自拟标题写一篇不少于600字的议论文。

11.［2019河南］在一节科学课上，老师正拿着一只蚯蚓讲解相关知识，一位学生突然问蚯蚓是什么味道，老师抱歉地说不知道，因为从来没有尝过。这位学生接着问可不可以尝尝，老师说当然可以，学生又问尝了能否加分，老师告诉他当然能。于是，这位学生把蚯蚓洗干净尝了一口，并把蚯蚓的味道讲给大家听，引起了同学们一片惊叹。

认真分析上述材料，自选角度、自拟题目，写一篇不少于800字的议论文。

要求：(1)观点正确，立论清晰，思想深刻，内容充实，论述流畅。

(2)紧密结合报考岗位特点，准确传达自己对材料主旨和工作愿景的思考。

12.[2018河北]请根据下面的寓言故事,结合教育实践,写一篇不少于800字的文章,题目自拟。

池塘里有一条小鱼和一只蝌蚪,它们形影不离。慢慢地,蝌蚪变成了青蛙,看到了外面的世界,它跟鱼讲述了自己新奇的见闻。鱼也开始憧憬起外面的世界。有一天,青蛙向鱼描述了它看到的一头正在吃草的奶牛,然后在鱼的想象中是这样的……

13.[2019广东]**材料一** 中共中央、国务院于2019年2月印发的《中国教育现代化2035》指出,将服务中华民族伟大复兴作为教育的重要使命;到2035年,总体实现教育现代化,迈入教育强国行列,推动我国成为学习大国、人力资源强国和人才强国,为到本世纪中叶建成富强民主文明和谐美丽的社会主义现代化强国奠定坚实基础。

材料二 中共中央、国务院于2019年2月印发的《粤港澳大湾区发展规划纲要》提出,要打造粤港澳大湾区教育和人才高地,加强基础教育交流合作,鼓励粤港澳三地中小学校结为“姊妹学校”,在广东建设港澳子弟学校或设立港澳儿童班并提供寄宿服务;研究开放港澳中小学教师到广东考取教师资格并任教等。

材料三 华为创始人任正非认为,发展技术的唯一出路在教育,让教师成为最光荣的职业,成为优秀青年的向往,用最优秀的人去培养更优秀的人。

在中国教育现代化进程中,作为一名教师,请以“粤港澳大湾区教师的角色定位与自我价值实现”为题写一篇教育论文。(要求:①运用教育学、心理学相关知识;②观点明确,思路清晰,结构合理,表述流畅;③不少于1000字)

14.［2018江苏］教师是一种具有反思性实践特征的职业，教师的有效反思有助于促进教师的专业发展，提升教师的专业能力。某校近日将召开教学反思交流会，你将作为参与教师进行发言。

请你以“教学反思”为主题，撰写一篇不少于400字的微发言稿。

15.［2018山东］每到寒假、暑假，各种课外补习往往都是“满天飞”。学生忙，家长忙；学生疲惫，家长抱怨；质疑者有之：“课外补习有存在的必要吗?”犹豫者有之：“别人补了，我们不补怎么行?”反对者亦有之：“应该将课外补习统统取消掉。”……

读了以上材料，你对课外补习有怎样的感触和思考呢？请写一篇文章，阐述你的看法。

要求：选好角度，确定立意；明确文体，自拟标题；不要套作，不得抄袭；不少于800字。

16.［2018广东］世界卫生组织的一项研究报告显示，中国青少年近视率排世界第一，据估算，我国中小学生近视人数超1亿。2018年8月，教育部等部门联合印发《综合防控儿童青少年近视实施方案》，将防控儿童青少年近视上升为国家战略，要求把儿童青少年近视防控工作、总体近视率和体质健康状况纳入政府绩效考核。为落实“健康第一”的理念，进一步做好学生近视防控工作，建东中学要求每个班以“爱眼护眼”为主题，召开一次家长、学生及科任教师联席会。

假设你是建东中学的一名班主任，请撰写一份你在联席会上的发言稿。(要求：内容应包括爱眼护眼的意义、学生近视的成因及防控建议)

图书反馈

亲爱的考生：

感谢您对山香教育的信任和支持，您的建议是我们前进的动力！为进一步提高图书质量，我们特向全国各地的考生开展有奖反馈活动。

1.凡提供山香图书的错题反馈者，均能获得价值99元的山香网课《高频考点》（基础版）大礼包1份。

2.凡提供反馈项目者，可获得价值299元的山香网课《高频考点》（豪华版）超级大礼包1份。

3.我们从意见被采纳人员中每月抽取幸运者2名，各奖励价值1380元的山香网校网课大礼包一份。

图书反馈链接

¥99
大礼包

¥299
超级大礼包

反馈项目

姓名：　　　　专业：　　　　报考地区：

手机号：　　　　QQ号：

1.您认为图书中可以增加哪些模块或内容，有助于您的学习？

2.您对本书的印刷、装订、封面有何意见和建议？

3.结合山香现有图书和考情需要，您还需要哪些形式的备考资料？

图书订正链接

联系方式：400-600-3363　　研发部QQ：1831595423

招教网：http：//www.zhaojiao.net　　山香网校：http：//www.sx1211.cn

教师招聘考试·真题精选

主观题680道

教育理论基础

山香教师招聘考试命题研究中心　主编

目　录

参考答案及解析

模块一　辨析题

专题一　教育学

1. 凡是能影响人的身心发展的活动都是教育。

(1)这种说法是不正确的。(2)教育是一种有目的地培养人的社会活动,这是教育区别于其他事物现象的根本特征,是教育的本质属性,这也是教育的质的规定性。如果失去这一质的规定性,就不能称之为教育。例如,一个顽皮的孩子偶然把手指伸到火苗上,被灼伤,并由此获得火的有关知识的过程,不能算是受到了"教育"。这样没有明确目的的、偶然发生的外界对个体发展的影响就不能称为"教育"。

2. 教育对受教育者和社会的发展产生的是正向功能。

(1)这种说法是不正确的。(2)教育对受教育者和社会的发展产生的既有正向功能,也有负向功能。正向功能指教育有助于社会进步和个体发展的积极影响和作用。教育的育人功能、经济功能、政治功能、文化功能等往往是强调教育正面的、积极的功能。负向功能指教育阻碍社会进步和个体发展的消极影响和作用。教育的负向功能是由于教育与政治、经济发展不相适应,教育者的价值观念与思维方式不正确,教育内部结构不合理等因素,使教育在不同程度上对社会和人的发展产生阻碍作用。

3. 终身教育就是成人教育,成年人也应该进行终身学习。

(1)题干中前半句的说法是不正确的,后半句的说法是正确的。(2)终身教育是适应科学知识的加速增长和人的持续发展要求而逐渐形成的一种教育思想和教育制度,包括各个年龄阶段的各种方式的教育。把终身教育等同于成人教育或职业教育是片面的。根据终身教育的理念,成年人也应该进行终身学习。

4. 教育学的研究对象就是教育方针政策。

(1)这种说法是不正确的。(2)教育学是研究教育现象和教育问题,揭示教育规律的一门科学。教育现象被认识和研究,便成为教育问题,但是并不是所有的教育现象都可以构成教育问题,只有当教育现象中的某些矛盾引起了人们的注意,并具有研究价值的时候,才能构成教育问题,成为教育学研究的对象。因此,教育学的研究对象是教育问题,而不是教育方针政策。

5. 孔子提出的化性起伪中的"伪"指虚伪、不真诚。所以教育就是要改变人的虚伪、不真诚。

(1)这种说法是不正确的。(2)荀子持性恶论,认为教育在人的发展中起着"化性起伪"的作用。"化性起伪"中的"性"即人性,就是人与生俱来的自然属性,它完全排除任何后天人为的因素。"伪"是与"性"相对的一个范畴,即人为,是泛指一切通过人为努力而使人发生的变化。

6. 教育先行是指教育可以先于政治、经济、文化而发展。

(1)这种说法是正确的。(2)教育优先发展又称教育超前发展或教育先行。教育优先发展有两个内涵:其一是社会用于发展教育的投资要适当超越于现有生产力和经济发展水平而超前投入;其二是教育发展要先于或优于社会上其他行业和部门而先行发展。在这里,"优先是指在全局中与其他非优先的事务相比较而言,是指在长远的多种事务不能齐头并进时,在排序上使某一事务先行而言。"故题干说法正确。

7. 针对人口出现零增长或负增长现象,未来教育发展的战略重点要放在教育的量的发展上。

(1)这种说法是不正确的。(2)教育事业发展的战略重点,是指教育发展过程中对实现战略目标具有关键作用的环节和部分。教育发展的战略重点的选择不仅要按照经济、社会及教育自身发展的法则和需要,还应依据人口因素。例如,在人口增长速度比较快的地区,教育发展应以扩大规模、增加数量为战略重点;而在人口增长速度较为平缓且经济发展比较好的地区,教育发展则以提高教育质量为战略重点。由此可见,针对人口出现零增长或负增长现象,未来教育发展的战略重点要放在教育的质的发展上。

8. 教育对人的发展起主导作用是有条件的。

(1)这种说法是正确的。(2)学校教育主导作用和促进作用的实现是相对的,有条件的。①从外部环境方面来说,它要求社会的发展为个体的发展提供相应的前提,它依赖于家庭环境的影响,包括家长的职业类别和文化程度、家庭的经济状况和自然结构;依赖于社会发展的状况,包括生产力水平、科技发展、社会环境、社会文化传统和民族心态以及公民整体素质等。②从教育系统内部来说,它依赖于教育自身的状况,包括学校的物质条件、师资队伍、教育管理者的水平等方面;依赖于学习者的主观能动性;它要求教育要遵循儿童的身心发展规律,还要积极协调社会、家庭等各个方面的教育影响,使其成为一股适合儿童需要的合力。

9. 人的身心发展在整个生命过程中是均衡和匀速的。

(1)这种说法是不正确的。(2)个体身心发展具有不平衡性(不均衡性)。其主要表现在两个方面:一方面是指身心发展的同一方面的发展速度,在不同的年龄阶段是不平衡的。另一方面是就个体身心发展的不同方面而言的。研究表明,青少年身心的不同方面所达到的某种发展水平或成熟的时期是不平衡的,有的方面可能在较早年龄就达到较高水平,而有的方面则晚些。

10. 教育应符合学生的身心发展规律,因此教师要根据学生的现有发展水平实施教育,超前于现有发展水平去教育学生就是揠苗助长。请对这一观点做出判断和分析。

要求:判断准确,观点明确,分析合理,条理清晰,字数不超过400字。

(1)这种说法是不正确的。(2)个体身心发展规律包括顺序性、阶段性、不平衡性、互补性、个别差异性和整体性。其中身心发展的顺序性是指人的身心发展是一个由低级到高级、由简单到复杂、由量变到质变的连续不断的发展过程。学生身心发展的规律客观上要求人们应努力学习、领会有关人身心发展的理论,熟悉不同年龄段学生身心发展的特点,并依据学生身心发展的规律和特点开展教育活动,从而有效促进学生身心健康发展。总之,教育应符合学生的身心发展规律,学科教学内容更应注重科学性,符合学生的认知发展规律。维果斯基提出儿童有两种发展水平:一是儿童的现有水平,即由一定的已经完成的发展系统所形成的儿童心理机能的发展水平;二是可能达到的发展水平。这两种水平之间的差异,就是最近发展区。因此,指导教育者不应只看到儿童今天已达到的发展水平,还应看到仍处于形成的状态,正在发展的过程。

11. 杜威的教育无目的论,就是指教育没有目的。

(1)这种说法是不正确的。(2)杜威的"教育无目的论"并非主张真正教育无目的,而是认为无教育过程之外的"外在"目的。

12. 减负就是减轻学生的作业负担。

(1)这种说法是不正确的。(2)所谓减负,主要指减轻学生过重的课业负担和心理负担。合理的负担是学生发展的需要,同时也是社会发展的需要。减轻学生过重的负担,不仅要减轻课业负担更要减轻心理负担。只有以激发学生的学习兴趣为目的,把学生当作学习主体来看待减负,才是真正意义上的减负。

13. 让学生上兴趣班，多开展文体活动，就是在进行素质教育。

(1)这种说法是不正确的。(2)题干说法是对素质教育形式化的误解。素质教育是我国全面发展教育在新的形势下的体现，因而它一方面体现了新形势对教育的要求，另一方面也符合教育的本质要求。教育培养人的基本途径是教学，学生的基本任务是在接受人类文化精华的过程中获得发展。这就决定了素质教育的主渠道是教学，主阵地是课堂。

14. 教师取得资格证书意味着教师已经达到了专业化水平。

(1)这种说法是不正确的。(2)教师专业发展，又称教师专业成长，是指教师在整个专业生涯中，依托专业组织、专门的培养制度和管理制度，通过持续的专业教育，习得教育教学专业技能，形成专业理想、专业道德和专业能力，从而实现专业自主的过程。教师的专业发展是一个长期的过程，是教师自身素质不断提高和专业自我逐渐形成的过程。取得教师资格证只能说明教师拥有了从事教师职业的资格，而不能说明教师已经达到了专业化水平，完成了专业发展。

15. 有人认为，“教师只要学科知识过硬、实践经验丰富就行了，是否掌握教育理论并不重要”。请对这一观点做出判断和分析。

要求：判断准确、观点明确、分析合理、条理清晰，字数不超过400字。

(1)这种观点是不正确的。(2)教师的知识素养不仅包括学科专业知识(本体性知识)、实践知识，还应包括政治理论修养、科学文化知识和教育科学知识(条件性知识)。其中，教育科学知识是人们通过数千年的教育实践，积累了丰富的教育教学实践经验，在总结这些经验的基础上，人们揭示了教育教学的规律，提出了教育教学的原则、方法体系，形成了系统的教育理论。教师要加强教育工作的科学性和有效性，就必须掌握这些理论。

16. 师生之间价值观念的对立是师生关系紧张的思想根源。

(1)这种说法是正确的。(2)师生关系紧张的根源大致有以下几个方面：①上一代教师与新一代学生之间价值观念、精神追求的差异和对立，又导致矛盾与冲突的必然产生。这是师生关系紧张的思想根源。②长久以来应试教育体制限制又束缚着师生间的行为活动，双方都将大量精力集中于高分数、好成绩上面，忽略自身与人交往的动机与需求。这是师生关系紧张的现实因素。③教师自身修养的欠缺与学生性格特征的特殊性，加之学校教学制度上的限制，都使师生之间很容易产生反感情绪，引发对立。这是师生关系紧张的直接原因。故题干说法正确。

17. 课程是课程表中所列出的学科科目。

(1)这种说法是不正确的。(2)把课程等同于所教的科目，在历史上由来已久。目前我国的《辞海》《中国大百科全书》以及众多教育学教材也认为，课程即学科、或者指学生学习的全部学科——广义的课程，或者指某一门学科——狭义的课程。这种定义的实质，是强调学校向学生传授学科的知识体系，是一种典型的“教程”。然而，只关注教学科目，往往容易忽视学生的心智发展、情感陶冶、创造性表现、个性培养以及师生互动等对学生成长有重大影响的这些维度。其实，学校为学生提供的学习范围，远远超出了正式列入课程的学科。现在我国各地的课程改革，已把活动和社会实践列入正式课程，这说明把课程等同于学科科目是不周全的。

18. 我国课程计划中的活动课程，就是传统的课外活动。

(1)这种说法是不正确的。(2)活动课程亦称经验课程，是指围绕着学生的需要和兴趣、以活动为组织方式的课程形态，即以学生的主体性活动的经验为中心组织的课程。课外活动可以是学科课程结束之后的活动，也可以是活动课程。因此题干的说法不正确。

19. 活动课程夸大了儿童的个人经验，忽视了知识本身的逻辑顺序，影响了系统知识的学习，所以容易导致教学质量的降低。

(1)这种说法是正确的。(2)活动课程以学习者的经验为中心来组织，容易导致学科知识的支离破碎，学生难以掌握完整系统的学科知识体系；同时，活动课程以学习者的活动为中心，但学习者的活动具有多种性质，并非所有的活动都有教育价值，也并非所有的活动都能带来同样的教育价值，因此在实施中容易导致“活动主义”，为活动而活动，如果把握不当，会极大地影响教学效率和教育质量。

20. 校本课程就是学校自己组织的活动课程。

(1)这种说法是不正确的。(2)校本课程是一种多样化的课程，其课程的形式多种多样，既可以是必修课，也可以是选修课，既可以是学科课程，也可以是活动课程，课程内容可以和某一学科紧密相关，也可以和多门学科相互结合；可以以学习知识为主，也可以以各种探索性、实践性活动为主。

21. 校本课程的开发主体只能是教师。

(1)这种说法是正确的。(2)校本课程开发的主体必须是教师。学校教师之外的其他机构人员，可以参与和协助教师开发校本课程，但却不能取代教师的工作。国家课程和地方课程的开发主体可以而且常常是专家，但校本课程的开发主体则必须是教师，而不是专家。否则，校本课程是很难真正满足学生实际发展需求的。

22. 课程计划是课程标准的具体实施步骤。

(1)这种说法是不正确的。(2)目前在我国，中小学课程主要由课程计划、课程标准、教材三部分组成。课程计划体现了国家对学校的统一要求，是编写各科课程标准和教材的主要依据。课程标准是课程计划中每门学科以纲要的形式编写的、有关学科教学内容的指导性文件，是课程计划的分学科展开，每门学科都有对应的学科课程标准。因此，题干的说法是不正确的。

23. 课程计划是根据学科课程标准制订的。

(1)这种说法是不正确的。(2)课程计划体现了国家对学校的统一要求，是编写各科课程标准和教材的主要依据；课程标准是课程计划的分学科展开，每门学科都有对应的学科课程标准。

24. 学生在新课程中，既是课程资源的消费者，又是课程资源的开发者。

(1)这种说法是正确的。(2)①学生既是课程资源的消费者，又是课程资源的开发者。尤其是在现代信息技术广泛运用到教学与人们生活各个方面的背景下，学生获取知识与信息的途径多元化，学生之间的相互交流与学习显得越来越频繁和重要，学生本身成了特殊的课程资源的开发者。同时，由于学生的学习方式也发生了根本的变革，学生在合作学习、探究学习、自主学习的过程中，相互之间都形成了丰富多彩的课程资源。②学生开发与利用课程资源不仅形式上灵活多样，而且还具有多渠道、多层次、多类型等特点，对学生兴趣的培养、能力的锻炼、合作精神的形成都有积极作用。学生收集的课程资源在教师的指导下，还可以通过进一步的加工与筛选，形成一些具有典型性与代表性的课程资源库。学生作为课程资源的开发者，本身就可以成为课程资源的活动载体。他们可以把课外的课程资源带入校内，成为校内的课程资源，他们还可以将零碎的课程资源整合成体系较为完整的课程资源。开发与利用课程资源的过程本身，就是学生学习的过程，而且这种学习过程还可以影响到其他学生的学习过程。

25. 智育是通过课堂教学活动实现的。

(1)这种说法是不正确的。(2)课堂教学是实现智育的途径之一，智育也需要通过课外活动等才能全面实现。

26. 学校的教育工作应该坚持以教学为主，全面统筹地安排其他各项工作。

(1)这种说法是正确的。(2)教学是学校教育的中心工作，学校教育工作必须坚持以教学为主。学校工作

以教学为主，既是由教学本身的性质决定的，也是多年来教育工作经验的总结。但这并不意味着可以轻视甚至忽略其他工作，应当坚持“教学为主，全面安排”的原则。故题干说法正确。

27. 教学的首要任务是引导学生掌握系统的科学文化基础知识。

(1)这种说法是正确的。(2)教学的首要任务是使学生掌握系统的科学文化基础知识，形成基本技能、技巧，其他任务的实现都是在完成这一任务的过程中和基础上进行的。

28. 有教师认为，课堂教学就是以传授学科知识、达成“双基”为目的，而不应再承担其他任务和功能。

(1)这种说法是不正确的。(2)教学的首要任务是使学生掌握系统的科学文化基础知识，形成基本技能、技巧，即“双基”教学。除此之外，教学的任务还有发展学生智能、体能，培养学生高尚的审美情趣和审美能力，培养学生具备良好的道德品质和个性心理特征，形成科学的世界观。因此课堂教学的任务并不仅仅是进行“双基”教学。

29. 新课程改革的背景下，强调教育要回归儿童的生活和实际，因此儿童在学校的主要任务就是学习直接经验。

(1)这种说法是不正确的。(2)新课程强调改变课程内容“繁、难、偏、旧”和过于注重书本知识的现状，加强课程内容与学生生活以及现代社会科技发展的联系，关注学生的学习兴趣和经验，精选终身学习必备的基础知识和技能。人们认识客观事物主要有两条途径：一是获取直接经验，二是获取间接经验。教学活动是学生认识客观世界的过程，要以间接经验为主、直接经验为辅，将二者有机结合起来。所以，题干说法错误。

30. 学生掌握了知识就能形成相应的能力。

(1)这种说法是不正确的。(2)能力是在掌握知识和技能的过程中形成和发展起来的，能力的高低会影响到知识掌握的深浅、难易。但知识的掌握和能力的发展是不同步的，知识和能力之间的转化需要具备一定的条件，教师在教学中应创造多种有效的条件和方式，把知识传授和能力发展统一起来，促进学生的全面发展。

31. 完整的教学过程共有内容选择和方法运用两个环节。

(1)这种说法是不正确的。(2)教学过程大致分为五个阶段：①心理准备阶段；②领会知识阶段；③巩固知识阶段；④运用知识阶段；⑤检查效果阶段。

32. 问题教学法是一种启发式教学方法，而讲授法则是一种注入式教学方法。

(1)这种说法是不正确的。(2)问题教学法和讲授法既有可能是启发式教学方法，也有可能是注入式教学方法。依据指导思想不同，各种教学方法可归并为两大类：注入式和启发式。衡量一种教学方法是否具有启发性，关键是看教师能否促进学生积极主动地去学习，而不是单从形式上去加以判断。当教师从学生实际出发，采取各种有效的形式去调动学生学习的积极性，指导他们自己去学习时即启发式教学。当教师从主观出发，把学生看成单纯接受知识的容器，向学生灌输知识，无视学生在学习上的主观能动性时即注入式教学。

33. 常言道“教学有法，但无定法”。某教师认为这意味着自己在教学中可以任意采用某一种教学方法。该教师的观点是否正确？请运用教育学知识并结合实际加以说明。

(1)这种说法是不正确的。(2)“教学有法，但无定法”的意思是我们的教育教学活动是有规律可遵循、有法则可遵守、有模式可遵照的，是有可以掌握的基本方法、基本规律的。但是教学的模式、方法、技能等不是机械的、教条的，而是灵活多变、富有个性、充满灵性的。教师劳动的创造性要求教师不断更新教学方法，但绝不意味着教师可以任意选择教学方法。在实际教学中，教师要根据教学目的和任务、教学内容的性质和特点、教学对象的实际情况、教师自身素养及所具备的条件、教学方法的类型与功能等因素科学、合理地选择和有效地运用某一种或某几种教学方法。故题干观点错误。(考生可结合实际加以阐述,言之有理即可)

34.探究式教学和接受式教学是两种完全不同的教学方法。

(1)这种说法是正确的。(2)问题—探究式教学模式是一种以解决问题为中心,注重学生独立活动,着眼于创造性思维能力和意志力培养的教学模式。学生的认识能力必须通过实践才能逐步提高,所以必须让学生在学习过程中主动去探索、发现问题,并用所学知识去研究、解决问题。传递—接受式教学模式以传授系统知识、培养基本技能为目标,其着眼点在于充分挖掘人的记忆力、推理能力以及间接经验在掌握知识方面的作用,使学生能够快速有效地掌握更多的信息量。该模式强调教师的指导作用,认为知识是从教师到学生的一种单向传递,非常注重教师的权威性。所以,题干说法正确。

35.教师备课就是备教材。

(1)这种说法是不正确的。(2)教师备课的要求包括:①教师备课要做好三方面的工作,即钻研教材、了解学生、设计教法,也即备教材、备学生、备教法;②写好三种计划,即学年(或学期)教学计划、课题(或单元)计划、课时计划(教案)。

36.教学活动的中心环节是备课。

(1)这种说法是不正确的。(2)上课是整个教学工作的中心环节,是教师教和学生学的最直接体现,是提高教学质量的关键。

37.评定学生学业成绩只能通过考试。

(1)这种说法是不正确的。(2)学业成绩的检查与评定是教学工作的一个重要环节,它对教学工作的顺利进行和教学质量的提高具有十分重要的意义。检查学生学业成绩的方法是多种多样的。常用的检查方式有两大类:平时考查和考试。平时考查的方式主要有口头提问、检查书面作业和单元测验等。考试是对学生知识、技能等进行总结性检查时所采用的一种方式。综上所述,评定学生学业成绩不是只能通过考试来进行。因此,题干中的说法是不正确的。

38.概括地讲,学校德育就是学校的思想政治教育。

(1)这种说法是不正确的。(2)学校德育是指教育者按照一定社会或阶级的要求和受教育者品德形成发展的规律与需要,有目的、有计划、系统地对受教育者施加思想、政治和道德等方面的影响,并通过受教育者积极的认识、体验与践行,使其形成一定社会与阶级所需要的品德的教育活动,即教育者有目的地培养受教育者品德的活动。将学校德育等同于思想政治教育的观点过于狭隘,是错误的。

39.学生思想品德的形成过程就是德育过程。

(1)这种说法是不正确的。(2)品德形成过程是受教育者思想道德结构不断建构完善的过程,品德形成过程属于人的发展过程,影响这一过程的有生理的、社会的、主观的和实践的等因素。而德育过程是一种教育过程,是教育者与受教育者双方统一活动的过程,是培养和发展受教育者品德的过程。二者不能等同。

40.德育过程必须从训练学生的行为习惯开始。

(1)这种说法是不正确的。(2)德育过程一般以知为开端,以行为终结。但由于社会生活的复杂性,德育影响的多样性等因素,在德育具体实施过程中,又具有多种开端,可根据学生品德发展的具体情况,或从导之以行开始,或从动之以情开始,或从锻炼品德意志开始,最后达到使学生品德在知、情、意、行几方面和谐发展的目的。故题干说法不正确。

41. 德育过程是对学生知、情、意、行的培养与提高过程，从任何一个方面都可以开始进行品德教育。

(1)这种说法是正确的。(2)德育过程的一般顺序可以概括为：提高品德认识、陶冶品德情感、锻炼品德意志和培养品德行为习惯。德育过程一般以知为开端，以行为终结。但由于社会生活的复杂性，德育影响的多样性等因素，在德育具体实施过程中，又具有多种开端，可根据学生品德发展的具体情况，或从导之以行开始，或从动之以情开始，或从锻炼品德意志开始，最后达到使学生品德在知、情、意、行几方面和谐发展的目的。

42. 教师和家长应尽量为学生提供各种各样的活动和交往，来促进学生道德发展。

(1)这种说法是正确的。(2)德育过程是学生在活动和交往中形成思想品德规律的过程。活动与交往既是学生思想品德形成的源泉，也是学生思想品德发展的条件。可以说，活动与交往是激发个体道德情感和意志，促进其知行转化的最有效的途径。一个人的品德发展是其与外在环境交互作用的结果。个体只有在活动中才能形成和发展自己的品德。如果个体没有积极主动与环境发生交互作用，也即未能通过自身的活动能动地作用于外在环境，那么，环境就不会自然而然地对自己产生影响。由此可见，教师和家长应尽量为学生提供各种各样的活动和交往，来促进学生道德发展。

43. 教育者严格要求学生，就很难尊重信任学生。

(1)这种说法是不正确的。(2)尊重信任学生，是相信学生的能力，相信他们未来的发展。严格要求是指教师按照教育目的的要求，教育、培养学生。在德育工作中尊重信任与严格要求是辩证统一的，是制约德育效果的两个相辅相成的必要条件。尊重和信任是严格要求的前提，正如苏联教育家马卡连柯所说："要尽量多地要求一个人，也要尽可能地尊重一个人。"爱是严的基础，严是爱的体现，只有把两者紧密结合在一起，才能取得最佳教育效果。

44. 德育应当普遍存在于一切教学活动之中。

(1)这种说法是正确的。(2)德育途径主要包括直接的道德教学和间接的道德教育。直接的道德教学包括思想品德课和时事政治课。间接的道德教育包括思想教育外的其他各科教学、课外活动和校外活动、团队协作活动、劳动教育等一些教学形式。所以，德育普遍存在于一切教学活动之中。

45. 班集体的核心队伍由班干部组成。所以，班主任建立班集体的核心队伍就是要加强班干部的选拔和培养。

(1)这种说法是不正确的。(2)班集体中的核心队伍是由积极分子与班干部组成的。建立班集体的核心队伍，首先，教师要善于发现和培养积极分子。这就需要教师在了解学生的基础上，及时发现并选拔出热心为集体服务，团结同学且具有一定管理能力的学生干部。其次，教师应把对积极分子的使用与培养结合起来。由此可见，题干说法过于片面。

46. 班主任管理班级的内容就是组织和培养班集体。

(1)这种说法是不正确的。(2)班主任管理班级的内容包括：①了解学生，研究学生；②组织和培养班集体；③协调校内外各种教育力量。

47. 班主任工作内容中的个别教育，实质上是对少数学生的教育。对此你觉得是否正确，请用教育学知识说明理由。

(1)这种说法是不正确的。(2)班主任的个别教育工作是指根据学生的个别差异，进行有针对性的个别教育，目的是使每个学生都得到发展。它包括做好先进生的教育工作、中等生的教育工作和后进生的教育工作。故把个别教育理解为对少数学生的教育的观点是错误的。

48.教育研究的基本程序是以查阅文献资料作为起始环节的。

(1)这种说法是不正确的。(2)教育研究是以教育问题为对象,运用科学的方法,遵循一定的研究程序,收集、整理和分析有关资料,以发现和总结教育规律的一种认识活动。教育研究的基本过程为:①选择研究课题;②教育文献检索与综述;③制订研究计划;④教育研究资料的收集、整理与分析;⑤教育研究论文与报告的撰写。其中,选择和确定研究课题是进行教育研究的起始环节。故题干说法不正确。

专题二　心理学

1. 人们觉得早上睡醒后背单词记得更好,是因为新的一天刚开始,没有前摄抑制的干扰。

(1)这种说法是正确的。(2)前摄抑制是指先学习的材料对识记和回忆后学习的材料的干扰作用,早上睡醒后背单词没有前摄抑制的干扰,因此记忆的效果更好。

2. 长时记忆的保持量只会减少,不会增加。

(1)这种说法是不正确的。(2)记忆的保持并非是原封不动地保存头脑中识记过的材料的静态过程,而是一个富于变化的动态过程。这种变化表现在量和质两个方面。①保持在数量上的变化,一般表现为识记的内容随着时间的进程呈减少的趋势,甚至遗忘。保持在数量上的变化还表现为记忆恢复。②记忆恢复(记忆回涨)是指识记某种材料,经过一段时间后测得的保持量大于识记后即时测得的保持量。故题干所述不正确。

3. 遗忘总是不利于学习的。

(1)这种说法是不正确的。(2)遗忘是与保持相反的心理过程,是指对识记过的材料不能回忆或再认,或者表现为错误的回忆或再认。奥苏贝尔的同化说认为遗忘是知识的组织和认知结构简化的过程。当人们学到了更高级的概念与规律之后,就可以以此来代替低级的观念,使低级观念简化,从而减轻记忆负担。这是一种积极的遗忘。故遗忘并非总是不利于学习的。

4. 根据遗忘的干扰说可知,为了防止遗忘,应及时复习。对此你觉得是否正确,请用心理学知识说明理由。

(1)这种说法是不正确的。(2)艾宾浩斯的遗忘规律表明,识记后遗忘很快就会发生。因此,对于新学习的材料,为了防止遗忘,必须及时复习。在遗忘理论中,干扰说认为,遗忘是因为在学习和回忆之间受到其他刺激的干扰所致,即主要受到了前摄抑制和倒摄抑制的影响。因此,干扰说给我们的启示是:在早上或晚上学习效果较好,因为只受到单一抑制的影响。因此,题干中的说法错误。

5.“幻想是一种不切实际、不能实现的想象,不宜提倡。”这种说法是否正确?结合想象的知识说明理由。

(1)这种说法是不正确的。(2)幻想是一种与生活愿望相结合并指向于未来的想象。它可分为科学幻想、理想、空想三种形式。科学幻想是科学预见的一种形式,是创造想象的准备阶段和发展的推动力,是具有进步意义和有实现可能的积极幻想;理想是符合事物发展规律、有实现可能的积极幻想;空想是与客观现实相违背的消极幻想,根本不可能实现。因此,科学幻想和理想是我们所要提倡的幻想,而空想是不可取的。所以题干中的说法是不正确的。

6. 注意的起伏和注意的分散都是稳定性差的表现。这种说法是否正确?请运用心理学知识加以说明。

(1)这种说法是不正确的。(2)注意的稳定性,是指注意保持在某一对象或某一活动上的时间长短特性。持续时间愈长,注意就愈稳定。注意的分散是指注意离开了当前应当完成的任务而被无关的事物所吸引,这是注意不稳定的表现。而注意的起伏是指短时间内注意周期性地不随意跳跃现象,它是由于人的感受性不能长时间地保持固定的状态,而是间歇性地加强和减弱造成的,这是一种正

常的心理现象。因此,只有注意的分散是稳定性差的表现,故本题说法错误。

7. 激情与应激是两种不同的情绪状态。

(1)这种说法是正确的。(2)依据情绪发生的强度、持续性和紧张度的不同,可以把情绪状态划分为心境、激情和应激三种。激情是一种爆发式的、猛烈而时间短暂的情绪状态。应激是出乎意料的紧迫情况所引起的急速而高度紧张的情绪状态。激情和应激是两种不同的情绪状态。

8. 学生问老师竹子的竹筒有没有空气,老师没有回答他,而是引导学生自己思考,学生试过摇、敲、破的方法,最后想到将竹筒放进水里,学生看到有水泡冒出来,非常兴奋。从情感的社会角度看,这种兴奋是一种道德感。

(1)这种说法是不正确的。(2)理智感是人认识事物和探求真理的需要是否得到满足而产生的主观体验。例如,人们在探求未知的事物时所表现的求知欲、认识兴趣和好奇心、发现问题的惊奇感、问题解决的喜悦感、为真理献身的自豪感、问题不解的苦闷感等。题干所述为理智感。道德感是根据一定的道德标准评价人的思想、意图和言行时所产生的主观体验。

9. 具有良好的意志品质是指一个人很坚强。

(1)这种说法是不正确的。(2)良好意志品质的特征包括意志的自觉性、果断性、自制性和坚韧性(坚持性)。一个人很坚强只是良好意志品质的一种表现,但是良好的意志品质并不仅仅是指一个人很坚强。

10. 学生的学习兴趣既可以来自对学习活动本身的直接兴趣,也可以来自对学习结果的间接兴趣。

(1)这种说法是正确的。(2)直接兴趣是由认识事物本身的需要引起的;间接兴趣是由认识事物的目的和结果引起的。学生的学习兴趣既可以来自直接兴趣,亦可来自间接兴趣。

11. 学生的学习成绩好坏是由智力水平决定的。

(1)这种说法是不正确的。(2)反映一个人智力水平高低的智商,常常被看作预测学生学习成绩的一个重要变量。对此,许多心理学家就智商与学习成绩之间的相关进行了研究。美国心理学家普鲁克特和推孟收集了初中一年级学生学习成绩与智商的有关数据。结果表明,就总体而言,智商高的学生成绩也好。也有心理学家研究发现,智商与学业成绩只有中等程度的相关,且这种相关程度会随不同的智力测验量表、学科性质、学生年级等因素而有所不同。由此可知,智力水平是影响学生学习成绩好坏的重要因素,但不是决定因素。

12. 简要地说,智力就是指学生的聪明程度。

(1)这种说法是不正确的。(2)智力即智能,是使人能顺利完成某种活动所必需的各种认知能力的有机结合,它包括观察力、记忆力、注意力、想象力和思维力等成分,并以思维力为核心。所以,将智力等同于学生的聪明程度是错误的。

13. 教育测验中有信度就一定有效度。

(1)这种说法是不正确的。(2)信度是效度的必要条件,但不是充分条件。一个测量工具要有效度必须有信度,没有信度就没有效度;但是有了信度不一定有效度。信度低,效度不可能高;信度高,效度未必高。效度低,信度很可能高;效度高,信度也必然高。

14. 性格有好坏之分。

(1)这种说法是正确的。(2)性格是指人的较稳定的态度与习惯化了的行为方式相结合而形成的人格特征。性格是后天形成的,具有一定的稳定性,但在社会生活条件的影响下,可塑性比气质更强。性格有好坏、优劣之分,能最直接地反映出一个人的道德风貌。因此,题干中的说法是正确的。

15. 某生的血型是AB型，有同学说："你这种血型属于黏液质。"对此你觉得是否正确，请用心理学知识说明理由。

(1)这种说法是不正确的。(2)气质是表现在心理活动的强度、速度、灵活性与指向性等方面的一种稳定的心理特征，即我们平时说的脾气、禀性。黏液质是一种气质类型，气质是由人的神经系统的某些生物学特点，特别是脑的特点决定的，而与血型无关。故题干中的说法不正确。

专题三　教育心理学

1. 有的人二三十岁才上大学，而有的人十二三岁就上大学了，所以心理发展具有个别差异性，个体心理发展的顺序可以逾越。

(1)这种说法是不正确的。(2)题干所述表明个体心理发展具有差异性，即任何一个正常学生的心理发展总要经历一些共同的基本阶段，但发展的速度、最终达到的水平，以及发展的优势领域等方面往往又千差万别。在正常条件下，心理的发展总是具有一定的方向性和先后顺序。尽管发展的速度有个别差异，会加速或延缓，但发展是不可逆的，也不可逾越。

2. 按照皮亚杰的认知发展阶段学说，儿童只有发展到形式运算阶段才能解决数学应用题。

(1)这种说法是不正确的。(2)根据皮亚杰的认知发展阶段说，处于具体运算阶段的儿童，其思维具有可逆性、守恒性等特点，能够运用逻辑思维解决具体问题，但必须依赖于实物和直观形象的支持才能进行逻辑推理和运用逻辑思维解决问题，不能够进行纯符号运算。因此，该阶段的儿童已经能解决一些简单的数学应用题。

3. 人格随环境和教育的变化而变化，因此不稳定性是人格的典型特征。

(1)这种说法是不正确的。(2)人格是构成一个人思想、情感及行为的特有模式，这个独特模式包含了一个人区别于他人的稳定而统一的心理品质。人格具有稳定性。

4. 埃里克森强调心理性欲对人格的影响。

(1)这种说法是不正确的。(2)埃里克森强调社会文化背景的作用，认为人格发展受文化背景的影响和制约。弗洛伊德强调性本能对人格的影响。

5. 试误学习的过程中，学习者对刺激情境做出反应之后，能够获得满意的结果时，联结力量就会增强，这符合桑代克联结学习的练习律。

(1)这种说法是不正确的。(2)练习律是指一个学会了的反应的重复将增加刺激反应之间的联结。在试误学习的过程中，任何刺激与反应的联结，一经练习运用，其联结的力量逐渐增强；而如果不运用，则联结的力量会逐渐减弱。题干所述为效果律。效果律是指在试误学习的过程中，如果其他条件相等，在学习者对刺激情境做出特定的反应之后能够获得满意的结果时，其联结就会增强；而得到烦恼的结果时，其联结就会削弱。

6. 有人认为惩罚就是负强化。

(1)这种说法是不正确的。(2)惩罚与负强化有所不同，负强化是通过厌恶刺激的排除来增加反应在将来发生的概率，而惩罚则是通过厌恶刺激的呈现来降低反应在将来发生的概率。所以，不能说惩罚就是负强化，题干表述错误。

7. 班杜拉认为，所谓自我强化就是指观察者因看到榜样的行为被强化而受到强化。

(1)这种说法是不正确的。(2)班杜拉提出了直接强化、替代强化和自我强化三种强化方式。其中，替代强化是指观察者因看到榜样的行为被强化而受到强化；自我强化是指对自己表现出的符合或超出标准的行为进行自我奖励。

8. 奥苏贝尔提出了有意义接受学习,他认为有意义接受学习的效率更高。

(1)这种说法是正确的。(2)奥苏贝尔认为学生在学校学习语言符号所代表的系统知识,主要是有意义学习而不是机械学习。学生在学校中的有意义学习应该是有意义的接受学习和有意义的发现学习,但他更强调有意义的接受学习,因为有意义的接受学习可以在短时期内使学生获得大量的系统知识。

9."先行组织者"策略是布鲁纳对知识教学的独特贡献。

(1)这种说法是不正确的。(2)"先行组织者"策略是奥苏贝尔对知识教学的独特贡献。奥苏贝尔提出"先行组织者"策略,所谓"先行组织者",是先于某个学习任务本身呈现的引导性学习材料,它要比学习任务本身有较高的抽象、概括和综合水平,并与认知结构中的原有观念及新的学习任务相关联。

10. 建构主义学习过程常常是在社会文化互动中完成的。

(1)这种说法是正确的。(2)建构主义在学习观上强调学习的主动建构性、社会互动性和情境性三方面。学习的社会互动性主要表现在学习是通过对某种社会文化的参与而内化相关的知识和技能、掌握有关工具的过程,这一过程常常需要通过一个学习共同体的合作互动来完成。建构主义者认为,学习不是每个学生单独在头脑中进行的活动,学习者也不是一个孤独的探索者,而是一个社会的人。学习总是学习者在一定社会文化环境下进行的,即使表现上学习者是一个人在进行学习,但是他在学习中采用的学习材料、学习用具以及学习环境等都是属于社会的,是集体经验的累积。

11. 学习动机是直接推动学习行为的原因和动力。

(1)这种说法是正确的。(2)学习动机是指激发个体进行学习活动、维持已引起的学习活动,并使个体的学习活动朝向一定的学习目标的一种内在过程或内部心理状态。学习动机是直接推动学生进行学习的内部动力。一个学生是否想要学习、学习的努力程度、积极性、主动性等都与学习动机有关。

12. 动机强度与学习效率之间构成线性关系,且与学习任务的难易无关。这种说法是否正确?请运用心理学知识加以说明。

(1)这种说法是不正确的。(2)根据"耶克斯—多德森定律"可知,动机水平和行为效果的关系表现为:①动机的最佳水平随任务性质的不同而不同。在比较容易的任务中,行为效果(工作效率)随动机的提高而上升;随着任务难度的增加,动机的最佳水平有逐渐下降的趋势。②一般来讲,最佳水平为中等强度的动机。③动机水平与行为效果呈倒U型曲线。因此,本题说法错误。

13. 学习的成败经验是影响学生自我效能感的重要因素,学生的学习成功经验越多,其自我效能感就会越强。

(1)这种说法是不正确的。(2)在影响自我效能感的因素中,个人自身行为的成败经验对自我效能感的影响最大。一般来说,成功经验会提高效能期待,反复的失败会降低效能感。当然,成败经验对效能期待的影响还要取决于个体对成败的归因方式。如果把成功归于外部不可控的因素就不会增强自我效能感;把失败归于外部不可控的因素也不一定就降低自我效能感。因此个体的归因方式直接影响自我效能感的形成。

14. 强化一定能够增强学生的学习动机。

(1)这种说法是不正确的。(2)一般来说,正强化和负强化都起着增强学习动机的作用,但是如果滥用外部奖励,不仅不能促进学习,而且可能破坏学生的内在动机。因此,强化不一定会增强学生的学习动机。

15. 学习迁移是指一种学习对另一种学习的促进作用。

(1)这种说法是不正确的。(2)学习迁移也称训练迁移,是指一种学习对另一种学习的影响,或习得的经验对完成其他活动的影响。根据迁移的性质和结果,可将迁移分为正迁移、负迁移和零迁移。正迁移也叫“助长性迁移”，是指一种学习对另一种学习的促进作用。负迁移也叫“抑制性迁移”，是一种学习对另一种学习的阻碍作用。两种学习也可能不发生影响，这种状态称为零迁移，它是迁移的一种特殊形式。故题干的说法不正确。

16. 前摄抑制是一种顺向迁移，倒摄抑制是一种逆向迁移。

（1）这种说法是正确的。（2）前摄抑制是指先学习的材料对识记和回忆后学习的材料的干扰作用。倒摄抑制是指后学习的材料对保持和回忆先学习的材料的干扰作用。根据迁移发生的方向，可将迁移分为顺向迁移与逆向迁移。先前学习对后继学习产生的影响称为顺向迁移；后继学习对先前学习产生的影响称为逆向迁移。故前摄抑制属于顺向迁移，倒摄抑制属于逆向迁移。

17. 两种学习材料的相似度越高越容易产生正迁移。

（1）这种说法是不正确的。（2）根据桑代克的相同要素说，两种学习材料或对象在客观上具有某些共同点是实现迁移的必要条件。两种材料之间存在的共同因素越多，越容易发生学习迁移。共同因素对学习迁移的影响可以从不同的角度来进行研究。现代心理学倾向于从学习对象的构成成分来分析。他们把学习对象的构成成分区分为结构成分和表面成分两大类。所谓结构成分是指学习任务中与最终所要达到的目标或结果有关的成分，而表面成分是指学习任务中与最终目标的获得无关的成分。如果两个任务具有共同的结构成分，则会产生正迁移；结构成分不同则不能促进正迁移，甚至会产生负迁移。但不管是表面的还是结构的相似性，都将增加学习者对两个任务的相似程度的知觉，而知觉的相似性决定迁移量的多少，两种情境的结构相似性则决定迁移的正或负。

18. 陈述性知识就是有关“怎么办”的知识。

（1）这种说法是不正确的。（2）陈述性知识回答的是“是什么”和“为什么”的问题，程序性知识是有关“怎么办”的知识，题干说法混淆了陈述性知识和程序性知识。因此表述错误。

19. 在动作技能形成的过程中，需要在头脑内反复思考身体动作的进行过程。这表明动作技能的学习过程中反馈因素很重要。

（1）这种说法是不正确的。（2）练习是形成各种动作技能所不可缺少的关键环节，也是动作技能形成的基本途径。其中，心理练习是指仅在头脑内反复思考身体动作的进行过程。因此，题干所述表明了心理练习在动作技能的学习过程中很重要。

20. 提出假设是问题解决的重要阶段。提出假设的数量和质量主要取决于个体思维的灵活性和个体的好奇心两个条件。

（1）这种说法是不正确的。（2）提出假设是问题解决的关键阶段。提出假设的数量和质量取决于两个条件：一是个体思维的灵活性；二是已有的知识经验。思维越灵活，越能多角度地分析问题，就越能提出更多的假设；与问题解决相关的知识经验越丰富，就越有利于扩大假设的数量并提高其质量。

21. 思维定势会阻碍问题的解决。

（1）这种说法是不正确的。（2）定势（即心向）是指重复先前的操作所引起的一种心理准备状态。在定势的影响下，人们会以某种习惯的方式对刺激情境做出反应。定势对解决问题有积极作用，也有消极作用。

22. 道德是一种社会现象，品德是一种心理现象。

（1）这种说法是正确的。（2）道德是依赖于整个社会的存在而存在的一种社会现象，而品德则是依赖于某一个体存在而存在的一种个体心理现象。

23. 没有惩罚的教育是不完整的教育。

（1）这种说法是正确的。（2）虽然对惩罚的教育效果有不同的看法，但从抑制不良行为的角度来看，惩罚还是有必要的，也是有助于良好的道德形成的。惩罚是一种重要的教育手段，没有惩罚或没有赏识的教

育均是不完整的教育。因此,题干说法正确。

24. 在一次以教学设计为主题的教学研讨会上,张老师发表了看法:"我认为教学设计的依据就是现代教学的理论、系统科学的原理与方法,还有教师的教学经验。"

请结合教育学的相关知识,对张老师的观点进行判断和分析。

(1)这种说法是不正确的。(2)教学设计是运用系统方法分析教学问题和确定教学目标,建立解决教学问题的策略方案、试行解决方案、评价试行结果和对方案进行修改的过程。教学设计的理论依据主要有:①现代教学理论、学习理论与传播理论;②系统的原理和方法。教学设计的现实依据主要有:①教学的实际需要;②学生的需要和特点;③教师的教学经验。故题干中张老师的说法不正确,太过片面。

25. 非正式群体对班级教学没有影响。

(1)这种说法是不正确的。(2)在同伴交往过程中,一些学生自由结合、自发形成的小群体,称为非正式群体。非正式群体对班级教学既有积极影响又有消极影响,这主要取决于非正式群体的性质以及与正式群体的目标一致的程度。故题干说法不正确。

26. 学生的心理健康问题只表现为学习问题。

(1)这种说法是不正确的。(2)世界卫生组织认为,心理健康是一种良好的、持续的心理状态与过程,表现为个体具有生命的活力、积极的内心体验、良好的社会适应能力,能够有效地发挥个人的身心潜力以及作为社会一员的积极的社会功能。从学生心理健康问题的内容、成因及所涉及的生活领域来分析,中小学生心理健康问题主要表现在以下几个方面:①学习问题;②人际关系问题;③学校生活适应;④自我概念问题;⑤与青春期性心理有关的问题。因此学生的心理健康问题并不是只表现为学习问题。

27. 教师威信最基本的是要能有效地管理学生。

(1)这种说法是不正确的。(2)教师威信指教师表现出的优秀心理品质,对学生产生了心理影响,博得了学生的尊敬与依赖。教师威信实质上反映了一种良好的师生关系,教师的威信是进行教育和教学活动的不可缺少的重要条件,教师的威信越高,其教育、教学的效果越好,教师的威信是多方面的,而最基本的是要有高尚的道德品质和精湛的业务能力。

28. 教学反思是教师在教学活动后对自己教学行为的思考。

(1)这种说法是不正确的。(2)教学反思是指教师以自己的教学活动为意识对象,对自己的教育理念、教学行为、决策以及由此所产生的结果进行认真的自我审视、评价、反馈、控制、调节、分析的过程。按反思的时间,教学反思可分为教学前反思、教学中反思和教学后反思。题干所述过于片面。

专题四　小三门(新课改、师德、法规)

1."新课程改革强调教学要充分发挥学生的主体作用,把课堂完全还给学生,教师讲解得少,学生活动才能多,课堂才能高效。"请对该观点进行判断和分析。

(1)这种观点是不正确的。(2)新课程强调提升学生的主体性、充分发挥学生的主体作用,可以激发学生的学习动机,改变以往学生学习的被动性,培养自主性。但这并不是说教师讲解得少,学生活动才能多,课堂才能高效。一方面,教师在整个教育过程中起主导作用,在具体的教学活动中,需要根据课程的难易程度,灵活分配教学时间,选择教学方法,以更好地帮助学生理解、掌握教学内容,因此,"讲得多少"并不能成为评价其教学效果的最终依据。教师要能成为学生学习的促进者和能力的培养者。另一方面,"活动多"也并不是课堂高效的必要条件,学生活动的多少应根据教学目标和需要合理安排,"为活动而活动"反而会降低课堂教学质量。总之,充分发挥学生的主体作用并不是通过"教师讲解少""学生活动多"的形式来凸显的,而是要教师真正调动起学生学习的主动性,使学生积极地参与到学习活动中去,实现教师主导作用与学生主体作用的和谐统一。

2. 综合实践活动是国家义务教育和普通高中课程方案规定的必修课程,所有年级的课时平均每周不少于2课时。

(1)这种说法是不正确的。(2)2017年9月,教育部颁布的《中小学综合实践活动课程指导纲要》指出,综合实践活动是国家义务教育和普通高中课程方案规定的必修课程,与学科课程并列设置,是基础教育课程体系的重要组成部分。该课程由地方统筹管理和指导,具体内容以学校开发为主,自小学一年级至高中三年级全面实施。对于课时安排,《中小学综合实践活动课程指导纲要》指出,小学1~2年级,平均每周不少于1课时;小学3~6年级和初中,平均每周不少于2课时;高中执行课程方案相关要求,完成规定学分。

3. 循循善诱,诲人不倦,是教师开展教书育人工作的目标指向。

(1)这种说法是不正确的。(2)培养学生良好品行,激发学生创新精神,促进学生全面发展,是教师开展教书育人工作的目标指向。循循善诱、诲人不倦、因材施教是教师开展教书育人工作的具体方法。《中小学教师职业道德规范》(教育部2008年修订)中关于"教书育人"方面所规定的具体职业行为要求有:①遵循教育规律,实施素质教育;②循循善诱,诲人不倦,因材施教;③培养学生良好品行,激发学生创新精神,促进学生全面发展;④不以分数作为评价学生的唯一标准。

4. 树立"以人为本"的师德理念,意味着教师应该更加懂得育人先育己。

(1)这种说法是正确的。(2)加强职业道德修养要从自我做起,是自身发展的需要。也是新世纪对教育事业的挑战,同时又是对每个教师提出的挑战。实施素质教育需要高素质的中小学教师队伍,而具有较高职业道德修养是教师综合素质的核心。教师不努力提高自身的道德修养,就无法完成教书育人的任务。因此,作为教师应该以身作则,注重将言传和身教完美地结合起来。

5. 依法治教就是以法治教。

(1)这种说法是不正确的。(2)依法治教,就是依据法律来管理教育,规范教育行为。依法治教所强调的是依法办事。而"以法治教"则是指运用法律手段来管理教育。但是运用法律手段不能等同于依法办事。因此,"依法治教就是以法治教"的说法不正确。

6. 小明上课随意说话,班主任让他到教室外罚站。小明找到校长,说班主任侵犯了其受教育权。

(1)这种说法是正确的。(2)学生的受教育权包括受完法定年限教育权、学习权和公正评价权。学习权是指学生有权利在义务教育年限内在校学习,在教育教学过程中,教师不得以任何借口随意侵犯或剥夺学生参加学习活动,诸如听课、作业等的权利。小明上课随意说话,班主任可以给予批评教育,但不能剥夺其上课听课的权利。

7. 对违规违纪情节严重或影响恶劣的小学生可以停学,要求家长在家进行教育、管教直至改正。

(1)这种说法是不正确的。(2)根据《中小学教育惩戒规则(试行)》第十条规定,小学高年级、初中和高中阶段的学生违规违纪情节严重或者影响恶劣的,学校可以实施以下教育惩戒,并应当事先告知家长:①给予不超过一周的停课或者停学,要求家长在家进行教育、管教;②由法治副校长或者法治辅导员予以训诫;③安排专门的课程或者教育场所,由社会工作者或者其他专业人员进行心理辅导、行为干预。对违规违纪情节严重,或者经多次教育惩戒仍不改正的学生,学校可以给予警告、严重警告、记过或者留校察看的纪律处分。对高中阶段学生,还可以给予开除学籍的纪律处分。

8. 有人认为家庭教育完全是父母或者监护人的事情。对此你觉得是否正确,请用法律法规知识说明理由。

(1)这种说法是不正确的。(2)教育孩子是父母或者其他监护人的法定职责。因此,父母或者监护人应该

全面学习家庭教育知识,系统掌握家庭教育科学理念和方法,不断提升自身素质和能力,积极发挥榜样作用。但是在家庭教育中,学校和社会也发挥着重要作用。根据《中华人民共和国教育法》第五十条规定,学校、教师可以对学生家长提供家庭教育指导。根据《中华人民共和国未成年人保护法》第十二条规定,有关国家机关和社会组织应当为未成年人的父母或者其他监护人提供家庭教育指导。这些法律规定了学校和社会组织在家庭教育中的作用,旨在形成政府主导、部门协作、家长参与、学校组织、社会支持的家庭教育工作格局。因此,题干中的说法过于片面。

9.《中华人民共和国教育法》不适用于外国人在中国境内创建的学校。

(1)这种说法是正确的。(2)根据《中华人民共和国教育法》第八十五条规定,境外的组织和个人在中国境内办学和合作办学的办法,由国务院规定。

10. 义务教育是公益性事业。

(1)这种说法是正确的。(2)根据《中华人民共和国义务教育法》第二条规定,义务教育是国家统一实施的所有适龄儿童、少年必须接受的教育,是国家必须予以保障的公益性事业。实施义务教育,不收学费、杂费。因此,题干中的说法是正确的。

11. 偏远落后地区的儿童七周岁开始上学并不违背教育法律。

(1)这种说法是正确的。(2)根据《中华人民共和国义务教育法》第十一条规定,凡年满六周岁的儿童,其父母或者其他法定监护人应当送其入学接受并完成义务教育;条件不具备的地区的儿童,可以推迟到七周岁。

12.《中华人民共和国教师法》规定,学校或其他教育机构对教师进行考核的内容是:政治思想、业务水平、工作年限和师生关系。

(1)这种说法是不正确的。(2)根据《中华人民共和国教师法》第二十二条规定,学校或者其他教育机构应当对教师的政治思想、业务水平、工作态度和工作成绩进行考核。

13. 寒暑假指的是学生放假,学校或教育行政部门可以随意安排教师寒暑假从事与教育教学相关的各种工作。

(1)这种说法是不正确的。(2)根据《中华人民共和国教师法》第七条规定,教师享有国家规定的寒暑假期的带薪休假权。随意安排教师寒暑假从事与教育教学相关的各种工作侵犯了教师的权利。

14. 学生在竞技活动中受伤,学校不应当承担责任。

(1)这种说法是不正确的。(2)学生在校内进行对抗性体育竞赛活动前,如果老师对学生提醒过活动的危险性和注意事项,活动时造成了学生伤害的,学校不必承担法律责任。但是如果老师活动前没有任何提醒,活动时造成了学生伤害的,学校应当承担一定的法律责任。

模块二　名词解释

专题一　教育学

1. 教育学

教育学是研究教育现象和教育问题,揭示教育规律的一门科学。

2. 关键期

所谓关键期,就是指人的某种身心潜能在人的某一年龄段有一个最好的发展时期。

3. 智育

智育是传授给学生系统的科学文化知识、技能,发展他们的智力和与学习有关的非认知因素的教育。

4. 素质教育

素质教育是依据人的发展和社会发展的实际需要,以全面提高全体学生的基本素质为根本目的,以尊重学生主体性和主动精神,注重开发人的智慧潜能,形成人的健全个性为根本特征的教育。

5. 应试教育

应试教育是指脱离社会发展和人的发展的实际需要,以应付考试和为高一级学校输送新生为目的的违反教育科学规律的一种传统教育模式。它的主要特点是:以应付升学考试为主要目标;以"硬件"学科重点教、要考的内容反复教为主要手段;从挤时间、扩大"运动量"上找出路;以反复灌输为方法;根据考试分类定质量,以"质量"高低论奖赏。

6. 学制

学制是学校教育制度的简称,是一个国家各级各类学校的总体系,具体规定各级各类学校的性质、任务、要求、入学条件、修业年限及它们之间的相互关系。

7. 教师

教师是传递和传播人类文明的专职人员,是学校教育职能的主要实施者。从广义上讲,凡是把知识、技能和技巧传授给别人的人,都可称之为教师。从狭义上讲,教师指经过专门训练、在学校从事教育教学工作的专门人员。教师是学校教育工作的主要实施者,根本任务是教书育人。

8. 儿童中心论

儿童中心论是19世纪末叶以后在世界上广泛流行的一种教育思潮。其特点是反对传统的成人中心、书本中心和教师中心,主张从儿童的本能、自发的兴趣和需要出发,以儿童自身的活动为教育过程的中心。它认为教育的目的在于促进儿童的成长,因此教育要从学生的兴趣和需要出发,整个教育过程要围绕儿童进行,其代表人物有法国的卢梭和美国的杜威。

9. 课程(广义)

广义的课程是指学校为实现培养目标而选择的教育内容及其进程的总和,它包括学校所教的各门学科和有目的、有计划的教育活动。

10. 活动课程

活动课程亦称经验课程,是指围绕着学生的需要和兴趣、以活动为组织方式的课程形态,即以学生的主体性活动的经验为中心组织的课程。

11. 显性课程

显性课程亦称公开课程,是指在学校情境中以直接的、明显的方式呈现的课程。显性课程的主要特征是计划性,这是区分显性课程和隐性课程的主要标志。

12. 校本课程

学校课程即校本课程,是学校在确保国家课程和地方课程有效实施的前提下,针对学生的兴趣和需要,结合学校的传统和优势以及办学理念,充分利用学校和社区的课程资源,自主开发或选用的课程。

13. 教学过程

教学过程是教师根据一定社会的要求和学生身心发展的特点,通过有目的、有计划地指导学生掌握系统的科学文化知识和基本技能,发展学生的智力和体力,培养学生的良好品德和健康个性,使其形成科学世界观的过程。

14. 教学原则

教学原则是根据一定的教学目的和教学过程规律而制定的指导教学工作的基本准则。它是有效进行教学必须遵循的基本要求和原理。

15. 教学方法

教学方法是指教师和学生为了完成教学任务、实现教学目标而采取的共同活动方式，是教师引导学生掌握知识技能、获得身心发展而共同活动的方法。

16. 班级授课制

班级授课制是课堂教学的主要形式，它是把学生按年龄和文化程度分成固定人数的班级，教师根据课程计划和规定的时间表进行教学的一种组织形式。在班级授课制中，同一个班的每个学生的学习内容与进度必须一致。班级授课制的基本特点有：(1)以班为单位集体授课，学生人数固定。(2)按课教学。“课”是教学活动的基本单元，一般分为单一课和综合课。(3)按时授课。把每一“课”规定在固定的单位时间内进行，这个单位时间称为“课时”，课与课之间有一定的间歇和休息。

17. 分组教学

分组教学是指在按年龄编班或取消按年龄编班的基础上，根据学生能力、成绩分组进行编班的教学组织形式。

18. 形成性评价

形成性评价又称“过程评价”，是在教育活动过程中进行的评价，旨在通过诊断教育方案或计划、教育过程与活动中存在的问题，为正在进行的教育活动提供反馈信息，以提高实践中正在进行的教育活动质量。

19. 榜样示范法

榜样示范法是用榜样人物的优秀品德来影响学生的思想、情感和行为的德育方法。

专题二　心理学

1. 投射效应

投射效应指与人交往时把自己具有的某些不讨人喜欢、不为人接受的观念、性格、态度或欲望转移到别人身上，认为别人也是如此，以掩盖自己不受人欢迎的特征。

2. 明适应

明适应是指照明开始或由暗处转入亮处时视觉感受性下降的过程。

3. 模像直观

模像直观指观察与教材相关的模型与图像(如图片、图表、幻灯片、电影、录像、电视等)，形成感知表象。

4. 幻想

幻想是有意想象的一种特殊形式，是一种与生活愿望相结合并指向于未来的想象。

5. 发散思维

发散思维，也叫求异思维、分散思维、辐射思维，是指人们解决问题时，思路朝着各种可能的方向扩散，从而求得多种答案。

6. 概念转变

概念转变是指个体原有的某种知识经验由于受到与此不一致的新经验的影响而发生的重大改变。

7. 内省智力

内省智力(也即自知智力)，包括认识自己并选择自己生活方向的能力。神学家、哲学家和心理学家的自知智力比较高。

8. 性格

性格是指人的较稳定的态度与习惯化了的行为方式相结合而形成的人格特征。

专题三　教育心理学

1. 最近发展区

维果斯基认为，儿童有两种发展水平：一是儿童的现有水平，即由一定的已经完成的发展系统所形成的儿童心理机能的发展水平；二是可能达到的发展水平。这两种水平之间的差异，就是最近发展区。也就是说，最近发展区是儿童在有指导的情况下，借助成人的帮助所能达到的解决问题的水平与独自解决问题所达到的水平之间的差异，实际上是两个邻近发展阶段间的过渡状态。

2. 自我意识

自我意识是个体对自己以及自己与周围事物的关系的意识。

3. 自我同一性

自我同一性是指个体组织自己的动机、能力、信仰及活动经验而形成的有关自我的一致性形象。

4. 智慧技能

智慧技能是指运用符号或概念与环境交互作用的能力。

5. 自我强化

自我强化是指对自己表现出的符合或超出标准的行为进行自我奖励。

6. 替代强化

替代强化是指观察者因看到榜样的行为被强化而受到强化。

7. 消退

消退是指条件反射形成以后，如果得不到强化，条件反应会逐渐减弱，直至消失的现象。

8. 认知结构

认知结构是指一种反映事物之间稳定联系或关系的内部认识系统，或者说，是某一学习者的观念的全部内容与组织。

9. 先行组织者

先行组织者是指先于某个学习任务本身呈现的引导性学习材料。先行组织者的抽象、概括和综合水平高于学习任务，并与认知结构中的原有观念及新的学习任务相关联。

10. 支架式教学

支架式教学，即在学生试图解决超出当前知识水平的问题时给予支持和指导，帮助其顺利通过最近发展区，使之最终能够独立完成任务。

11. 耶克斯—多德森定律

“耶克斯—多德森定律”表明，动机不足或过分强烈都会影响学习效果。第一，动机的最佳水平随着任务性质的不同而不同。在比较容易的任务中，行为效果(工作效率)随着动机的提高而上升；随着任务难度的增加，动机的最佳水平有逐渐下降的趋势。第二，一般来讲，最佳水平为中等强度的动机。第三，动机水平与行为效果呈倒U型曲线。

12. 习得性无助

习得性无助是指由于连续的失败体验而导致个体产生的对行为结果感到无力控制、无能为力的心理状态。

13. 自我效能感

自我效能感是指人对自己能否成功从事某一成就行为的主观判断。

14. 学习策略

学习策略是指学习者为了提高学习的效果和效率,有目的、有意识地制定有关学习过程的复杂的方案。

15. 元认知策略

学习的元认知策略是指个体为实现最佳的认知效果而对自己的认知活动所进行的调节和控制。

16. 精加工策略

精加工策略是指把新信息与头脑中的旧信息联系起来从而增加新信息意义的深层加工策略。

17. 学习迁移

学习迁移也称训练迁移,是指一种学习对另一种学习的影响,或习得的经验对完成其他活动的影响。

18. 命题网络

如果命题之间具有相互关系,则可以构成命题网络。两个或多个命题常常因为有某个共同的成分而相互联系在一起,从而构成了命题网络,或称语义网络。命题按层次网络结构储存,相互有联系的信息组成网络。

19. 心智技能

心智技能也称为智力技能、认知技能,是通过学习而形成的合乎法则的心智活动方式。

20. 高原期

练习过程中有一个明显的、暂时的停顿期,即高原期。通常把学生在学习过程中出现一段时间的学习成绩和学习效率停滞不前,甚至学过的知识感觉模糊的现象,称为“高原现象”。

21. 创造力

一般把创造力看成是根据一定目的,运用已知信息,产生出某种新颖、独特、有社会价值的产品的能力或特性,也称为创造性。

22. 态度

态度是通过学习而形成的影响个人行为选择的内部准备状态或反应的倾向性。

23. 合作学习

合作学习是指学生们以主动合作学习的方式代替教师主导教学的一种教学策略。它是一种由能力各异的多名学生组成小组,一起互相帮助共同完成一定的学习任务的教学方法。

24. 掌握学习

掌握学习是由美国心理学家布卢姆提出来的一种适应学习者个别差异的教学方法。该方法将学习内容分成小的单元,学生每次学习一个小的单元并参加单元考试,直到学生以80% ~ 100%的掌握水平通过考试,才能进入下一个单元的学习。

25. 发现学习

发现学习是指给学生提供有关的学习材料,让学生通过探索、操作和思考,自行发现知识、理解概念和原理的教学方法。

26. 课堂结构

学生、学习过程和学习情境是课堂的三大要素,这三大要素相对稳定的组合模式就是课堂结构。

27. 罗森塔尔效应

教师期望效应也叫罗森塔尔效应或皮格马利翁效应，即教师的期望或明或暗地传送给学生，会使学生按照教师所期望的方向来塑造自己的行为。

专题四　小三门（新课改、师德、法规）

1. 自主学习

自主学习关注学习者的主体性和能动性，是学生自主而不受他人支配的学习方式。

2. 教师职业道德

教师职业道德是教师在从事教育劳动时所应遵循的行为规范和必备的品德的总和，是调节教师与他人、社会等关系时所必须遵守的基本道德规范和行为准则，以及在此基础上所表现出来的道德观念、情操和品质。

3. 教育行政法规

教育行政法规是行政法规的形式之一，是由最高国家行政机关（国务院）依据《中华人民共和国宪法》和教育法律制定的关于教育行政管理的规范性文件。

4. 教育法律关系

教育法律关系是教育法律规范在调整人们有关教育活动的行为过程中形成的权利和义务关系，是一种特殊的社会关系。

5. 学生申诉制度

学生申诉制度即受教育者申诉制度，是指受教育者在其合法权益受到侵害时，依法向主管的行政机关申诉理由，请求处理的制度。

6. 核心素养

核心素养是个体适应未来社会需要、获得全面发展、提高生存能力的必备品格和关键能力，是满足终身学习的基本条件，是提升个体综合素质的重要保障。

模块三　简答题

专题一　教育学

1. 简述孔子的"因材施教"。

孔丘在教育实践的基础上，创造了因材施教的方法，并作为教育原则，贯彻于日常的教育工作之中，取得了成效。他是我国历史上首倡因材施教的教育家。实行因材施教的前提条件是承认学生间的个体差异，并了解学生的特点。孔丘了解学生，最常用的方法有两种。第一，通过谈话。第二，个别观察。通过了解，孔丘熟悉了学生的个性特点，并作出了评价。在了解学生的基础上，根据学生的具体情况，有针对性地进行教育。孔丘实行因材施教，培养出了一批有才干的人才。

2. 教育的个体功能有哪些？

（1）教育对个体发展的正向功能；（2）教育的个体谋生和享用功能；（3）教育对个体发展的负向功能。

3. 简述现代教育的发展趋势。

（1）培养全面发展的人正由理想走向实践；（2）教育与生产劳动相结合成为现代教育规律之一；（3）教育民

主化向纵深发展;(4)人文教育与科学教育携手并进;(5)教育普及制度化,教育形式多样化;(6)终身教育成为现代教育中一个富有生命力和感召力的教育理念;(7)实现教育现代化是各国教育的共同追求。

4. 简述教育学的基本价值。

(1)反思日常教育经验;(2)科学解释教育问题;(3)沟通教育理论与实践。

5. 简述洛克的"白板说"。

洛克反对天赋观念,提出了"白板说"。他认为人的心灵原来就像一块白板,没有一切特性,没有任何观念,天赋的智力人人平等。

6. 简述实用主义教育学的主要观点。

实用主义教育学是在批判以赫尔巴特为代表的传统教育学的基础上提出来的,其基本主张有:(1)教育即生活,教育的过程与生活的过程是合一的;(2)教育即学生个体经验持续不断的增长;(3)学校是一个雏形的社会;(4)课程组织应以学生的经验为中心;(5)师生关系以儿童为中心;(6)教学过程注重学生的独立发现和体验,尊重学生发展的个体差异。

7. 简述陶行知"生活教育"观点的主要内容。

(1)生活即教育,主张以人类的生活作为教育内容,在生活实践中接受教育;(2)社会即学校,把学校里的一切延伸到大自然界中去;(3)教学做合一,强调学做结合。

8. 简述教育与社会政治经济制度的关系。

(1)社会政治经济制度对教育发展的影响和制约:社会政治经济制度决定教育的领导权;社会政治经济制度决定受教育权;社会政治经济制度决定教育目的;社会政治经济制度决定着教育内容的取舍;社会政治经济制度决定着教育体制;社会政治经济制度制约教育的改革与发展。

(2)教育对政治经济制度有维护、巩固和加强的作用:教育培养出政治经济制度所需要的人才;教育通过传播思想、形成舆论作用于一定的政治经济制度;教育促进民主化进程,但对政治经济制度不起决定作用。

9. 简述科学技术对教育的影响。

科学技术对教育的影响,首先表现为对教育的动力作用。具体地说,科技对教育的作用表现为:(1)科学技术能够改变教育者的观念;(2)科学技术能够影响受教育者的数量和教育质量;(3)科学技术能够影响教育的内容、方法和手段;(4)科学技术影响教育技术。

10. 简述教育的文化制约性。

(1)文化类型影响教育目的;(2)文化观念影响教育观念;(3)文化传统影响教育内容和教育方法。

11. 人口对教育发展有哪些影响?

(1)人口数量对教育发展的影响。①人口数量影响教育事业发展的规模和速度;②人口数量增长速度影响教育发展战略目标的实现和战略重点的选择。

(2)人口质量对教育发展的影响。人口质量对教育的影响和制约表现为直接和间接两个方面:①直接影响是指入学者已有的水平对教育质量的影响;②间接影响是指年长一代人口质量影响新生一代人口质量,从而影响以新生一代为对象的学校教育质量。

(3)人口结构对教育发展的影响。①人口年龄结构影响教育发展。一般来说,有什么样的人口年龄结构就会有什么样的教育结构与之相适应。②人口就业结构影响教育发展。人口就业状况取决于一定地区的生产力发展水平,特别是产业结构和技术结构,但它又必然会对教育发展产生影响。

12. 简述什么是教育的社会制约性和相对独立性。

(1)教育的社会制约性是教育社会性的最主要的表现形式,指教育受一定社会的生产力和生产关系发展水平的制约,同时也受社会文化传统和人口等其他社会因素的制约。

(2)教育的相对独立性是指教育具有自身独特的发展规律和能动性。主要表现在:①教育自身的历史继承性;②教育与社会发展的不平衡性;③教育与其他社会意识形式的平行性。

13. 请简述教育对文化的影响。

(1)教育能够传承文化;(2)教育能够改造文化(选择和整理、提升文化);(3)教育能够传播、交流和融合文化;(4)教育能够更新和创造文化。

14. 简述教育对科学技术发展的作用。

(1)教育能完成科学知识再生产;(2)教育推进科学的体制化;(3)教育具有科学研究的功能;(4)教育促进科研技术成果的开发利用。

15. 学校教育在人的身心发展中的主导作用主要体现在哪些方面?

(1)学校教育对于个体发展做出社会性规范;(2)学校教育具有开发个体特殊才能和发展个性的功能;(3)学校教育对个体发展的影响具有即时和延时的价值;(4)学校教育具有加速个体发展的特殊功能。

16. 根据学生个体身心发展的规律,教育者应该采用什么样的策略?

(1)顺序性。人的发展的顺序性是客观的、不以人的意志为转移的,教育工作要遵循这种顺序性,循序渐进地促进人的发展。所以,教育一般不可"陵节而施",否则就会出现教育的异化,造成教育的负面效应。

(2)阶段性。个体身心发展的阶段性规律,决定了教育工作必须根据不同年龄阶段的特点分阶段进行。教育教学要从学生的实际出发,针对不同年龄阶段的学生,提出不同的具体任务,采取不同的教育内容和方法。

(3)不平衡性。根据个体身心发展的不平衡性,教育教学要抓住关键期,以求在最短的时间内取得最佳的效果。

(4)互补性。①教育者要树立信心,相信每一个学生,特别是暂时落后或某些方面有缺陷的学生,通过其他方面的补偿性发展,都会达到与一般正常学生一样的发展水平。②教育者要掌握科学的教育方法,发现学生的优势,扬长避短、长善救失,激发学生自我发展的信心和自觉。

(5)个别差异性。个体身心发展的差异性要求贯彻因材施教的原则,因材施教的原则要求全面深入地了解每个学生,系统掌握其成长发展的资料,注意对个别学生进行特殊培养,采取弹性教学制度等教学组织形式。在思想品德教育中,针对由不同遗传素质、家庭环境、社会关系、个人经历等所形成的不同个性特点,有的放矢地进行引导。

(6)整体性。①教学应该面对学生的整个身心;②教学要着眼于学生的整体性,促进学生的一般发展,注意做到认知因素与非认知因素、意识与潜意识、科学与艺术的统一。

17. 简述教育目的的功能。

教育目的的功能包括:(1)对教育活动的定向功能;(2)对教育活动的调控功能;(3)对教育活动的评价功能。此外,也有说法认为,教育目的的功能包括导向功能、选择功能、激励功能、评价功能和协调功能。

18. 简述我国教育目的的基本精神。

(1)坚持社会主义方向性;(2)坚持全面发展;(3)培养独立个性;(4)教育与生产劳动相结合,是实现我国教育目的的根本途径;(5)注重提高全民族素质。

19. 简述小学生素质教育的特点。

素质教育的特点主要有:全体性、全面性、基础性、主体性、发展性、合作性和未来性。

20. 简述素质教育的内涵。

(1)素质教育是面向全体学生的教育;(2)素质教育是促进学生全面发展的教育;(3)素质教育是促进学生个性发展的教育;(4)素质教育是以培养创新精神和实践能力为重点的教育。

21. 简述全面发展和个性发展的关系。

全面发展和个性发展是辩证统一的关系。全面发展是个性发展的基础;个性发展又是全面发展的动力。

22. 简述全面发展教育各组成部分之间的关系。

德、智、体、美、劳五育之间既相互独立又相互联系。

(1)"五育"在全面发展中的地位存在不平衡性。全面发展不能理解为要求学生"样样都好"的平均发展,也不能理解为人人都要发展成为一样的人。全面发展的教育同"因材施教""发挥学生的个性特长"并不是对立的、矛盾的。人的发展应是全面、和谐、具有鲜明个性的。在实际生活中,青少年德、智、体、美、劳诸方面的发展往往是不平衡的,有时需要针对某个带有倾向性的问题强调某一方面。学校教育也常会因某一时期任务的不同,在某一方面有所侧重。

(2)"五育"各有其相对独立性。德育对其他各育起着保证方向和保持动力的作用,它体现了社会主义教育的方向,是"五育"的灵魂;智育则为其他各育的实施提供了认识基础;体育则是实施各育的物质保证;美育和劳动技术教育是德育、智育、体育的具体运用和实施。

(3)"五育"之间具有内在联系。德育、智育、体育、美育、劳动技术教育紧密相连,它们互为条件,互相促进,相辅相成,构成一个统一的整体。它们的关系具有在活动中相互渗透的特征。

23. 请简述教师劳动的特点。

(1)教师劳动的复杂性和创造性;(2)教师劳动的连续性和广延性;(3)教师劳动的长期性和间接性;(4)教师劳动的主体性和示范性;(5)教师劳动方式的个体性和劳动成果的群体性。

24. 结合自己所教(或所学)的课程,说说教师应该具有的专业素养。

(1)教师的学科专业素养;(2)教师的教育专业素养,主要包括具有先进的教育理念、具有良好的教育能力、具有一定的研究能力;(3)教师的人格特征;(4)教师良好的职业道德素质。

25. 简述教师的专业知识素养包括哪些方面。

(1)政治理论修养;(2)精深的学科专业知识(本体性知识);(3)广博的科学文化知识;(4)必备的教育科学知识(条件性知识);(5)丰富的实践知识。

26. 简述教师能力素养的构成。

(1)语言表达能力;(2)组织管理能力;(3)组织教育和教学的能力;(4)自我调控和自我反思能力(较高的教育机智)。

27. 简述教师专业发展的主要途径。

(1)师范教育;(2)入职培训;(3)在职培训;(4)自我教育。

28. 中学教师应树立怎样的学生观?

(1)学生是发展中的人,要用发展的观点认识学生;(2)学生是独特的人;(3)学生是具有独立意义的人。

29. 如何全面地认识教师与学生的关系?

师生之间的现实关系是不断变化和丰富多样的,可以从不同的层面进行划分,主要表现为社会关系、教育关系、心理关系和伦理关系。

(1)社会关系。它以年青一代的成长为目标,是人与人的各种社会关系在教育教学中的反映。主要表现为师生之间存在的代际关系、政治关系、文化的授受关系、道德关系以及法律关系。

(2)教育关系。师生之间的教育关系是指教师与学生在教育教学活动中为完成一定的教育任务,以“教”和“学”为中介,以促进学生的整体发展和自主发展为目标而建立的一种工作关系。教育关系是基本关系,其他师生关系皆服务于这一关系。

(3)心理关系。师生心理关系的实质是师生个体之间的情感是否融洽、个性是否冲突、人际关系是否和谐。具体体现在:①师生之间的认知关系是师生心理关系的基础;②情感关系是师生心理关系的另一个重要方面。

(4)伦理关系。师生之间的伦理关系是指在教育教学活动中,教师与学生构成一个特殊的道德共同体,各自承担一定的伦理责任,履行一定的伦理义务。这种关系是师生关系体系中最高层次的关系形式,对其他关系形式具有约束和规范作用。

30. 教师在良好师生关系的建立中应做出哪些努力?

(1)了解和研究学生;(2)树立正确的学生观;(3)提高教师自身的素质;(4)热爱、尊重学生,公平对待学生;(5)发扬教育民主;(6)主动与学生沟通,善于与学生交往;(7)正确处理师生矛盾;(8)提高法制意识,保护学生的合法权利;(9)加强师德建设,纯化师生关系。

31. 师生关系的本质是一种人际关系,我国社会主义新型师生关系有哪些特点?

(1)人际关系:尊师爱生;(2)社会关系:民主平等;(3)教育关系:教学相长;(4)心理关系:心理相容。

32. 第30个教师节前夕,习近平总书记考察北京师范大学时,在勉励广大师生的讲话中提倡做“四有好老师”。简述“四有好老师”是指哪“四有”。

“四有好老师”中的“四有”是指:(1)有理想信念;(2)有道德情操;(3)有扎实学识;(4)有仁爱之心。

33. 什么是课程?请列举不同的观点,并谈一谈你对课程的理解。

(1)课程是指学校学生所应学习的学科总和及其进程与安排。

(2)在国内外,比较接近课程本质的定义归纳起来主要有三种:①课程是知识。这种观点的基本思想是:学校开设的每门课程是从相应学科中精心选择的,并且按照学习者的认识水平加以编排。②课程是经验。这种观点的课程往往是从学习者角度出发和设计的,课程是与学习者个人经验相联系相结合的,强调学习者作为学习主体的角色。③课程是活动。这种观点强调学习者是课程的主体,以及作为主体的能动性;强调以学习者的兴趣、需要、能力、经验为中介实施课程;从活动的完整性出发,突出课程的综合性和整体性,反对过于详细的分科;重视学习活动的水平、结构、方式,特别是学习者与课程各因素的关系。

34. 简述分科课程和综合课程的区别。

(1)分科课程是指根据学校教育目标、教学规律和一定年龄阶段的学生发展水平,分别从各门学科中选择部分内容,组成各种不同的学科,彼此分立地安排它们的教学顺序、教学时数和期限的课程。其主导价值在于使学生获得逻辑严密和条理清晰的文化知识,但是容易带来科目过多、分科过细的问题。综合课程是指采用各种有机整合的形式,使学校教学系统中分化的各种要素及各成分之间形成有机联系的课程形态。简单来说,就是指打破传统的分科课程的知识领域,组合两门以上学科领域而构成的一门学科。

(2)分科课程和综合课程是两种不同类型的课程,各自具有独特的价值和作用。分科课程是一种单学科的课程组织模式,它强调的是各个学科的相对独立性和逻辑结构体系的完整性;而综合课程是一种多学

科的课程组织模式,它强调的是各个学科之间的关联性、统一性及其内在联系。

35. 我国学者对隐性课程的研究始于20世纪80年代中期,简述隐性课程的特点。

(1)非计划性;(2)非预期性;(3)随机性。

36. 简述制约课程的因素。

总的来说,社会、知识、儿童是制约学校课程的三大因素。(1)一定历史时期社会发展的要求及提供的可能(社会需求);(2)一定时代人类文化及科学技术发展水平(学科知识水平);(3)学生的年龄特征、知识与技能的基础及其可接受性(学习者身心发展的需求)。此外,课程理论也是制约课程的因素。

37. 简述课程目标的来源。

(1)学习者的需要;(2)当代社会生活的需求;(3)学科知识及其发展。

38. 简述社会中心课程论的主要观点。

社会中心课程论认为应该把课程重点放在当代社会的问题、社会的主要功能、学生关心的社会现象以及社会改造与社会活动计划等方面。这种理论不太关注学科的知识体系,认为课程应该围绕当代重大的社会问题来组织,帮助学生在社会方面得到发展。其核心观点是:课程不应该帮助学生去适应社会,而是要建立一种新的社会秩序和社会文化。

社会中心课程论有两个值得注意的特点:(1)主张学生尽可能多地参与到社会中去,因为社会是学生寻求解决问题方法的实验室。(2)以广泛的社会问题为中心。

39. 教师应树立哪些新课程资源的理念?

(1)课程标准和教科书等是基本而特殊的课程资源;(2)教师是最重要的课程资源;(3)学生既是课程资源的消费者,又是课程资源的开发者;(4)教学过程是师生运用课程资源共同建构知识和人生的过程。

40. 当前课程评价发展的基本特点是什么?

(1)重视发展,淡化甄别与选拔,实现评价功能的转变;(2)重综合评价,关注个体差异,实现评价指标的多元化;(3)强调质性评价,定性与定量相结合,实现评价方法的多样化;(4)强调参与与互动、自评与他评相结合,实现评价主体的多元化;(5)注重过程,终结性评价与形成性评价相结合,实现评价重心的转移。

41. 简述新一轮基础教育课程改革对于课程体系的设计构想。

(1)整体设置九年一贯的义务教育课程;(2)高中以分科课程为主;(3)从小学至高中设置综合实践活动课程并作为必修课程;(4)农村中学课程要为当地社会经济发展服务。

42. 简述教学与智育的关系。

教学与智育是一种复杂的交叉关系,两者既有联系又有区别。作为教育的一个组成部分的智育,即向学生传授系统的科学文化知识和发展学生的智力,主要是通过教学进行的,但不能把两者等同。一方面,教学也是德育、美育、体育、劳动技术教育的途径;另一方面,智育也需要通过课外活动等才能全面实现。教学的目的不仅要完成智育任务,也要完成德育、体育、美育、劳动技术教育的任务。将教学等同于智育,容易导致对智育途径和教学功能产生狭隘化甚至唯一化的片面认识,在实际工作中,这种认识所产生的危害是有目共睹的。

43. 简述教学的一般任务。

(1)引导学生掌握科学文化基础知识和基本技能。教学的首要任务是使学生掌握系统的科学文化基础知识,形成基本技能、技巧,其他任务的实现都是在完成这一任务的过程中和基础上进行的。(2)发展学生智能,特别是培养学生的创新精神和实践能力。(3)发展学生体能,提高学生身心健康水平。(4)培养学生高尚的审美情趣,养成良好的思想品德,奠定学生的科学世界观基础。(5)关注学生个性的发展。

44. 教学过程作为一种特殊的认识过程,其特殊性主要表现在哪些方面?

教学过程作为一种特殊的认识过程,其特殊性表现在:(1)认识对象的间接性与概括性;(2)认识方式的简捷性与高效性;(3)教师的引导性、指导性与传授性(有领导的认识);(4)认识的交往性与实践性;(5)认识的教育性与发展性。

45. 简要回答教学过程中有哪些规律可循。

(1)间接经验与直接经验相结合(间接性规律);(2)教师主导作用与学生主体作用相统一(双边性规律);(3)掌握知识和发展智力相统一(发展性规律);(4)传授知识与思想品德教育相统一(教育性规律)。

46. 简述直接经验和间接经验相结合的规律。

(1)以间接经验为主是教学活动的主要特点。(2)学生学习间接经验要以直接经验为基础。(3)贯彻直接经验与间接经验相结合的规律,要防止两种倾向。一种是过分强调书本知识的传授和学习,忽视引导学生通过实践活动、亲身参与、独立探索去积累经验、获取知识的倾向;一种是只强调学生通过自己探索去发现、积累知识,忽视书本知识的学习和教师的系统讲授。

47. 教学过程的基本阶段有哪些? 结合教学实践谈谈你的看法。

(1)激发学习动机;(2)领会知识;(3)巩固知识;(4)运用知识;(5)检查知识。

(考生可结合实际加以阐述,言之有理即可)

48. 简述在教学中贯彻思想性和科学性相统一原则的基本要求。

思想性(教育性)和科学性相统一的教学原则是指教学要以马克思主义为指导,授予学生科学知识,并结合知识对学生进行社会主义品德和正确人生观、科学世界观教育。贯彻此原则的要求有:(1)教师要保证教学的科学性;(2)教师要结合教学内容的特点进行思想品德教育;(3)教师要通过教学活动的各个环节对学生进行思想品德教育;(4)教师要不断提高自己的业务能力和思想水平。

49. 简述教学的启发性原则及其要求。

基本含义:启发性原则是指在教学活动中,教师要调动学生的主动性和积极性,引导他们通过独立思考、积极探索,生动活泼地学习,自觉地掌握科学知识,提高分析问题和解决问题的能力。

贯彻要求:(1)加强学习的目的性教育,调动学生学习的主动性;(2)设置问题情境,启发学生独立思考,培养学生良好的思维方法和思维能力;(3)让学生动手,培养学生独立解决问题的能力,鼓励学生将知识创造性地运用于实际;(4)发扬教学民主,具体包括:建立民主、平等的师生关系和生生关系,创造民主、和谐的教学气氛,鼓励学生发表不同见解,允许学生向教师提出质疑等。

50. "学而时习之""温故而知新"与教学原则的哪一个思想相一致?

"学而时习之""温故而知新"与巩固性教学原则的思想相一致。(1)巩固性原则是指教师在教学中要引导学生在理解的基础上牢固地掌握基本知识和基本技能,而且在需要的时候,能够准确无误地呈现出来,以利于知识技能的利用。历代教育家都很重视知识的巩固问题,孔子要求"学而时习之""温故而知新"。夸美纽斯明确提出了"教与学的巩固性原则"。(2)贯彻此原则的要求有:①要在教学的全过程中加强知识的巩固。②组织好学生的复习工作,教会学生记忆的方法。复习巩固可分为两类:一类是经常性的,主要是抓新旧知识的联系,抓当堂巩固;一类是阶段性的。③通过扩充、改组和运用知识的过程来巩固知识。

51. 著名教育家陶行知曾言:培养教育人和种花木一样,首先要认识花木的特点,区别不同情况给以施肥、浇水和培养教育,这叫"因材施教"。请联系实际,简述教学中因材施教的内涵和做法。

(1)内涵:因材施教原则是指教师在教学中,要从课程计划、学科课程标准的统一要求出发,面向全体学

生，同时又要根据学生的个别差异，有的放矢地进行有差别的教学，使每个学生都能扬长避短，获得最佳的发展。

（2）做法：①要坚持课程计划和学科课程标准的统一要求；②教师要了解学生，从实际出发进行教学；③教师要善于发现每个学生的兴趣、爱好，并创造条件，尽可能使每个学生的不同特长都得以发挥。

52. 简述循序渐进教学原则的含义及其贯彻的基本要求。

含义：循序渐进教学原则在西方常称为系统性原则，是指教师要严格按照科学知识的内在逻辑和学生的认知发展规律进行教学，使学生掌握系统的科学文化知识，能力得到充分的发展。

贯彻要求：（1）教师的教学要有系统性；（2）抓主要矛盾，解决好重点与难点；（3）教师要引导学生将知识体系化、系统化；（4）按照学生的认识顺序，由浅入深、由易到难、由简到繁地进行教学。

53. 讲授法的基本要求包括哪几个方面？

（1）讲授内容要有科学性、系统性和思想性，要认真组织；（2）讲授要讲究策略和方式，要系统完整，层次分明，重点突出，符合知识的系统性要求，教师讲授要有启发性，讲的内容要清楚，但不要“一览无余”，要给学生留下思维的空间；（3）教师要努力提高语言表达水平，讲究语言艺术；（4）要组织学生听讲；（5）要与其他教学方法配合使用。

54. 简述谈话法的含义及其运用的基本要求。

（1）含义：谈话法是教师和学生相互交谈，以引导学生根据已有的知识和经验，通过独立思考去获得新知识的教学方法。

（2）基本要求：①要做好计划，教师要对谈话的中心、提问的内容做充分准备，并拟定谈话提纲；②要善问，提出的问题要明确、具体、难易适宜，符合学生已有的知识程度、经验，还要有启发性，形式要多样化；③要善于启发诱导，谈话时，教师要面向全体学生，给学生留有思考的余地，因势利导，让学生一步步地去获得新知；④谈话结束后，应结合学生回答的情况进行归纳和小结，给出问题的正确答案，指出谈话过程中的优缺点。

55. 简述课堂教学中运用讨论法的基本要求。

（1）讨论前，教师应提出有吸引力的讨论题目，并明确讨论的具体要求，指导学生收集有关资料；（2）讨论时，教师要善于引导学生围绕中心，联系实际，自由发表意见，并就问题实质的分歧进行辩论，让每个学生都有发言机会；（3）讨论结束后，教师要进行小结，并提出需要进一步思考的问题。

56. 简述读书指导法及其运用的基本要求。

（1）读书指导法是指教师指导学生通过阅读教科书和其他参考书，以获得知识、巩固知识、培养学生自学能力的一种方法。（2）运用读书指导法的基本要求：①教师要提出明确的目的、要求和思考题；②教会学生使用工具书；③帮助学生逐步学会阅读的方法；④用多种方式指导学生阅读。

57. 参观法是教师根据教学目的和要求，组织学生到社会场所，让学生通过观察来获取新知识的方法。简述运用参观法的基本要求。

（1）参观前，教师要根据教学目的和要求，做好准备工作；（2）参观时，教师要引导学生收集资料，做好必要记录，也可以请有关人员进行讲解或指导；（3）参观结束后，教师要组织学生及时进行小结。

58. 疫情背景下，我国开展了线上教学。请简述线上教学选择和运用教学方法的基本依据。

（1）教学目的和任务的要求；（2）课程性质和特点；（3）每节课的重点、难点；（4）学生年龄特征；（5）教学时间、设备、条件；（6）教师业务水平、实际经验及个性特点。此外，教学方法的选择与运用还受教学手段、教学环境等因素的制约。

59. 什么是分组教学？分组教学的优缺点有哪些？

分组教学是指在按年龄编班或取消按年龄编班的基础上，根据学生能力、成绩分组进行编班的教学组织形式。

优点：分组教学比班级上课更适应学生个人的水平和特点，便于因材施教，有利于人才的培养；便于学生的交流合作；有助于学生组织能力、管理能力、表达能力以及问题解决能力的培养；有利于学生在与小组成员的竞争与合作中，强化自己的学习动机。

缺点：分组教学较难科学鉴别学生的能力和水平；在对待分组教学上，学生家长和教师的意愿常常与学校要求相矛盾；分组后有可能产生一定的副作用，使快班学生产生骄傲情绪，慢班、普通班学生的学习积极性降低。

60. 什么是慕课？解释其内涵。

所谓“慕课（MOOC）”，即Massive Open Online Course的英文首字母缩写的中文音译，意为大规模开放在线课程。从慕课的概念分析，其含义为：（1）“大规模”，指参与学习的学习者数量众多；（2）“开放”，指学习是一种开放的教育形式，没有限制；（3）“在线”，指学习资源和信息通过网络共享，学习活动发生在网络环境下；（4）“课程”，指开放教育的形式是课程，是整个教与学的活动。

61. 简述教学工作的基本环节。

教师教学工作包括五个基本环节（即基本程序）：（1）备课；（2）上课；（3）作业的布置与反馈；（4）课外辅导；（5）学业成绩的检查与评定。

62. 一位历史教研员带领全区教师去听一位具有30年教龄的教师讲课，大家都被这位教师精彩的讲解吸引了，以至于很多老师都忘记了做听课笔记。当课下听课老师问他为这节课准备了多长时间时，他说我准备了一辈子，但这节课的准备我只用了15分钟。请结合案例谈一下你对备课的理解。

（1）从教育的意义上而言，案例中“我准备了一辈子”这句话体现了备课的重要性。备好课是上好课的前提。对教师而言，备好课可以加强教学的计划性和针对性，有利于教师充分发挥主导作用。备好了课，教师便对教材、学生以及教学方法有了透彻了解，这样在教学过程中才能更好且有效地将教学内容系统、有条理地呈现给学生，也能很好地处理课堂中的突发事件。教师应树立终身备课的思想，把备课看成一个长期积累、不断发展的过程。在这个过程中，反思应成为教师备课的一个至关重要的环节和内容，基于自我反思的备课过程显得尤为重要。从教育意义上而言，案例中老师的话语体现了他对备自我的重视。这是值得我们学习的地方。

（2）教师要想教好一节课，首先要做好三方面的工作：钻研教材、了解学生、设计教法，也即备教材、备学生、备教法，此外还包括备教学行为、备自我、备检测等；还要写好三种计划，即学年（或学期）教学计划、课题（或单元）计划、课时计划（教案）。

（3）教师还应成为教育教学的研究者，以研究者的姿态置于教学情境之中，以研究者的眼光审视和分析教学理论和教学实践中的问题，对自身的行为进行反思，对出现的问题进行探究，对积累的经验进行总结，最终形成规律性的认识。

63. 简述一堂好课的基本要求。

（1）教学目标明确；（2）教学内容准确；（3）教学结构合理；（4）教学方法适当；（5）讲究教学艺术；（6）板书有序；（7）充分发挥学生的主体性。

64. 教师正确而及时地批改作业能有效地发挥反馈一矫正的作用。请简述教师批改作业应注意的事项。

（1）批改作业要及时；（2）批改方式要灵活；（3）要尊重学生；（4）批改态度要认真；（5）批改符号要统一；

(6)批改要与讲评紧密结合。

65. 简述教学评价的原则。

(1)客观性原则;(2)发展性原则;(3)整体性原则;(4)指导性原则。

66. 根据教学评价的作用,可将其分为哪几个类型?

(1)诊断性评价。诊断性评价是在学期开始或一个单元教学开始时,为了了解学生的学习准备状况及影响学习的因素而进行的评价。(2)形成性评价。形成性评价是在教学过程中为改进和完善教学活动而进行的对学生学习过程及结果的评价。(3)总结性评价。总结性评价也称为终结性评价,是在一个大的学习阶段、一个学期或一门课程结束时对学生学习结果的评价。

67. 简述抛锚式教学及其教学环节的基本步骤。

(1)抛锚式教学模式指以问题为中心,将知识抛锚在一定的问题情境中,以激发学生的好奇心和创造力的教学模式。这里所谓的“锚”指的是支撑课程与教学实施的支撑物,它通常是一个故事、一段历险或者是学生感兴趣的一系列问题情境。抛锚式教学要求建立在有感染力的真实事件或真实问题的基础上,所以有时也被称为“实例式教学”“基于问题的教学”或“情境性教学”。

(2)抛锚式教学的基本步骤包括:创设情境—确定问题—自主学习—协作学习—效果评价。

68. 课堂导入的类型主要有哪些?

(1)直接导入;(2)温故导入;(3)直观导入;(4)问题导入;(5)实例导入;(6)情境导入;(7)审题导入。此外,常用的导入类型还有游戏导入、练习导入、经验导入等。

69. 简述课堂提问的基本要求。

(1)合理地设计问题;(2)面向全体学生提问;(3)目的明确,把握好时机;(4)提问的语言要准确,具有启发性;(5)提问的态度要温和自然;(6)及时进行评价和总结。

70. 简述课堂提问的意义。

(1)激发学习动机,集中注意力;(2)提示学习重点;(3)启发学生思维;(4)培养学生参与能力;(5)实现师生互动交流,活跃课堂气氛。

71. 完整的课堂教学设计主要包括哪些环节?

(1)教学目标设计;(2)根据学生已有水平确定教学起点设计;(3)教学内容设计;(4)教学方法和教学媒体选用设计;(5)教学评价设计;(6)课堂教学结构设计。

72. 简述德育过程的基本规律。

(1)德育过程是具有多种开端的,对学生知、情、意、行的培养提高过程;(2)德育过程是组织学生的活动和交往,对学生多方面施加教育影响的过程;(3)德育过程是促使学生思想内部矛盾运动的过程;(4)德育过程是一个长期的、反复的、不断前进的过程。

73. 简述教师在德育中贯彻疏导原则的基本要求。

(1)讲明道理,疏通思想;(2)因势利导,循循善诱;(3)以表扬、激励为主,坚持正面教育。

74. 德育过程中贯彻因材施教原则的要求有哪些?

(1)以发展的眼光客观、全面、深入地了解学生,正确认识和评价青少年学生的思想特点;(2)根据不同年龄阶段学生的特点,选择不同的内容和方法进行教育,防止一般化、成人化、模式化;(3)注意学生的个别差异,因材施教。

75. 在德育工作中贯彻知行统一原则的基本要求有哪些?

(1)加强理论教育,提高学生的思想道德认识;(2)组织和引导学生参加社会实践,通过实践活动加深认识,增强情感体验,养成良好的行为习惯;(3)对学生的评价和要求要坚持知行统一的原则;(4)教育者要以身作则,严于律己,言行一致。

76. 简述教育影响的一致性与连贯性德育原则的贯彻要求。

(1)充分发挥教师集体的作用,统一学校内部的多种教育力量,使之成为一个分工合作的优化群体;(2)争取家长和社会的配合,主动协调好与家庭、社会教育的关系,逐步形成以学校为中心的"三位一体"的德育网络;(3)保持德育工作的经常性和制度化,处理好衔接工作,保证对学生影响的连续性、系统性,使学生的思想品德得以循序渐进地持续发展。

77. 如何构建校内外一体的德育网络?

(1)将学校德育与家庭德育紧密联系起来。在家庭教育中改变过去那种由家长给孩子灌输零散的、随机的德育内容的教育方式,在学校中改变将政治课或思想品德课等同于纯粹的知识课的不正确的观点,利用各种手段将家庭德育与学校德育联系起来,从多方面对学生施加正向的、统一的道德要求,以此形成教育合力来最大限度地发挥德育的整体教育作用。

(2)将青少年的德育与社会德育结合起来。大力宣传青少年道德教育的重要性,调动全社会的力量对青少年进行道德教育,并设立相应的机构来支持德育工作。

(3)充分利用现代网络技术提高德育对学生的影响力。在传统教学的基础上,积极利用现代科技力量为德育注入新鲜血液,使其更具有吸引力。

78. 简述小学德育的途径。

小学德育的途径包括:(1)思想品德课与其他学科教学;(2)社会实践活动;(3)课外、校外活动;(4)共青团、少先队组织的活动;(5)校会、班会、周会、晨会、时事政策的学习;(6)班主任工作。

79. 试列举我国中小学常用的德育方法。

(1)说服教育法;(2)榜样示范法;(3)情感陶冶法;(4)实际锻炼法;(5)品德修养指导法;(6)品德评价法;(7)角色扮演法;(8)合作学习法。

80. 说服法是德育中运用最广泛的一种方法,简述教师运用说服法的基本要求。

(1)教师要有的放矢地加以说服;(2)教师说理时要待人以诚;(3)教师要善于运用多种技巧来说服学生;(4)教师的说理要形象生动和具有趣味性;(5)教师要善于捕捉教育契机说服学生。

81. 简述品德评价法及其要求。

(1)品德评价法的概念:品德评价法是通过对学生品德进行肯定或否定的评价而予以激励或抑制,促使其品德健康形成和发展的德育方法。

(2)运用品德评价法的要求:①公平、正确、合情合理;②发扬民主,获得群众支持;③注重宣传与教育;④奖励为主,抑中带扬。

82. 请列举几种具有代表性的德育模式的名称。

(1)认知模式。由瑞士学者皮亚杰提出,而后由美国学者科尔伯格进一步深化。该模式假定人的道德判断力按照一定的阶段和顺序从低到高不断发展,道德教育的目的就在于促进儿童道德判断力的发展及其行为的发生。

(2)体谅模式。体谅或学会关心的道德教育模式形成于20世纪70年代,为英国学校德育学家彼得·麦克费尔和他的同事所创。

(3)社会模仿模式。社会模仿模式主要是由美国的班杜拉创立,该模式认为人与环境是一个互动体,人既能对刺激做出反应,也能主动地解释并作用于情境。

83. 班级是学校的基本单位,班级教学是现代最具代表性的一种教育形态。简述班级组织的社会化功能。

(1)传递社会价值观,指导生活目标;(2)传授科学文化知识,形成社会生活的基本技能;(3)教导社会生活规范,训练社会行为方式;(4)提供角色学习条件,培养社会角色。

84. 班主任如何建设培养班集体?

(1)确定班集体的发展目标;(2)建立得力的班集体核心;(3)建立班集体的正常秩序;(4)组织形式多样的教育活动;(5)培养正确的舆论和良好的班风。

85. 中小学班主任的工作任务有哪些?

《中小学班主任工作规定》第三章中规定了班主任的职责与任务。具体内容如下:

(1)全面了解班级内每一个学生,深入分析学生思想、心理、学习、生活状况。关心爱护全体学生,平等对待每一个学生,尊重学生人格。采取多种方式与学生沟通,有针对性地进行思想道德教育,促进学生德智体美全面发展。

(2)认真做好班级的日常管理工作,维护班级良好秩序,培养学生的规则意识、责任意识和集体荣誉感,营造民主和谐、团结互助、健康向上的集体氛围。指导班委会和团队工作。

(3)组织、指导开展班会、团队会(日)、文体娱乐、社会实践、春(秋)游等形式多样的班级活动,注重调动学生的积极性和主动性,并做好安全防护工作。

(4)组织做好学生的综合素质评价工作,指导学生认真记载成长记录,实事求是地评定学生操行,向学校提出奖惩建议。

(5)经常与任课教师和其他教职员工沟通,主动与学生家长、学生所在社区联系,努力形成教育合力。

86. 简述新时代中学班主任的角色。

(1)班主任是班级建设的设计者;(2)班主任是班级组织的领导者;(3)班主任是协调班级人际关系的主导者(艺术家)。

87. 班主任工作的重要性体现在哪些方面?

(1)班主任是学校对学生教育管理的具体执行者;(2)班主任是班集体内教育和教学活动的核心;(3)班主任是联系学校、家庭及社会的纽带。

88. 简述做好个别学生教育工作的一般要求。

(1)摸清情况,分析原因,区别对待;(2)热爱和尊重学生,促其转化;(3)发现“闪光点”,及时表扬,逐步提高;(4)自我剖析,制定措施,接受监督;(5)常抓不懈,持之以恒。

89. 简述教师如何教育和转化后进生。

(1)关心爱护,尊重人格;(2)捕捉亮点,正面引导;(3)讲究方法,善抓时机。

90. 什么是课外活动?其教育作用有哪些?

内涵:课外活动是指学校在学科教学活动之外有目的、有计划、有组织地对学生进行的多种多样的教育实践活动。

作用:(1)充实学生的生活,扩大学生生活领域,密切学生与社会的联系;(2)激发学生的兴趣爱好,发展学生的特长;(3)培养学生的自主能力、探索意识和创造才能。

91. 开展课外活动的基本要求有哪些?

(1)活动要有明确的中心目标,认真设计安排好每一次活动。(2)活动内容应具有科学性、知识性和趣味性。(3)充分发挥学生的积极主动性,为每一个学生创设参与活动和获得成功的机会。(4)要积极争取各种社会力量的支持和帮助。充分调动校内外各方面的力量，相互协作，使学生在多方面的协同关怀下健康成长。

92. 教育研究的基本步骤。

(1)选择研究课题；(2)教育文献检索与综述；(3)制订研究计划；(4)教育研究资料的收集、整理与分析；(5)教育研究论文与报告的撰写。

93. 简述观察法的主要优点和不足。

(1)优点：①可以在自然状态下获取教育事实数据；②不干扰观察对象的自然表现，可以获得客观、真实的数据；③可以对同一观察对象进行较长时间的跟踪研究。

(2)不足：①取样小，观察研究法一般限于小样本的研究；②所获材料具有一定的表面性；③观察缺乏控制，不能说明所观察到现象的因果关系。

专题二　心理学

1. 简述知觉的基本特征。

(1)知觉的选择性；(2)知觉的理解性；(3)知觉的整体性；(4)知觉的恒常性。

2. 教师如何培养学生的观察力？

在学校教育教学中，培养学生的观察力可以从以下几个方面入手：(1)引导学生明确观察的目的与任务，是良好观察的重要条件；(2)充分的准备、周密的计划、提出观察的具体方法，是引导学生完成观察的重要条件；(3)在实际观察中应加强对学生的个别指导，有针对性地培养学生良好的观察习惯；(4)引导学生学会记录整理观察结果，在分析研究的基础上，写出观察报告、日记或作文；(5)引导学生开展讨论、交流并汇报观察成果，不断提高学生的观察能力，培养良好的观察品质。此外，教师还应努力培养学生的观察兴趣与优良的性格特征，如学习的坚韧性、独立性等。

3. 简述如何培养学生良好的记忆力。

培养学生良好的记忆力应注意以下几个方面：(1)加强学习目的教育；(2)教给学生科学的记忆方法；(3)讲究记忆卫生。

4. 简述良好的记忆品质表现在哪些方面。

(1)记忆的敏捷性，这是记忆的速度和效率特征；(2)记忆的持久性，这是记忆的保持特征；(3)记忆的准确性，这是记忆的正确和精确特征；(4)记忆的准备性，这是记忆的提取和应用特征。

5. 依据遗忘规律，如何合理地组织复习。

有效组织复习的方法有：(1)复习时机要得当。①及时复习；②合理分配复习时间；③间隔复习；④循环复习。(2)复习方法要合理。①分散复习与集中复习相结合；②复习方法多样化；③运用多种感官参与复习；④尝试回忆与反复识记相结合。(3)复习次数要适宜，要掌握复习的量。①复习内容的数量要适当；②提倡适当的过度学习，即达到150%的学习。(4)重视对记忆品质的培养。(5)注意用脑卫生。

6. 简述中学生记忆发展的特点。

中学生记忆发展的基本特点是：有意识记迅速发展，意义识记能力不断提高，词的抽象记忆能力进一步发展，记忆水平接近高峰值。

(1)中学生记忆发展的总体趋势是随着年龄的增长记忆力不断提高，到16岁趋于成熟；(2)同一年龄的中学生，受所记材料性质的影响，记忆效果不一样；(3)中学生短时记忆的广度随着年级的升高而不断增大；

(4)随着年龄的增长，中学生的有意记忆和无意记忆效果都不断提高，但有意记忆逐渐占主导地位；(5)中学生以理解记忆为主要记忆手段；(6)抽象记忆在中学阶段占据主导地位。

7. 再造想象与创造想象有什么相同与不同?

相同点：再造想象与创造想象都属于有意想象。不同点：再造想象与创造想象的概念不同，产生的条件不同，创造程度不同。

再造想象是依据词语或符号的描述、示意在头脑中形成与之相应的新形象的过程。创造想象是按照一定目的、任务，使用自己以往积累的表象，在头脑中独立地创造出新形象的过程。它是一切创造性活动的重要组成部分。

再造想象的产生条件：(1)必须具有丰富的表象储备；(2)为再造想象提供的词语及实物标志要准确、鲜明、生动；(3)正确理解词语与实物标志的意义。

创造想象的产生条件：(1)强烈的创造愿望；(2)丰富的表象储备；(3)积累必要的知识经验；(4)原型启发；(5)积极的思维活动；(6)灵感的作用。

8. 简述创造性思维的特征。

(1)新颖独特性；(2)创造性思维是多种思维的结晶(创造性思维的结构)；(3)创造性想象的积极参与；(4)灵感状态。

9. 简述思维的一般过程。

思维的一般过程包括：(1)分析与综合；(2)比较与分类；(3)抽象与概括；(4)系统化与具体化。其中，分析与综合是思维的基本过程，其他过程都是由此派生出来的。

10. 简述在小学教学中如何讲授基本概念。

(1)以感性材料作为概念掌握的基础；(2)合理利用过去的知识经验；(3)提供概念范例，配合运用正例和反例，适当运用比较；(4)突出有关特征，控制好无关特征的数量和强度，正确而充分地利用"变式"；(5)正确运用语言表达，明确提示概念的本质特征；(6)形成正确的概念体系，并运用于实践中。

11. 简述注意的概念及功能。

注意是心理活动或意识对一定对象的指向和集中，是心理过程的动力特征之一。注意的功能包括：(1)选择功能，即选择有意义的、符合需要的和与当前活动相一致的刺激，避开与之无关的、干扰当前活动的各种刺激并抑制对它们的反应；(2)保持功能，即使注意对象的映像或内容维持在意识中，得到清晰、准确的反映；(3)调节和监督功能，即控制心理活动向着一定的方向或目标进行。

12. 简述影响无意注意的刺激物的主要特征。

(1)刺激物的强度，如一道强烈的光线；(2)刺激物之间显著的对比关系，如万绿丛中一点红；(3)刺激物的活动和变化，如活动变化的霓虹灯、演讲者抑扬顿挫的声调；(4)刺激物的新异性，如画廊中新张贴的广告等。

13. 简述引起和保持有意注意的主要条件。

(1)加深对目的、任务的理解。有意注意是一种有预先目的的注意，目的越明确、越具体，有意注意就越容易保持。(2)合理组织活动。(3)对兴趣的依从性。间接兴趣是一种对活动结果的兴趣。间接兴趣，特别是稳定的间接兴趣，是引起和保持有意注意的重要条件。间接兴趣越稳定，就越能对活动的对象保持有意注意。(4)排除内外因素的干扰。

14. 在教学应用中，教师应如何把握不随意注意的规律。

(1)创造良好的教学环境；(2)注重讲演、板书技巧和教具的使用；(3)注重教学内容的组织和教学形式的多样化。

15. 什么是有意注意？怎样运用有意注意的规律组织教学？

有意注意也称随意注意，是有预先目的、必要时需要意志努力、主动地对一定事物所发生的注意。

运用有意注意的规律组织教学的措施有：(1)明确学习的目的和任务；(2)培养间接兴趣；(3)合理组织课堂教学，防止学生分心；(4)运用多种教学手段。

16. 简述情绪的三种状态类型。

(1)心境是一种微弱的、持续时间较长的，带有弥漫性的情绪状态；(2)激情是一种爆发式的、猛烈而时间短暂的情绪状态；(3)应激是出乎意料的紧迫情况所引起的急速而高度紧张的情绪状态。

17. 简述小学生情绪情感的发展特点及教育。

(1)小学生情绪、情感的发展特点：①情感体验的内容日益丰富。②情感表现的深刻性逐步增加。③友谊感逐渐发展。④情感的动力特征明显。⑤高级情感得到进一步发展。直到入学以后，儿童的各种高级情感才真正发展起来，逐渐形成比较稳定而深刻的道德感、理智感和美感。这是小学生情感发展的最重要的特征。⑥情绪、情感的稳定性明显增强。小学生的情绪、情感逐步从冲动性、易变性向平衡性、稳定性方向发展。一般来讲，小学三年级是这种转变的转折点。⑦情绪、情感的自控力不断增强。

(2)根据小学生情绪情感发展特点，采取的教育措施包括：①提高认识能力，促进其情感的发展；②创设情境，陶冶小学儿童的情感；③在教育、教学中正确地运用移情。

18. 简述中学生情绪发展的主要特点。

(1)初中生情绪的发展。在初中生的情绪表现中，充分体现出半成熟、半幼稚的矛盾性特点。其情绪表现出明确的两面性。主要表现在以下三个方面：①强烈、狂暴性与温和、细腻性共存；②可变性和固执性共存；③内向性和表现性共存。

(2)高中生情绪的发展。由于高中生认知能力、意识水平的提高，其情绪体验呈现如下特点：①情绪体验的时限延长(延续性)；②情绪体验的内容较为丰富(丰富性)；③情绪体验存在个人独特的差异(特异性)；④情绪体验更加深刻(深刻性)；⑤情绪体验更加细腻(细腻性)。

19. 如何提高小学生的情绪调节能力？

(1)教会学生形成适宜的情绪状态；(2)丰富学生的情绪体验；(3)引导学生正确看待问题(调整认知)；(4)教会学生情绪调节的方法；(5)通过实际锻炼提高学生的情绪调节能力。

20. 简述影响压力的主要因素。

(1)经验。当面对同一事件或情境时，经验影响人们对压力的感受。(2)准备状态。对即将面对的压力事件是否有心理准备也会影响对压力的感受。(3)认知。认知评估在增加压力感和缓解压力中有着重要作用。面对同样的压力情境有些人苦不堪言，而另一些人则平静地对待，这与认知因素有关。(4)性格。不同性格特征的人对压力的感受不同。(5)环境。一个人的压力来源与他所处的小环境有直接关系，小环境主要指工作单位或学校及家庭。

21. 简述良好的意志品质的特征。

(1)意志的自觉性；(2)意志的果断性；(3)意志的自制性；(4)意志的坚韧性(坚持性)。

22. 如何培养学生良好的意志品质？

(1)加强生活目的性教育，树立科学的世界观、远大的理想和信念，培养学生行为的目的性，减少其行动的盲目性；(2)加强养成教育，培养学生的自制能力；(3)组织实践活动，在困难环境中锻炼学生的意志，让学生取得意志锻炼的直接经验；(4)教育学生正确地对待挫折；(5)根据学生意志品质上的差异，采取不同的锻炼措施；(6)发挥教师、班集体和榜样的模范作用，给予必要的纪律约束；(7)加强自我锻炼，从

点滴小事做起。

23. 试述马斯洛的动机理论中需要的五种层次及各层次的关系。

马斯洛是美国当代人本主义心理学家。他指出人类的需求像阶梯一样从低到高依次往上，在低层次需求满足后会要求高层次的需求。马斯洛早期把需要分成了五个层次，即生理需要、安全需要、归属与爱的需要、尊重需要和自我实现的需要。

(1)生理需要。该需要是人对食物、水分、空气、睡眠、性等的需要。它是人的所有需要中最基本、最原始，也是最强有力的需要，是其他一切需要产生的基础。(2)安全需要。该需要是指希求受保护与免遭威胁从而获得安全感的需要，它包括对组织、秩序、安全感、可预见等的需要。(3)归属与爱的需要，也称社交需要，是指每个人都有被他人或群体接纳、爱护、关注、鼓励及支持的需要。(4)尊重需要。该需要是在生理、安全、归属与爱的需要得到基本满足后产生的对自己社会价值追求的需要，包括自尊和受到别人的尊重两个方面。(5)自我实现的需要。该需要是最高层次的需要，是在上述几种需要得到满足后产生的。所谓"自我实现"，即追求自我理想的实现，是充分发挥个人潜能、才能的心理需要，也是一种创造和自我价值得到体现的需要。

关于低级需要与高级需要的关系，马斯洛认为，需要的层次越低，它的力量越强，潜力越大。随着需要层次的上升，需要的力量相应减弱。在高级需要出现之前，必须先满足低级需要。只有在低级需要得到满足或部分得到满足以后，高级需要才有可能出现。

24. 简述知识与能力之间的联系。

知识与能力之间的联系表现为：(1)能力是掌握知识与技能的前提。能力的高低会影响到知识掌握的深浅、难易和技能水平的高低。(2)能力是在掌握知识和技能的过程中形成和发展起来的，掌握系统的知识和技能有利于能力的增长和发挥。(3)从一个人掌握知识、技能的速度与质量上，可以看出其能力的大小。

25. 简述斯腾伯格的三元智力理论。

美国耶鲁大学的心理学家斯腾伯格提出了智力的三元理论。该理论包括智力成分亚理论、智力情境亚理论和智力经验亚理论。

(1)智力成分亚理论认为，智力包括三种成分及相应的三种过程，即元成分、操作成分和知识获得成分。元成分是用于计划、控制和决策的高级执行过程，如确定问题的性质，选择解题步骤等；操作成分表现在任务的执行过程中，是指接收刺激，将信息保持在短时记忆中，并进行比较，它负责执行元成分的决策；知识获得成分是指获取和保存新信息的过程，负责接收新刺激，做出判断与反应，以及对新信息的编码与存储。在智力成分中，元成分起着核心作用，它决定人们解决问题时所使用的策略。

(2)智力情境亚理论认为，智力是指获得与情境拟合的心理活动。在日常生活中，智力表现为有目的地适应环境、塑造环境和选择新环境的能力，这些能力统称为情境智力。

(3)智力经验亚理论认为，智力包括两种能力：一种是处理新任务和新环境时所要求的能力；另一种是信息加工过程中自动化的能力。

26. 简述影响能力形成与发展的因素有哪些。

(1)遗传与营养。遗传素质是智力发展的生物前提，是智力发展的基础和自然条件；胎儿及婴幼儿的营养状况也会影响智力的发展。(2)早期经验。研究表明，早期阶段获得的经验越多，智力发展得就越迅速，不少人把学龄前称为智力发展的一个关键期。(3)教育与教学。智力不是天生的，教育和教学对智力的发展起着主导作用。(4)社会实践。社会实践不仅是学习知识的重要途径，也是智力发展的重要基础。

(5)主观努力。环境和教育的决定作用,只能机械、被动地影响智力的发展。如果没有主观努力和个人的勤奋,要想获得事业的成功和智力的发展是根本不可能的。

27. 简述性格与能力的关系。

(1)区别:性格与能力是个性心理特征中的两个不同侧面。能力是决定心理活动的基本因素,活动能否进行,与能力有关;性格则表现为人的活动指向什么,采取什么态度,怎样进行。

(2)联系:性格与能力是在一个人统一实践的过程中发展起来的,二者之间相互影响、相互联系。①性格制约着能力的形成与发展。第一,性格影响能力的发展水平;第二,优良的性格特征往往能够补偿能力的某种缺陷,"勤能补拙""笨鸟先飞早入林"就是说性格对能力的补偿作用。②能力的形成与发展也会促使相应的性格特征随之发展。③不良的性格特征,也会阻碍能力的发展,甚至使能力衰退。

28. 简述影响性格形成和发展的因素。

(1)家庭;(2)学校教育;(3)同伴群体;(4)社会实践;(5)自我教育;(6)社会文化因素。

29. 简述学生良好性格培养的主要途径。

(1)加强人生观、世界观和价值观教育;(2)及时强化学生的积极行为;(3)充分利用榜样人物的示范作用;(4)利用集体的教育力量;(5)提供实际锻炼的机会;(6)及时进行个别指导;(7)提高学生的自我教育能力。

30. 请简述性格与气质的联系和区别。

联系:(1)性格与气质都属于稳定的人格特征。(2)性格与气质相互渗透,彼此制约,二者相互影响。这表现在:①气质影响到一个人对事物的态度和行为方式,因而使性格带上某种气质的色彩和具有某种特殊的形式;②气质影响性格的形成和发展,以及形成的速度;③性格可以掩蔽和改造气质,指导气质的发展,使它服从于生活实践的要求。

区别:(1)气质受生理影响大,性格受社会影响大。(2)气质的稳定性强,性格的可塑性强。(3)气质特征表现较早,性格特征表现较晚。(4)气质无所谓好坏,性格有优劣之分。

专题三　教育心理学

1. 简述学生心理发展的基本特征。

个体心理发展有以下四个基本特征:(1)连续性与阶段性;(2)定向性与顺序性;(3)不平衡性;(4)差异性。

2. 简要回答皮亚杰的认知发展阶段论。

皮亚杰认为认知发展是一个构建的过程,是个体在与环境的相互作用中实现的。他提出了认知发展的阶段理论,将个体的认知发展分为以下四个阶段:(1)感知运动阶段(0~2岁);(2)前运算阶段(2~7岁);(3)具体运算阶段(7~11岁);(4)形式运算阶段(11岁~成人)。

3. 简述最近发展区的概念及其在教学中的意义。

(1)最近发展区的概念。维果斯基认为,儿童有两种发展水平:一是儿童的现有水平,即由一定的已经完成的发展系统所形成的儿童心理机能的发展水平;二是可能达到的发展水平。这两种水平之间的差异,就是最近发展区。也就是说,最近发展区是儿童在有指导的情况下,借助成人的帮助所能达到的解决问题的水平与独自解决问题所达到的水平之间的差异,实际上是两个邻近发展阶段间的过渡状态。

(2)最近发展区的教学意义。在维果斯基看来,教学的可能性由学生的最近发展区决定,"教学应走在发展的前面"。维果斯基强调教育者不应只看到儿童今天已达到的发展水平,还应看到仍处于形成的状态,

正在发展的过程。教学不能只适应发展的现有水平，还应适应最近发展区，从而走在发展的前面，最终跨越“最近发展区”而达到新的发展水平。

4. 影响人格形成和发展的因素有哪些?

(1)生物遗传因素。(2)社会因素。影响个体人格发展的社会因素基本上都是家庭、学校、同伴以及电视、电影、文艺作品等社会宣传媒体。(3)个人主观因素。社会上各种影响因素，首先要为个人接受和理解，才能转化为个体的需要、动机和兴趣，才能推动他去思考与行动。另外，个体已有的心理发展水平对人格特征形成的作用会随着年龄的增加而日益增强。

5. 简述小学生自我意识的发展趋势。

小学生的自我意识在教育和社会化过程中得到不断的发展，但是自我意识水平还不高，具体表现特点如下:(1)小学生自我意识的总体水平在不断发展，但发展不是直线均匀的。一年级到三年级是一个上升期，三年级到五年级是相对平稳阶段，五年级到六年级处于第二个上升时期。(2)自我认识水平不断发展，已经分化为对身体自我的认识和对心理自我的认识，由对外部行为的认识转向对内部品质的认识。(3)小学生的自我评价水平逐步提高。(4)小学生的自尊水平在不断地分化和发展。从小学低年级开始，小学生的自尊就逐步分化为学业自尊、社会交往自尊和身体自尊三种，此后三方面的自尊又不断地分化。(5)小学生自我控制的水平也在不断发展，逐渐由他律转向自律，到高年级开始使用内化的行为准则来监督、调节和控制自己的行为。

6. 什么叫学习风格? 了解学生的学习风格对教学有什么意义?

学习风格是学习者在长期的学习过程中受多种因素影响逐步形成的相对稳定的学习方式偏爱。它的形成与个体的人格特质、教育背景、生长环境有关。学习风格的差异影响学习策略的取舍、信息接收及信息加工的方式。

教师应了解学生的学习风格差异，并尊重这种差异，而不是试图消灭这种差异。任何一种学习风格的学习者，只要向他们提供适宜的学习刺激，采取相应的学习策略，都可以取得良好的效果。另外，研究学习风格，有利于因材施教，进行个别化教育。从某种意义上讲，因材施教就是“因风格而教”。

7. 学生性格特征的差异表现在哪些方面?

(1)奥尔波特将性格特征分为共同特质和个人特质。共同特质是在同一文化形态下的群体所共同具有的特质，它是在共同的生活方式下形成的。个人特质是个人所独有的、代表个人行为倾向的特质，它包括首要特质、中心特质和次要特质。

(2)卡特尔将性格特征分为表面特质和根源特质。表面特质指从外部行为能直接观察到的特质。根源特质是决定外显行为的潜在变量，是人格的本质。

(3)关于性格的特征差异，苏联心理学家一般是从以下四个方面进行分析的:①性格的态度特征，即对现实态度的性格特征;②性格的理智特征;③性格的情绪特征;④性格的意志特征。

8. 根据学习者学习感受器的不同，可将学习分为哪几种类型? 请分别简述各类型的特点。

根据不同学习者在学习中对于感觉通道的偏爱，可将学习分为视觉型、听觉型和动觉型。(1)视觉型学习者擅长通过自己阅读来学习，他们习惯于从视觉接受学习材料，喜欢通过自己看书和记笔记来学习，而不适合于听取教师的讲授和灌输。(2)听觉型则对听觉刺激敏感，在学习时甚至喜欢戴着耳机听音乐，在学习语言时，他们喜欢的方式是多听多说，不太关心具体单词的写法或者句型结构。(3)动觉型则以动手、动口的方式进行学习时效果最好，他们喜欢接触和操作事物，对于能够动手参与的活动兴趣浓厚。

9. 简述加涅提出的五种学习结果分类。

根据学习结果,心理学家加涅将学习分为五种类型:(1)智慧技能。智慧技能指运用符号或概念与环境交互作用的能力。(2)认知策略。认知策略指调控自己的注意、学习、记忆和思维等内部心理过程的技能。(3)言语信息。言语信息指有关事物的名称、时间、地点、定义以及特征等方面的事实性信息。(4)动作技能。动作技能指通过身体动作的质量的不断改善而形成的整体动作模式。(5)态度。态度指影响个人对人、事、物采取行动的内部状态。

这五项内容分属于三个领域:前三项内容属于认知领域;第四项内容属于动作技能领域;第五项内容属于情感领域。加涅认为,上述五类学习不存在等级关系,其顺序是随意排列的,它们是范畴各不相同的学习。

10. 桑代克提出的三条学习定律是什么?并作简要说明。

桑代克提出的三条学习定律是效果律、练习律、准备律。

(1)效果律是指刺激和反应之间的联结可因导致满意的结果而加强,也可因导致烦恼的结果而减弱。

(2)练习律是指刺激与反应之间的联结会由于重复或练习而加强,不重复或不练习联结的力量就会减弱。

(3)准备律是指联结的加强或削弱取决于学习者的心理准备和心理调节状态。

11. 班杜拉认为自律行为的养成需要经历三个阶段,请你简述这三个阶段。

班杜拉认为自律行为是经由观察学习的过程养成的。他将观察学习四阶段中的动机阶段的意义延伸,从而发展成他的自律行为养成的三阶段理论:(1)自我观察,这是指个人对自己所作所为的观察。(2)自我评价,这是指个人经自我观察后,按照自己所定的行为标准评判自己的行为,调节自己的行为,奖励和惩罚自己。(3)自我强化,这是指个人按自定标准评判过自己的行为之后,在心理上对自己所做的奖励或惩罚。

12. 简述苛勒顿悟说的基本内容。

(1)学习的实质——形成新的完形。从学习的结果来看,学习并不是形成刺激—反应的联结,而是形成了新的格式塔(完形)。

(2)学习的过程——顿悟过程。从学习的过程来看,学习是通过顿悟过程实现的。因此,学习不是一种盲目的尝试,而是由于对情境的顿悟而获得的成功。所谓顿悟,就是领会到自己的动作和情境,特别是和目的物之间的关系。

13. 简述布鲁纳的认知—发现学习理论。

布鲁纳是美国著名的认知教育心理学家,他主张学习的目的在于以发现学习的方式,使学科的基本结构转变为学生头脑中的认知结构。因此,他的理论常被称为认知—结构教学论或认知—发现学习说。该理论的主要观点包括:

(1)学习观。①学习的实质在于主动形成认知结构;②学习包括获得、转化和评价三个过程。

(2)教学观。①教学的目的在于理解学科的基本结构;②掌握学科的基本结构的教学原则主要有动机原则、结构原则、程序原则、强化原则。

(3)发现学习。布鲁纳认为,发现是教育儿童的主要手段,学生掌握学科的基本结构的最好方法是发现学习。发现学习是指给学生提供有关的学习材料,让学生通过探索、操作和思考,自行发现知识、理解概念和原理的教学方法。

14. 简述接受学习与发现学习的主要区别。

接受学习与发现学习的区别主要有四个方面:

(1)侧重点不同。接受学习强调现成知识的掌握;发现学习则强调探究过程。(2)呈现学习材料的方式不同。在接受学习中,教师把学习内容直接呈现给学生;在发现学习中,教师只呈现一些提示性的线索,而

不直接呈现学习内容。

(3)学习的心理过程不同。在接受学习中,学生只需直接把现成的知识加以内化,纳入到认知结构中;在发现学习中,学生必须首先通过自己的探究活动,从事实中归纳出结论,然后再把结论纳入到认知结构之中。

(4)教师所起的作用不同。在接受学习中,教师起主导、控制的作用;在发现学习中,教师只起指导作用,而不控制具体的学习过程。

15. 简述有意义学习的条件。

(1)客观条件,是指受学习材料本身性质的影响。有意义学习的材料本身必须合乎这种非人为的和实质性的标准,即具有逻辑意义。

(2)主观条件,是指受学习者自身因素的影响。主要表现在:①学习者必须具有有意义学习的心向;②学习者认知结构中必须具有适当的知识,以便与新知识进行联系;③学习者必须积极主动地使这种具有潜在意义的新知识与认知结构中有关的旧知识发生相互作用。

16. 简述学习的信息加工过程和策略。

(1)学习的信息加工过程是:来自环境的刺激作用于学习者的感受器,然后到达感觉记录器,信息在这里经过初步的选择处理,停留的时间还不到一秒钟,便进入短时记忆,信息在这里也只停留几秒钟,然后进入长时记忆。以后当需要回忆时,信息从长时记忆中提取而回到短时记忆中,然后到达反应发生器,信息在这里经过加工便转化为行为,作用于环境,这样就发生了学习。

(2)在信息加工过程中运用的策略包括复述、精加工和组织策略等。

17. 简述建构主义学习观的内容。

建构主义在学习观上强调学习的主动建构性、社会互动性和情境性三方面。

(1)学习的主动建构性是指学生能够主动地对已有知识经验进行综合、重组和改造,从而用以解释新信息,并最终建构属于个人意义的知识内容。

(2)学习的社会互动性主要表现为:学习是通过对某种社会文化的参与而内化相关的知识和技能、掌握有关工具的过程,这一过程常常需要通过一个学习共同体的合作互动来完成。

(3)学习的情境性主要指学习、知识和智慧的情境性,认为知识是不可能脱离活动情境而孤立存在的。

18. 建构主义学习理论的基本观点有哪些?

(1)建构主义知识观:建构主义在一定程度上对知识的客观性和确定性提出质疑,强调知识的动态性。

(2)建构主义学习观:建构主义在学习观上强调学习的主动建构性、社会互动性和情境性三方面。

(3)建构主义教学观:建构主义者提出教学过程包含的步骤和环节为:①分析教学目标;②创设情境;③设计信息资源;④设计自主学习方式;⑤设计协作学习环境;⑥评价学习效果;⑦强化练习。

(4)建构主义学生观:建构主义非常强调学习者本身已有的经验结构,认为学习者在学习新信息、解决新问题时往往可以基于相关的经验,依靠其认知能力形成对问题的解释。

(5)建构主义教师观:建构主义把教师看成是学生学习的帮助者、合作者。建构主义认为教学不是由教师到学生的简单的转移和传递,而是在师生的共同活动中,教师通过提供帮助和支持,引导学生从原有的知识经验中“生长”出新的知识经验。

19. 简述抛锚式教学的操作阶段。

抛锚式教学要求建立在有感染力的真实事件或真实问题的基础上,所以有时也被称为“实例式教学”或“基于问题的教学”或“情境性教学”。抛锚式教学的操作阶段包括:创设情境—确定问题—自主学习—

协作学习—效果评价。

20. 简述动机强度与学习效率之间的关系及对教育的启示。

(1)“耶克斯—多德森定律”表明，动机不足或过分强烈都会影响学习效果。具体表现在：①动机的最佳水平随任务性质的不同而不同。在比较容易的任务中，学习效果随动机的提高而上升；随着任务难度的增加，动机的最佳水平有逐渐下降的趋势。②一般来讲，最佳水平为中等强度的动机。③动机水平与学习效果呈倒U型曲线。

(2)对教育的启示：根据学习任务的难度，恰当控制学生的动机水平。

根据“耶克斯—多德森定律”，教师在教学时，要根据学习任务的不同难度，恰当控制学生学习动机的激起程度。所谓“平时如战时，战时如平时”，就是要求在学习较容易、较简单的课题时，应尽量使学生集中注意力，使学生尽量紧张一点，动机激起水平达到中等偏高的最佳状态；而在学习较复杂、较困难的课题时，则应尽量创造轻松自由的课堂气氛，让动机激起水平处于中等稍低的最佳状态；在学生遇到困难或出现问题时，要尽量心平气和地慢慢引导，以免学生过度紧张和焦虑。

21. 简述自我价值感理论的基本思想。

自我价值感理论是由美国教育心理学家科文顿提出的。该理论是在成就动机理论的基础上，结合了自我效能感理论及归因理论而形成的。该理论的基本思想是：(1)自我价值感是个人追求成功的内在动力；(2)学生倾向于把成功看作是能力的显现，而不是努力的结果；(3)追求成功的需要不能满足时，学生倾向于回避失败，以维持自我价值感；(4)学生对能力与努力的归因倾向随着年级的升高而变化。

22. 小明面对接连的考试失利非常沮丧，认为自己能力不足，从而产生厌学情绪，作为老师应如何帮助小明恢复信心?

小明之所以失去信心，是因为接连的考试失利和不正确的归因，要想帮助小明恢复信心，可以从指导学生进行正确归因和让学生体验到成功这两方面着手。

(1)让学生体验到成功，就要培养学生有恰当的自我效能感。在个体拥有了相应的知识技能后，自我效能感就成为个体行为的决定性因素。许多学生尤其是学业成绩不良的学生，由于对自己的学习能力持怀疑态度，表现出很低的自我效能感水平，在学习中放弃尝试和应有的努力，进而影响其学习成绩。①教师可以通过为他们选择难易合适的任务，让他们不断地获得成功体验，进而提高自我效能感水平；②让他们观看和想象那些与自己差不多的学生的成功操作，通过获得替代性经验和强化来提高他们的自我效能感，使他们确信自己也有能力完成相应的学习行为，从而推动学习的进行；③教师还可以通过归因训练改变学生对自己学习能力的错误判断，形成正确的自我效能感判断。

(2)指导学生进行正确的归因。改变学生不正确的归因，提高学习动机可以从两方面入手：①“努力归因”，无论成功或失败都归因于努力与否的结果。学生将自己的成败归因于努力与否会提高学生学习的积极性，当学习困难或成绩不佳时，一般不会因一时的失败而降低将来会取得成功的期望。②“现实归因”，针对一些具体问题引导学生进行现实归因，以帮助学生分析除努力这个因素外，影响学习成绩的因素还有哪些，是智力、学习方法，还是家庭环境、教师等因素。分析这些因素在多大程度上影响其学习成绩，并尽力指出解决这些问题的方法，以提高学生克服困难的勇气，增强自信心。这种归因训练的好处在于，在学生做“努力归因”时联系现实，在做“现实归因”时又强调努力。

23. 什么是习得性无助? 学习中产生习得性无助的原因有哪些?

习得性无助又称习得性无力感，指由于连续的失败体验而导致个体产生的对行为结果感到无力控制、无能为力的心理状态。

习得性无力感产生的原因：(1)失败；(2)批评；(3)依赖；(4)否定。教师要善于引导学生进行积极的归因。教师应引导学生将成功归因于自己的能力和努力，将失败归因于努力的缺乏，从而增强学生的成功期望，提高学生的自尊心，增加行为的坚持性。

24. 简述班杜拉的自我效能感理论。

自我效能感的概念由班杜拉首次提出，是指人对自己能否成功从事某一成就行为的主观判断。班杜拉指出，人的行为受行为的结果因素与先行因素的影响。行为的结果因素是人们通常所说的强化；行为的先行因素就是人在认识到行为与强化之间的依随关系之后产生的对下一步强化的期待。

班杜拉认为，自我效能感的作用表现在：(1)决定人们对活动的选择以及对活动的坚持性。(2)影响人们在困难面前的态度。(3)不仅影响新行为的习得，而且影响已习得行为的表现。(4)影响活动时的情绪。

班杜拉认为，影响自我效能感的因素有：(1)个人自身行为的成败经验；(2)替代经验；(3)言语暗示；(4)情绪唤醒。

25. 简述创设问题情境激发学生学习动机对教师的基本要求。

要想创设问题情境，首先要求教师熟悉教材，掌握教材的结构，了解新旧知识之间的内在联系；此外，要求教师充分了解学生已有的认知结构状态，使新的学习内容与学生已有水平构成一个适当的跨度。

26. 简述学习策略的特征。

学习策略的特征有：(1)主动性；(2)有效性；(3)过程性；(4)程序性。

27. 列举学习策略的种类。

学习策略是指学习者为了提高学习的效果和效率，有目的、有意识地制定有关学习过程的复杂的方案。

迈克卡等人将学习策略区分为三种，并对它们之间的层次关系进行了分析。他们认为，学习策略可分为认知策略、元认知策略和资源管理策略三种。

(1)认知策略是信息加工的策略，包含复述策略、精加工策略、组织策略。

(2)元认知策略是对信息加工过程进行调控的策略，包含计划策略、监控策略、调节策略。

(3)资源管理策略是辅助学生管理可用的环境和资源的策略，对学生的动机具有重要的作用，包含时间管理策略、环境管理策略、努力管理策略、学业求助策略。

28. 什么是元认知？元认知策略有哪些？

(1)元认知就是对认知的认知，具体地说，是个人关于自己认知过程的知识和调节这些过程的能力。

(2)学习的元认知策略是指个体为实现最佳的认知效果而对自己的认知活动所进行的调节和控制。它大致可分为计划策略、监控策略、调节策略三种。

29. 简述学习策略的训练要遵循哪些原则。

学习策略的训练原则有以下六条：(1)主体性原则；(2)内化性原则；(3)特定性原则；(4)生成性原则；(5)有效监控原则；(6)个人效能感原则。

30. 简述主要的迁移理论。

早期的迁移理论：(1)形式训练说。形式训练说是最早的关于迁移的理论，它以官能心理学为基础。它认为心理官能只有通过训练才能得以发展，迁移就是心理官能得到训练而发展的结果。

(2)相同要素说。桑代克等人认为，迁移是非常具体的、有条件的，需要有共同的要素。只有当两个机能的因素中有相同要素时，一个机能的变化才会改变另一个机能的习得。两种情境中的刺激相似，反应也相似时，迁移才会发生。两种情境中的相同要素越多，迁移的量也就越大。

(3)概括化理论。概括化理论也称经验类化说，由美国心理学家贾德提出，其主要观点是，一个人只要对自己的经验进行了概括，就可以完成从一个情境到另一个情境的迁移。对原理了解、概括得越好，迁移效果也越好。贾德在1908年所做的“水下击靶”实验，是概括化理论的经典实验。

(4)关系理论。格式塔心理学家提出关系理论，也称为关系转换说或转换理论。认为迁移是学习者突然发现两个学习经验之间关系的结果，是对情境中各种关系的理解和顿悟，而非由于具有共同成分或原理而自动产生。苛勒所做的“小鸡觅食”实验是支持关系转换说的经典实验。

当代的迁移理论：(1)认知结构迁移理论。奥苏贝尔在有意义接受学习理论的基础上提出了认知结构迁移理论，他认为迁移是以认知结构为中介进行的，先前学习所获得的新经验，通过影响原有认知结构的有关特征影响新学习。认知结构迁移理论指出，学生学习新知识时，认知结构可利用性高、可辨别性大、稳定性强，就能促进对新知识学习的迁移。

(2)产生式理论。产生式迁移理论是针对认知技能的迁移提出的，其基本思想是：前后两项学习任务产生迁移的原因是两项任务之间产生式的重叠，重叠越多，迁移量越大。两项任务之间的迁移，是随其共有的产生式的多少而变化的。

31. 影响学习迁移的主要因素有哪些。

影响学习迁移的因素有：(1)学习材料的特点；(2)原有的认知结构；(3)对学习情境的理解；(4)学习的心理准备状态(心向)；(5)学习策略的水平；(6)智力与能力；(7)教师的指导。

32. 简述原有认知结构对迁移的影响。

原有认知结构对迁移的影响表现在以下三个方面：(1)学习者是否拥有相应的背景知识，这是迁移产生的基本前提条件。(2)原有认知结构的概括水平对迁移起到至关重要的作用。(3)学习者是否具有相应的认知技能或策略以及对认知活动进行调节、控制的元认知策略对迁移的产生有重要影响。

33. 在教学中如何提高知识直观的效果？

(1)灵活选用实物直观和模像直观；(2)加强词与形象的配合；(3)运用感知规律，突出直观对象的特点；(4)培养学生的观察能力；(5)让学生充分参与直观过程。

34. 简述如何运用记忆规律促进知识的保持。

(1)深度加工材料。认知心理学研究表明，如果人们是对它进行深度加工，那么这些信息的保持效果就可以得到提高，并有利于信息的提取和回忆。所谓深度加工，是指通过对要学习的新材料增加相关的信息来达到对新材料的理解和记忆的方法，如对材料补充细节、举出例子、做出推论，或使之与其他观念形成联想。(2)有效运用记忆术。记忆术是运用联想的方法对无意义的材料赋予某些人为的意义，以促进知识保持的策略。(3)进行组块化编码。(4)适当过度学习。(5)合理进行复习。①合理分配复习时间；②阅读与尝试背诵相结合；③综合使用整体复习与部分复习；④复习时机要得当。

35. 简述知识学习的一般心理过程。

传统教育心理学将知识学习的心理过程分为三个阶段：(1)知识的理解；(2)知识的巩固；(3)知识的运用。

36. 操作技能的形成有哪几个阶段？

(1)菲茨和波斯纳将操作技能的形成分为：①认知阶段；②联系形成阶段；③自动化阶段。

(2)冯忠良将操作技能的形成分为：①操作定向；②操作模仿；③操作整合；④操作熟练。

37. 简述影响动作技能形成的因素。

动作技能的形成受到多种因素的影响，我们把它分为动作技能学习的个人内部条件与外界环境条件。

(1)个人内部条件。主要包括学习动作技能的动机、相应的生理成熟水平和丰富的知识经验、正常的

智力水平、良好的人格特征、适当的生理唤醒水平等。(2)外界环境条件。主要包括科学的指导和练习等。

38. 心智技能的形成过程包括哪几个阶段?

(1)原型定向。原型定向就是了解原型的活动结构,从而使主体明确活动的方向,知道该做哪些动作和怎样去完成这些动作。(2)原型操作。原型操作是依据智力技能的实践模式,把学生在头脑中已建立起来的活动程序计划以外显的操作方式付诸实施,获得完备的动觉映像的过程。(3)原型内化。原型内化,即智力活动的实践模式(原型)向头脑内部转化,由物质的、外显的、展开的形式变成观念的、内潜的、简缩的形式的过程。

39. 简述心智技能培养的基本要求。

心智技能的培养要求有:(1)确立合理的智力活动原型;(2)教师利用示范和讲解,并有效进行分阶段练习;(3)知识影响技能的形成;(4)注重培养学生认真思考的习惯和独立思考的能力。

40. 任何复杂的动作技能都必须通过练习才能达到熟能生巧的程度。练习的方法主要有哪些?

练习方式有多种,根据练习时间分配的不同有集中练习与分散练习。集中练习是指长时间的持续练习,中间没有休息,直到掌握为止;而分散练习把练习分为若干阶段,在各个阶段之间插入一定的休息时间。一般来说,分散练习可以避免长时间练习所产生的疲劳或厌烦情绪,效果较佳。根据练习内容的完整性的不同有整体练习与部分练习。根据练习途径的不同有模拟练习、实际练习与心理练习等。

41. 简述问题解决的一般心理过程。

(1)发现问题。从完整的问题解决过程来看,发现问题是其首要环节。

(2)理解问题。理解问题即明确问题,就是把握问题的性质和关键信息,摒弃无关因素,并在头脑中形成有关问题的初步印象,即形成问题的表征。

(3)提出假设。提出假设是问题解决的关键阶段。

(4)检验假设。检验假设就是通过一定的方法来确定假设是否合乎实际、是否符合科学原理。

42. 现代认知派对问题解决过程倾向于更深层次的内在机制的探索,其中,格拉斯认为,可以把问题解决过程分为既区别又联系的四个阶段,这四个阶段分别是哪些?

格拉斯认为,问题解决的过程包括四个相互区别又相互联系的阶段:(1)形成问题的初始表征;(2)制定计划;(3)重构问题表征;(4)执行计划和检验结果。

43. 简述问题解决策略的主要种类及其优缺点。

虽然解决问题的方法多样化,但是总结起来基本上可以归纳为以下几种策略与方法:

(1)算法。算法策略是将所有可能的针对问题解决的方法都一一列出来并进行尝试,直到最终从根本上解决问题。很明显,算法策略需要在解决问题时进行大量的准备工作,需要花费较大的精力和较多的时间,但是优点就是能够确保找到问题解决的途径。

(2)启发法。与算法的思维过程不同,启发法是基于一定的经验,根据现有问题状态与目标状态之间的内在联系,采用较少搜索而找到解决问题途径的一种策略。启发法不需要像算法策略那样费时费力,往往是一种比较快捷的方法,但却并不能保证一定可以成功地解决问题。以下是几种常用的启发法策略:

①手段—目的分析法。所谓手段—目的分析法,就是将需要达到的问题的目标状态分成若干个子目标,通过实现一系列的子目标而最终达到总目标。手段—目的分析法是一种不断减少当前状态与目标状态之间的差别而逐步前进的策略,是一种常用的解题策略,对解决复杂问题有重要的应用价值。

②爬山法。爬山法是采用一定的方法逐步降低初始状态和目标状态的距离,以达到问题解决的一种方

法，与手段—目的分析法类似。

③逆推法。逆推法就是从问题的目标状态开始搜索直至找到通往初始状态的方法。逆向搜索更适合于解决那些从初始状态到目标状态只有少数解决方法的问题，数学中的推理运算有时采用这一策略。

44. 影响问题解决的因素有哪些？

影响问题解决的因素有：(1)问题情境；(2)定势与功能固着；(3)原型启发；(4)已有知识经验；(5)情绪与动机。此外，个体的认知结构、个性特征以及问题的特点等也会影响问题解决。

45. 如何提高解决问题的能力？

(1)培养学生主动质疑和解决问题的内在动机；(2)问题的难度要适当；(3)帮助学生正确表征问题；(4)帮助学生养成分析问题和对问题归类的习惯；(5)提高学生知识储备的数量和质量，指导学生善于从记忆中提取信息；(6)训练学生陈述自己的假设及其步骤，鼓励自我评价和反思；(7)教授与训练解决问题的方法和策略；(8)提供多种练习机会；(9)训练逻辑思维能力，提高思维水平。

46. 什么是功能固着？

人们把某种功能赋予某物体的倾向称为功能固着。在功能固着的影响下，人们不易摆脱事物用途的固有观念，从而直接影响问题解决的灵活性。

47. 培养学生的创造力是创新教育的核心。请简述影响学生创造力的因素。

(1)知识与创造。知识经验与人的创造活动是相关的，这种相关包括两个方面：一是正相关，二是负相关。

(2)智力与创造。创造性与智力的关系是一种既相对独立又在一定条件下相关的非线性关系：①低智力不可能有高创造性；②高智力可能有高创造性，也可能有低创造性；③低创造性者的智力水平可能很高，也可能很低；④高创造性者必须有高于一般水平的智力。高智力只是高创造力的必要条件，而不是充分条件。反之，高创造力却是高智力的充分条件，因它本身已体现高水平的智力。

(3)直觉与创造。直觉之所以能实现创造是因为：在创造活动中，不存在一种凝固不变的逻辑通道，引导人们按图索骥地解决各种问题，通常是各种可能性并存。直觉思维可以不受严格的逻辑程序的限制，思考问题具有很大的突破性，它可以从起点一下子升到终点，使问题得到迅速解决，减少了思维的时间和空间，在创造性的思维活动中，发挥着不可替代的功能。因此，虽然创造发明作为人类最客观、最严谨的活动之一，还是有许多科学家认为直觉是发明发现的源泉。需要指出的是，直觉并不排斥理性，富有探索性的直觉提供解决问题的灵感或顿悟，还需经逻辑来整理和检验，经过多次反复，使问题得到创造性地解决。

(4)人格与创造。心理学家们普遍发现，创造人格对创造性思维及创造力有巨大影响，一般认为创造力比智力在更大程度上依赖于人格因素。一般而言，创造力与个性二者之间具有互为因果的关系。在人格的各种特质中，责任心、自信心、独立性、宽容性、坚韧性和合作精神对创造是最为重要的。

(5)自由与创造。自由是创造的前提和条件，自由先于创造，没有自由作为基础，创造根本无从谈起。

48. 学生的创新意识和创造力的培养，是时代赋予教师的使命。从环境上看，应如何培养学生的创造力？

培养学生创造力的完整路径是：先环境后个体；在个体层面，动机与心理素质要兼顾，“一个都不能少”。在环境方面，要创设有利于创造力发挥的环境。家庭文化、学校文化和社会文化对儿童的认知发展能够产生深刻影响，就学校教育而言，教师既是知识的传授者，也是创造教育的实施者。为了开发学生的创造力，教师宜从以下几个方面为学生创设有利于其创造力发挥的环境：

(1)教师自己应尽量展现出创造性，这样可有效激发学生的创造性。(2)给学生留出一定的时间让学生进行酝酿。(3)要尽可能扩展问题的设定范围。(4)为学生营造一个能支持或高度容忍标新立异者和偏离常规

者的环境。为此,托兰斯提出了五条原则:①尊重与众不同的疑问;②尊重与众不同的观念;③向学生证明他们的观念是有价值的;④给予不计其数的学习机会;⑤使评价与前因后果联系起来。(5)善用强化。

49. 简述皮亚杰的道德发展论。

瑞士著名心理学家皮亚杰早在20世纪30年代就采用“对偶故事法”对儿童道德判断的发展进行了系统的研究。皮亚杰通过大量研究,发现并总结出了儿童道德认知发展的总规律,即儿童道德的发展经历从他律到自律的转化发展过程。皮亚杰把儿童的品德发展划分为四个阶段:(1)自我中心阶段(2~5岁);(2)权威阶段(他律道德阶段或道德实在论阶段)(6~8岁);(3)可逆性阶段(自律或合作道德阶段)(9~10岁);(4)公正阶段(11~12岁)。

50. 简述认知不协调理论。

勒温、皮亚杰、费斯廷格和海德等人的研究都表明,人类具有一种维持平衡和一致性的需要,即力求维持自己的观点、信念的一致,以保持心理平衡。当认知不平衡或不协调时,如新出现的事物与自己原有的经验不一致,或者自己的观点与他人的、社会的观点或风气不一致等,这时内心就会有不愉快或紧张的感受,个体就试图通过改变自己的观点或信念,以达到新的平衡。

51. 简述良好的态度与品德的培养方法。

(1)有效的说服;(2)树立良好的榜样;(3)给予适当的奖励和惩罚;(4)价值辨析;(5)利用群体约定。

除上述所介绍的各种方法外,角色扮演、小组道德讨论等方法对于态度与品德的形成和改变都是非常有效的。

52. 简述小学生品德发展的基本特征。

(1)良好行为习惯(自觉纪律)的养成在小学品德的发展中占据显著地位。

(2)小学生品德发展的形象性。小学生的品德发展,尽管原则性、抽象概括性有了一定程度的发展,但在很大程度上带有生活经验的特点,容易受到行为情境的制约,离不开直观的感性形象的支持,带有明显的形象性,处于由具体形象性到抽象逻辑性发展的过程中。

(3)小学生品德发展的过渡性。小学生品德发展的过渡性主要体现在:由简单、低级向复杂、高级过渡,由具体形象向抽象概括过渡,由生活适应性水平向伦理性水平过渡,由依附性向独立性过渡,由他律向自律过渡,由服从向习惯过渡。

(4)小学生品德发展的协调性。小学生品德发展的协调性表现为密切相关的两个方面:①品德心理各种成分之间的协调。就整个小学阶段而言,道德认知与道德行为、道德认知与道德情感等是协调的、一致的。②主观愿望与外部要求、约束的协调。

53. 简述社会规范学习的三阶段理论。

(1)社会规范的依从。依从,即表面上接受规范,按照规范的要求来行动,但对规范的必要性或根据缺乏认识,甚至有抵触情绪。它是规范内化的初级阶段,是态度与品德建立的开端。(2)社会规范的认同。认同是在思想、情感、态度和行为上主动接受他人的影响,把别人或某个群体的态度作为自己的态度,使自己的态度和行为与他人相接近。(3)内化(社会规范的信奉)。信奉是内化的最高阶段,是学习者对社会规范及其价值有了深刻的理解,在思想观点上与社会规范及其价值保持一致,将自己所认同的思想和自己原有的观点、信念融为一体,构成一个完整的价值体系。

54. 控制和减少儿童攻击性行为的方法有哪些?

(1)创设良好环境,控制环境和传媒的影响;(2)改善亲子关系,纠正家长不正确的教育方法;(3)提高儿童的自控能力和交往技能,帮助儿童掌握解决社会性冲突的技能;(4)提高儿童的社会认知水平和移情能力;(5)引导儿童掌握合理的心理宣泄方法;(6)及时表扬和奖励儿童的亲社会行为。

55. 简述什么是样例教学。

样例教学是利用样例(又称解答好的习题)促进学生问题解决图式形成的一种有效教学策略。样例是包含特定类型问题具体解决方案的实例,一般认为由对问题的详细说明、解决步骤和最终答案三部分构成。

56. 在布卢姆的教学目标中,认知目标分为六级,请对每一级举例说明。

美国教育心理学家布卢姆将教学目标分为认知、情感和动作技能三个领域,每一领域的目标又从低级到高级分成若干层次。其中,认知领域的教学目标分为知识、领会、运用、分析、综合、评价六级。

(1)知识,又称识记,是对知识的记忆,能够识别和再现学过的知识和有关材料。如教师要求学生口头背诵或默写学过的古诗词,或者能够指出所看到的事物的名称等。

(2)理解,又称领会,指在知识记忆的基础上掌握知识,能抓住事物的实质,把握材料的主题和意义。如学生用自己的语言来表述课文的中心思想,或者学生用自己的语言来陈述一个数学原理的大概意思。

(3)应用,指把所学的知识应用于新情境。如应用几何知识测出一个楼塔的高度;应用所学的计算机原理进行实际的软件开发与制作;根据三角形的面积公式,能够计算某一具体三角形的面积。

(4)分析,指能将知识进行分解,找出组成的要素,并分析其相互关系及组成原理。如将一篇文章划分成几个意义段落,分析各意义段落的主题思想,并能够概括出本篇文章的中心思想;观察各种图形,能够分析三角形的特征等。

(5)综合,指把各个元素或部分组成新的整体。如能将顺序混乱的文章段落重新排列成正确的顺序;在平行四边形等多种图形的基础上,利用切割、组合等方式组成一个个三角形等。

(6)评价,指根据一定的标准对事物给予价值的判断。如判断某部电影成败之处;判断某件事件的真伪;判断一个调查的科学价值;评述其他同学所用的求三角形面积的方法,指出优点及不足等。

57. 教学策略是指教师采取有效的措施达到教学目标的一切活动计划,包括教学顺序的安排,教学方法的选用,教学媒体的选择等。请列举以学生为中心的教学策略类型,并做简要说明。

(1)发现学习。发现学习是指给学生提供有关的学习材料,让学生通过探索、操作和思考,自行发现知识、理解概念和原理的教学方法。(2)情境教学。情境教学指在应用知识的具体情境中进行知识的教学的一种教学策略。(3)合作学习。合作学习指学生们以主动合作学习的方式代替教师主导教学的一种教学策略。

58. 什么是合作学习?

合作学习是指学生以小组为单位进行学习的方式。合作学习是相对于“个体学习”而言的。合作学习的展开往往是在自学基础上进行的小组合作学习和小组内讨论。

59. 简述小组合作学习的基本要素。

小组合作学习的基本要素包括以下几个方面:(1)组间同质,组内异质;(2)设立小组目标;(3)实施小组评价与奖励的机制;(4)个人责任的明确;(5)均等的成功机会。

60. 简述影响发现学习的几个因素。

(1)学生的先前知识;(2)学生的智力水平;(3)学习材料的性质;(4)教师的指导;(5)教学时间。

61. 简述程序教学的原则。

(1)小步子原则。学生所用的教材或程序教学机器要将学习的内容分为许多小单元,不同的小单元之间相互联系,层层深入,相邻小单元之间的难度差距小,学习者容易成功。(2)积极反应原则。保证学生在学习过程中一直处于积极状态,学生一旦表现出学习行为,就要及时给予强化,以保证学习活动的持续进行。(3)自定步调原则。学生可以按照自己的接受程度选择最适宜的学习进度,这样学生容易成功,学

习动机强。(4)及时反馈原则。及时反馈,也就是说让学生立刻知道自己的答案是否正确,正确的回答可以让学生树立信心,保持学习行为,进行下一阶段的学习。(5)低错误率原则。保证学习者在学习中将错误率减小到最低,以达到强化效果。

62. 请结合实际,简要谈谈为了使课堂教学中学生的合作学习真正有效,教师应该注意哪些方面。

(1)建构合理的合作学习小组;(2)建立一套有序的合作常规;(3)营造宽松的学习环境;(4)提供合理的合作学习时机;(5)选择适当的合作学习时机;(6)合理地设计合作任务;(7)合理调控合作过程,加强学习指导;(8)给学生提供交流的机会;(9)教师充分地倾听学生;(10)采用多样化的评价方式;(11)发现问题,寻求典型。

63. 简述影响教师课堂管理的因素。

(1)教师的领导风格;(2)班级规模;(3)班级的性质;(4)对教师的期望。

64. 请简要说明课堂管理的策略。

(1)适当表扬;(2)警告提醒;(3)行为暗示;(4)停顿调控;(5)提问引导;(6)延后处理。

65. 班级规模是如何影响课堂管理的?

班级的大小是影响课堂管理的一个重要因素。(1)班级的大小会影响成员间的情感联系;(2)班内的学生越多,学生间的个别差异就越大;(3)班级的大小也会影响交往模式;(4)班级越大,内部越容易形成各种非正式小群体。

66. 最近,李老师发现自己的课堂气氛比较沉闷,部分学生上课时注意力不够专注,发言也不主动。经过调查,李老师决定从增强学生课堂学习的动机入手来改变这种状况。

为此,你觉得李老师应该怎样做?

(1)针对课堂气氛沉闷的情况,李老师应该运用生动的教学语言,激发学生的学习动机。因此,李老师在教学时语言应该清晰准确,使学生听得清;应简洁明白,使学生听得懂;应鲜明生动,使学生听得有趣。还应巧妙地调节和控制语言的节奏和音量,使之抑扬顿挫、声情并茂、娓娓动听。

(2)针对课堂上学生注意力分散的情况,李老师应以积极的情感感染学生。师生的情感共鸣是课堂气氛的重要变量。教学过程不仅是传授知识的过程,而且更是师生在理性、情感方面的动态交往过程。学生是否乐于接受教师所传授的信息,关键在于这信息能否满足学生的情感需要。课堂教学中要使师生双方的意图、观点和情感联结起来,要使教师传授的知识、提供的信息让学生产生强烈的求知欲望、积极的思维活动和强烈的内心体验,就必须增加情感投入,给知识、信息附加情感色彩,以教师自身的情感体验营造良好和谐的课堂气氛。

67. 简述如何增强班集体的凝聚力?

(1)了解群体凝聚力的情况;(2)帮助班级里所有学生对一些重大事件和原则问题保持共同的认识和评价,形成认同感;(3)引导所有学生在情感上加入群体,形成归属感;(4)当学生表现出符合群体规范和群体期待的行为时,给予赞许和鼓励,形成力量感。

68. 教师应如何营造良好的课堂气氛?

(1)发挥教师的主导作用;(2)尊重学生的主体地位;(3)构建和谐的师生关系。

69. 简述如何维持课堂纪律。

(1)建立有效的课堂规则;(2)合理组织课堂教学;(3)做好课堂监控;(4)培养学生的自律品质。

70. 请简述处置与矫正课堂问题行为的方法。

(1)课堂问题行为的处置。①运用先入为主的策略,事先预防课堂问题行为。首先,确立学生行为标准;其次,让学生不断获得成功的体验;然后,保持建设性的课堂环境;最后,建立和谐的师生关系。②正确对待学生的课堂行为。对于积极的课堂行为要给予肯定和鼓励；对于中性的课堂行为教师不宜在课堂上停止教学而公开指责，以免干扰其他同学的注意；对于消极的课堂行为，适当的惩罚是必要的。此外，不要期望一步到位地消除课堂消极行为。要先将消极行为转化为中性行为，然后再将他们的中性行为转化为积极行为。

(2)课堂问题行为的矫正。①预防；②非言语暗示；③表扬；④言语提醒；⑤有意忽视；⑥转移注意。

71. 教师在对学生进行必要的惩罚时应注意哪些方面？

(1)明确惩罚的目的，它是让学生最终经过努力“避免”惩罚，而不是一定要让学生不断地去“体验”惩罚；(2)惩罚应尽可能及时，延时实施则须先说明原委；(3)惩罚强度应适当，太轻当然无效，过严也会抑制正常的行为；(4)惩罚应基于爱和尊重，态度和蔼与满怀深情者来实施效果更佳；(5)惩罚应按特定的时间或程序安排来规范地进行；(6)惩罚务必与说理相结合，这一点尤为重要。此外，不要期望一步到位地消除课堂消极行为。要先将消极行为转化为中性行为，然后再将他们的中性行为转化为积极行为。

72. 简述小学儿童同伴交往的特点。

(1)小学儿童的友谊。小学儿童选择朋友，表现出明显的同质性和趋上性的特点。

(2)同伴群体。同伴群体是在小学生同伴交往过程中形成的，它具有以下特点：①在一定规则的基础上进行相互交往；②限制其成员对其他团体的归属感；③具有明确的或隐含的行为标准；④发展使其成员为完成共同目标而一起工作的组织。小学生同伴群体的种类多种多样，有的结构可能比较松散，也有的结构比较严密。

(3)小学儿童的同伴接纳性。在同伴群体中，有些儿童受大家的欢迎，其他孩子都喜欢和他一起玩，这类孩子往往开朗、友善、善于合作；有的儿童则不被大家喜欢，没有人愿意和他在一起，这类孩子往往攻击性强、脾气不好，缺乏交往能力等；还有一些儿童在同伴中不受注意，大家对他既非特别友好，也非特别不友好，这类儿童往往被认为是退缩的、安静的。

73. 简述心理健康的标准。

一般来讲，心理健康具有以下标准：(1)自我意识正确；(2)人际关系协调；(3)性别角色分化；(4)社会适应良好；(5)情绪积极稳定；(6)人格结构完整。

74. 对于大多数心理健康的学生而言，心理健康教育的目标是什么？

针对大多数心理健康的学生而言，心理健康教育的目标是培养学生良好的心理素质，预防心理障碍的发生，促进学生心理机能、人格的发展与完善。

75. 简述学校开展心理辅导的主要途径。

(1)开设心理健康教育的有关课程和心理辅导的活动课；(2)在学科教学中渗透心理健康教育的内容；(3)结合班级、团体活动开展心理健康教育；(4)个别心理辅导或咨询；(5)小组辅导。

76. 学习困难儿童的主要特征有哪些？

(1)知识水平上的特点：①知识背景贫乏；②概念水平差；③基本知识技能的熟练程度差；④知识结构水平差。(2)认知方面：①注意力差；②感知觉能力差；③记忆不良；④阅读困难；⑤言语落后；⑥思维水平低；⑦学习策略与学习方式差。(3)非智力因素方面：学习动机缺失、学习志向水平低、学习兴趣淡薄、自我效能感差、学习态度不良、消极情绪干扰、意志薄弱、性格不良、不良归因倾向、心理健康问题。

77. 学生的心理健康问题一直都深受社会的关注，学生的心理健康状况直接影响着他们的成长，学生出现心理健康问题可能会产生哪些病症，并提出对应的解决措施。

学生出现心理健康问题可能会产生的病症及其解决措施：

(1)儿童多动综合征。儿童多动综合征是小学生中最为常见的一种以注意力缺陷和活动过度为主要特

征的行为障碍综合征。解决措施:①在医生指导下采用药物治疗;②行为疗法;③自我指导训练法。

(2)学习困难。学习困难,又称学习障碍,即学习技能缺乏,指在知识的获取、巩固和应用的过程中缺乏策略和技巧。解决措施:①切实关注和正确对待学困生;②深入了解分析造成学习困难的原因;③根据特点因材施教;④多方配合因势利导;⑤善于发现学困生的闪光点。

(3)焦虑症。焦虑症是以与客观威胁不相适应的焦虑反应为特征的神经症。学生中常见的焦虑反应是考试焦虑。解决措施:①采用肌肉放松、系统脱敏等方法;②采用认知矫正程序,指导学生在考试中使用正向的自我对话;③锻炼学生的性格,提高挫折应对能力;④往最好处做,不要计较最后结果;⑤考前要注意调节情绪。

(4)儿童厌学症。厌学症又称学习抑郁症,是由于人为因素造成的儿童厌恶学习的一系列症状。解决措施:①教师通过灵活多样的课堂教学活动和丰富多彩的第二课堂活动来调动学生的学习积极性;②家长需要改变自己的教养态度,采用民主型教养方式,建立和谐的家庭气氛;③纠正一些不良的社会风气,尽量避免这些风气对儿童的不良影响;④作为学生自身来说,要调整好心态,要有自信心,以坚毅的性格、乐观的态度为人处世,坚信付出必有收获;⑤要彻底遏制“厌学”的根源,还必须从根本上改造目前的应试教育体制,必须将素质教育的推广落到实处,要让教育成为大众的、快乐的科学教育。

(5)恐怖症。恐怖症是对特定的无实际危害的事物与场景的非理性的惧怕。解决措施:①系统脱敏法;②改善人际关系,营造宽松、自由的氛围,适当减轻当事人的压力。

(6)强迫症。正常的强迫行为包括反复玩弄手指、摇头、走路时喜欢反复数栏杆等,只有在这类呆板、机械的重复行为造成严重的适应不良时,才可能属于强迫症。解决措施:①药物治疗;②行为治疗;③建立支持性环境;④森田疗法。

(7)抑郁症。抑郁症是以持久的心境低落为特征的神经症。解决措施:①给当事人以情感支持与鼓励;②采用合理情绪疗法,调整当事人消极的认知状态;③积极行动起来,从活动中体验成功与愉快;④服用抗抑郁药物。

(8)人际交往问题。学生在人际交往方面主要存在这样一些心理问题,如恐惧心理、自卑心理、孤僻心理、嫉妒心理、逆反心理、逃避心理以及放任心理等。解决措施:①克服怕羞的毛病;②学会清除误会;③正确对待被人嫉妒和嫉妒别人;④消除厌世心理。

(9)网络成瘾。网络成瘾,又称网络成瘾综合征,临床上是指由于患者对互联网过度依赖而导致的一种心理异常症状以及伴随的一种生理性不适。解决措施:①当事人本身可采用行为疗法,通过控制上网时间和次数,形成良好的上网习惯;②教师对网络成瘾的学生可以采用认知疗法,针对网络成瘾问题本身及背后的问题,与当事人进行谈话沟通,探讨如何正确使用互联网以及网络成瘾的危害;③由于家庭功能失调造成的网络成瘾,还可以通过调整家庭成员间的关系,营造良好的家庭氛围,为矫正网络成瘾提供条件。

(10)人格障碍与人格缺陷。人格障碍是长期固定的适应不良的行为模式,这种行为模式由一些不成熟、不适当的压力应对或问题解决方式所构成。“人格障碍”一语多用于成人,对于18岁以下的儿童的类似行为表现通常称为人格缺陷、品行障碍或社会偏差行为。解决措施:①采用观察学习的方法,为当事人提供良好的行为范例;②奖励当事人的积极行为,惩罚他的消极行为;③改变家庭教养方式,创造民主的家庭氛围。

78. 在教学工作中,我们可能会遇到学困生,你将如何帮助他们进步?

(1)关心爱护学困生,尊重他们的人格;(2)培养和激发学困生的学习动机;(3)树立榜样,增强是非观念;(4)根据个别差异,因材施教;(5)善于发掘学困生身上的“闪光点”,增强其自信心和集体荣誉感。

79. 在学习过程中，学生常会出现各种学习问题。学习问题主要有哪几种？

(1)学习疲劳。学生的身体素质、学习的紧张程度、学习的持续时间、环境条件、学生的情绪变化等，都可能成为引起或加重学习疲劳的原因。

(2)学业不良。学业不良指学习成绩经常明显低于同龄学生的一般水平。学业不良的学生易产生自卑、厌学等心理，出现逃学、打架等违纪行为。

(3)考试焦虑。考试焦虑是指在一定的应试情境激发下出现的以恐惧、担忧为基本特征的心理、情绪反应。

(4)厌学。厌学是当前学校学生中较为普遍存在的一种心理现象，产生厌学心理的学生人群以学习落后的学生居多。

80. 近年来全国各地中小学都发生了多起学生自杀自残事件，全社会都对这些生命的逝去感到惋惜，请分析为预防这类极端行为的发生，学校应当采取哪些干预措施。

对于中小学生的自杀自残事件，学校可以采取的干预措施有：(1)关注学生的亚健康心理状态，加强对学生的心理健康教育，比如：开设心理健康教育课，优化学生的心理素质；开展多种形式的心理咨询服务；向学生发放自杀预防手册。(2)转变教育观念，切实减轻学生的学习压力，如建立科学的评价制度。(3)进行生命与死亡教育，如开展丰富多彩的活动，重视学生的主体参与。(4)及时发现学生自杀的苗头，进行早期危机介入。

81. 教师怎样给学生创造宽松的心理环境？

(1)给予学生应有的信任；(2)减少不必要的规定；(3)不作评判；(4)对学生表示诚恳的支持；此外，还应提供某些集体情境让学生体验到自我价值感、对集体的归属感和个人能力感。

82. 教育威信与教育威严的区别是什么？

人们常将教育威信与教育威严混为一谈，认为威严就是威信，或者认为有了威严才有威信。实际上，教育威信和教育威严是全然不同的。教育威信反映的是教师众所共仰的声望信誉，而教育威严更多的体现的是威势和严厉。前者是使学生感到尊严而信服的精神感召力量，后者则只是使学生感到望而生畏的威慑力量。两者反映着师生双方不同的心态和意向，反映着不同性质的师生关系。

83. 简述教师应如何树立自身威信。

(1)培养自身良好的道德品质；(2)培养良好的认知能力和性格特征；(3)注重良好仪表、风度和行为习惯的养成；(4)给学生以良好的第一印象；(5)做学生的朋友与知己。

84. 专家型教师熟练掌握的教学技能主要有哪些？

(1)课时计划简洁、灵活，具有预见性；(2)教学技能实现程序化、自动化；(3)教学监控能力强；(4)采用深入的方法针对班级纪律问题制订计划；(5)善于创造性地解决问题，有很强的洞察力。

85. 简述教师成长与发展的基本途径。

教师成长与发展的基本途径主要有两个方面：(1)通过师范教育培养新教师作为教师队伍的补充；(2)通过实践训练提高在职教师的素质。促进教师成长的具体途径主要有：(1)观摩和分析优秀教师的教学活动；(2)开展微格教学；(3)进行专门训练；(4)进行教学反思。

86. 简述教师反思的几个环节。

教学反思的过程一般为具体经验→观察分析→抽象的重新概括→积极的验证。

(1)具体经验阶段。这一阶段的任务是使教师意识到问题的存在，并明确问题情境。在此过程中，教师接触到新的信息是很重要的，他人的教学经验、自己的经验、各种理论原理以及意想不到的经验等都会起作用。一旦教师意识到问题，就会感到一种不适，并试图改变这种状况，于是进入到反思环节。

(2)观察与分析阶段。教师通过自述与回忆、他人的观察模拟、角色扮演,也可以借助于录音、录像、档案等方式收集材料,然后用批判的眼光进行分析,看驱动自己的教学活动的各种思想观点到底是什么,它与自己所倡导的理论是否一致,自己的行为与预期结果是否一致等,从而明确问题的根源所在。

(3)重新概括。在观察分析的基础上,教师反思旧思想,并积极寻找新思想与新策略来解决所面临的问题。新信息的获得有助于更有效的概念和策略方法的产生,这种信息可以来自研究领域,也可以来自实践领域。由于针对教学中的特定问题,而且对问题有较清楚的理解,这时寻找知识的活动是有方向的、聚焦式的,是自我定向的,因而不同于传统教师培训中的知识传授。与上一过程一样,这一过程可以单独进行,也可以通过合作的方式进行。

(4)积极的验证。这时要检验上阶段所形成的概括的行动和假设,它可能是实际尝试,也可能是角色扮演。在检验的过程中,教师会遇到新的具体经验,从而又进入具体经验阶段,开始新的循环。

在以上四个环节中,反思最集中地体现在观察与分析阶段,但它只有与其他环节结合起来才会更好地发挥作用。

87. 作为一名小学教师,您在教学过程中应怎样控制消极情绪,保持良好的心情?

(1)小学教师控制消极情绪的方法有:①警示调控法;②转移调控法;③意识调控法;④冷化调控法。此外还有释放调控法、自我安慰法、升华法等。

(2)小学教师保持良好心情的方法有:①重视师德,加强修养;②自我宽慰,豁达大度;③不争名利,宽厚为人;④自寻乐趣,陶冶性情。

专题四　小三门(新课改、师德、法规)

1. 简述新课程改革的具体目标。

(1)实现课程功能的转变;(2)体现课程结构的均衡性、综合性和选择性;(3)密切课程内容与生活和时代的联系;(4)改善学生的学习方式;(5)建立与素质教育理念相一致的评价与考试制度;(6)实行三级课程管理制度。

2. 简述我国基础教育课程改革的发展趋势。

(1)以学生发展为本、促进学生全面发展与培养个性相结合;(2)稳定并加强基础教育(课程的社会化、生活化和能力化,加强实践性,由“双基”到“四基”);(3)加强道德教育和人文教育,促进课程科学性与人文性的融合;(4)加强课程综合化;(5)课程与现代信息技术相结合,加强课程个性化和多样化;(6)课程法制化。

3. 简述新课程改革的基本理念。

新课程改革的基本理念是:走出知识传授的目标取向,确立培养“整体的人”的课程目标;破除书本知识的桎梏,构筑具有生活意义的课程内容;摆脱被知识奴役的处境,恢复个体在知识生成中的合法身份;改变学校个性缺失的现实,创建富有个性的学校文化。具体有:(1)促进课程的适应性和管理的民主化,创建富有个性的学校文化;(2)重建课程结构和倡导和谐发展的教育;(3)提升学生的主体性和注重学生经验。

4. 简述新课程改革背景下教师角色的转变。

(1)从教师与学生的关系看,教师是学生学习的促进者;(2)从教学与研究的关系看,教师是教育教学的研究者;(3)从教学与课程的关系看,教师是课程的开发者和建设者;(4)从学校与社区的关系看,教师是社区型开放的教师。

5. 新课程要求教师是学生学习的促进者，请简述“促进者”这一教师角色的内涵。

从教师与学生的关系看，教师是学生学习的促进者。其内涵主要包括两个方面：

(1)教师是学生学习能力的培养者。教师不仅传授知识，而且重在检查学生对知识的掌握程度。教师应成为学生学习的激发者，各种能力和积极个性的培养者。

(2)教师是学生人生的引路人。这要求教师不仅仅向学生传播知识，更要引导学生沿着正确的道路前进，并不断在他们成长的道路上设置不同的路标，成为学生健康心理和健康品德形成的促进者、催化剂，引导学生学会自我调适、自我选择，向更高的目标前进。

6. 简述新课程背景下所倡导的教学观。

(1)全面发展的教学观：①教学重结论更要重过程；②教学关注学科更要关注人。(2)交往与互动的教学观——教学不只是教师教学生学的过程，更是师生交往、积极互动、共同发展的过程。(3)开放与生成的教学观——教学不只是课程传递和执行的过程，更是课程创生与开发的过程。

7. 请列举新课程改革倡导的学习方式，并加以简要说明。

(1)自主学习。自主学习关注学习者的主体性和能动性，是学生自主而不受他人支配的学习方式。

(2)探究学习。探究学习也称为发现学习，是一种以问题为依托的学习，是学生通过主动探究解决问题的过程。

(3)合作学习。合作学习是指学生以小组为单位进行学习的方式。

8. 现代学习方式的基本特征是什么？

(1)主动性；(2)独立性；(3)独特性；(4)体验性；(5)问题性。

9. 简述综合实践活动的内容。

综合实践活动的内容主要包括：信息技术教育、研究性学习、社区服务与社会实践、劳动与技术教育。

10. 教师的职业道德具有哪些功能？

(1)教师职业道德的认识功能。教师职业道德的认识功能是指其帮助教师正确认识自己在教育活动过程中对他人、集体、社会应尽的义务和责任，并在此基础上形成一定的道德观念和道德判断能力。

(2)教师职业道德的实践功能。教师职业道德的实践功能集中表现在三大方面，即教育功能、调节功能、社会促进功能。

11. 请谈谈加强教师职业道德建设的具体内容与意义。

(1)内容：①提高教师的思想政治素质；②树立正确的教师职业理想；③提高教师的职业道德水平；④着力解决师德建设中的突出问题；⑤积极推进师德提升工程的改进创新。

(2)意义：①是全面深化教育改革，提高教师队伍素质，实施素质教育的需要；②是促进学生健康成长的需要；③是加强社会主义精神文明建设的需要。

12. 职前教育中的师德教育包括哪几个方面？

(1)通过师范院校新生入学教育课强化教师的专业思想；(2)在高校教师教育课程中增设必修性质的师德教育课程；(3)在大学思想政治课的教育教学中渗透师德教育；(4)在教育实习中增加师德教育内容。

13. 教师职业道德基本原则有哪些？

(1)教书育人原则；(2)为人师表原则；(3)依法从教原则；(4)教育人道主义原则。

14. 教师职业道德范畴主要包括哪些？

(1)教师义务；(2)教师良心；(3)教师公正；(4)教师荣誉；(5)教师幸福；(6)教师人格。

15. 2008年修订的《中小学教师职业道德规范》中规定的教师职业道德的主要内容是什么？

(1)爱国守法；(2)爱岗敬业；(3)关爱学生；(4)教书育人；(5)为人师表；(6)终身学习。

16. **教师职业道德规范中“爱岗敬业”的行为要求是什么？**

(1)对工作高度负责；(2)认真备课上课；(3)认真批改作业；(4)认真辅导学生；(5)不得敷衍塞责。

17. **教师职业道德规范中“教书育人”的具体要求有哪些？**

(1)遵循教育规律，实施素质教育；(2)循循善诱，诲人不倦，因材施教；(3)培养学生良好品行，激发学生创新精神，促进学生全面发展；(4)不以分数作为评价学生的唯一标准。

18. **简述《中小学教师职业道德规范》中“为人师表”的主要内容。**

(1)坚守高尚情操，知荣明耻；(2)严于律己，以身作则；(3)衣着得体，语言规范，举止文明；(4)关心集体，团结协作，尊重同事，尊重家长；(5)作风正派，廉洁奉公；(6)自觉抵制有偿家教，不利用职务之便谋取私利。

19. **教育法律原则的具体内容是哪些？**

(1)促进人的全面发展的原则；(2)尊重和保障受教育权的原则；(3)教育优先发展原则；(4)维护受教育者健康成长的原则。

20. **简述教育法规与教育政策的关系。**

(1)联系：①教育法规与教育政策都决定于上层建筑，具有共同的目的。②教育政策是制定教育法规的依据，教育法规是教育政策的具体化、条文化和定型化。③教育政策决定教育法规的性质，教育法规的内容体现教育政策。④教育政策是实施教育法规的指导，教育法规是实现教育政策的保证。

(2)区别：①两者的制定主体不同；②两者的执行方式不同；③两者的规范效力不同；④两者调整和适用的范围不同；⑤两者所要解决问题的性质不同。

21. **简述我国教育法律法规的类型。**

(1)依据教育法规创制方式和表达方式的不同，可分为成文法和不成文法，还可以分为制定法、判例法和习惯法；(2)依据教育法规效力等级和内容重要程度的不同，可分为根本法和普通法，或称之为基本法与单行法；(3)依据教育法规规定内容的不同，可分为实体法和程序法；(4)依据教育法规适用范围的不同，可分为一般法和特殊法。

22. **简述教育法律关系的概念及其构成要素。**

教育法律关系是教育法律规范在调整人们有关教育活动的行为过程中形成的权利和义务关系，是一种特殊的社会关系。其构成要素有主体、客体和内容。

(1)教育法律关系的主体是指教育法律关系的参加者，也就是在具体的教育法律关系中享有权利并承担义务的人或组织。我国教育法律关系的主体可分为三类：公民(自然人)、机构和组织(法人)、国家。

(2)教育法律关系的客体是教育法律关系主体的权利与义务所指向的对象。教育法律关系的客体一般包括物质财富、非物质财富、行为三个大的方面。

(3)教育法律关系的内容是教育法律关系的主体依据法律规定而享有的权利与义务。

23. **简述教育法律关系中几种具体客体。**

教育法律关系客体一般包括物质财富、非物质财富、行为三个大的方面。

(1)物质财富。物质财富简称物。它既可以表现为自然物，如森林、土地、自然资源等，也可以表现为人的劳动创造物，如建筑、机器、各种产品等；既可以是国家和集体的财产，也可以是公民个人的财产。物一般可分为动产与不动产两类，不动产包括土地、房屋和其他建筑设施，动产包括资金和教学仪器设备等。

(2)非物质财富。非物质财富包括创作活动的产品和其他与人身相联系的非财产性的财富。前者也被称作智力成果，在教育领域中主要包括各种教材、著作在内的成果，各种有独创性的教案、教法、教具、课件、专利、发明等。其他与人身相联系的非物质财富包括公民或组织的姓名、名称，公民的肖像、名誉、身体健康、生命等。

(3)行为。行为是指教育法律关系主体实现权利义务的作为与不作为。一定的行为可以满足权利人的利益和需要,也可以成为教育法律关系的客体。在教育领域中,教育行政机关的行政行为、学校的管理行为和教育教学行为都是教育法律关系赖以生存的最基本的行为。

24. 什么是教育法律救济?途径有哪些?

教育法律救济是指教育法律关系主体的合法权益受到侵犯并造成损害时,获得恢复和补救的法律制度。法律救济的渠道有四种:行政渠道、司法渠道、仲裁渠道和调解渠道。其中,行政渠道、仲裁渠道和调解渠道统称为非诉讼渠道。

25. 2020年3月,中共中央国务院出台了《关于全面加强新时代大中小学劳动教育的意见》。请结合教育实践,谈一下新时代中小学开展劳动教育的目标。

《关于全面加强新时代大中小学劳动教育的意见》提出要明确劳动教育总体目标。通过劳动教育,使学生能够理解和形成马克思主义劳动观,牢固树立劳动最光荣、劳动最崇高、劳动最伟大、劳动最美丽的观念;体会劳动创造美好生活,体认劳动不分贵贱,热爱劳动,尊重普通劳动者,培养勤俭、奋斗、创新、奉献的劳动精神;具备满足生存发展需要的基本劳动能力,形成良好劳动习惯。

26. 依法执教是依法治教在教师工作中的具体体现,简述其基本要求。

教师依法执教的基本要求有以下四点:(1)坚持正确的政治方向;(2)拥护党的基本路线和领导;(3)自觉增强法律意识;(4)认真贯彻党和国家的方针政策。具体内容包括:(1)教师要模范地遵守宪法及其他各种法律、法规;(2)教师要依法进行教育教学活动。

27. 简述预防教师违法侵权行为发生可采取的措施。

(1)建立完善的教育法规体系;(2)建立严格公正的教育执法制度;(3)建立全面的教育法律监督机制;(4)增强法制观念,宣传、普及教育法规;(5)加强学校的规范管理;(6)增强教师的法律意识,减少侵权行为的发生;(7)加强学生对自己法定权利的认识,培养学生的自我保护意识;(8)加大安全教育力度。

28. 根据我国《教育法》的规定,受教育者享有哪些权利?

根据《中华人民共和国教育法》第四十三条规定可知,受教育者享有下列权利:(1)参加教育教学计划安排的各种活动,使用教育教学设施、设备、图书资料;(2)按照国家有关规定获得奖学金、贷学金、助学金;(3)在学业成绩和品行上获得公正评价,完成规定的学业后获得相应的学业证书、学位证书;(4)对学校给予的处分不服向有关部门提出申诉,对学校、教师侵犯其人身权、财产权等合法权益,提出申诉或者依法提起诉讼;(5)法律、法规规定的其他权利。

29. 简述保护未成年人的原则。

保护未成年人,应当坚持最有利于未成年人的原则。处理涉及未成年人事项,应当符合下列要求:(1)给予未成年人特殊、优先保护;(2)尊重未成年人人格尊严;(3)保护未成年人隐私权和个人信息;(4)适应未成年人身心健康发展的规律和特点;(5)听取未成年人的意见;(6)保护与教育相结合。

30. 简述《中华人民共和国义务教育法》关于入学年龄与原则的规定。

(1)根据《中华人民共和国义务教育法》第十一条规定,凡年满六周岁的儿童,其父母或者其他法定监护人应当送其入学接受并完成义务教育;条件不具备的地区的儿童,可以推迟到七周岁。适龄儿童、少年因身体状况需要延缓入学或者休学的,其父母或者其他法定监护人应当提出申请,由当地乡镇人民政府或者县级人民政府教育行政部门批准。

(2)根据《中华人民共和国义务教育法》第十二条规定,适龄儿童、少年免试入学。地方各级人民政府应

当保障适龄儿童、少年在户籍所在地学校就近入学。

31. 我国《教师法》规定教师享有哪些权利？

根据《中华人民共和国教师法》第七条规定，教师享有下列权利：(1)进行教育教学活动，开展教育教学改革和实验；(2)从事科学研究、学术交流，参加专业的学术团体，在学术活动中充分发表意见；(3)指导学生的学习和发展，评定学生的品行和学业成绩；(4)按时获取工资报酬，享受国家规定的福利待遇以及寒暑假期的带薪休假；(5)对学校教育教学、管理工作和教育行政部门的工作提出意见和建议，通过教职工代表大会或者其他形式，参与学校的民主管理；(6)参加进修或者其他方式的培训。

32.《中华人民共和国教师法》中明确规定了教师的权利和义务。教师应当履行的义务有哪些？

根据《中华人民共和国教师法》第八条规定，教师应当履行下列义务：(1)遵守宪法、法律和职业道德，为人师表；(2)贯彻国家的教育方针，遵守规章制度，执行学校的教学计划，履行教师聘约，完成教育教学工作任务；(3)对学生进行宪法所确定的基本原则的教育和爱国主义、民族团结的教育，法制教育以及思想品德、文化、科学技术教育，组织、带领学生开展有益的社会活动；(4)关心、爱护全体学生，尊重学生人格，促进学生在品德、智力、体质等方面全面发展；(5)制止有害于学生的行为或者其他侵犯学生合法权益的行为，批评和抵制有害于学生健康成长的现象；(6)不断提高思想政治觉悟和教育教学业务水平。

33. 简述我国《教师法》中规定的教师申诉的范围及其受理机关。

(1)根据《中华人民共和国教师法》的规定，教师申诉的范围包括：

①教师认为学校或其他教育机构侵犯其《中华人民共和国教师法》规定的合法权益的，可以提起申诉。这里的合法权益，包括《中华人民共和国教师法》规定的教师在职务聘任、教学科研、工作条件、民主管理、培训进修、考核奖惩、工资福利待遇、退休等方面的各项权益。只要教师认为自己的上述权益受到侵犯，都可以提起申诉。

②教师对学校或其他教育机构作出的处理决定不服的，可以提出申诉。

③教师认为当地人民政府的有关行政部门侵犯其根据《中华人民共和国教师法》规定享有的合法权益的，可以提出申诉。

(2)受理机关：教师对学校或者其他教育机构侵犯其合法权益的，或者对学校或者其他教育机构作出的处理不服的，可以向教育行政部门提出申诉，教育行政部门应当在接到申诉的三十日内，作出处理。教师认为当地人民政府有关行政部门侵犯其根据《中华人民共和国教师法》规定享有的权利的，可以向同级人民政府或者上一级人民政府有关部门提出申诉，同级人民政府或者上一级人民政府有关部门应当作出处理。

34. 近日，微博上出现这样一段视频：一位女性教师让十余名学生在教室门口站成一排，并用一根棍子挨个抽打。视频显示，学生中有男有女，每个学生被打六七下。事后，该老师说是“恨铁不成钢”，学校领导也以“压力很大”为其开脱。这样的解释显然没有说服力。作为教师，是该拥有一定的惩戒权，但却不能混淆了惩戒和体罚的边界。用棍子挨个抽打学生显然属于体罚，实不应该。

请简要回答为什么不应该体罚学生。

(1)体罚和惩戒的区别：体罚常指施加惩罚使学生的身心感到痛苦，以促使其为避免痛苦而改变错误；而惩戒是通过给学生的身心施加某种影响，使其感到痛苦或羞耻，激发其悔改之意，从而达到矫正目的。在教育实践中，体罚往往与对学生肆意打骂、伤害和虐待联系在一起，其所能起到的教育效果微乎其微。人们反对的体罚本身，并不完全指向惩戒，因为一定的惩戒手段在教育活动中还是必要的。

(2)教师不应该体罚学生。①从法律角度来说，体罚学生是一种违法行为。在我国现有的教育法律规定中,对体罚及其法律责任进行规定的主要有《中华人民共和国义务教育法》《中华人民共和国未成年人保护法》《中华人民共和国教师法》等。法律明确规定,教师应当尊重学生的人格尊严,不得对学生实施体罚、变相体罚或者其他侮辱学生人格尊严的行为。②从师德角度来说,体罚学生是违反教师职业道德规范的。关爱学生是教师处理其与学生的关系时所应遵循的原则要求。2008年修订的《中小学教师职业道德规范》中关于"关爱学生"方面所规定的具体职业行为要求有以下几点:第一,关心爱护全体学生,尊重学生人格,平等公正对待学生;第二,对学生严慈相济,做学生的良师益友;第三,保护学生安全,关心学生健康,维护学生权益;第四,不讽刺、挖苦、歧视学生,不体罚或变相体罚学生。

35. 为了有效避免学生伤害事故的发生,学生在校园内出现哪些情况时,学校在采取紧急措施的同时必须第一时间联系监护人?(回答三条即可)

(1)学校要严格考勤制度,班主任、任课老师要认真填写班级日志,若发生学生非正常缺席或者擅自离校的情况,班主任、任课老师在如实填写班级日志的同时,要将学生缺勤情况通报给班主任和学校分管领导,在第一时间通知其监护人并做好记录,落实学生缺勤原因及去向;(2)学校如果发生了学生安全事故,要在一小时内向教体局及当地政府报告,不得隐瞒、谎报、漏报,并在第一时间内通知学生家长;(3)学生在校期间突发疾病的,要迅速拨打120急救电话,由当地医疗机构对学生进行急救,并在第一时间通知其监护人;等等。

36. 2017年3月22日,某市一所小学发生一起学生踩踏事故,事故造成一名学生因抢救无效死亡,多名学生受伤。据不完全统计,近几年来我国每年都有学校发生踩踏事故,这对学生的生命安全构成了严重的威胁。请你谈谈校园踩踏事故应急处置的一般步骤与方法。

发生校园拥挤踩踏事故应急处置的一般步骤与方法是:(1)控制局势。若校园大型活动现场或中小学校楼梯间发生拥挤踩踏事故,现场的学校领导或教师首先要控制局势。可用话筒(应急广播)或高声呼喊等方式,要求全体人员保持镇定,听从指挥,控制学生不安情绪的产生,避免流动的停滞,不打乱移动路线。(2)迅速疏导。迅速引导前面的人流安全、快速撤离,保持流动通顺;维持移动路线,防止人员滞留在通道上;疏散后续人流从其他出入口有序撤离,或前面的人流安全撤离后,后续人员再有序撤离。(3)应急抢救。若拥挤踩踏事故中发生人员受伤,学校医护人员或有经验的教职工应立即在现场对伤者进行人工呼吸、止血等应急抢救处置,并迅速将重伤员送往医院救治。(4)请求支援。若事态严重,伤者众多,学校无力处置,应火速向当地救援机构(110、119、120等)求助。(5)信息上报。学校应及时将发生拥挤踩踏事故的相关情况上报教育主管部门。

37.《中国学生发展核心素养》以培养"全面发展的人"为核心,分为文化基础、自主发展、社会参与三个方面,综合表现为六大素养,请具体写出这六大素养。

《中国学生发展核心素养》包括以下六大核心素养:

(1)文化基础,包括:①人文底蕴,主要是学生在学习、理解、运用人文领域知识和技能等方面所形成的基本能力、情感态度和价值取向。具体包括人文积淀、人文情怀和审美情趣等基本要点。②科学精神,主要是学生在学习、理解、运用科学知识和技能等方面所形成的价值标准、思维方式和行为表现。具体包括理性思维、批判质疑、勇于探究等基本要点。

(2)自主发展,包括:①学会学习,主要是学生在学习意识形成、学习方式方法选择、学习进程评估调控等方面的综合表现。具体包括乐学善学、勤于反思、信息意识等基本要点。②健康生活,主要是学生在认识自我、发展身心、规划人生等方面的综合表现。具体包括珍爱生命、健全人格、自我管理等基本要点。

(3)社会参与,包括:①责任担当,主要是学生在处理与社会、国家、国际等关系方面所形成的情感态度、价值取向和行为方式。具体包括社会责任、国家认同、国际理解等基本要点。②实践创新,主要是学生在日常活动、问题解决、适应挑战等方面所形成的实践能力、创新意识和行为表现。具体包括劳动意识、问题解决、技术应用等基本要点。

模块四　论述题

专题一　教育学

1. 教育者和教师是怎样的关系?

教育者是在社会的专门委托下,以社会要求的体现者的身份参与教育过程的人,以其有目的的活动来调整、控制教育对象、教育影响以至整个教育过程,因此具有主体性、目的性和社会性。广义的教育者指对受教育者态度、知识、技能、思想、品德等方面起到教育影响作用的人。其范围广泛,包括各级各类教育管理人员、专兼职教师、校外教育机构中的工作人员、家长乃至自己。狭义的教育者指从事学校教育活动的人。其中,教师是学校教育者的主体,是直接的教育者,在整个教育过程中起主导作用,是学生身心发展的主要影响源。

2. 论述20世纪以来教育发展与改革呈现的新特点。

(1)教育的终身化。终身教育思想强调职前教育与职后教育的一体化、青少年教育与成人教育的一体化、学校教育与社会教育的一体化。法国教育家保罗·朗格朗最早系统论述了终身教育。终身教育是适应科学知识的加速增长和人的持续发展要求而逐渐形成的一种教育思想和教育制度,包括各个年龄阶段的各种方式的教育。把终身教育等同于成人教育或职业教育的观点是片面的。

(2)教育的全民化。所谓全民教育,即全体国民都有接受教育的基本权利并必须接受一定程度的教育,通过各种方式满足基本的学习需求。也就是教育对象的全民化,亦即教育必须向所有人开放。

(3)教育的民主化。教育民主化是对教育的等级化、特权化和专制性的否定。教育民主化包括教育的民主和民主的教育两个方面。

(4)教育的多元化。多元化是对单一性和统一性的否定,教育的多元化具体包括教育思想的多元化,培养目标、办学模式、教学内容、评价标准等的多元化。它是社会生活多元化以及人的个性化在教育上的反映。

(5)教育技术的现代化。教育技术的现代化是指现代科学技术在教育上的应用,包括教育设备、教育手段、教育方法等的现代化以及由此而引起的教育思想、观念的变化。

3. (1)请简述“教学做合一”的涵义。

“教学做合一”的涵义为:教的方法根据学的方法;学的方法根据做的方法。事怎样做便怎样学,怎样学便怎样教。教与学都以“做”为中心。在做上教的是先生,在做上学的是学生。

(2)请结合陶行知的教育思想,联系教学实际,分析“教学做合一”的基本要点。

①“教学做合一”要求“在劳力上劳心”;②“教学做合一”是因为“行是知之始”;③“教学做合一”要求“有教先学”和“有学有教”;④“教学做合一”是对注入式教学法的否定。(考生可结合实际加以阐述,言之有理即可)

4. 我们当前一直在提倡要建立“全民学习、终身学习的学习型社会”。请论述实现学习型社会的具体措施。

灵活开放的终身教育体系是促进终身教育发展、推动学习型社会建设的基本保障,未来的学习型社会建设,必然要求构建灵活开放的终身教育体系。现阶段构建我国灵活开放的终身教育体系可以从以下几个方面着手:(1)倡导全民阅读,推动全民学习;(2)大力发展非学历继续教育,加快各类学习型组织建设;(3)积极构筑人才成长"立交桥",为人人终身学习提供便利;(4)关注弱势群体,重视其个人基本学习权的保障。此外,在具体构建灵活开放的终身教育体系过程中,还应当依据我国的国情,采取总体规划,分地区、分步骤实施的策略。即国家要有一个构建终身教育体系的总体方案或总体目标,然后依据终身教育的特点,确立我国社会发展的不同时期、个体发展的不同阶段的具体目标,再结合不同地区的实际发展水平,有区别、有针对性地施行各项策略。由易到难,先建立后完善、先普及后提高,逐步地建立和完善我国的终身教育体系,最终将我国建设成为一个全民学习、终身学习的学习型社会。

5. 试述教育的文化功能。

(1)教育能够传承文化。文化的传承是文化得以延续和发展的基本前提。教育传承文化的功能有三种主要表现形式:传递、保存、活化。

(2)教育能够改造文化(选择和整理、提升文化)。改造文化是指在原有文化要素的基础上所进行的取舍、调整和再组合。教育对文化的改造主要是通过选择文化和整理文化来实现的。

(3)教育能够传播、交流和融合文化。教育通过传播文化,使不同国家和民族的文化相互交流、交融,促进文化的优化和发展。国际性的文化交流使各个民族的文化相互补充,使得各民族文化的精华汇合、交融起来,逐渐形成全人类的共同文化财富,这是民族文化融入全球文明的过程。文化的融合是文化交流的产物,它表现为不同文化的相互吸收、结合而趋于一体的过程。

(4)教育能够更新和创造文化。没有文化的更新和创造,就没有文化的真正发展。教育更新、创造文化的功能主要表现在两个方面:①教育通过培养具有创新精神和创造能力的人来发挥其文化创造的功能。人既是文化的产物又是文化的创造者。②教育直接创造新的文化。新的文化包括新的作品、新的思想、新的科学技术等。

6. 结合自己的学习经历,简要分析影响个体发展的基本因素及其作用。

(1)遗传(遗传素质)。①遗传素质是人的身心发展的前提,为人的发展提供了可能性,但不能决定人的发展;②遗传素质的个别差异是人的身心发展的个别差异的原因之一;③遗传素质的成熟机制制约着人的身心发展的水平及阶段。

(2)环境。①社会环境为个体的发展提供了多种可能,使遗传提供的发展可能变成现实;②环境是推动人身心发展的动力;③环境不决定人的发展;④人对环境的反应是能动的。

(3)教育(学校教育)。教育对人的发展特别是对年青一代的发展起着主导作用和促进作用。

(4)个体主观能动性。个体的主观能动性是人的一种内在需要和动力,是一种寻求发展的积极动机和渴望。所以,个体的主观能动性是其身心发展的内驱力,也是促进个体发展从潜在的可能状态转向现实状态的决定性因素。

总之,影响人的身心发展的因素是多方面的。遗传素质是人的身心发展的物质前提,环境为个体的发展提供了多种可能,而教育作为特殊的环境对人的身心发展起主导作用,个体因素是人的身心发展的内因和动力。这些因素彼此关联、相互配合,共同发挥作用,促进人的身心发展。

(考生可结合自己的学习经历加以论述,言之有理即可)

7. 霍尔说"一两的遗传胜过一吨的教育"。请评析这个观点,并说明遗传在人的身心发展中的作用。

(1)①霍尔认为"一两的遗传胜过一吨的教育",这种观点夸大了遗传素质在人的身心发展中的作用。这属于内发论的观点,内发论认为心理发展与生理发展没有什么根本的实质性区别,心理发展是先天因素成熟的结果,因而完全否定了后天学习、经验的作用。②影响人的身心发展的因素是多方面的。遗传素

质是人的身心发展的物质前提，环境为个体的发展提供了多种可能，而教育作为特殊的环境对人的身心发展起主导作用，个体因素是人的身心发展的内因和动力。这些因素彼此关联、相互配合，共同发挥作用，促进人的身心发展。故霍尔的观点是片面的、不科学的。

(2)遗传，也叫遗传素质，是指从上一代继承下来的生理解剖上的特点，如机体的形态、结构以及器官和神经系统的特征等。遗传素质是人的身心发展的前提，具体体现在以下几个方面：①遗传素质是人的身心发展的前提，为人的发展提供了可能性，但不能决定人的发展；②遗传素质的个别差异是人的身心发展的个别差异的原因之一；③遗传素质的成熟机制制约着人的身心发展的水平及阶段。

8.“世界上没有两片完全相同的树叶，同样，世界上也没有完全相同的两个人。”人与人之间既有生理层面的差异，更有心理层面的差异。对于学生的差异性，教师应当如何看待和把握？

个体身心发展的过程中存在个别差异性是正常现象。个体身心发展的个别差异性是指个体之间的身心发展以及个体身心发展的不同方面之间，存在着发展程度和速度的不同。人的先天素质、环境和教育以及自身的主观能动性的不同，决定了人的身心发展存在着个别差异。个体身心发展的差异性要求贯彻因材施教的原则，因材施教的原则要求全面深入地了解每个学生，系统掌握其成长发展的资料，注意对个别学生进行特殊培养，采取弹性教学制度等教学组织形式，如允许加速学习或减速学习，采取能力分组及组织兴趣小组等。在思想品德教育中，针对由不同遗传素质、家庭环境、社会关系、个人经历等所形成的不同个性特点，有的放矢地进行引导。

9.全面发展教育是对含有各方面的素质培养功能的整体教育的一种概括，是对为使受教育者多方面得到发展而实施的多种素质培养的教育活动的总称。试论述我国全面发展教育的内容。

(1)德育。德育是培养学生正确的人生观、世界观、价值观，使学生具有良好的道德品质和正确的政治观念，形成正确的思想方法的教育。

(2)智育。智育是传授给学生系统的科学文化知识、技能，发展他们的智力和与学习有关的非认知因素的教育。智育的主要内容和任务包括传授知识、发展技能、培养自主性和创造性。

(3)体育。体育是授予学生有关身体健康的知识、技能，发展他们的体力，增强他们的自我保健意识和体质，培养他们参加体育活动的需要和习惯，增强其意志力的教育。

(4)美育。美育是培养学生健康的审美观，发展他们感受美、鉴赏美、创造美的能力，培养他们高尚的情操与文明素养的教育。

(5)劳动技术教育。劳动技术教育是引导学生掌握劳动技术知识和技能，形成劳动观点和习惯的教育。

10.试述全面发展是不是要求均衡发展？

全面发展并不是要求均衡发展。(1)要培养全面发展的人，就必须建构起全面发展的教育。一般认为，我国现在的中小学的全面发展教育主要包括德育、智育、体育、美育、劳动技术教育。(2)全面发展不能理解为要求学生“样样都好”的平均发展，也不能理解为人人都要发展成为一样的人。全面发展的教育同“因材施教”“发挥学生的个性特长”并不是对立的、矛盾的。人的发展应是全面、和谐、具有鲜明个性的。在实际生活中，青少年德、智、体、美、劳诸方面的发展往往是不平衡的，有时需要针对某个带有倾向性的问题强调某一方面。学校教育也常会因某一时期任务的不同，在某一方面有所侧重。

11.请论述一下家庭、学校、社会在劳动教育中的角色定位以及如何实现三者的有效联动。(不少于500字)

(1)①家庭教育是所有教育尤其是劳动教育的重要阵地。②劳动教育课程是具有教育性的劳动活动，是与家庭教育、社会教育相区别、相协同的有目的、有计划、有基础内容、有明确要求的教育活动。我国新时代劳动教育，应将学校劳动教育课程与多种形式课外活动相结合，即以劳动教育必修课为主阵地，结合“实验实习、职业体验、设计、公益服务、创客活动”等多样化课外活动，形成校内劳动与校外劳动实践相结合、课内与课外相结合的整合式新时代劳动教育新路径。③劳动教育的开展需要社会教育的密切配合。

(2)新时代劳动教育目标的实现并不是单单依靠在一种场域中的教育就能完全实现的，需要学校、家庭和社会三者协同发力，在空间上无缝对接，在时间上贯穿终身，建立立体式网络状的校内外劳动教育协同育人机制，形成学校、社会和家庭三位一体的劳动教育协同育人、全面育人的大格局。①家庭和学校应基于“生活劳动、校园生产劳动”，主要围绕“家长劳动教育观念的转变、家庭劳动教育指导、学生参与学校公共服务项目、学校生产劳动基地打造、校园劳动竞赛与节庆文化等”，建设家庭和学校劳动文化环境。②社区(乡镇)应基于“服务性劳动、公益劳动”，主要围绕社区劳动实践支持、社会风尚建设与文明素养培育、社会志愿活动等，建设社区(乡镇)劳动文化环境。③行业企业应基于“生产性劳动、创造性劳动”，主要围绕奋斗精神、工匠精神和创造精神的学习与塑造、真实劳动成果的公平性社会分配激励等，打造企业劳动文化。通过家庭、学校、社区、企业，实施多个场域的劳动文化的打造，努力形成劳动教育的社会共识、文化认同和教育自觉。

12. 习近平总书记指出，教育决定着人类的今天，也决定着人类的未来，素质教育是教育的核心。请简述素质教育的基本内涵，并结合自身学科阐述在教学实践中如何实施素质教育。

(1)素质教育的内涵包括：①素质教育是面向全体学生的教育；②素质教育是促进学生全面发展的教育；③素质教育是促进学生个性发展的教育；④素质教育是以培养创新精神和实践能力为重点的教育。

(2)实施素质教育的措施：①改变教育观念；②转变学生观；③加大教育改革的力度；④建立素质教育的保障机制；⑤建立素质教育的运行机制；⑥营造良好的校园文化氛围。(考生可结合自身学科展开论述，言之有理即可)

13. 现代教师的主要角色有哪些？

(1)“传道者”角色(人类灵魂的工程师)；(2)“授业、解惑者”角色(知识传授者、人类文化的传递者)；(3)示范者角色(榜样)；(4)“教育教学活动的设计者、组织者和管理者”角色；(5)“家长代理人、父母”和“朋友、知己”的角色；(6)“研究者”角色和“学习者”“学者”角色。

14. 试述教育机智形成的条件。

(1)有强烈的责任感。第一，教师的教育责任感越强，对教育现象的敏感度越高，就越能够对纷繁复杂的教育事件的性质迅速做出判断，才有可能对事件做出恰如其分的处理，从而体现出教师的机智。第二，教师的教育责任感也会促使教师尊重学生的人格，不采用有碍学生发展的措施，这就必然要求教师动脑筋、想办法，发挥聪明才智，创造性地处理教育事件，这也有助于教师教育机智的形成。第三，教师的教育责任感会使教师认清自己的权利范围，认识到自己发挥权利的恰当时机与实际效果，从而减少权利的滥用、教育手段的滥施。这样，教师就会主动地想方设法避免粗暴地、不负责任地对待学生，促使其提高解决问题的能力。

(2)要了解学生。只有深刻地了解学生，才能形成相应的教育机智。教师只有对学生的年龄特征、性格差异、家庭背景、生活历程、兴趣爱好、行为特点等情况有非常详细的了解，才有可能充分估计到某一教育影响或手段在学生身上发挥作用的可能性与有效性。这样，教师才能决定选取什么样的方式、选择什么样的时机、使用什么样的口吻、设置什么样的情境来取得预期的教育效果。因此，深刻地了解自己的教育对象是形成教育机智的必要条件。

(3)要有丰富的知识、经验。知识和经验是智慧的源泉，也是教育机智的源泉。教师必须要有足够的知

识和经验积累,在日常工作、学习和生活中,要不断丰富自己的知识修养,提高认识问题的能力;不断从工作和生活中获取经验,提高处理教育问题的能力。这样,才能做到面对任何问题都胸有成竹,从容应对,甚至不乏神来之笔。

(4)要有良好的心理品质。这里所说的良好的心理品质是指敏锐的观察力、丰富的想象力、灵活的思维力、积极稳定的情绪情感,这些心理品质都是形成教育机智不可缺少的条件。

15. 你认为一名合格的人民教师应具备哪些基本素养?

(1)职业道德素养。教师的职业道德素养主要包括:①对待事业:忠于人民的教育事业。热爱教育事业是教师做好教育工作的前提,是教师职业道德的基础,也是教师劳动积极性和创造性的源泉。②对待学生:热爱学生。热爱教育事业具体体现在热爱学生上。热爱学生是教师职业道德的核心,是教师高尚道德品质的表现。③对待集体:团结协作。人的培养靠单个教师是不行的,因为人的成长要受到多方面因素的影响。人才的全面成长,是多方教育者集体劳动的结晶。这就要求教师必须与各方面协同合作,以便形成教育合力,共同完成培养人的工作。④对待自己:为人师表(良好的道德修养)。教师的言行举止、品德才能、治学态度等方面都会对学生产生潜移默化的影响,成为学生学习的对象。

(2)知识素养。教师的知识素养主要包括:①政治理论修养。②精深的学科专业知识(本体性知识)。这是教师知识结构的核心,也是教师向学生传授知识的必备基础。③广博的科学文化知识。教师的知识不仅要"专",而且要"博",教师的专业知识应建立在广博的科学文化知识的基础之上。④必备的教育科学知识(条件性知识)。⑤丰富的实践知识。教师的实践性知识是基于教师个人的经验积累,在对待和处理教育问题时体现出的个人特质和教育智慧。

(3)能力素养。教师的能力素养主要包括:①语言表达能力;②组织管理能力;③组织教育和教学的能力;④自我调控和自我反思能力(较高的教育机智)。此外,教师还应该具备教育科研能力、学习能力、观察学生的能力、创新能力以及运用现代教育技术手段的能力。

(4)职业心理健康。教师心理健康的构成是指一个优秀教师所应有的心理素质,也就是教师对内外环境及人际关系有着良好适应的条件。这些条件包括高尚的职业道德、愉悦的情绪情感、良好的人际关系、健康的人格特征等。

16. 有人说要蹲下身子做教育,只有"蹲下"才能与学生的视线保持同一水平,以同一视野去看世界。请你说说"蹲下教育"的含义,并结合相关专业知识与实际情况,说说你认为在教学工作中如何贯彻这一理念。

(1)"蹲下教育"的含义:"蹲下教育"强调教师要能够在思想上、认识上放下"架子",不以权威自居,真正做到尊重学生、平等对待学生。

(2)贯彻"蹲下教育"的要求:①在课堂上与学生沟通时要注意语言上的尊重。②教师与学生沟通时要换位思考,站在学生的立场反思一下自己,是不是有对学生欠尊重的言行举止。同时,在教学和工作中,教师要坚持平等相处的原则,以心交心,克服"我说你得听""我骂你得受""我打你得服"等传统的认识,真正与学生做朋友。③要建立民主、平等的对话氛围。④要用儿童化的语言与学生坦诚交流。⑤要用实在、亲和的态度与学生交流。

17. 论述新时代教师专业发展的核心要素。

专业结构是教师专业发展的核心要素。从教师作为专业人员的角度,结合新课程对教师专业发展提出的新挑战,教师的专业结构包括:

(1)专业理想的建立。教师的专业理想是教师对成为一个成熟的教育教学专业工作者的向往与追求,它为教师提供了奋斗的目标,是推动教师发展的巨大动力。

(2)专业态度和动机的完善。教师的专业态度和动机是教师专业活动的动力基础。教师在这个方面的发展主要表现在教师的专业理想、对职业的态度、工作积极性高低以及职业满意度等。

(3)专业知识的拓展与深化。作为专业人员,教师必须具备从事专业工作所需要的基本知识。教师的专业知识(合理的知识结构)主要包括通识性知识、本体性知识、条件性知识、实践性知识。

(4)专业能力的提高。教师的专业能力是教师综合素质最突出的外在表现,也是评价教师专业性的核心因素。这种专业能力可分为教学技巧和教育教学能力两个方面。

(5)教师的专业人格。教师的专业人格是教师在教育教学工作中所必须具有的道德品质方面的自我修养,诚实正直、善良宽容、公正严格是教师专业人格的重要内容。

(6)专业自我的形成。教师的专业自我是教师个体对自我从事教育教学工作的感受、接纳和肯定的心理倾向,这种倾向将显著地影响到教师的教育教学工作效果。

18. 教师专业发展的内涵是什么?教师专业发展的主要途径有哪些?

(1)教师专业发展,是指教师在整个专业生涯中,依托专业组织、专门的培养制度和管理制度,通过持续的专业教育,习得教育教学专业技能,形成专业理想、专业道德和专业能力,从而实现专业自主的过程,它包括教师群体的专业发展和教师个体的专业发展。

(2)教师专业发展的主要途径有:①师范教育。职前师范教育阶段是师范生进行专业准备与学习,初步形成教师职业所需要的知识与能力的关键时期,是教师专业化发展的起始和奠基阶段。②入职培训。在我国,各级师范院校承担了短期的系统培训工作,目的是向新教师提供系统而持续的帮助,使之尽快转变角色、适应环境。③在职培训。在职培训是为了适应教育改革与发展的需要,为在职教师提供的继续教育,主要采取“理论学习、尝试实践、反省探究”三结合的方式,培养教师研究教育对象、教育问题的意识和能力。④自我教育。教师的自我教育就是专业化的自我建构,它是教师个体专业化发展最直接、最普遍的途径。此外,跨校合作(如教师专业发展学校),专家指导(如讲座、报告),政府教育部门和教研机构组织的各类专业培训和交流活动等也是教师专业发展的途径。

19. 有人认为要当好老师并没有必要学教育学,不学也一样能当好老师。有好多农村老师没有学过教育学,古代的孔子等伟大教育家也没有学过教育学,依然能够成为优秀的老师或教育学家。

你认为以上观点正确吗?请用有关的原理来分析。

这种观点是不正确的。

(1)教育工作是一项复杂、艰巨的工作,人类在数千年的教育实践中创造和积累了丰富的教育理论和经验,这是教师必须认真学习和研究的。有人认为当好老师没有必要学习教育学,不学也一样能当好老师,是因为他忽略了教育理论与教育实践的密切关系,没有认识到教育理论对教育实践的重要意义。教育工作者应该在正确理论的指导下进行实践,这样才能避免盲目探索,更有效地实现教育目的。为了有效地进行教育教学工作,每名教师应该熟练地掌握教育学、心理学等教育科学理论知识,只有这样,教师才能不断加深对教育活动内在规律及其表现形式的认识,才能提高在教育活动中的自由度和扩展创造空间,才能进行科学的教育,减少教育工作的盲目性。

(2)有一些农村老师或者孔子等伟大教育家之所以成为优秀教师或教育学家,就在于他们在教学实践中不断总结、不断探索,在总结与探索中积累成功的经验,抛弃违反教育规律的东西,并力求将自己在教育实践中获得的经验和体会从感性认识上升到理性认识,形成丰富的教育理论,进而更有力地指导教育实践。因此,真正重视教育实践的人,是不应也不会轻视教育理论的。

20. 请结合以人为本的学生观,说一说当学生犯了错应该怎么做。

(1)学生是发展中的人,要用发展的观点认识学生。作为发展中的人,意味着学生还是不成熟的人,是一

个正在成长的人。学生的不完善是正常的，而十全十美并不符合实际。没有缺陷，就没有发展的动力和方向。要把学生作为发展中的人来对待，理解学生身上存在的不足，允许学生犯错误。当然，更重要的是帮助学生解决问题，改正错误，从而不断促进学生的进步和发展。

(2)学生是独特的人，每个学生都有自身的独特性。独特性是个性的本质特征，珍视学生的独特性和培养具有独特个性的人，应成为我们对待学生的基本态度。因此，当学生犯了错，教师应主动了解学生，积极研究学生的特点，实现与学生的有效沟通，得到他们的认同和配合，从而达到教育他们的目的。

(3)学生是具有独立意义的人，每个学生都是独立于教师的头脑之外，不以教师的意志为转移的客观存在，绝不是教师想让学生怎么样，学生就怎么样。教师主导对学生客体的教育与改造，只是学生发展的外部条件和外因，学生的主体活动才是学生获得发展的内在机制和内因。因此，当学生犯了错，教师还应注意引导学生进行反思，启发学生自省改错，培养学生自我教育的意识和能力。

21. 请结合“以人为本”的学生观，试述教师加强教学创造性的主要策略。

(1)①“以人为本”是一种对人的主体作用与地位的肯定，强调人在社会历史发展中的主体作用与目的地位；它是一种价值取向，强调尊重人、解放人、依靠人和为了人；它是一种思维方式，就是在分析和解决一切问题时，既要坚持历史的尺度，也要坚持人的尺度，在教育教学活动中做到以学生的全面发展为本。

②以人为本的学生观主要观点包括：学生是发展中的人，要用发展的观点认识学生；学生是独特的人；学生是具有独立意义的人。

(2)要培养学生的创造能力，还要不断地改进教学方式，使教学本身具有创造性：①运用适合创造性培养的教学模式进行教学。创造性培养的教学模式主要有两种：“集体研究制”和帕尼斯创造性问题解决的教学模式。②要尽可能超越给定信息。创造性教学与其他教学的一个根本不同就在于它旨在培养学生利用给定信息获取新信息的能力，而不是把获得给定信息当成目的。所以教师的教学在时间、条件许可的情况下，要帮助学生最大限度地超越给定信息，利用给定信息创造新信息。③发挥直觉在教学中的作用。教学改革的关键在于给学生提供充分的直觉空间。在教学中尤其在人文科学的教学中，要把概念、判断、推理等逻辑思维方式限定在一个适当的范围内，留出充分的时间帮助学生去理解、体验与直觉。④帮助学生形成建构主义的知识观与学习观。要开发学生的创造力应妥善借鉴建构主义的知识观与学习观。建构主义认为，知识只是一种解释、一种假设，不是问题的最终答案，不是对现实的准确表征。与此相对应的是建构主义的学习观。建构主义的学习观认为，学习是意义的生成与建构。教学要把学生的经验作为新知识的生长点，引导学生从原有的知识经验中生长出新知识；教学不是知识的传递，是知识的处理与转换。⑤加强教学的艺术性。在教学中可以运用多种形式开发学生的创造力。一方面，要使教学活动有新颖性；另一方面，要使教学活动富于变化。

22. 论述师生关系在教育中的作用。

(1)良好的师生关系是教育教学活动顺利进行的保障。良好的师生关系能使学生产生安全感，能激发学生学习的兴趣、学习的注意力，启发学生的积极思维，乐于接受教师的引导和影响；相反，师生关系紧张，师生互不信任、彼此冷漠将会干扰教育教学活动的顺利进行。

(2)良好的师生关系是构建和谐校园的基础。良好的师生关系有利于提高教学质量，保障教育教学获得成功，推进学校和谐发展。良好的师生关系，是建设和谐校园的一个重要内容，是一所学校精神风貌、教学风貌的整体反映。

(3)良好的师生关系是实现教学相长的催化剂。良好的师生关系一方面能使学生产生“爱屋及乌”的情感,激发学生浓厚的学习兴趣,另一方面也有利于教师教学水平的发挥,实现“教学相长”的双赢局面。

(4)良好的师生关系能够满足学生的多种需要。良好的师生关系能够促进学生的心智发展,能带给学生幸福和快乐,有利于促进学生的社会成熟。总之,良好的师生关系能够满足学生多方面的需求,最终促使学生社会化水平不断提高。此外,良好的师生关系还有助于提高教师的威信,有助于师生心理健康发展。

23.“真正的教育存在于人与人心灵距离最短的时刻,存在于无言的感动之中。”请举例说明你对这句话的理解。并结合自己所任学科的某个案例阐明自己的观点。

题干中的这句话是要求创造新型的师生情感关系。新型的良好的师生情感关系是建立在师生个性全面交往基础上的情感关系,它是一种真正的人与人的心灵沟通。创造新型的师生情感关系,可从以下几个方面努力:

(1)教师要真情对待学生,关心爱护学生。要建立良好的师生情感联系,教师必须真情付出,关心爱护每一个学生,公平地对待学生,不能厚此薄彼,尤其是对于学业成绩不够理想的学生,教师要多鼓励、多关怀,相信他们的潜力,切实帮助他们。我们相信,教师的真情投入,必定会得到学生的真情回报。

(2)展现教学过程的魅力,品味教学成功的喜悦。通过联系学生生活实际,激发学生学习兴趣,增强学生情感体验,改进教学活动,使教学过程充满情趣和活力。展现教学过程的魅力,提高教学活动的吸引力,这是优化师生情感关系的重要策略。

(3)完善个性,展现个人魅力。教师要得到学生的爱戴,就得有内在的人格魅力。努力完善自己的个性,使自己拥有热情、真诚、宽容、负责、幽默等优秀品质,这是优化教师情感关系的重要保证。为此,教师要自觉提高自身修养,扩展知识视野,提高敬业精神,提升教育艺术,努力成为富有个性魅力的人。

总之,课程改革需要建立一种以师生个性全面交往为基础的新型师生情感关系,为此,需要教师全身心的真情投入,需要在完善教学活动和完善个性两个方面共同努力。

(举例:略)

24. 试述师生发生冲突的原因,新时代如何构建良好的师生关系。

(1)师生发生冲突的原因:①教师保持传统的角色心理和行为定势;②教师自身素质有待提高,没有形成正确的学生观;③在教学过程中讽刺和挖苦学生,粗暴对待学生,没有做到热爱学生;④在师生交往的初期阶段因为互相不了解,没有形成良好的沟通方式,往往容易产生误解,从而引发矛盾和冲突;⑤教师法律意识淡薄,侵犯学生的合法权益。

(2)构建良好的师生关系的方法:良好师生关系的建立要从教师、学生、环境三个方面努力。①教师方面:了解和研究学生;树立正确的学生观;提高教师自身的素质;热爱、尊重学生,公平对待学生;发扬教育民主;主动与学生沟通,善于与学生交往;正确处理师生矛盾;提高法制意识,保护学生的合法权利;加强师德建设,纯化师生关系。②学生方面:正确认识自己;正确认识老师。③环境方面:加强校园文化建设,确保校园文化的相对独立性、完整性和纯洁性;加强学风教育,促进良好学风的养成,使学生在一个良好的氛围下健康地学习。

25. 试述教学过程中师生的地位及其关系。

(1)在教学中,教师的教依赖于学生的学,学生的学离不开教师的教,教师的主导作用与学生的主体作用是相结合的。

(2)在课堂教学中,教师和学生是主要的构成因素,二者在教学活动中具有共同的目标。学生的目标是获得新知识,发展新能力;教师的目标是向学生传授知识,发展学生的能力。这就产生两者的相互作

用,从而引起教学活动。发挥教师的主导作用是学生简捷有效地学习知识、发展身心的必要条件;而调动学生的学习主动性是教师有效教学的一个主要因素。我们必须按照现代教学论,深刻认识教学过程的本质,摆正教与学的关系,发挥教师的主导作用,同时要充分重视学生的主体地位,确保学生真正成为课堂学习的主人,使他们积极、主动地学。教师的教为学生的学服务,学生的学在教师主导作用下得到落实,二者是互相作用、互相促进的关系,是辩证统一的关系。在课堂教学中,要处理好教与学的关系,防止忽视学生积极性和忽视教师主导作用的偏向,实现教师的主导作用与学生的主体作用的统一。

26. 试述如何处理师生在教学中的地位和关系,有效调动双方的主动性和创造性?

在教学中,教师的教依赖于学生的学,学生的学离不开教师的教,教与学是辩证统一的。

(1)充分发挥教师的主导作用。在教学过程中,充分发挥教师的主导作用,这是有成效的教学的普遍规律。教师是教学活动的领导者、组织者,是学生学习的指导者和学习质量的检查者,能够引导学生沿着社会所期望的方向发展,使学生成为社会所需要的人才。教学中一切不民主的强迫灌输和独断专横的做法,都算不上是教师的主导作用,都不符合现代教学的要求。

(2)充分发挥学生主体参与教学的能动性。教学中,学生是学习的主人,具有主观能动性。要发挥学生的主体作用,仅仅解决师生之间的认知关系是不够的,还要解决师生之间的人际关系。所以,要建立合作、友爱、平等、民主的师生关系。在师生交往活动中,教师应注意:要创设和谐环境,鼓励学生合作学习;要引发学生的兴趣和需要,鼓励学生积极学习、主动参与;要根据学生的年龄特征和个别差异,对学生提出严格的要求;要引发学生在思想和情感上的共鸣,培养学生的自我调控能力,鼓励学生大胆创新,同时创设自我表现的机会,使学生不断获得成功体验;要洞察学生的内心世界,尊重学生的个性和才能。

27. 关于课程的分类有许多维度。从课程内容所固有的属性来看,分为学科课程和活动课程。试比较学科课程与活动课程的区别。

(1)从目的上看,学科课程主要是向学生传递人类长期创造和积累起来的种族经验的精华,活动课程则主要是让学生获得包括直接经验和直接感知的新信息在内的个体教育性经验。

(2)从编排方式上看,学科课程重视学科知识逻辑的系统性,活动课程则强调各种有教育意义的学生活动的系统性。

(3)从教学方式上看,学科课程主要是以教师为主导去认识人类种族经验,活动课程则主要是以学生自主的实践交往为主获取直接经验。

(4)从评价上看,学科课程强调终结性评价,侧重考查学生学习的结果,而活动课程则重视过程性评价,侧重考查学生学习的过程。

28. 在新课程改革中有人认为知识最重要,有人认为能力最重要。请结合形式主义教育与实质主义教育,谈谈你对这个问题的认识。

(1)实质教育论认为教学的主要任务在于传授给学生有用的知识,至于学生的智力则无需进行特别的培养和训练。形式教育论认为教学的主要任务在于通过开设希腊文、拉丁文、逻辑、文法和数学等学科发展学生的智力,至于学科内容的实用意义则是无关紧要的。即实质主义教育强调知识的重要性,以传授知识为目的,形式主义教育强调能力的重要性,以培养能力为目的。实质主义教育与形式主义教育各有不足,实质主义教育忽略了能力培养,而形式主义教育忽略了知识的重要性。

(2)掌握知识与提高能力的关系是教学理论和实践中的一个重要问题,在当代教学改革中处于核心地位。①能力的提高依赖于知识的掌握,知识的掌握又依赖于能力的提高。首先,掌握系统的知识是提高能力的必要条件,能力的提高离不开知识和经验。其次,能力的提高又可以促进学生更好地掌握知识。

②引导学生自觉地掌握知识和运用知识，才能有效地提高他们的能力。通过传授和掌握知识来提高学生的能力，是教学的一个重要任务。但是知识不等于能力，一个学生掌握知识的多少并不一定能标志他能力发展的高低。由此可见，在教学过程中，掌握知识与提高能力互为条件、互为因果。一方面，掌握系统的知识是提高能力的基础，只有引导学生自觉积极地进行学习，正确理解知识，掌握获取和运用知识的方法，才能有效地促进他们能力的发展；另一方面，能力的提高又可以促进学生更好地掌握系统的科学文化知识。这是掌握知识与提高能力之间的必然联系。为此，必须避免单纯抓知识教学或只是注重能力发展的片面性，将掌握知识与提高能力结合起来，引导学生积极主动地学习，激发学生独立思考，给学生提供独立探索知识和运用知识解决实际问题的机会，使学生在掌握知识的同时能力得到相应的提高。

29. 2020年初，新型冠状病毒影响了全球各国人民的生产和生活，截至目前，全球被感染人员已破千万。我们国家在以习近平同志为核心的党中央坚强领导下，全国各族人民的积极配合下，戮力同心，众志成城，取得了疫情防控的阶段性胜利。各级各类学校积极响应教育部门的号召，落实“停工不停学，离校不离教”的要求，开始了史无前例的大规模的“线上教学”。

(1)结合实际，谈谈线上教学的优越性。

①线上教学打破了传统教育的时空限制，教师和学生足不出户就能进行教和学；②线上教学丰富的交互性和协作性，加强了师生之间的交流和协作，提高了教师对学生的关注度；③通过线上教学，学生能够反复在线学习，有利于巩固所学知识，节约教学资源；④线上教学提高了家长的参与度，有利于家长和教师之间互相配合，形成教育合力，共同促进学生的发展；等等。

(2)针对存在的问题，谈谈如何进一步提高线上学习的有效性。

①纸质教材与电子教材使用相结合；②教师备课与学生预习相结合；③教材内容的教学与拓展性生活相结合；④创新教法与指导学法相结合；⑤学生线上收看与教师线下指导相结合；⑥文科课程与理科课程安排相结合；⑦教学的统整性与差异性相结合；⑧教师指导与家长配合相结合；⑨学生学习与反馈评价相结合。

30. 请结合你所教学科，选择一种教育原则并试举例论述。

以语文学科为例：

(1)理论联系实际原则是指教师在教学中，应使学生从理论与实际的结合中来理解和掌握知识，并引导他们运用新获得的知识去解决各种实际问题，培养他们分析问题和解决问题的能力。这一原则是直接经验与间接经验相统一的教学规律在教学中的体现。贯彻此原则的要求有：①重视书本知识的教学，在传授知识的过程中注重联系实际；②重视引导和培养学生运用知识的能力；③加强教学的实践性环节，逐步培养与形成学生综合运用知识的能力，进行“第三次学习”；④正确处理知识教学与能力训练的关系；⑤补充必要的乡土教材。

(2)在语文教学中遵循理论联系实际原则，首先要加强语文基本知识、语文学科基本结构、语文知识相互关系的教学；其次是根据学科教育内容、任务及学生特点采取有效的方式联系实际，采用直观式的教学手段，比如，联系现实生活中的语文事例、语文现象，组织学生认识语文现象，练习语文技能，实践语文知识与能力。教学中理论联系实际的目的，主要是使学生更好地掌握这些基础知识并形成基本能力。

(考生可联系自己所教学科进行论述，言之有理即可)

31. 结合实际，试述在班级教学中如何贯彻因材施教原则。

(1)要坚持课程计划和学科课程标准的统一要求；(2)教师要了解学生，从实际出发进行教学；(3)教师要善于发现每个学生的兴趣、爱好，并创造条件，尽可能使每个学生的不同特长都得以发挥。(考生可结合

实际加以阐述,言之有理即可)

32. 请结合实际,论述运用榜样示范法的基本要求。

榜样示范法是用榜样人物的优秀品德来影响学生的思想、情感和行为的德育方法。运用榜样示范法的基本要求有:

(1)选好学习的榜样。选好榜样是学习榜样的前提。我们应从时代需要和学生实际出发,指导他们选择好学习的榜样,获得明确的方向与巨大动力。

(2)激起学生对榜样的敬慕之情。要使榜样能对学生产生力量,推动他们前进,就需要引导学生了解榜样,了解所学习榜样的身世,艰苦奋斗的经历,伟大卓越的成就,崇高光辉的品德,特别是了解那些感人至深、令人敬佩之处,使他们在心灵上对所学榜样产生爱慕、敬仰之情。这样,外在的学习榜样才能转化为学生心目中的榜样。为了培养学生对历史典范人物的情感,指导学生读一些历史著作、人物传记十分重要。为了引导学生向生活中的模范老师和优秀学生学习,应鼓励他们多接触这些人。

(3)引导学生用榜样来调节行为,提高修养。要及时地把学生的情感冲动引导到行动上来,把仰慕之情转化为道德行为和习惯,并逐步巩固和加深。

33. 试论述班级授课制的优势与不足。

(1)优势:①有利于经济有效地大面积培养人才,提高教学效率;②它以"课"为教学活动单元,能保证学习活动循序渐进,有利于学生获得系统的科学知识;③有利于发挥教师的主导作用;④有利于发挥学生集体的教育作用;⑤有利于学生德、智、体多方面的发展;⑥有利于进行教学管理和教学检查。

(2)不足:①不利于学生主体性的发挥。学生的独立性、自主性受到限制,不利于培养学生的志趣、特长。②不利于培养学生的探索精神、创造能力和实际操作能力。过于强调书本知识的学习,容易造成理论和实践的脱节。③不能很好地适应教学内容和教学方法的多样化。班级授课制中,无论用什么教学方法,都只能适应部分学生。④不利于因材施教,难以满足学生个性化的学习需要。⑤不利于学生之间真正的交流和启发。在班级授课制中,课堂成为学生生活的基本空间,课堂教学成为学生最主要的生活方式,学生的交往受到限制。⑥以"课"为基本的教学活动单位,某些情况下会割裂内容的整体性。

34. 当前,由于人口向城镇集中,有些地区学校建设没有跟上,导致学校班级人数增多,出现了"大班额"现象。2019年政府工作报告明确指出,要抓紧解决城镇学校"大班额"问题。请你就如何解决城镇学校"大班额"问题谈谈自己的看法。

(1)更新教育观念,走出教育误区。改变错误的教育观念,走出班级规模与教育效益的关系误区是当前我国各级教育工作者应首先解决的认识问题。

(2)完善教育制度,解决刚性需求。①进一步加大对并校的投入力度,增强对学校的硬件投入以扩大学校的承载能力,避免学校通过增大班级人数吸纳学生的现象出现。②结合当地实际情况采取灵活的并校政策。③对于人口流动所引发的教育供需矛盾,在可能的条件下政府可通过宏观统筹转移适龄儿童至周边地区入学,并通过财政补贴的形式解决相关学区的教育经费问题。

(3)加大资源投入,促进义务教育均衡发展。①政府有关部门应抓好现有城镇学校的扩容建设。②在新学校选址和布局时要经过充分论证,严格评估新学校的容量及其所在学区教育需求的变化状况等因素,杜绝盲目建校所引发的教育供需矛盾。

(4)严禁择校行为,消除学校和家长的择校动机。①应进一步加强教育法规建设,杜绝制度的漏洞并严格执行有关规定,从根本上逐步消除择校行为。②需要采取措施消除家长在师资层面的择校动机:一是要加大对薄弱学校教师的培训和更新力度,使其优秀教师的总量每年都有所增加;二是可采取教师流动的办法；三是对长期在薄弱学校工作的优秀教师，政府应以津贴和提供发展平台的方式予以补偿。

（考生可结合实际适当加以阐述，言之有理即可）

35. 结合实际，谈谈教师应如何备课。

（1）教师备课要做好三方面的工作，即钻研教材、了解学生、设计教法，也即备教材、备学生、备教法。①钻研教材：钻研教材有助于教师掌握教材的逻辑体系，有助于教师科学设计教学内容，有助于全面贯彻和落实课程标准。钻研教材包括钻研学科课程标准、钻研教科书和阅读有关参考资料。②了解学生：了解学生应当是全面的。首先要考虑学生总体的年龄特征，熟悉他们身心发展的特点；其次要了解学生个体的能力水平、学习态度和兴趣特点。此外，还要了解班级的一般状况，如班纪、班风等。③设计教法：教师要在钻研教材、了解学生的基础上，考虑用什么方法使学生有效地掌握知识并促进他们能力、品德等方面的发展。教师应根据教学目的、内容、学生的特点等来选择最佳的教学方法。此外，还要相应地考虑学生的学法，包括预习、学生在课堂中的学习活动与课外作业等。

（2）教师备课要写好三种计划，即学年（或学期）教学计划、课题（或单元）计划、课时计划（教案）。①学年（或学期）教学计划：该计划包括学生情况的简要分析、本学期或学年的教学总要求、教科书的章节或课题、各课题的教学时数和时间的具体安排、各课题所需要运用的教学手段等。②课题（或单元）计划：在制订学年教学进度计划的基础上，教师还要制订课题计划。课题计划一般包括课题名称、课题教学目的、课时划分、备课时的类型、主要教学方法、必要的教具。此外，教师还要考虑课题之间的联系，做好协调工作。③课时计划：即教案，它通常是指教师为某一节课而拟定的上课计划，一般包括班级、学科名称、授课时间、课题、教学目的、课的类型、教学进程等。其中教学进程是教案的主要部分，教师要详细设计和安排教学内容的展开，教学方法的运用和时间的分配等。

（考生可结合实际适当加以阐述，言之有理即可）

36. 谈谈在教学中如何发挥教师主导作用与学生主体作用的相统一。

在教学中，教师的教依赖于学生的学，学生的学离不开教师的教，教与学是辩证统一的。因此在教学中发挥教师主导作用与学生主体作用的相统一要做到：

（1）充分发挥教师的主导作用。教师主导作用是针对能否引导学生积极学习与上进而言的。它体现在：首先，在做人上能以身作则，正直、智慧、敬业、严谨、耐心、和蔼，受学生尊敬、爱戴，有很高的威信与亲和力；其次，在教学上要善于启发、诱导、讲解、示范、训练、辅导、指点和耐心服务，以便使学生积极而高效地掌握知识，提高自身的才能、修养。因而学生的主体性调动得怎样，学习的效果怎样，又是衡量教师主导作用发挥得好坏的主要标志。

（2）充分发挥学生主体参与教学的能动性。要发挥学生的主体作用，仅仅解决师生之间的认知关系是不够的，还要解决师生之间的人际关系。所以，要建立合作、友爱、平等、民主的师生关系。在师生交往活动中，教师应注意：①要创设和谐环境，鼓励学生合作学习；②要引发学生的兴趣和需要，鼓励学生积极学习、主动参与；③要根据学生的年龄特征和个别差异，对学生提出适宜的要求；④要引发学生在思想和情感上的共鸣，培养学生的自我调控能力，鼓励学生大胆创新，同时给学生创设自我表现的机会，使学生不断获得成功体验；⑤要洞察学生的内心世界，尊重学生的个性和才能。

37. （1）你认为教师的反问是否正确，为什么？

①不正确。②两位教师在布置作业时都忽视了学生的个别差异性，没有考虑不同学生的能力需求，没有做到因材施教。

(2)请说出作业布置的基本原则。

通常,作业布置要遵循的原则有:

①目的性。作业的布置应体现课堂教学要达到的教学目标,学生通过作业能进一步巩固知识,使思维能力得到进一步发展。

②针对性。针对教材和学生实际,教师要精心选择作业题。作业偏难,学生无从下手,会导致积极性下降;作业偏易,降低了教学的要求,会影响学生对知识的掌握。

③趣味性。"兴趣是最好的老师",兴趣能激发学生的学习动机,使学生以愉快的心情完成每次作业。

④层次性。学生的学习水平存在着一定的差异性,这就要求作业的布置要体现层次性,做到"优等生吃得精,中等生吃得好,后进生吃得饱"。

⑤多样性。作业的形式要新颖灵活,不拘一格。除了传统的手写作业外,应适当地运用口头练习、表演练习、实际操作等多种作业形式。

⑥开放性。传统的作业过于强调答案的唯一性和确定性,而新的课程环境要求大部分作业内容应突出开放性和探究性。也就是学生解答问题时要有一定的思考和实践,作业答案要有一定的开放性。

此外,作业必须清楚而且具体;教师要确信学生知道怎样去完成作业;作业还应该满足学生的需求。

38. 论述接受教学与探究教学各有何优点和局限,在教学中应该怎样处理二者之间的关系?

(1)传递—接受式教学模式以传授系统知识、培养基本技能为目标,其着眼点在于充分挖掘人的记忆力、推理能力以及间接经验在掌握知识方面的作用,使学生能够快速有效地掌握更多的信息量。其优点是学生能在短时间内接受大量的信息,有利于培养学生的纪律性和抽象思维能力。缺点是学生对接受的信息很难真正地理解,不利于培养学生创新思维和解决实际问题的能力。

(2)问题—探究式教学模式是一种以解决问题为中心,注重学生独立活动,着眼于创造性思维能力和意志力培养的教学模式。学生的认识能力必须通过实践才能逐步提高,所以必须让学生在学习过程中主动去探索、发现问题,并用所学知识去研究、解决问题。探究式教学模式的优点是有利于学生的创新能力、思维能力和自主学习能力的提高,有利于培养学生民主与合作的精神。缺点是教学需要的时间比较长,需要较好的教学支持系统。

(3)在教学上,两者既相互对立又相互补充。其对立的一面,推动了教学工作的改革与教学理论的演进;其互补的一面,则有助于教学整体任务全面而高质量地完成。二者各有各的独特功能与用处,无论在理论上或实践上,都难说哪一种更有价值,更为重要。强调其中任何一种、贬抑另一种,都必将导致严重的后果。在教学上,我们要扬二者之长,避二者之短。若期望学生便捷地掌握一般的基础知识与技能,则应以接受学习为主;若期望学生学得更加主动,并使学生的智能、品德与情操真正得到锻炼与提升,便要采用探究学习才能奏效。我们只能按照教学任务的具体需要来决定选用,以便两种教学相辅相成,充分发挥出其整体功能,使教学质量进一步得到全面的提高。

39. 教育评价是对教育活动满足社会与个体需要的程度做出判断的活动。请结合教学实际谈谈教育评价的功能。

(1)鉴定—选拔功能。所谓教育评价的鉴定功能,是指通过评价活动认定评价对象是否合格或达到某种程度或水平。由于教育评价是依据一定的标准进行的,这就决定了教育评价具有对评价对象鉴定优劣、区分等级、排列名次、评选先进等鉴定功能。通过评价,可以在鉴定水平的基础上,对符合某种标准要求的评价对象进行筛选,对不符合的进行淘汰,这是教育评价最初、最根本的功能,也就是选拔功能。

(2)导向—激励功能。所谓导向功能是指评价对实际的教育活动有定向引导作用,能引导评价对象向预定目标前进。教育评价的激励功能是指合理有效地运用教育评价，能够激发评价对象的内在动力，调动他们的潜能，提高他们工作的积极性与创造性等。

(3)诊断—改进功能。所谓诊断功能是指教育评价能够对教育活动中存在的问题进行揭示与分析，找到症结所在，进而提出改进和补救的建议。所谓教育评价的改进功能，是指通过评价，发现存在的问题并及时反馈信息，促使评价对象不断完善与优化。

(4)反馈—调节功能。教育评价的反馈功能是指评价者将有目的地系统采集的有关评价对象的信息及其意义，传递给评价对象，然后收集评价对象的返回信息，以此来实现评价信息的循环，借此不断修正评价对象或评价者的行为。教育评价的调节功能，是指通过评价结果的反馈，可以让评价对象了解自身发展存在的优势与不足，从而调整自己的教育或学习行为，促进自身进一步的发展。

（考生可结合教学实际加以阐述，言之有理即可）

40. 论述教师应如何评价和对待学生的考试分数。

我们应该认识到用考试分数来评价学生的知识和能力水平，既有积极意义，也有消极意义。

(1)我们不能彻底否定考试分数的作用。很多人对素质教育有这样一个认识误区：素质教育就是不要考试，特别是不要百分制考试。然而，考试作为评价的手段，是衡量学生发展的尺度之一，也是激励学生发展的手段之一。

(2)我们也不能以考试分数作为衡量学生发展的唯一标准。素质教育是促进学生全面发展的教育，倡导在教育中使每个学生都得到充分的、全面的发展，实施素质教育必须坚持“五育”并举，促进学生生动活泼地发展。而考试分数并不能说明学生各个方面的发展状况，不能作为评价学生发展的唯一标准。

(3)新课程倡导发展性评价，发展性评价强调评价内容综合化，重视知识以外的综合素质的发展，尤其是创新、探究、合作与实践等能力的发展，以适应人才发展多样化的要求；评价标准分层化，关注被评价者之间的差异性和发展的不同需求，以个体发展的独特性促进其在原有水平上的提高。发展性评价还强调评价方式多样化，将量化评价方法与质性评价方法相结合，适应综合评价的需要，丰富评价与考试的方法，如成长记录袋、学习日记、情境测验、行为观察和开放性考试等，追求评价的科学性、实效性和可操作性。

综上所述，我们不能过度重视考试分数在衡量学生发展中的作用。

41. 2019年2月，中共中央办公厅、国务院办公厅印发的《加快推进教育现代化实施方案(2018~2022年)》明确指出，要增强中小学德育针对性实效性。请你就如何提高德育工作的实效性谈谈自己的看法。

(1)要把思想政治教育、品德教育、纪律教育、法制教育作为中小学德育工作长期坚持的重点，遵循由浅入深、循序渐进的原则，确定不同教育阶段的内容和要求。

(2)加强中小学德育课程建设。中小学思想品德、思想政治课和职业学校德育课的教育教学活动是学校德育工作的主导渠道。要努力构建适应二十一世纪发展需要的中小学德育课程体系。

(3)德育要寓于各学科教学之中，贯穿于教育教学的各个环节。

(4)把丰富多彩的教育活动作为德育工作的重要载体，努力培养学生的社会责任感和奉献精神。

(5)校内教育与校外教育相结合，切实加强社会实践活动。中小学校要认真组织好学生的校外活动，积极建立中学生参加社区服务制度，把组织学生参加社会实践等校外教育活动作为加强德育工作的重要途径。要把学生的社会实践活动作为必修内容，列入教育教学计划，切实予以保障，学校要制订学生参加社区服务和社会实践活动的措施。

（考生可结合实际适当加以阐述，言之有理即可）

42. 请结合新时代立德树人的要求，论述学校德育的主要途径。

"立德树人"要求我们必须坚持德育为先；"立德树人"要求我们必须着眼促进学生全面发展；"立德树人"要求我们必须坚持培育学生健全人格；"立德树人"要求我们必须致力于"让每个孩子都能成为有用之才"的教育理想。学校可以通过以下途径来实现德育目标：

(1)思想品德课(思想政治课)与其他学科教学。思想品德课(思想政治课)与其他学科教学是学校有目的、有计划、系统地对学生进行德育的基本途径。

(2)社会实践活动。学生的思想品德是在活动和交往中形成，并通过活动和交往表现出来的。社会实践活动有助于培养学生各种良好的品德和风尚，因此，社会实践活动也是学校德育不可缺少的重要途径。

(3)课外、校外活动。课外、校外活动是整个教育体系中必不可少的组成部分，它不受教学计划的限制，是向学生进行德育的重要途径。

(4)共青团、少先队组织的活动。共青团、少先队是青少年学生自己的集体组织。通过自己的组织进行德育，有利于调动学生的积极性和创造性，培养主人翁意识以及自我教育和管理的能力，自觉提高思想认识，培养优良品德。

(5)校会、班会、周会、晨会、时事政策的学习。校会和班会是全校师生或全班同学参加的活动，能持久地潜移默化地影响学生，及时地、有针对性地解决学生的思想问题。周会主要对学生进行社会主义道德教育和时事政策教育。每天的晨会可以对随时出现的问题予以及时解决。时事政策学习是国情教育的重要途径，一般采用做政策报告，学生自己阅读报纸或收听广播，收看电视等形式。

(6)班主任工作。班主任工作是学校对学生进行德育的一个重要而又特殊的途径。通过班主任，学校可以强有力地管理基层学生集体，更好地发挥上述各个德育途径的作用。

43. 德育处于应试教育困境，试述德育产生困境的原因并对学校德育改革提出建议。

(1)德育产生困境的原因：①重智育轻德育；重知识轻能力；重课堂教学轻社会实践。②不能很好地根据青少年身心发展的特点和德育规律开展工作，存在着成人化倾向，德育内容不适应社会生活；不能很好地根据国内外形势的新变化，教育改革和发展的新任务及青少年思想工作的新情况，有针对性地对学生进行教育；不能很好地将校内教育与社会实践和家庭教育密切结合起来；不能很好地将知识传授与行为养成密切结合起来。

(2)①实现由约束性德育向发展性德育转变。规范人是为了满足社会的需要，以保持社会的稳定和发展，而重视社会及其发展的最终目的是人本身的发展。因此，德育的工具性只是其目的性本质不断生成、展开、演进的过程和表现，发展人本身应该成为德育最根本的追求。

②实现由单向灌输德育向双向互动德育转变。德育的过程实质是互动的过程，在双向互动中，才可能促进情感意识与尊重意识的成长，促进相互理解与价值观的认同和包容。双向互动德育的要旨，就是创造丰富多彩、能够真正调动学生主体性的活动，在这样的活动中，学生才会有真正的感动、理解和体悟。

③实现由单一德育模式向多样化和个性化德育模式转变。以往，我们把德育模式理解为一成不变的固定格式，德育理论模式和实践模式比较单一，而且在实际操作上把德育模式应用程式化，影响了德育的成效。当前全球对多样化和个性化要求空前增长，我国德育应根据本国、本地、本校实际及世界德育改革与创新的基本精神，创造出有鲜明个性特征的德育模式。

④实现由封闭式德育向开放式德育转变。在我国改革开放和实行社会主义市场经济体制的背景下，学校应从现实出发，让学生走进大千世界，融入社会，去亲历、观察和思考现实问题，在开放的德育环境中

产生免疫力，形成辨别真善美与假丑恶的能力。

44. 论述学校班级管理中存在的问题及解决策略。

(1)当前学校班级管理中存在的问题有:①班主任的班级管理方式偏重于专断型;②班级管理制度缺乏活力,学生参与班级管理的程度较低。

(2)解决策略是建立以学生为本的班级管理机制:①以满足学生的发展为目的。学生的发展是班级管理的核心。在现代学校教育中,班级活动完全是一种培养人的实践活动,满足学生发展的需要既是班级活动的出发点,又是班级活动的最终归宿。班级管理的实质就是让学生的潜能得到尽可能的开发。

②确立学生在班级中的主体地位。发展学生的主体性是班级管理的宗旨。在传统的班级管理模式下,学生在某种程度上是教师的"附属物",学生的主体地位根本无法得到保障。为此,现代班级管理强调以学生为核心,建立一套能够持久地激发学生主动性、积极性的管理机制,确保学生的持久发展。

③有目的地训练学生自我管理班级的能力。以训练学生自我管理能力为主的班级管理制度改革的重点是把以教师为中心的班级教育活动转变为学生自我教育的过程,即把班集体作为学生自我教育的主体。要实行班级干部的轮流执政制,让每个学生都有锻炼机会,并学会与人合作。

45. 某班的学生情况很复杂,有留守儿童、成绩差、不遵守纪律的等各种各样情况的学生。假如让你担任这个班的班主任,请结合实际论述一下你的工作措施。

作为班主任,要想管理好学生情况复杂的班级,需要组织和培养良好的班集体,具体做法如下:

(1)确定班集体的发展目标。目标是集体发展的方向和动力,一个班集体只有具有共同的目标,才能使班级成员在认识上和行动上保持统一,才能推动班集体的发展。我会结合班级具体情况制定共同的奋斗目标,充分调动班级成员的积极性,使实现目标的过程成为教育与自我教育的过程。

(2)建立得力的班集体核心。一个得力的班集体核心非常重要,它是维护和推动班级工作的有力助手,是带动全班同学实现集体发展目标的核心。我会在深入了解学生的基础上,发现和培养积极分子,以建立得力的班集体核心。

(3)建立班集体的正常秩序。班集体的正常秩序是维持和控制学生在校生活的基本条件,是教师开展工作的重要保证。班集体的正常秩序包括必要的规章制度、共同的生活准则以及一定的生活规律。我在班集体的组建阶段,就会着手正常秩序的建立工作,以保证教学活动的顺利进行。

(4)组织形式多样的教育活动。在组织各种教育活动时,我会提出明确的目的和要求,精心设计活动内容,注意形式的适龄化,调动起学生参与的积极性,使活动的开展过程变成教育过程。

(5)培养正确的舆论和良好的班风。正确的班集体舆论是一种巨大的教育力量,对班集体每个成员都有约束、激励的作用,是教育集体成员的重要手段。良好的班风是班集体大多数成员精神状态的共同倾向与表现。我会引导班级舆论方向,使学生具有正确的是非观念,以培养正确的舆论和良好的班风。

(考生可结合实际加以阐述,言之有理即可)

46. 试述小学教师应具备的班级管理能力。

(1)了解和研究学生的能力。全面正确地了解和研究学生是教师实现对班级规范化、科学化管理的前提,是提高工作质量和效率的保障。了解和研究学生的内容主要包括:①了解和研究班集体;②了解和研究学生个人。

(2)组织和培养班集体的能力。①确立目标。班集体的目标是指全班同学共同具有的期望和追求,是班级各项活动所要达到的预期目的的总概括。确立班集体目标的基本要求有:体现时代精神;有明确的导向性;注意目标的层次性。②建立班委会。建立一个勤奋学习、团结友爱的班集体,关键是要组建好班

级的领导核心,班委会是班主任做好各项工作的得力助手。③培养正确的舆论。教师培养正确的集体舆论需要做好以下几项工作:加强思想政治教育,提高认识;抓好常规训练,严格行为规范;培养集体荣誉感和责任感;奖惩分明,重视榜样作用。

(3)因材施教,重视个别学生的教育工作。班主任要注意集体教育与个别教育相结合的原则,这里着重从类别上分析对优秀生和边缘学生的教育工作。①在对优秀生的教育工作中,班主任应该加强优秀生的理想教育和客观评价优秀生。②在对边缘学生的教育转化工作中,班主任应该以爱动其心、以理服其人、以智导其行。

(4)营造轻松自由的班级环境。①布置好教室。教室的布置要符合学生的身心特点,考虑学生的年龄特点和兴趣需要,一般要简洁高雅,不宜花哨杂乱。②办好板报。板报是班级重要的传媒,在班集体建设中既有以正压邪的舆论宣传作用,又有交流思想、交流学习经验的沟通作用。③建好图书角。为促进资源共享,提高学生的写作和阅读能力,教师可动员和鼓励学生将自己喜爱的书报拿到班级与同学交流共享,这是培养奉献精神、合作意识的有效途径。

47. 班主任建设和管理班级的主要策略有哪些?

(1)创造性地规划班级发展目标。①以提高素质、发展个性为导向,制定适合班级组织实际水平的发展目标;②在班级组织的目标管理中,既要注重提高班级的整体发展水平,又要为班级中的每个成员精心规划其个性发展目标,并创造达成合理的个人发展目标的机会和条件,使班级中的每个成员在集体目标下树立自尊、自信、自强的自我形象。

(2)合理地确定学生在班级中的角色位置。①科学地诊断班级人际关系的现状;②实行班干部轮换制;③丰富班级管理角色;④正确对待班级中的非正式群体。

(3)协调好班内外各种关系。①协调班级内的各种组织和成员的关系;②协调与各任课教师及学校其他部门、其他班级的关系;③协调班级与社会、家庭的关系;④协调好班级内的各种活动和事务。

(4)建构“开放、多维、有序”的班级活动体系。在活动主题的选择和方式上须注意:①主题性活动的确定要贴近学生成长的实际;②主题性活动的开展应体现学生的全员参与和获益;③主题性活动要达到使学生在活动中有新的体悟和变化,避免形式主义;④主题性活动的形式要丰富而富有创意。

(5)营造健康向上、丰富活跃的班级文化环境。创建班级文化要做到:①营造文化性物质环境;②营造社会化环境;③营造良好的人际环境;④营造正确的舆论和班风;⑤营造健康的心理环境。

48. 结合教学实际,试述班主任工作的原则。

所谓班主任工作的原则,就是班主任在班级教育过程中必须遵循的基本要求,是班主任工作过程中处理各种矛盾和关系的基本准则或依据。主要包括:

(1)学生主体原则。学生是认识和实践的主体、自我发展的主体,是班级教育的目的。班主任在班级工作中,应该把学生当作教育过程的主体和重心,充分尊重并发挥学生的主体作用。班主任要深入了解学生的需要,调动学生的主动性和创造性,引导学生分析和评价自己,培养学生的自我教育能力。

(2)因材施教原则。班主任在工作中应当根据班级学生的时代特点、年龄特征、个别差异以及发展现状,向每个学生提出恰当的教育要求,有针对性地采用不同的教育措施,使每个学生都能得到最好的发展。班主任要全面、深入、客观地了解学生的个性特点和内心世界,根据学生的年龄特征和个性特点确定合适的教育对策。

(3)集体教育原则。班主任在工作中要注意依靠学生集体,既将学生集体看作教育的对象,也将其视为教育的主体,充分发挥集体在教育中的作用。要发挥学生集体的作用,首先就必须培养一个有共同的奋斗目标、坚强的核心力量、正确的集体舆论、良好的风气和严格的组织纪律,集体荣誉感和责任感强、朝气蓬勃、不断自我更新的学生集体;其次,班主任把集体当作教育的主体,先向集体提出要求,然后通过集体再去要求、帮助和教育个人。

(4)民主公正原则。班主任在认识到师生之间、学生之间的人格尊严和社会权利平等的基础上,应尽量地尊重、信赖学生,公平合理地对待每一个学生。班主任要保护学生的人格和尊严,尊重学生的个性和差异,尊重学生的意愿和利益,实施民主管理,一视同仁地对待学生,准确、客观地评价学生。

(5)严慈相济原则。严慈相济原则就是班主任在工作中,要把热爱学生与严格要求学生有机结合起来,让学生不断获得和产生成长与进步的内在动力。班主任要真诚地热爱和关心每一个学生的成长,在关爱的基础上向学生提出恰如其分的要求,并帮助学生努力实现。

(6)以身作则原则。班主任在工作中要严格要求自己,自正其身,率先垂范,为学生树立良好的榜样,用"身教"来影响和感染学生。班主任与学生长期生活在一起,与学生接触最多,是引起学生行为变化的一种最重要的因素,他的一言一行势必对学生产生重要的影响。因此,班主任对学生提出的要求,自己也要做到,要严于律己,率先垂范。

(考生可结合教学实际加以阐述,言之有理即可)

49. 班主任是班级的灵魂,全面负责一个班级学生的思想、学习、健康和生活等工作。班主任是班级的组织者、领导者和教育者,也是班级中全体任课教师教学、教育工作的协调者。假如你是一名班主任,你认为班主任的主要工作有哪些?

(1)了解和研究学生。了解和研究学生是班主任工作的前提和基础,包括对班级群体和班级个体的了解和研究。(2)有效地组织和培养优秀班集体。组织和培养班集体是班主任工作的中心环节。(3)协调校内外各种教育力量。班主任要对班级实施有效的教育与管理,必须要争取校内外各种教育力量的配合,调动各种积极因素。(4)学习指导、学习活动管理和生活指导、生活管理。(5)组织课外、校外活动和指导课余生活。(6)建立学生档案。(7)操行评定。操行评定有利于帮助学生正确认识自己、有利于学生家长了解子女的综合表现、有利于任课教师了解学生。(8)班主任工作计划与总结。班主任工作总结一般分为两类:全面总结和专题总结,一般在学期学年末进行。(9)个别教育工作。班级个别教育是集体教育的深化和补充。只有使每个学生都得到发展,班集体才能健康地发展。班主任做好个别教育工作,包括做好先进生的教育工作、中等生的教育工作和后进生的教育工作。(10)班会活动的组织。(11)偶发事件的处理。

50. 试述在教学过程中班主任应该怎样做好后进生的教育转化工作。

(1)后进生通常指那些学习积极性不高、学习成绩暂时落后、不太守纪律的学生。后进生一般具有如下心理特征:①不适度的自尊心;②学习动机不强;③意志力薄弱。

(2)对于后进生的教育,班主任应注意:①关心爱护后进生,尊重他们的人格;②培养和激发他们的学习动机。

专题二　心理学

1. 试述学习和研究中等学校心理学的意义。

(1)中等学校心理学有助于认识学与教的心理活动规律,科学育人;(2)中等学校心理学有助于教学改革,提高教育质量;(3)中等学校心理学有助于提高教师的心理素质;(4)中等学校心理学有助于开展教育科学研究。

2. 论述遗忘的规律以及影响遗忘进程的因素。

(1)遗忘的规律:最早对遗忘进行实验研究的是德国心理学家艾宾浩斯,他提出了著名的"遗忘曲线"。这条曲线表明,遗忘是有规律的,即遗忘的进程是不均衡的,其趋势是先快后慢、先多后少,呈负加速,且到一定的程度就不再遗忘。

(2)影响遗忘进程的因素有:①学习材料的性质。学习材料的性质指材料的种类、长度、难度以及意义性。②系列位置效应。系列位置效应就是指接近开头和末尾的记忆材料的记忆效果好于中间部分的记忆效果的趋势。③识记材料的数量和学习程度。一般来说,材料过多、学习程度太小或太大,都不利于对知识的记忆。实验证明,过度学习达到50%,即学习的熟练程度达到150%时,学习的效果最好;超过150%时,效果并不递增,很可能引起厌倦、疲劳而成为无效劳动。④记忆任务的长久性与重要性。一般来说,长久的识记任务有利于材料在头脑中保持时间的延长,不重要和未经复习的内容则容易遗忘。⑤识记的方法。研究表明,以理解为基础的意义识记比机械识记的效果好得多。⑥时间因素。⑦情绪和动机。

3. 简述思维的认知加工方式,并请谈谈如何在课堂上加强学生的思维?

(1)思维的认知加工方式有:①分析与综合;②比较与分类;③抽象与概括;④系统化与具体化。

(2)在课堂上加强学生思维的方法有:①让学生分析研究学习的材料;②进行抽象概括,得出结论,概括大意;③应用得出的结论解决实际问题;④总结归纳所学的知识,使之系统化。

4. 研究表明,小学儿童思维是一种过渡思维,即从具体形象思维向抽象逻辑思维过渡,其思维带有很大的具体性。根据小学儿童思维特点,如何进行教育教学?

(1)激发求知欲,增强思维的自觉性;(2)创建问题情境,培养学生提出问题的能力;(3)发挥学生学习的主动性,培养独立思考的习惯;(4)提高学生的言语表达水平。

5. 联系实际,谈谈什么是创造性思维,教师应如何培养学生的创造性思维。

(1)创造性思维是指用独特、新颖的方法解决问题的思维过程。它是人类思维的高级形态,是智力的高级表现。

(2)培养学生的创造性思维的措施:①运用启发式教学,保护学生的好奇心,激发学生的求知欲,培养创造性动机,调动学生学习的积极性和主动性;②培养学生的发散思维,并将发散思维和集中思维相结合;③发展学生的创造性想象能力;④组织创造性活动,正确评价学生的创造性;⑤开设具体的创造性课程,教授学生创造性思维策略和创造技法;⑥结合各学科特点进行创造性思维训练。

6. 试论述如何培养小学生的思维能力。

(1)创设问题情境,巧设疑点,激发思维。教师应根据教学的需要,创设具体而生动的问题情境,使小学生不能马上解决问题,从而激发小学生的求知欲,然后再引导他们去发现问题、分析问题,并试图去解决问题,在发现问题和解决问题的过程中培养小学生的思维能力。

(2)抓住疑点,启发诱导。当小学生出现疑难问题不能解答时,教师要抓住时机,激发学生的"愤""悱"状态,然后再启发诱导,让小学生形成顿悟,从而解决问题,而不是告知答案。

(3)运用直观材料,启迪思维。在教学中通过展示与小学生的生活经验相联系的直观材料,让小学生获得感性经验,在此基础上引导学生进行抽象的概括,从而发现和掌握原理,促进思维的发展。

(4)动手操作,在活动中发展思维。小学生思维的特点是具体形象思维占优势,且在很大程度上依靠动作思维。因此,在教学中有时安排小学生动手操作,借助动作思维去发现规律和解决问题,也是促进小学生思维发展的有效手段。

(5)运用讨论的方式,提高学生的思维能力。在教学中教师可以组织学生对所学内容进行讨论,让大家各抒己见,相互质疑和比较,从而在相互质疑中促进小学生思维的发展。

(6)鼓励一题多解,培养发散思维。在课堂练习中,教师要有意识地引导学生从不同的角度思考问题,寻求不同的答案;在家庭作业中,也鼓励小学生求异,鼓励一题多解;在遇到疑难问题时,教师可以运用头脑风暴法,让学生自己出主意、想办法;在教学过程中,教师也可以鼓励小学生发表不同的见解,鼓励一题多问,而不要局限于固定的答案。

7. 如何运用注意规律提高小学生的课堂注意力?

(1)运用注意规律组织教学。①根据注意的外部表现了解学生的听课状态;②运用无意注意的规律组织教学;③运用有意注意的规律组织教学;④运用两种注意相互转换的规律组织教学。

(2)在教学过程中培养学生良好的注意品质。①要增强注意的稳定性,就要防止注意的分散;②要扩大注意的广度,需要学生积累本学科相当的知识经验和一定的素养;③注意的分配在教学中有实践意义,要训练学生的注意分配的能力;④注意的转移同人的先天的神经活动类型有关,但也可以通过对外在因素的控制和后天训练加以改善和提高。

(考生可结合教学实际进行阐述,言之有理即可)

8. 由于父母不让看电视剧离家出走,和同学产生矛盾就拒绝上学,因为老师没收了手机就轻生,专家称现在的孩子普遍缺乏"挫折教育",心理承受力太差。请联系实际谈谈如何开展挫折教育,增强学生的抗挫折力。

在进行挫折教育时重点可放在两方面:一是提高学生的挫折承受力;二是教会学生积极适应挫折的方法和技术。(1)提高学生挫折承受力的方法有:①帮助学生树立正确的挫折观;②帮助学生确定适当的抱负水平;③适度感受挫折,锻炼挫折承受力。(2)教会学生积极适应挫折的方法和技术。常见的积极适应方式有:理智的压抑、升华、补偿、幽默、合理宣泄、认知改组等。

9. 请论述马斯洛需要层次理论的主要内容,并对该理论进行评价。

(1)主要内容:早期,马斯洛根据需要出现的先后及强弱顺序,把需要分成了五个层次,即生理需要、安全需要、归属与爱的需要、尊重需要和自我实现的需要。后来他又补充了求知需要和审美需要,即需要由五个层次扩充为七个层次。

①生理需要是人对食物、水分、空气、睡眠、性等的需要。它是人的所有需要中最基本、最原始,也是最强有力的需要,是其他一切需要产生的基础。②安全需要是指希求受到保护与免遭威胁从而获得安全感的需要。③归属与爱的需要,也称社交需要,是指每个人都有被他人或群体接纳、爱护、关注、鼓励及支持的需要。④尊重需要是在生理、安全、归属与爱的需要得到基本满足后产生的对自己社会价值追求的需要,包括自尊和受到别人的尊重两个方面。⑤求知需要,又称认知与理解的需要,是指个人对自身和周围世界的探索、理解及解决疑难问题的需要。⑥审美需要是指对对称、秩序、完整结构以及对行为完美的需要。⑦自我实现的需要是最高层次的需要,是在上述几种需要得到满足后产生的。所谓"自我实现",即追求自我理想的实现,是充分发挥个人潜能、才能的心理需要,也是一种创造和自我价值得到体现的需要。

马斯洛对以上七种需要进行了进一步的区分:位于需要层次底部的四种需要被称为缺失需要,它们是个体生存所必需的,必须得到一定程度的满足。但是,这些需要一旦满足,由此产生的动机就会趋于消失。后三种需要是成长需要,它们虽不是我们生存所必需的,但对于我们适应社会来说却有重要的积极意义。

(2)评价:马斯洛的需要层次理论是一种较为完备的需要理论,它对需要的实质、结构、归属及作用都作了系统的探讨,这对进一步研究这一重大问题、建立科学理论是有积极意义的。马斯洛的需要层次理论在行为科学、组织行政、企业管理中已经有了广泛的应用。但是,这一理论也存在明显的不足:①最初马斯洛的理论机械性很强,后来论述没有那样刻板,但总的来说,是机械的满足上升的层次论;②马斯洛的自

我实现途径是脱离社会实践的、封闭的方式；③他的需要层次论带有假设性质，缺乏客观测量指标，是抽象地谈论人的需要与自我实现。

10. 结合实际情况，论述教师激发学生学习兴趣的策略。

教师激发学生学习兴趣的策略有：(1)通过各种活动发展学生的兴趣；(2)通过提高教学水平，引发学生兴趣；(3)引导学生将广泛兴趣与中心兴趣结合起来；(4)要根据学生的年龄特征来提高学生的学习兴趣；(5)要根据学生的知识基础培养学生的学习兴趣；(6)通过积极的评价使学生的兴趣得以强化；(7)充分利用原有兴趣的迁移。

11. 中国有句俗语："人各有所长。有人工于计算，有人擅长写作……"加德纳说，每个孩子都是潜在的天才儿童，只是经常表现为不同的形式。请问这反映了什么智力理论？请简述其基本观点，并阐述对教育工作的启示。

(1)题干所述体现了多元智力理论的观点。多元智力理论是由美国心理学家加德纳提出来的。加德纳认为，人的智力结构中存在着七种相对独立的智力，这七种智力在每个人身上的组合方式是多种多样的，每个人在不同领域的智力发展水平是不同步的。有人可能在某一两个方面是天才，而在其余方面却是蠢材；有人可能每种智力都很一般，但如果他所拥有的各种智力被巧妙地结合在一起，则可能在解决某些问题时会显得很出色。

(2)多元智力理论对我国当前教学改革的启示如下：

①积极乐观的学生观。加德纳认为，每个学生的智力都有自己独特的表现形式，有自己的智力强项和学习风格。因此，我们应对所有的学生都抱有热切的成长希望，充分尊重每一个学生的智力特点，使教学真正成为愉快教学、成功教学，而不是把学生区分为三六九等。

②科学的智力观。长期以来，学校教育偏重于培养学生的言语智力和数理—逻辑智力，而忽视了对学生其他智力的开发和培养。根据多元智力理论，我们必须认识到学生智力的多样性、广泛性和差异性，把培养学生的多种能力放在同等重要的地位。

③因材施教的教学观。由于每个学生的智力都是多元的，其作用方式也是有差异的，因此，教师应该根据学生的智力特点进行教学，要善于针对不同智力特点的学生，尤其是要根据学生智力结构中的优势智力，采用多元化的教学模式和教学方式，使不同的学生都能得到最好的发展。

④多样化人才观和成才观。传统的观点认为，只有读了大学的人才是人才，也只有通过上大学这条路才有可能成才。而根据多元智力理论，每个学生都有自己的智力优势，只要这一优势智力得到了合理的发展，都有可能成为优秀人才，成才的道路也应该是多样化的。

12. 如何在教学过程中促进学生智力的发展？

智力也即智能，是使人能顺利完成某种活动所必需的各种认知能力的有机结合。促进学生智力（能力）发展的措施有：(1)注重对学生早期能力的培养；(2)在教学中要加强学生知识与技能的学习与训练；(3)在教学中要针对学生的能力差异因材施教；(4)在教学中要积极培养学生的元认知能力和创造能力；(5)社会实践活动是培养学生能力的基本途径；(6)要注意培养学生的非智力因素。

（考生可结合教学实际加以阐述，言之有理即可）

13. 黏液质的典型特征有哪些？如何对黏液质的学生进行因材施教？

(1)黏液质的人稳重，但灵活性不足；踏实，但有些死板；沉着冷静，但缺乏生气。

(2)对黏液质的学生，教师要采取耐心教育的方式，让他们有考虑和做出反应的足够时间，培养其生气勃勃的精神、热情开朗的个性和以诚待人、工作踏实、顽强的优点。

专题三 教育心理学

1. 请结合实际论述教育心理学对教师在教育实践中的作用。

(1)帮助教师准确地了解问题;(2)为实际教学提供科学的理论指导;(3)帮助教师预测并干预学生;(4)帮助教师结合实际教学进行教育研究。

2. 有个学生家长说:"孩子,我想走进你的心里,你不让;我想让你走进我的心里,你不进。"学生进入少年时期后,经常表现出与家长、教师的对立,而与同伴关系密切。试分析成人与孩子心理冲突的原因及教育对策。

(1)原因:少年期又称学龄中期,大致相当于初中阶段,是个体从童年期向青年期过渡的时期,具有半成熟、半幼稚的特点。整个少年期充满独立性和依赖性、自觉性和幼稚性错综的矛盾。这一时期也被称为"心理断乳期"或"危险期"。闭锁性也是中学生心理发展的特点之一。所谓闭锁性是指人的心理活动具有某种含蓄、内隐的特点,它是相对于人的外部行为表现与内部心理活动之间的一致性而言的。这种闭锁性首先表现在出现了"内心的秘密"。青少年的闭锁性还表现在与人交往中变得不那么坦率了,即使对最亲近的人也不能做到毫无保留,有时可能以各种形式拒绝回答。学生进入少年期后,经常表现出与家长、教师的对立,表明学生出现了反抗心理。学生出现反抗心理和行为的原因有:①独立意识受到阻碍;②自主性被忽视或受到妨碍;③个性伸展受到阻碍;④成人强迫学生接受某种观点时,后者拒绝盲目接受,表现出反抗的倾向。

(2)教育对策。①发挥教师的作用,加强教育,促进自我同一性的发展。②尊重中学生的独立自主性。中学时期的个体由于开始寻求独立,可能会表现出拒绝接受成年人的建议,要摆脱父母的控制成为一个独立自主的人,这是一个正常而必需的过程。这样,教师角色和父母的相似就意味着拒绝教师的权威,正如拒绝父母的权威一样。中学生一般愿意以类似成人的行为做出反应,这一原理意味着:第一,中学生绝不应该被当作"孩子";第二,绝不应该在其他同伴或其他有关的人面前轻视中学生;第三,给以明确的指示,让学生独立完成任务;第四,注意同伴之间的影响,同样一个管理措施,在小学行得通,在中学就不一定行得通。③增进师生间的理解与互动。④建立和谐的亲子关系:第一,正确地看待父母;第二,学会理智地对待父母的态度和行为;第三,与父母沟通,青少年要多与父母进行思想交流。

3. 奥苏贝尔说:"假如让我把全部教育心理学仅仅归结为一条原理的话,那么,我将一言以蔽之:影响学生学习新知的唯一最重要的因素,就是学习者已经知道了什么,要探明这一点,并应据此进行教学。"请谈谈你的理解和看法。

奥苏贝尔的话强调了教学应该符合学生的认知水平。因为学生的学习总是在原有的知识基础上进行的,总是将新的知识与认知结构中已有的有关知识建立起联系而进行的。这对我们的启示有:(1)注重对学习者的知识经验、起点能力的分析。通过了解学生的知识经验、起点能力可以准确地确定教学起点,这能提高学习效率,保证收到良好的教学效果,也有助于正确地选择教学方法和教学媒体。(2)充分发挥学生的主体地位。在教学时基于学生原有的知识经验,强调学生的自主性和能动性,引导学生在学习过程中能够主动发现、分析和解决问题。

4. 试述埃里克森的人格发展理论(前五阶段)及其教育启示。

(1)主要内容:美国精神分析学家埃里克森认为,人格发展是一个逐渐形成的过程,必须经历八个顺序不变的阶段,其中前五个阶段属于儿童成长和接受教育的时期。每一个阶段都有一个由生物学的成熟与社会文化环境、社会期望之间的冲突和矛盾所决定的发展危机。成功而合理地解决每个阶段的危机或冲突将使个体形成积极的人格特征和健全的人格。①基本的信任感对基本的不信任感(0~1.5岁)。本阶段

的发展任务是发展对周围世界，尤其是对社会环境的基本态度，培养信任感。②自主感对羞耻感(2～3岁)。本阶段的发展任务是培养自主性。③主动感对内疚感(4～5岁)。本阶段的发展任务是培养主动性。④勤奋感对自卑感(6～11岁)。本阶段的发展任务是培养勤奋感。⑤自我同一性对角色混乱(12～18岁)。本阶段的发展任务是培养自我同一性。

(2)教育启示：①小学生人格发展的培养。第一，应该创设良好的学习环境，保证每个学生都能确立适当的目标，并有机会通过努力获得成功。在小学教育中，我们要重视培养学生勤奋刻苦的学习态度，引导他们体验通过认真努力而获得好成绩后的成就感和幸福感。第二，对丧失信心的学生提供适当的支持，帮助他们获得成功的体验。对于学生在学习方面的落后和不足，不能一味地批评，而要多给予鼓励。对于那些在学习上有一定困难的学生，要特别注意培养其自信心，引导他们使用正确的学习方法去努力学习。而当这些学生获得了一定的进步后，一定要及时表扬、鼓励，使其充分体验此时内心所获得的快乐。第三，建立多维度的成功评价体系。让学生充分发挥自己的特长和优点，同时教育学生以自我为参照标准进行纵向比较，淡化横向的社会比较，这有助于不同类型的学生体验成功，获得自信，满足心理发展的需要。第四，小学教师要特别注意自己的一言一行，要平等而公正地对待学生，不要让任何一个学生因为老师对待自己的态度而感到自卑。

②中学生人格发展的培养。第一，发挥教师的作用，加强教育，促进自我同一性的发展。教师通常是最合适和最有可能帮助学生获得同一性的人。学生选择某一特殊的专业，往往是受这一专业的教师的人格力量的影响。一个教学卓有成效、热情的教师可以激发学生强烈的学习兴趣，而且这种教师往往能对学生在该专业的成就给予及时、合理的反馈和强化，进而影响学生对职业的选择和同一性的形成。教师要理解学生需要大量的机会来体验各种职业和社会角色，同时要提供机会让学生了解社会，了解自我，通过讨论的形式使他们解决自身所面临的问题。在这当中，要始终给予学生有关其状况的真实的反馈信息，以便学生能正确认识自己，确定合理的、适当的自我同一性。第二，尊重中学生的独立自主性。中学时期的个体由于开始寻求独立，可能会表现出拒绝接受成年人的建议。要摆脱父母的控制成为一个独立自主的人，这是一个正常而必需的过程。这样，教师角色和父母的相似就意味着拒绝教师的权威，正如拒绝父母的权威一样。中学生一般愿意以类似成人的行为做出反应，这一原理意味着：中学生绝不应该被当作“孩子”看待；绝不应该在其他同伴或其他有关的人面前轻视中学生；给以明确的指示，让学生独立完成任务；注意同伴之间的影响，同样一个管理措施，在小学行得通，在中学就不一定行得通。

5. 分析罗杰斯非指导性教学理论的基本内涵及其对教学改革的基本启示。

(1)学生中心模式又称为非指导性教学模式。在这个模式中，教师最富有意义的角色不是权威，而是“助产士”和“催化剂”，是一个“为学习提供便利条件的人”“学习的促进者”。

(2)启示：

①促进生命关怀的人文观。教师在学生成长中应该扮演充满关怀的促进者角色，应该成为学生成长的领路人，而不仅仅是教学中的权威和领导者。

②增进“有意义学习”的学习观。教师在课堂教学中应该努力创设适宜的教学氛围，唤醒学生的主体意识、经验意识、问题意识、创造意识，使学生能更为主动地投入到学习之中。

③追求自由发展的过程观。罗杰斯的自由学习过程观启示我们，努力创设一个自由、和谐、富有生机而有序的教学环境是塑造自主发展品性，培养富有创新意识和创造潜能的完整的人的重要一环。教师除了应该具备必要的教学机智外，还应该在处理好课堂的预设与生成，协调好课堂的合理有序与自由流动方面有更多的准备并掌握更多的教学技术。

④实施动态开放的评价观。罗杰斯认为学习是一种自发的、自觉的、促进人不断走向自我实现的过程，这个过程只有学习者自己最有权利做出诠释。而且，他还认为，当学习者比较多地注意自我批评和自我评价而不是靠别人的评价时，独立性、创造性、自我实现的意愿等因素就会对有意义的学习起促进作用。由于自我的成长是一个流动的过程，因此，自我的评价或教师对学生的评价也必将是一个动态的、发展的过程。

⑤培养"完整的人"的目的观。罗杰斯认为，教学的主要目标是培养"完整的人"。罗杰斯心目中的"完整的人"的形象实际上是可以自如应对生活中的一切问题的"完美的人"。这样的"超人"更多的是寄托了罗杰斯的教育理想，代表了人的发展所能达到的一种境界，但这一思想却使我们对教育的前景及人的潜能充满了无限希望。

⑥对基础教育领域贯彻"科学发展观"的借鉴意义。罗杰斯的"以学习者为中心"的教学思想对我国基础教育发展的启示还表现在它对我国基础教育领域贯彻党中央提出的构建和谐社会，实施科学发展观的借鉴意义。在学校教育中，我们更应该强调情感的作用，尊重学生的需要和感受，强调信任和包容，强调真诚、接受和移情性理解，努力建设和谐的人际关系。

6. 结合教学实际，试述建构主义的知识观、学生观。

(1)建构主义知识观。建构主义在一定程度上对知识的客观性和确定性提出质疑，强调知识的动态性。①建构主义认为知识并不是问题的最终答案，而是随着人类进步而不断改正并随之出现的新的假设和解释；②知识并不能精确地概括世界的法则，而是需要针对具体情境进行再创造。此外，知识不可能以实体的形式存在于具体个体之外，尽管我们通过语言符号赋予了知识一定的外在形式，但学习者仍然会基于自己的经验背景进行理解并建构属于自己的知识。

(2)建构主义学生观。建构主义非常强调学习者本身已有的经验结构，认为学习者在学习新信息、解决新问题时往往可以基于相关的经验，依靠其认知能力形成对问题的解释。通过对儿童早期认知发展的研究也发现，即使是年龄非常小的孩子也已经形成了远比我们所想象的要丰富得多的知识经验。因此，教学不能无视学生的已有经验，而是要把儿童现有的知识经验作为新知识的生长点，引导儿童从原有的知识经验中发展出新的知识经验。

(考生可结合实际适当加以阐述，言之有理即可)

7. 建构主义者认为，学生不是一张白纸，不是空着脑袋进教室的，教师要成为学生建构意义的帮助者。请谈谈在教学过程中教师应该如何发挥帮助作用。

建构主义者认为，教师是学生学习的帮助者和合作者。因此，在教学过程中可从以下方面发挥帮助作用：(1)帮助学生形成思考、分析问题的思路，启发他们对自己的学习进行反思，逐渐让学生对自己的学习能自我管理、自我负责；(2)创设良好的、情境性的、富有挑战性的、真实的、复杂多样的学习情境，鼓励并协助学生在其中通过实验、独立探究、讨论、合作等方式学习；(3)组织学生与不同领域的专家或实际工作者进行广泛的交流，为学生的探索提供有力的社会性支持。

8. 结合实际，试述建构主义教学模式中"随机进入教学"的具体操作。

(1)呈现情境。向学习者呈现与当前学习内容相关联的情境。(2)随机进入学习。向学习者呈现与当前所选内容不同侧面的特性相关联的情境，引导学习者自主学习。(3)思维发展训练。教师应特别注意发展学生的思维能力，引导学生发展元认知能力，使学生意识到自己在问题解决过程中所运用的认知策略的优劣；帮助学生建立思维模型；培养学生的发散思维能力等。(4)协作学习。围绕通过不同情境所获得的认识和所建构的意义展开小组讨论。(5)效果评价。对学习效果进行评价。

(考生可结合实际适当加以阐述，言之有理即可)

9. 结合实际,论述建构主义学生观在教育中的应用。

(1)建构主义非常强调学习者本身已有的经验结构,认为学习者在学习新信息、解决新问题时往往可以基于相关的经验,依靠其认知能力形成对问题的解释。通过对儿童早期认知发展的研究也发现,即使是年龄非常小的孩子也已经形成了远比我们所想象的要丰富得多的知识经验。因此,教学不能无视学生的已有经验,而是要把儿童现有的知识经验作为新知识的生长点,引导儿童从原有的知识经验中发展出新的知识经验。

(2)从学习者的角度出发,建构主义认为学生是意义的主动建构者,而不是外部刺激的被动接受者和被灌输的对象。因此,在教学过程中除了传统知识的传授,还应当充分发挥学生的主体地位,强调学生的自主性和能动性,在学习过程中能够主动发现、分析、解决问题。学生由被动的知识接受者变为主动的信息搜集者,教师由知识的灌输者变为引导学生建构知识意义的领路人,教师在学生心目中的地位也不再是不可亵渎的权威,而是学生学习的辅助者,师生之间成为共同的学习伙伴和合作者。

10. 试述建构主义学习理论的教学意义。

(1)从建构主义知识观出发,建构主义强调知识是个体对于现实的理解和假设,其受到特定经验和文化等的影响,因此每个人对知识所建构的理解有所不同。教师在教学过程中应当更加重视学生的个性化特点,因材施教,要让每个学生都能够按照他的知识经验建构出新的知识内容。

(2)从教学的角度来说,建构主义认为学习就是主体对学习客体的主动探索、不断变革,从而建构对客体意义理解的过程。因此,在教学中应该注意学生的有意义建构,通过适当的教学策略启发学生能够自主建构认知结构。

(3)从学习者的角度出发,建构主义认为学生是有意义的主动建构者,而不是外部刺激的被动接受者和被灌输的对象,因此,在教学过程中除了传统知识的传授,还应当充分发挥学生的主体地位,强调学生的自主性和能动性,在学习过程中能够主动发现、分析和解决问题。学生由被动的知识接受者变为主动的信息搜集者,教师由知识的灌输者变为引导学生建构知识意义的领路人,教师在学生心目中的地位也不再是不可亵渎的权威,而是学生学习的辅助者,师生之间成为共同的学习伙伴和合作者。

11. 阿特金森认为,在面对成功概率为50%的任务时,人们存在两种相反的选择倾向。阐述该理论的主要观点及其教育启示。

(1)主要观点:成就动机是指个体努力克服障碍,施展才能,力求又快又好地解决某一问题的愿望或趋势。阿特金森把个体的成就动机分为两类:力求成功的动机和避免失败的动机。力求成功者的目的是获取成就,即通过各种活动努力提高自尊心和获得心理上的满足,成功概率为50%的任务是他们最有可能选择的。避免失败者则往往通过各种活动防止自尊心受伤害和产生心理烦恼,倾向于选择非常容易或非常困难的任务。如果成功的概率大约是50%时,他们会回避这项任务。

(2)教育启示:①在教育实践中对力求成功者,应通过给予新颖且有一定难度的任务,安排竞争的情境,严格评定分数等方式来激起其学习动机;②对于避免失败者,则要安排少竞争或竞争性不强的情境,如果取得成功则要及时表扬,给予强化,评定分数时要求稍稍放宽些,并尽量避免在公共场合下指责其错误;③由于力求成功者的动机比避免失败者的动机具有更大的主动性,因此,对学生还应增加他们力求成功的成分,使他们不以避免失败为满足,而以获取成功为快乐,这样才能真正调动一个人的积极性。

12. 试论述韦纳的成败归因理论及其在教育上的意义(联系实际)。

(1)美国心理学家韦纳对归因进行了系统的研究。他把人经历过事情的成败归结为六种原因:能力、努力程度、工作难度、运气、身心状况、外界环境。又把上述六项因素按各自的性质,分别归入三个维度:内部归因和外部归因、稳定性归因和非稳定性归因、可控制归因和不可控制归因。

(2)韦纳的归因理论在教育上具有重要意义：

①教师根据学生的自我归因可预测其此后的学习动机。学生自我归因虽未必正确，但却是重要的。因为归因促使学生在从了解自己到认识别人的过程中，建立起明确的自我概念，促进自身的成长。而如果学生有不正确的归因，则更表明他们需要教师的辅导与帮助。

②长期消极的归因不利于学生的人格成长，这就需要教师利用反馈的作用，并在反馈中给予鼓励和支持，帮助学生正确归因，重塑自信。韦纳发现，在师生交互作用的教学过程中，学生对自己成败的归因，并非完全以其考试分数的高低为基础，而是受到教师对他的成绩表现所做反馈的影响。

③通过归因训练改变学生消极的自我认识，提高学习动机。根据归因理论，学生将成败归因于努力比归因于能力会产生更强烈的情绪体验。努力而成功，体验到愉快；不努力而失败，体验到羞愧；努力而失败，也应受到鼓励。因此，教师在给予奖励时，不仅要考虑学生的学习结果，而且要联系学生学习进步与努力程度的状况来看，强调内部、稳定和可控制的因素。在学生付出同样努力时，对能力低的学生应给予更多的奖励；对能力低而努力的人给予最高评价；对能力高而不努力的人则给予最低评价，以此引导学生进行正确归因。

(考生可结合实际适当加以阐述，言之有理即可)

13. 结合中小学实际教学情况，试述激发学生学习动机的方法。

(1)创设问题情境，激发兴趣，维持好奇心；(2)设置合适的目标；(3)根据作业难度，恰当控制动机水平；(4)表达明确的期望；(5)提供明确的、及时的、经常性的反馈；(6)合理运用外部奖赏；(7)有效地运用表扬；(8)对学生进行竞争教育，适当开展学习竞争。

14. 在教学中如何促进学生的学习迁移？请举例说明。

学习迁移也称训练迁移，是指一种学习对另一种学习的影响，或习得的经验对完成其他活动的影响。促进学生有效的迁移的措施有：

(1)改革教材内容，促进迁移。①精选教材，提高对概念和原理的理解水平；②合理编排教学内容，突出知识的组织特点。

(2)合理编排教学方式，促进迁移。①在教学过程中应当按照从一般到个别、从整体到细节的顺序，渐进分化；②应当注意将各个内容综合贯通，促进知识的横向联系；③依据学生学习的特点，教学过程应由浅入深、由易到难、由已知到未知；④在具体操作上，可以将知识分成若干单元，每个单元还可分成若干小步子，让后一步的学习建立在前一步的基础之上，前一步的学习为后一步提供固定点。

(3)教授学习策略，提高学生的迁移意识。教师在教学中要重视引导学生对各种问题进行深入分析、综合、比较、抽象、概括，帮助学生认识问题之间的关系，寻找新旧知识或课题的共同特点，归纳知识经验的原理、法则、定理、规律的一般方法。

(4)改进对学生的评价。教学条件下的评价作为教学活动的组成部分，同样具有教育性，有效运用评价手段对学生形成积极的学习态度，对学习迁移都具有积极的作用。

15. 试论述定势对学习迁移的作用。

定势就是指由先前影响所形成的往往不被意识到的心理准备状态，它将支配人以同样的方式去对待同类后继活动。定势是在连续活动中发生的，前面的活动经验为后面的活动形成一种准备状态。它使人倾向于在认识方面或外显行为方面以一种特定的方式进行反应。定势实际上是关于活动方向选择方面的一种倾向性。这种倾向性本身是一种活动经验。它往往为分析问题、解决问题提供思路或线索，因此

定势会影响学习迁移。定势的作用有两重性:一是积极的促进作用;二是消极的阻碍作用。教师在实际教学过程中,应注意防止定势的消极作用。

16. 试述程序性知识的教学过程和教学策略。

程序性知识即操作性知识,是一种经过学习后自动化了的关于行为步骤的知识,表现为在信息转换活动中进行具体操作。

(1)程序性知识的教学过程:程序性知识的学习主要是概念和规则的学习。①首先要理解要学习的概念和规则是什么,并能陈述所习得的概念和规则的本质特征,这是陈述性知识学习的阶段。在这一阶段,要正确处理发现学习与接受学习的关系。②通过变式练习,进一步加深理解,并知道应用概念和规则的条件,此时陈述性知识开始向程序性知识转化。在变式练习中,要注意提供的变式的典型性及问题情境由同至异的过渡性,还要注意及时对练习提供反馈。③概念与规则经过在多种条件下的应用,逐渐变得自动化,从而完成了转化过程。

(2)程序性知识的教学策略:①课题的选择与设计策略;②示范与讲解策略;③变式练习与比较策略;④练习与反馈策略;⑤条件性策略;⑥分解性策略。

17. 试述问题解决的过程、策略、影响因素及培养措施。

(1)问题解决的过程一般可分为发现问题、理解问题、提出假设和检验假设四个阶段。

(2)问题解决的策略有:①算法。算法策略是将所有可能的针对问题解决的方法都一一列举出来并进行尝试,直到最终从根本上解决问题。②启发法。启发法是基于一定的经验,根据现有问题状态与目标状态之间的内在联系,采用较少搜索而找到解决问题途径的一种策略。常用的启发法策略有:手段—目的分析法、爬山法、逆推法。

(3)影响问题解决的主要因素包括:①问题情境;②定势与功能固着;③原型启发;④已有知识经验;⑤情绪与动机;⑥智力水平。此外,个体的认知结构、个性特征以及问题的特点等也会影响问题解决。

(4)学生问题解决能力的培养,具体可从以下几方面入手:①培养学生主动质疑和解决问题的内在动机;②问题的难度要适当;③帮助学生正确表征问题;④帮助学生养成分析问题和对问题归类的习惯;⑤提高学生知识储备的数量和质量,指导学生善于从记忆中提取信息;⑥训练学生陈述自己的假设及其步骤,鼓励自我评价和反思;⑦教授与训练解决问题的方法和策略;⑧提供多种练习机会;⑨训练逻辑思维能力,提高思维水平。

18. 试述科尔伯格的道德发展阶段论。

科尔伯格系统地扩展了皮亚杰的理论和方法,提出了人类道德发展的顺序原则,并提出了他的道德发展阶段理论。他采用"道德两难故事法"进行研究,最典型的就是用"海因茨偷药"的故事,让儿童对道德两难问题做出判断。研究发现,不同国家和地区,虽然种族、文化各有不同,社会道德标准各异,但道德判断能力的发展却相当一致。因此,他以道德判断的发展代表道德认知的发展,进而代表品德发展的水平。科尔伯格将道德判断分为三个水平,每一水平包含两个阶段,六个阶段依照由低到高的层次发展。

(1)前习俗水平。前习俗水平大约出现在幼儿园及小学中低年级。该时期的特征是:个体着眼于人物行为的具体结果及其与自身的利害关系,认为道德的价值不决定于人及准则,而是决定于外在的要求。

前习俗水平包括两个阶段:①服从与惩罚的道德定向阶段。这一阶段儿童的道德价值来自对外力的屈从或对惩罚的逃避。②相对功利的道德定向阶段。这一阶段儿童的道德价值来自对自己要求的满足,偶尔也来自对他人需要的满足。在进行道德评价时,他们开始从不同角度将行为与需要联系起来,但具有较强的自我中心性,认为符合自己需要的行为就是正确的。

(2)习俗水平。习俗水平是在小学中年级出现的,一直到青年、成年。这一阶段的特征是:个体着眼于社会的希望和要求,能够从社会成员的角度去思考道德问题;开始意识到人的行为必须符合群体或社会的准则;能够了解、认识社会行为规范,并遵守、执行这些规范。

这一水平包括以下两个阶段:①好孩子的道德定向阶段。这一阶段儿童的价值是以人际关系的和谐为导向,顺从传统的要求,符合大众的意见,谋求大家的称赞。在进行道德评价时,总是考虑到社会对一个"好孩子"的期望和要求,并总是按照这种要求去展开思维。②维护权威或秩序的道德定向阶段。这一阶段的道德价值是以服从权威为导向,包括服从社会规范,遵守公共秩序,尊重法律的权威,以法制观念判断是非、知法守法。

(3)后习俗水平。该时期的特点是:个体不只是自觉遵守某些行为规则,还认识到法律的人为性,并在考虑全人类的正义和个人尊严的基础上形成某些超越法律的普遍原则。

这一水平包括以下两个阶段:①社会契约的道德定向阶段。这一阶段仍以法制观念为导向,有强烈的责任心和义务感,但不再把社会规则和法律看成是死板的、一成不变的条文,而认识到了它们的人为性和灵活性,他们尊重法制但不拘泥于法律条文,认为法律是人制定的,不合时宜的条文可以修改。②普遍原则的道德定向阶段。这一阶段以价值观念为导向,有自己的人生哲学,对是非善恶的判断有独立的价值标准,思想超越了现实道德规范的约束,行为完全自律。

19. 试述学生品德不良的矫正措施。

(1)消除疑惧心理和对立情绪。(2)保护自尊心,激发集体荣誉感。(3)提高辨别是非的能力,增强抗拒诱惑的意志力。(4)抓住转变的关键时机,促使矛盾转化。品德不良学生的转变,一般要经历醒悟、转变、反复、稳定四个阶段。(5)针对学生的个别差异,采取灵活多样的教育措施。

20. 近年来,校园暴力以及欺凌事件层出不穷,一桩桩事件触目惊心,严重影响学生的身心健康发展以及家庭、学校与社会的关系。请联系实际,试述在教育活动中应如何避免校园暴力以及欺凌事件的发生。

产生校园暴力以及欺凌事件的原因,除青春期本身具有暴力倾向外,家庭教育和学校教育的失误、不良大众传媒的毒害以及其他社会问题也是主要原因。因此,在教育活动中避免校园暴力以及欺凌事件发生的措施有:

(1)家长应正确教育孩子并为孩子树立好榜样。家长切不可向孩子灌输以暴制暴以及欺凌他人的思想,更不能对孩子进行暴力示范教育。

(2)学校应该为学生提供预防校园暴力以及欺凌事件的方法并教育学生规范自己的行为。关注学生的品德培养与人格的健全,要着眼于学生的全面发展和终身发展,要把对学生的思想品德教育切实摆到教育的首位。

(3)净化网络媒体以及加强文化市场的管理。网络中的黄、赌、毒对学生的危害是极其巨大的,不少学生的暴力以及欺凌行为都是对网上暴力以及欺凌行为的模仿。影视片中的暴力以及欺凌镜头过多过滥,也是校园暴力以及欺凌事件的直接诱因。因此,应该避免暴力影视片以及黄色书刊等侵入文化市场。

(考生可结合实际适当加以阐述,言之有理即可)

21. 在教学过程中,如何正确对待和教育班级中的非正式群体?请结合所报学段(小学/初中/高中)学生身心特点加以论述。

(1)对于积极型的非正式群体,应该支持和保护。可以利用其成员间感情密切的特点,引导他们相互学习,取长补短;利用其成员相互信任、说话投机的特点,引导他们开展批评与自我批评;利用其成员间信息沟通迅速的特点,可以及时搜集学生的反映,做到心中有数;利用其归属感强、爱好交际的特点,把正

式组织无力顾及的工作交给他们去完成；利用其自发形成的领袖人物威信高的特点，可授予其适当的合法权利，使之纳入班级目标的轨道。

(2)对于中间型的非正式群体，要持慎重态度，积极引导，联络感情，加强班级目标导向。

(3)对于消极型的非正式群体，要教育、争取、引导和改造。

(4)对于破坏型的非正式群体，要依据校规和法律，给予必要的制裁。

(考生可结合所报学段对上述内容展开阐述，言之有理即可)

22. 小学生交往的对象包括哪些？依照你自己的理解谈谈小学生在这个阶段与不同对象交往的特点呈现怎样的发展趋势。

(1)小学生主要的人际关系包括亲子关系、师生关系和同伴关系。所以，小学生交往的对象主要包括父母、老师、同伴等。

(2)小学生人际关系发展的特点主要表现在：①亲子关系。进入小学后，儿童与父母的关系发生某些变化。双方交往时间减少；发生冲突的数量也减少，并开始具有解决冲突的多种不同的方式；父母对儿童的关注也有所减少；对儿童的控制由直接控制逐步转为引导、教育儿童自我控制、自我监督。②师生关系。小学儿童与教师的关系是一种重要的人际关系。低年级学生对教师的要求绝对服从，从三年级开始学生不再无条件地服从、信任教师。③同伴关系。小学儿童与同伴交往的特点体现在小学儿童的友谊、同伴群体、小学儿童的同伴接纳性三个方面。小学儿童选择朋友，表现出明显的同质性和趋上性的特点。

23. 请阐述青少年人际交往的发展特点，并谈谈如何对青少年进行人际交往教育？

(1)青少年的人际交往的发展特点：①朋友关系在青少年生活中非常重要；②在情感、行为、观点上与父母逐渐脱离，父母的榜样作用也弱化了；③在师生关系方面，他们开始评价教师的好坏，有自己喜欢和不喜欢的教师。

(2)青少年的人际交往的教育：①人际交往的基本原则：互相接纳，社会交换，维护自尊，情境控制；②人际关系的建立：第一印象，主动交往，移情理解；③人际关系的维护：避免争论，勇于认错，学会批评。

24. 中小学生心理健康的标准有哪些？请联系实际论述中小学校开展心理健康教育的意义与途径。

(1)中小学生心理健康的标准有：①自我意识正确。能正确评价、接纳自己。②人际关系协调。乐于交往，能和多数人建立良好的人际关系，具有处理矛盾的能力。③性别角色分化。能够获得相应的性别角色，行为方式和相应的性别角色规范一致。④社会适应良好。能够面对、接受、适应现实，能够妥善处理生活、学习中的各种挑战。⑤情绪积极稳定。情绪乐观稳定，热爱生活，积极向上，对未来充满希望，有烦恼能自行解脱。⑥人格结构完整。具有较高的能力、完善的性格、良好的气质、正确的动机、广泛的兴趣和坚定的信念等。

(2)中小学校开展心理健康教育的意义体现在：①心理健康教育是预防精神疾病，保障学生心理健康的需要；②心理健康教育是提高学生心理素质，促进其人格健全发展的需要；③心理健康教育是学校日常教育教学工作的配合与补充。

(3)中小学校开展心理健康教育的途径有：①开设心理健康教育的有关课程和心理辅导的活动课；②在学科教学中渗透心理健康教育的内容；③结合班级、团队活动开展心理健康教育；④个别心理辅导或咨询；⑤小组辅导。

25. 举例说明如何运用代币奖励法改变儿童的不良行为习惯。

代币是一种象征性强化物，筹码、小红星、盖章的卡片、特制的塑料币等都可作为代币。当学生做出教师所期待的良好行为后，教师就发给他们数量相当的代币作为强化物，学生用代币可以兑换有实际价值的奖励物或活动。例如，某老师使用特制的筹码作为代币来改变儿童的不良行为习惯，当儿童在一节课中表现良好时，即没有出现走神、发呆、做小动作、说小话等行为时，老师就奖励其一枚筹码，当集齐10枚筹码时，可以奖励集齐筹码的儿童看一集自己喜欢的动画片，以此来改变儿童在课堂上的不良行为习惯。

（考生可结合其它例子进行说明，言之有理即可）

26. 以你的学段为例写一个常见的心理问题以及出现问题的原因，并且写一下解决的方法。

(1)学段：小学

(2)心理问题：儿童厌学症。厌学症的主要表现是对学习不感兴趣，讨厌学习。

(3)情况描述：小南是一名小学三年级学生，原本学习不错，但后来父母离异，跟着妈妈生活。妈妈希望他能取得优异的成绩，因此在学习上对他管教非常严格。据学生反映，小南的妈妈每晚都监督小南做作业，一旦遇到小南做得慢、写字不工整或容易的题却做错的情况她都忍不住去纠正，严重时甚至骂孩子笨、不听话。因此一学期下来，小南变得不爱与人接触，同时越来越不爱学习，在课堂上头也埋得越来越低，不愿意回答问题，甚至偶尔会逃学。

(4)原因分析：主要原因是家庭教育的不当。父母离异让孩子心里缺乏安全感，妈妈又将未来的希望全部寄托在孩子身上，导致儿童心理压力大。再加上妈妈较真的、焦虑型的对待学习的方式，导致小南越来越不喜欢学习，在学习上的愉悦感和成就感越来越低。因此也影响了小南在学校的表现。

(5)解决办法：作为小南的老师，一定要时刻关注学生的家庭状况，因为家庭教育会影响孩子的学习动机及学习行为。针对这种情况，老师应该跟小南的妈妈去沟通，需要让她改变自己的教养态度，尽量建立和谐的家庭气氛，只有这样的气氛才能有助于孩子的学习。建议家长对孩子的学习不能急功近利，学习是个缓慢的过程，要引导孩子发自内心地喜欢学习，这才是最终目的。

另外，在学校，老师要给予小南更多的关注，小南遇到不懂的问题，教师要积极地去引导，态度要温和，以免挫伤小南对学习的自信心；在课堂上，尽量给予小南回答问题的机会。并且老师应积极学习心理学知识，针对班级里的不同学生的情况能够给予及时的、正确的引导。

此外，要遏制厌学的根源，还必须从根本上改造目前的应试教育体制，必须将素质教育的推广落到实处，要让教育成为快乐的科学教育。

27. 你在实际教学中如遇到学生厌学、学习动力不足的情况时，应如何应对？请结合实际论述。

(1)结合学生的需求特点和灵活多样的课堂教学活动，激发学生的学习动机。教师应善于发现学生的需要，将需要与学习活动结合起来，通过教学活动满足学生的需要。让学生对学习产生兴趣，充分认识到学习的价值。

(2)帮助学生确立明确的学习目标，制订合理的学习计划，改进学习方法。教师要帮助学生改进学习方法，确立明确的、可以衡量的分阶段、分步骤的可操作的学习目标，制订明确的、可以保证学习目标顺利实现的学习计划，督促学生执行学习计划，让学生了解自己的进度和成绩，使学生产生积极的自我认知，主动学习。

(3)要对每个学生一视同仁，并抱有合理的期望。正确对待学生的学习成绩波动问题、偏科问题，找到学生厌学、学习动力不足的原因，以便对症下药。当学生出现学习问题时，要有耐心，允许学生出现失误，给学生改正错误的机会。要善于发现学生的优点，通过肯定与鼓励提高学生的信心。

(4)要善于营造和谐的班级气氛。教师要积极参与班级活动，鼓励学生参加各种活动，通过活动培养合作意识，营造积极向上的团体氛围。

(5)要建立家校联系网,开展心理健康教育,对个别学生进行心理辅导。要经常与家长联系,及时了解学生的心理状态。同时要对家长进行适当的家庭教育指导,帮助家长形成良好的教养方式,营造温馨的家庭氛围。定期开展心理健康教育,帮助学生掌握心理调适的方法,形成积极的自我暗示。对个别学生进行心理辅导,帮助学生化解心理危机。

(考生可结合实际加以阐述,言之有理即可)

28. 试述教师必备的心理素质并举例说明。

(1)教师的认知特征。教师是在知识含量高的教育领域从事职业活动的人,职业的成功有赖于教师良好的知识结构和教学能力。一般认为,教师的知识结构主要包括:专业学科内容知识;教育教学知识;心理学的知识;实践性知识。教师的教学能力包括:组织和运用教材的能力;言语表达能力;组织教学的能力;对学生学习困难的诊治能力;教学媒体的使用能力;教育机智等。

(2)教师的人格特征。教师的人格特征包含多方面的内容,如教师的职业信念、教师的性格特点和教师对学生的理解等。在教师的人格特征中,有两个重要特征对教学效果有显著影响:一是教师的热心和同情心;二是教师富于激励和想象的倾向性。

(3)教师的行为特征。①教师的教学行为可以从以下六个方面来衡量:第一,教师行为的明确性;第二,教学方法的多样性;第三,任务取向,即教师在课堂上的所有活动是否围绕教学任务而进行;第四,富有启发性,即教师的课堂教学对学生能否启发得当;第五,参与性,即在课堂教学过程中,班上的学生是否都积极地参与到教学活动中去;第六,及时评估教学效果,即教师能否及时掌握学生的学习状况和课堂中出现的问题,并据此调整自己的教学节奏和教学行为。②教师的期望行为。

29. 随着教育改革不断深入,教育观念不断变革,教师威信的内涵也发生了变化。请谈谈:(1)你对教师威信的理解。(2)论述如何有效地建立教师威信。

(1)教师威信是指教师在学生心目中的威望和信誉,实质上反映了一种良好的师生关系,是教师成功地扮演教育者角色、顺利完成教育使命的重要条件。

(2)①培养自身良好的道德品质,良好的道德品质是教师获得威信的基本条件,教师在日常生活和工作中,应当及时处处加强道德修养,争取从人格上赢得学生的尊重。②培养良好的认知能力和性格特征,良好的认知能力和性格特征是教师获得威信所必需的心理品质。③注重良好的仪表、风度和行为习惯的养成。④给学生以良好的第一印象。⑤做学生的朋友和知己。

30. 试述影响教师威信形成的因素。

(1)教师威信形成的客观条件:①教师在全社会的政治和经济地位、全民族的道德文化素养和尊师重教的良好社会风气是教师威信形成的重要条件;②教育行政机关和学校领导对教师工作的信任、关心和支持是提高教师威信的重要条件;③家长对教师的态度也是影响教师威信的重要因素。

(2)教师威信形成的主观条件:①教师的专业素质——教师高尚的思想道德品质、渊博的知识和高超的教育教学艺术是教师获取威信的基本条件。②教师的人格魅力——教师的仪表、作风和习惯,是教师获得威信的必要条件。③师生关系——师生平等交往是教师获得威信的重要条件。另外,在师生交往过程中,教师给学生的第一印象对教师获得威信有较大影响。④教师的评价手段。

31. 教师的心理健康不仅影响教师本人及教学工作,还影响着学生们的发展。受多种因素影响,当前部分中小学教师面临着职业倦怠、疲劳综合征等负面职业心理状态。请你联系实际,谈谈调整教师职业心理状态的有效策略。

(1)优化社会环境。①提高教师社会地位,改善教师生活条件;②深化教育改革,减轻教师心理压力;③提高培训质量,增强教师的职业满意感;④坚持正确舆论导向,重塑教师形象;⑤开展教师心理健康教育,优化教师心理素质。

(2)完善学校管理。①优化学校环境;②端正领导作风;③健全激励机制;④密切人际关系;⑤开展健康休闲。

(3)注重自我维护。①树立科学观念;②进行身体锻炼;③学会科学用脑;④丰富业余生活;⑤扩大人际交往;⑥善于调适情绪。

32. 华东师范大学叶澜教授曾经说过:“一个教师写一辈子教案不一定能成为名师,但是写三年反思就有可能成为名师。”美国学者波斯纳曾提出来一个非常有名的公式:教师成长就是经验加反思相互作用的结果。因此,教学反思一直以来是教师提高个人业务水平的一种有效手段,教育界有成就的名师一直非常重视反思的作用。

请论述在教学实践中,您如何实施反思性教学?

反思性教学作为一个在教学过程中不断发现问题、总结经验、重新概括和积极验证的复杂过程,不是任意一位教师都可以持续做得到或做得好的。在某种程度上说,追求反思性教学,也正是在追求更合理的教学实践,而积极主动地追求教学实践的合理性的教师,往往是好教师。人们通常假定,反思在本质上是教学和师范教育的好的和合理的方面,而且教师越能反思,在某种意义上越是好教师。

为此,实施反思性教学要求教师做到:(1)教师要不断提升自身的职业道德素养;(2)教师要善于对自己的思考过程进行元认知;(3)教师要不断丰富自己的哲学理念和教育理念;(4)教师要形成良好的教学研究习惯;(5)教师要善于培养和提高教学反思力;(6)教师要有教学勇气和坚持不懈的学习精神。

总之,真正优质的教学是在反思中进步和发展的。善于教学反思是教师教学的基本功。任何教师想在教学中有所追求、有所建树,都必须不断培养和发展教学的反思力;教师要为学生创造一个充满信任、创造力、积极性、好奇、快乐的学习空间和学习环境,更要善于对自己的教学行为进行反思。没有教学反思就没有真正的教学进步。教师只有坚持并自觉地对每一堂课进行深层次的思考、探究、假设和验证,才能不断改进教学、提高教学质量。

专题四　小三门(新课改、师德、法规)

1. 新课程标准的核心理念是以人为本,即“一切为了每位学生的发展”。请结合相关知识,谈谈你对该理念的理解。

(1)“一切为了每位学生的发展”的基本含义包括:①关注学生作为“整体的人”的发展。“整体的人”包括两层含义,即人的完整性和生活的完整性。②统整学生的生活世界和科学世界。③寻求学生主体对知识的建构。

(2)新课程强调以人为本,关注人是新课程的核心理念在教学中的具体体现。它意味着:

①关注每一位学生。每一位学生都是生动活泼的人、发展的人、有尊严的人,在教师的课堂教学理念中,包括每一位学生在内的全体学生都是自己应该关注的对象。关注的实质是尊重、关心、牵挂,关注本身就是最好的教育。

②关注学生的情绪生活和情感体验。孔子说过:“知之者不如好之者,好之者不如乐之者。”教学过程应该成为学生的一种愉悦的情绪生活和积极的情感体验。

③关注学生的道德生活和人格养成。教师要充分挖掘和展示课堂教学潜藏的道德因素,同时要积极关注和引导学生在教学活动中的各种道德表现和道德发展,从而使教学过程成为学生一种高尚的道德生活和

丰富的人生体验。这样,学生学科知识增长的过程同时也是人格的健全和发展过程。

总之,关注人的教学才能使学科教学同时成为情感态度与价值观的形成与发展的过程,从而真正实现人的发展。

(考试还可结合学生观、教学观等加以阐述,言之有理即可)

2. 在对待教学上,新课程强调教的本质在于引导。试述在课堂教学中如何进行引导。

教的本质在于引导。引导的特点是含而不露、开而不达、引而不发;引导的内容不仅包括方法和思维,同时也包括价值和做人。教师要通过恰当的问题,或者准确、清晰、富有启发性的讲授,引导学生积极思考、求知求真,激发学生的好奇心;教师要通过恰当的归纳和示范,使学生理解知识、掌握技能、积累经验、感悟思想;教师要用不同层次的问题或教学手段,引导每一个学生都能积极参与学习活动,提高教学活动的针对性和有效性。

3. 新课程要求教师应是学生学习的促进者。试述促进者这一教师角色的内涵和实现的途径。

(1)内涵:①教师是学生学习能力的培养者。教师不仅传授知识,而且重在检查学生对知识的掌握程度。教师应成为学生学习的激发者,各种能力和积极个性的培养者。②教师是学生人生的引路人。这要求教师不仅仅向学生传播知识,更要引导学生沿着正确的道路前进,并不断在他们成长的道路上设置不同的路标,成为学生健康心理和健康品德形成的促进者、催化剂,引导学生学会自我调适、自我选择,向更高的目标前进。

(2)实现途径:①丰富教师的实践智慧。教师要成为一名成功的促进者,仅仅具备理论知识是不够的,还必须具备实践技能。同样,如果教师掌握的是缺少深厚理论背景的技能,也会导致其滥用甚至误用这些技能。因此教师应该在对专业知识和教育理论不断学习的基础上,通过反思,即通过对自己的实践过程与结果进行的反思,形成自己的个体理论,并在与教师、与学生的交流与合作的过程中,丰富自己的教育教学实践智慧。教师的实践智慧的形成,一是要有其合理的知识结构;二是要不断地反思;三是教师的合作。

②理解学生的成就动机。学生能否以积极的态度参与到教学活动中来,是教学获得成功的关键,而学生的参与往往是因为活动能促成其动机的形成。对于教师而言,促成学生动机的形成,两个问题值得关注:一是了解学生;二是自我激励。

③创设支持性的环境。一方面要关注教学情境。学生学习的兴趣、主动性和积极性往往是在一定的情境下产生的,情境能让学生提高感受性,保持注意力,达到最佳的学习状态。学生的创造性思维能力,也只有在其积极主动的学习过程中才能得到最好的发展,因此教师要善于创设特定的情境。良好的教学情境的创设,一是要让学生能以平等的姿态和教师进行交往,二是要关注课堂气氛。另一方面要培养学生的自律能力。教师作为促进者意味着学生拥有了更加灵活的学习方式和更加丰富的学习内容,学习内容和学习方式选择的自由,促使学生被动接受的课堂局面被打破。但是,充分发挥学生的主动性和积极性,并不意味着学生拥有绝对的自由,否则就会造成课堂上的散漫,就达不到应有的效果,所以培养学生的自律能力就显得尤为重要。要注重教育学生遵守纪律,使学生与他人友好相处,在这种友好相处中培育合作精神。

4. 新课程改革强调学生学习方式的转变,小组合作学习是新课程改革积极倡导的有效学习方式之一。试述小组合作学习的优缺点。

(1)优点:合作学习以学生之间的协同、合作性活动促进个体学习,克服了传统教学既忽视学生自主性又丧失学习共同性的弊端,有助于淡化班级授课制中师生的单向权威关系,有助于将积极的人际互动引入课堂,充分发挥人际关系对个体发展的作用,建设性地处理学生的个别差异,以合作性同伴交往带动师生合作,从而突破了传统教学忽视人际交往的整体划一性,构建了新型的集体性教学组织形式,对教学组织的更新做出了贡献。

(2)缺点:合作学习流于形式,不注重实效;异质小组内的"小权威"独断专行、包办任务;学生的主动合作意识不强;等等。

5. 耶鲁大学校长理查德·莱文曾说过:"真正的教育不传授任何知识和技能,却能令人胜任任何学科和职业。这才是教育,也是判断一个人是否受过教育的标准。"请结合教学实践,谈谈你的理解和认识。

(1)现代教学观认为,教学过程既是向学生传授知识的过程,又是发展学生智力和能力的过程。题干中"真正的教育不传授任何知识和技能,却能令人胜任任何学科和职业"就是在强调发展能力的重要性。

(2)终身教育要求构建"学习型社会",这更加要求我们在教学中要使学生学会学习,能够适应瞬息万变的社会要求。因此,在教学中,不仅要使学生掌握科学的文化知识,更要"授人以渔",注重培养学生的智力以及学习能力。

(考生可结合教学实践加以阐述,言之有理即可)

6. 孔子说:"其身正,不令而行;其身不正,虽令不从。"教师应如何做好学生的表率,真正做到为人师表?请根据上述话语给你的启示联系实际展开论述。

(1)规范自己的行为,对自己严格要求。学生每时每刻都注视着教师的言行举止,世界上再没有任何人受着像教师这样严格的监督,也没有任何人对学生的心灵产生如教师一样深远的影响。身教重于言教,教师必须严格要求自己,遵守社会公德,衣着整洁得体,语言规范健康,举止文明礼貌,严于律己,作风正派;必须不断注意提高自我修养,增强教育的责任感,只有这样,才能做到为人师表,才能达到育人的目的。

(2)正确树立教师的威信和尊严。教师的威信和尊严不是自封的,而是通过"教书育人"的实践逐步树立起来的。在这方面教师要注意不能在学生面前把自己看得"神圣不可侵犯",要把学生和自己放在一个平等的位置上,对学生要讲清道理,以理服人,不要大动肝火,更不能挖苦、讽刺、体罚学生。一旦自己有过失,要敢于承认,有错必改,以取得学生的谅解和信任。这样才能使学生真正信服,从而起到示范作用。

(考生可结合实际加以阐述,言之有理即可)

7. 试述教师职业道德修养的内容、途径和方法。

(1)教师职业道德修养的内容主要包括职业道德意识修养和职业道德行为修养两个方面。具体来说,教师职业道德修养主要包括职业道德理想、知识、情感、意志、信念和行为习惯六个方面。

(2)教师职业道德修养的途径:①努力学习教师道德理论,树立人民教师道德的理论人格。②参加社会实践,做到知行统一。参加社会实践是促进教师职业道德养成的根本方法。

(3)教师职业道德修养的方法:①加强学习;②勤于实践磨炼,增强情感体验;③树立榜样,虚心向他人学习;④确立可行目标,坚持不懈努力;⑤学会反思;⑥努力做到"慎独"。

8. 试述加强教师职业道德建设的策略。

(1)注重培养教育,增强教师的职业道德意识。增强教师的职业道德意识,可以采取专门的教育形式来进行:①要组织教师认真学习《中华人民共和国教师法》《中华人民共和国教育法》等教育法规,不断提高广大教师对职业道德建设的重要性和意义的认识,教育他们认真履行教师的义务,既要肯定教师通过正当途径追求自身利益的合理性,又要提倡和发扬教师为社会奉献的精神,努力培养他们勤奋严谨、献身教育的治学态度和耐得寂寞、安贫乐教的优秀品质。②要坚持用中国特色的社会主义理论教育全体教师,用党的教育方针、政策武装广大教师的头脑,提高他们的思想觉悟,增强他们抵御各种腐朽思想侵蚀的能

力，使广大教师牢固树立科学的世界观、人生观和价值观。③要组织教师认真学习现代教育思想和教育理论，明确我国教育改革和发展的总趋势，认识教育事业在人才培养、经济建设中的重要地位和作用，使教师树立终身教育观念、素质教育观念和大教育观念，为适应教育事业的发展不断完善自己的知识结构和技能结构，构建与教育现代化相适应的、具有鲜明时代特征的教师职业道德观念。

(2)强化考评监督，健全教师职业道德的激励机制。①学校要建立切实可行的职业道德评估标准，加强对教师的考评。要把教师职业道德建设作为学校精神文明建设和教育教学工作考核的重要内容。学校要制定可操作的师德考核测评标准和测评方法，建立个人自评、教师互评、家长评价和组织评价的师德考评机制。这样既可确保教师职业道德考评工作落到实处，又有利于发挥教师、学生家长和组织等方面的监督作用。②建立和完善教师职业道德建设激励约束机制。对教书育人成绩突出的，应授予"师德标兵"和"师德建设先进集体"等光荣称号，给予表彰和奖励。凡违反教师职业道德规范的，都要按照规定严肃查处。对于品行不良、道德败坏、社会影响恶劣的要坚决取消其教师资格，将其清理出教师队伍。

(3)优化内外环境，营造教师职业道德建设的良好风气。教师职业道德建设离不开社会外部环境和学校内部环境的支持。国家应大力提高学校教师的社会地位和经济待遇，努力在社会上营造一个尊重知识、尊重人才、尊重教师的良好风气，不断提高教师的社会地位和各方面的待遇，对教师的劳动予以充分的肯定，调动起教师的积极性，激发他们献身教育事业的热情。学校应创造一个有利于培养教师职业道德的良好教育环境和条件，还要尽可能地给教师创造良好的工作和生活条件，帮助他们解决生活中的实际困难和后顾之忧，使广大教师安心于教育事业。

9. 试述教师职业行为规范的内容。

(1)教师的思想行为规范。①热爱社会主义祖国，拥护中国共产党的领导，认真学习和宣传马列主义、毛泽东思想，热爱教育事业；②认真执行教育方针，遵循教育规律，尽职尽责，教书育人；③正直诚实，作风正派，为人师表，遵纪守法；④树立正确的人生观和价值观，发扬无私奉献的精神，不做有损国格、人格的事情；⑤积极参加政治学习和宣传活动，做社会主义精神文明的建设者和传播者。

(2)教师的教学行为规范。①要有端正的教学态度，严肃认真地对待教学工作中的每一项内容。②钻研业务，熟悉教材，认真备课；要善于激发学生的求知欲，组织好课堂教学，创造主动活泼的课堂气氛，尽量避免对学生进行灌输性教学。③精心编排练习，认真批改作业，及时纠正错误。定时做好检查教学质量的工作，及时补缺补漏。④按时上课下课，不迟到、不缺课、不拖堂。⑤上课语言文明、清晰流畅，表达准确简洁；板书整洁规范，内容简练精确。⑥既要严格要求学生，又要尊重学生，对待学生要一视同仁。热情、耐心地回答学生提问。不能讽刺、挖苦学生。⑦教学计划应符合教学进度的要求，不能随意删增内容、加堂或缺课，不能占用学生的自习课或复习考试时间，增加学生的学习负担。

(3)教师的人际行为规范。①教师与学生之间要做到：热爱学生，关心学生，尊重学生；严格要求，耐心教导，循循善诱，不偏不袒；不以师生关系谋取私利。②教师之间要做到：互相尊重，切忌嫉妒；相互学习，取长补短；平等相待，不亢不卑；乐于助人，关心同事。③教师与领导之间要做到：尊重领导，服从安排；顾全大局，遵守纪律；互相理解，互相支持；秉公办事，团结一致。④教师与家长之间要做到：尊重家长，理解家长；经常家访，互通情况；密切配合，教育学生。

(4)教师的仪表行为规范。①衣着整洁，朴实大方。服饰要符合职业特点，体现教师为人师表的良好形象。②举止稳重大方、潇洒自然、彬彬有礼。切忌轻浮粗俗、拘谨呆板。

10. 试论述中小学教师职业道德失范行为的成因。

(1)社会变革的观念冲撞以及行业竞争的加剧。①市场经济冲击下的拜金主义、享乐主义、利己主义不断冲击教师职业的道德和良心。②教师行业竞争增大。竞争机制的引入增加了教师的心理负担和工作压力，这极大地影响了教师的工作热情和效果。

(2)教师教育的缺失是导致教师职业道德失范的重要原因。①教师教育基础差，继续教育不能满足需要。职后教育的不足造成许多教师在文化素质、专业能力和职业道德水平等方面落后于时代的要求。②教师心理健康教育严重滞后。沉重的心理压力使教师成为心理问题的高发群体，但是针对教师心理问题的心理健康教育在我国还基本处于空白状态。教师心理问题不断增多，必然阻碍教师良好道德行为的形成。

(3)单一僵化的教学、评价和管理制度是滋生教师职业道德失范的温床。①僵化的教学制度和重复的工作内容。教师像机器一样履行着固定的程序，这种缺乏自主性、创造性和灵活性的工作制度无疑会影响教师的工作积极性，进而导致教师职业倦怠。②单一的考核评价制度。不少学校把教师的工资、晋级与学生的考试成绩挂钩，学生成绩和升学率仍然作为教师工作考核的主要依据。单一的考核评价制度无疑是滋生教师职业道德失范行为的温床。

11. 中国学生发展核心素养，以培养"全面发展的人"为核心，分为文化基础、自主发展、社会参与三个方面。要培育学生的核心素养，必须建立起核心素养与课程教学的内在联系，充分挖掘各学科课程教学的独特育人价值。

从课堂教学的角度，论述应如何培育学生的核心素养?

学生发展核心素养，主要指学生应具备的，能够适应终身发展和社会发展需要的必备品格和关键能力。培养学生核心素养理念是适应世界教育改革发展趋势、提升我国教育国际竞争力的迫切需要。

以语文学科教学为例，具体措施有：(1)注重培养学生对语言的建构与运用能力；(2)注重对学生的思维发展与提升；(3)注重提高学生的审美鉴赏与创造能力；(4)注重培养学生对文化的传承意识。

以英语学科教学为例，具体措施有：(1)利用主语情境，培养学生的语言能力和文化艺术；(2)利用分层阅读教学，培养学生的学习能力；(3)创设形式多元的课堂活动，培养学生的思维能力；(4)注重语言运用能力，培养学生的跨文化交际意识。

(考生可结合具体的学科教学加以阐述，言之有理即可)

12. 义务教育的均衡发展的基本内涵是什么?在新形势下，我国应如何推进义务教育均衡发展?

(1)义务教育的均衡发展的基本内涵：

教育均衡发展是经济均衡发展的移植。因此，义务教育均衡发展，实质上首先是义务教育资源的均衡配置。所谓义务教育资源的均衡配置，主要指在义务教育发展中，由政府主导的社会各方积极参与教育资源(师资、生源、物力、财力、教育结构、教育环境等)相对公平、相对合理的分配形式。准确地说，义务教育均衡发展，是以资源配置均衡搭建竞争平台，通过公平竞争引致发展中的不平衡，进而凭借微调达到相对平衡，之后再以相对平衡的基础开始新一轮竞争。

(2)在新形势下，我国推进义务教育均衡发展的措施：

①充分认识义务教育均衡发展的重要意义。各级政府要充分认识推进义务教育均衡发展的重要性、长期性和艰巨性，增强责任感、使命感和紧迫感，全面落实责任，切实加大投入，完善政策措施，深入推进义务教育均衡发展，保障适龄儿童少年接受良好义务教育。

②明确指导思想和基本目标。推进义务教育均衡发展的指导思想是：全面贯彻党的教育方针，全面实施素质教育，遵循教育规律和人才成长规律，积极推进义务教育学校标准化建设，均衡合理配置教师、设备、图书、校舍等资源，努力提高办学水平和教育质量。推进义务教育均衡发展的基本目标是：每一所学

校符合国家办学标准,办学经费得到保障。

③推动优质教育资源共享。扩大优质教育资源覆盖面。要调动各方面积极性,在努力办好公办教育的同时,鼓励发展民办教育。提高社会教育资源利用水平。学校要积极利用社会教育资源开展实践教育,探索学校教育与校外活动有机衔接的有效方式。

④均衡配置办学资源。进一步深化义务教育经费保障机制改革;推进义务教育学校标准化建设。

⑤合理配置教师资源。改善教师资源的初次配置,采取各种有效措施,吸引优秀高校毕业生和志愿者到农村学校或薄弱学校任教。对长期在农村基层和艰苦边远地区工作的教师,在工资、职称等方面实行倾斜政策。完善医疗、养老等社会保障制度建设,切实维护农村教师社会保障权益。合理配置各学科教师,配齐体育、音乐、美术等课程教师。实行教师资格证有效期制度,加强教师培训,提高培训效果,提升教师师德修养和业务能力。

⑥保障特殊群体平等接受义务教育。保障进城务工人员随迁子女平等接受义务教育;建立健全农村留守义务教育学生关爱服务体系;重视发展义务教育阶段特殊教育;关心扶助需要特别照顾的学生;根据国家有关规定经批准招收适龄儿童少年进行文艺、体育等专业训练的社会组织,要保障招收的适龄儿童少年接受义务教育。

⑦全面提高义务教育质量。树立科学的教育质量观,以素质教育为导向,促进学生德智体美全面发展和生动活泼主动发展,培养学生的社会责任感、创新精神和实践能力。

⑧加强和改进学校管理。完善学生学籍管理办法;规范招生办法;规范财务管理;规范收费行为。

⑨加强组织领导和督导评估。

13.《中国教育现代化2035》提出了推进教育现代化的八大基本理念,请结合教学实际谈谈你对这八大基本理念的理解。

《中国教育现代化2035》提出,推进教育现代化的八大基本理念是:更加注重以德为先,更加注重全面发展,更加注重面向人人,更加注重终身学习,更加注重因材施教,更加注重知行合一,更加注重融合发展,更加注重共建共享。

在实际教学中,可以结合以下几点来理解这些理念:

(1)重视德育。学校德育,是指教育者按照一定社会或阶级的要求和受教育者品德形成发展的规律与需要,有目的、有计划、有系统地对受教育者施加思想、政治和道德等方面的影响,并通过受教育者积极的认识、体验与践行,以使其形成一定社会与阶级所需要的品德的教育活动,即教育者有目的地培养受教育者品德的活动。

(2)坚持全面发展。要求学生在德、智、体等方面全面发展,要求坚持脑力与体力两方面的和谐发展。

(3)坚持知行统一原则。知行统一原则是指教育者在进行德育时,既要重视对学生进行系统的思想道德的理论教育,又要重视组织学生参加实践锻炼,把提高认识和行为养成结合起来,使学生做到言行一致。

(4)教师在教学中还要注意信息技术与教学的协调配合。

(5)在教育过程中,要注意教育资源的协调利用。

14.校园突发公共卫生事件是指在学校内突然发生,造成或可能造成师生员工身体健康严重损害的公共卫生事件。试述校园突发公共卫生事件应急处置的一般步骤与方法。

校园突发公共卫生事件应急处置的一般步骤与方法是:(1)信息报告;(2)迅速救治;(3)果断处置;(4)保护现场;(5)请求支援;(6)信息发布。

模块五　案例分析题

专题一　教育学

1.(1)受新冠肺炎疫情的影响,各级各类学校纷纷延长假期、推迟开学时间,正常的教学计划受到了很大冲击。为了阻断疫情向校园蔓延,响应教育部"停课不停教、停课不停学"的号召,各级各类学校利用网络平台,开展了各种形式的线上教学,这在一定程度上缓解了各级各类学校的压力。但是随着线上教学的开展,教师对现代技术的掌握、学生对线上教学的适应性和接受度以及家长对线上教学效果的态度与配合程度等,都会影响学校教育教学的质量。

(2)①这次疫情促进了线上教育的崛起,打破了现有教育的格局,随着疫情防控的常态化,线上线下教育的融合将成为教育的新常态。我们要转变观念,积极创新,改革教学形式。②线上教学全面开展以来,学生自主学习能力和自我管理能力不足等问题日益突出,这需要我们在之后的教学中加以改进,逐步培养学生的自主学习能力,帮助学生形成自我教育和自我管理的意识和能力,充分发挥学生的主动性。③学校、家庭和社会教育三者之间要紧密联系、相互协调、理念合拍、方法相容、经常沟通、形成合力。学校教育要发挥主导作用,适当指导家庭教育更新教育观念,不断学习、研究、总结、交流教育方法,提高家庭教育的认识水平和施教能力。同时在全社会营造正向的育人环境。

2.(1)推进区域教育公平最主要的问题是教育资源分配不均,一些农村、边远、贫困地区在教育资源上与大城市的学校存在较大差距,具体有:①学校硬件设施薄弱甚至匮乏;②师资队伍不够壮大,教学水平有待提高,与城市教师教学水平有较大的差距,且教师流失率高;③教研和教师培训方面落后甚至缺失;④信息技术转化成为教育资源所需时间更长、成本更高。

(2)①积极学习信息技术的相关知识,提高自身信息技术素养,以充分利用人工智能助推当地教育发展;②通过信息技术远程教育培训提高自身教育教学能力,观摩教育先进地区优秀教师的教学,加强自我教育,努力提高自身教育教学水平;③善于利用信息技术所带来的教育教学资源共享的便利,丰富学生的信息渠道和学习资源,引导学生正确运用信息技术提高自身的学习能力;④充分利用人工智能带来的教育便利,立足以学生为本,促进教师发展,推动教学方式和学习方式的变革,以推动当地教育发展。

3.(1)网络技术应用于教育,改变了传统的教育教学手段。通过网络教育可以最大限度地发挥学习者的主动性、积极性,培养学习者的信息意识,并为实现探究式、发现式学习创造有利的条件。案例中,学校借助网络技术促进学生学习,布置开放性作业,有利于激发学生的学习兴趣,培养学生的探究精神和创造能力,培养学生的信息素养,这是值得肯定的。但同时,家长的吐槽也值得反思。

(2)网络教育在给学生学习带来便利的同时,也会因为学生缺乏指导、缺乏自制、使用不当,造成一定的弊端。对于教师来说,在利用网络布置作业时,要考虑到学生的能力需求和身心发展特点,适当、适度进行;对于家长来说,要配合学校对学生的学习情况进行监督,纠正学生的不良习惯;对于学校来说,要传递正确的教育理念,在培养学生的信息素养,提高学生学习能力的同时,引导学生正确对待网络这一学习工具,降低其对学生的不良影响。此外,学生也要积极进行自我管理,从内部出发抵制网络教育中的消极影响。

4.(1)重视和尊重教育相对独立性和教育发展规律。教育不能完全独立,它受社会、经济、政治、文化、科技等因素的影响,与人类社会的发展息息相关。但教育有相对独立性,所谓教育的独立性是指教育具有自身的规律,对政治经济制度和生产力具有能动作用,表现为教育是一种转化活动的过程;教育具有历史继

承性;教育具有与政治经济制度和生产力发展的不平衡性等。对教育相对独立性要有全面深刻的认识,对教育相对独立性要给予足够重视和尊重,按教育规律办事,这是办好教育的前提和基础。

(2)保障教育经费的独立,建立教育会计制度。教育事业发展要以一定经济基础为保障。没有足够的教育经费的投入,就不能把优秀的人才吸引到教育事业中来,就不能进行教育的基础建设和科学研究。我国财政教育经费支出占GNP的比例长期低于世界平均水平,政府许诺的教育拨款金额,常常因各种原因不到位。要用立法的形式确保教育经费的拨款及时到位。

(3)教育应去官僚化、去行政化。我国高校内部官僚化、行政化问题严重,已是不争的事实。进入21世纪之后,部分位列“985”高校的大学党委书记和校长,成为“副部级”干部,某种程度上进一步增强了高校领导的官僚意识。教育去官僚化和去行政化势在必行。大学“去行政化”是大学精神回归的一条必由之路。我们应当打破高校与政府的行政隶属关系,减少政府对高校的过度干预,以宏观调控和政策引导为主,改变现行的教育管理体制。在高校内部,强化学术委员会的权利,撤销合并无用的行政化部门,取消高校行政级别,淡化高校权力意识。

5. (1)个体身心发展的顺序性是客观的、不以人的意志为转移的,教育工作要遵循这种顺序性,循序渐进地促进人的发展。所以,教育一般不可“陵节而施”,否则就会出现教育的异化,造成教育的负效应。早期教育并不是越早越好,过于夸大早期教育的目的和作用是极为错误的。而小敏的妈妈在小敏6岁的时候就带她上各种特长班,违背了小敏身心发展的顺序性,最后使得对小敏的教育取得了反效果。

(2)个体身心发展的规律主要有顺序性、阶段性、不平衡性(不均衡性)、互补性、个别差异性和整体性等。

6. (1)材料反映了个体身心发展的个别差异性和互补性规律。

①个体身心发展的个别差异性的一个重要表现即不同儿童所具有的个性心理倾向不同,如同龄的儿童具有不同的兴趣、爱好和性格等。材料中的两个孩子分别喜欢弹琴和绘画,这说明他们具有不同的个性心理倾向,体现了个体身心发展的个别差异性规律。

②个体身心发展的互补性是指机体某一方面的机能受损甚至缺失后,可通过其他方面的超常发展得到部分补偿。此外,互补性也存在于心理机能与生理机能之间。人的精神力量、意志、情绪状态对整个机能起到调节作用,能帮助人战胜疾病和残缺,使身心依然得到发展。材料中喜欢弹琴的孩子失聪后改学绘画,最终成为美术家;而喜欢绘画的孩子在失明后开始学习弹琴,最终成为音乐家。他们虽然分别丧失了听力和视力,但他们通过身体其他方面的超常发展和坚强的意志努力最终获得了良好的发展,这体现了个体身心发展的互补性规律。

(2)①个体身心发展的差异性要求教师贯彻因材施教的原则,因材施教的原则要求全面深入地了解每个学生,系统掌握其成长发展的资料,注意对个别学生进行特殊培养。针对材料中的两个孩子,教师应根据其不同个性特点,有的放矢地进行引导,发挥其优势,调动他们的主观能动性,使他们的身心得到发展。

②个体身心发展的互补性要求教师首先要树立信心,相信每一个学生,特别是暂时落后或在某些方面有缺陷的学生,通过其他方面的补偿性发展,都会达到与一般正常学生一样的发展水平。其次,要掌握科学的教育方法,发现学生的优势,扬长避短,长善救失,激发学生自我发展的信心和自觉。在教学中,鼓励失聪的孩子改学绘画,失明的孩子改学弹琴即是扬长避短、长善救失的表现。

7. (1)材料内容反映了个人本位的教育目的价值取向。个人本位论认为确立教育目的的根据是人的本性,教育的目的是培养健全发展的人,发展人的本性,挖掘人的潜能,增进受教育者的个人价值,个人价值高于社会价值,而不是为某个社会集团或阶级服务。

(2)个人本位论的代表人物有孟子、卢梭、裴斯泰洛齐、福禄贝尔、马利坦、赫钦斯、奈勒、马斯洛、萨特等。

(3)①个人本位的价值取向把人视为教育目的的根本,对人的自由和个性解放、提升人的价值和地位等方面具有深远的历史意义。但在变革社会和教育的探讨过程中,不免带有过激的观念意识。个人本位价值取向离开社会来思考人的发展,在提出教育目的时,无视人发展的社会要求和社会需要,甚至把满足人的需要和满足社会的需要对立起来,这种倾向易在现实中导致个性、自由和个人主义的绝对化。个人本位的价值取向在社会发展中带有明显的片面性。

②与个人本位价值取向相对应的为社会本位的价值取向。人的存在和发展是无法脱离一定社会的,从这一意义上说,社会本位的价值取向具有不可否认的意义。但它过分强调人对社会的依赖,把教育的社会目的绝对化、唯一化,甚至认为"个人不可能成为教育的目的"。这种极端的主张,完全割裂了人与社会的关系,导致教育对人的培养只见社会不见人,单纯把人当作社会工具,而不是把人作为社会主体来培养,造成对人本性发展的严重束缚和压抑。

③就一个社会(国家或民族)整体教育目的而言,在其价值取向上要把满足人的需要和满足社会的需要结合起来,把重视人的价值和重视社会的价值结合起来,既要避免教育对人的压抑,也要避免教育对人的培养脱离社会实际与发展的需要。

8. (1)意义和目的:①让学生们明白遇到困难,要迎难而上,没有什么问题是解决不了的,只要敢于不断尝试。②给即将毕业的孩子们开启一扇窗,让他们对农业知识有进一步的了解,对科学攻关有更深刻的认识。

(2)学校要切实承担劳动教育主体责任,明确实施机构和人员,开齐开足劳动教育课程,不挤占、挪用劳动实践时间。明确学校劳动教育要求,着重引导学生形成马克思主义劳动观,系统学习掌握必要的劳动技能。根据学生身体发育情况,科学设计课内外劳动项目,采取灵活多样的形式,激发学生劳动的内在需求和动力。统筹安排课内外时间,可采用集中与分散相结合的方式。组织实施好劳动周,小学低中年级以校园劳动为主,小学高年级和中学可适当走向社会、参与集中劳动,高等学校要组织学生走向社会、以校外劳动锻炼为主。(考生可结合实际具体阐述,言之有理即可)

9. (1)材料反映了学生劳动能力缺乏和劳动观念淡薄的现状。在教学过程中,由于智育有着较高的现实地位,不仅德育、体育和美育都或多或少地受到了影响和冲击,劳动技术教育也同样被冷落,青少年的劳动能力日渐萎缩,劳动观念日渐淡薄。材料中不少大学新生被家长"抱着"送进大学,报到过程中自己作为"旁观者",有些学生不会存钱、找不到宿舍、找不到超市买牙膏等现象就是学生劳动能力缺乏和劳动观念淡薄的体现,这也说明忽视劳动教育的不止有学校,家庭教育在这一方面也存在问题。

(2)深化义务教育教学改革,教师应坚持促进学生的全面发展,坚持"五育"并举,重视劳动技术教育,教育引导学生崇尚劳动,尊重劳动,树立正确的劳动观点,养成良好的劳动习惯。要注意培养学生自我服务的劳动能力,自己的事情自己做,培养日常生活必需的劳动技能。深化义务教育教学改革,加强劳动技术教育,可以通过校办工厂(或车间)和农场(或实验园地)的劳动进行,也可以通过参加校外的工厂、农场或农村的劳动进行,还可以通过服务性劳动,尤其是社会公益劳动进行。此外,教师还应该注意家庭教育和学校教育的结合,帮助家长树立正确的教育观念,掌握科学的教育方法,从而培养子女的良好习惯,提升子女的自我服务能力。

10. (1)黄老师的观念是不正确的,他没有正确理解素质教育的内涵。

(2)素质教育是面向全体学生的教育。素质教育倡导人人有受教育的权利,强调在教育中每个人都得到发展,而不是只注重一部分人,更不是只注重少数人的发展。案例中,在看到学生的随堂测验成绩后,黄老师认为,如果按照优秀学生的水平进行教学,则基础不好的学生会跟不上讲课的进度,所以应该按照

班上学生的最低英语水平进行教学,这样才能确保每一位学生都能听懂。这样的做法,照顾到了英语水平低的学生,使他们得以跟上讲课的进度。但是对于英语水平高的学生,其在课堂上的收获是极少的。教师要根据学生的个别差异,有的放矢地进行有差别的教学,使每个学生都能扬长避短,获得最佳的发展。而黄老师的做法,无法使优秀学生获得最佳的发展。

11. (1)教师职业角色的“不变”:①“传道者”“授业、解惑者”角色。教师的根本任务依然是教书育人。②“示范者”角色。在教育活动中,教师的言行举止依然是学生学习和模仿的榜样。③“家长代理人、父母”和“朋友、知己”的角色。在人工智能时代,教师要教好学生,依然需要做到热爱、关心学生,理解学生。此外,教师在教育教学过程中依然扮演着“教育教学活动的设计者、组织者和管理者”角色以及“研究者”“学习者”和“学者”的角色。

(2)教师职业角色的“变化”:教师需要转变单纯的知识传授者角色,成为学生学习的促进者。教师不仅要培养学生的各种能力,还要成为学生人生的引路人。

12. 这一论述深刻揭示了教师要做好培土、浇水、施肥、打药、整枝的工作,当好学生的引路人,帮助学生顺利成长成才。

(1)培土:悉心呵护学生成长。学生的成长成才需要通过“培土”打下坚实基础,增强其抵御风险困难的韧劲和信心。为此,要实施家庭、学校、社会三结合教育。一要“培”家庭环境之土,让学生在良好的家风、家教中成长。二要“培”学校环境之土,创设一个美好的校园环境。三要“培”社会环境之土,营造风清气正的社会氛围,为学生成长打造健康的社会环境。

(2)浇水:用心滋润学生心田。在引导学生成长的过程中,教师要扮演好自己的角色,要用心滋润学生心田,为学生内心注入正能量。一方面,当学生遇到挫折时,需要给予他们鼓励和信心,让学生感受到关怀和温暖,激发学生的生命力和创造力;另一方面,要鼓舞学生奋进,催其紧跟时代步伐,用蓬勃的生机创造美好的人生。

(3)施肥:呕心提升学生综合素质。促进学生的成长成才与全面发展,要不忘为学生“施肥”,确保学生成才所需的养分。同样地,一个人的成长成才也需要各种各样的肥料,包括全面的知识体系、良好的道德品质和过硬的能力素质等。为学生成长成才施肥,一要施“知识肥”;二要施“道德肥”;三要施“经验肥”。

(4)打药:精心预防学生思想行为偏差。为学生“打药”,就是要用猛药消除阻碍学生健康成长的安全隐患。为学生“打药”,还要增强学生自身抵御风险的能力,通过世界观、人生观和价值观教育为学生确立起内在的价值准绳;通过法治观教育培育学生的法治观念,补足学生的法律知识,增强其法律意识,树立起学生对宪法和法律的敬畏之心,从而增强法律对学生行为表现的约束力。

(5)整枝:尽心引导学生向上向善。学生在青年时期,当性格、情感、行为等方面出现一些不良迹象时,要及时地加以修剪、矫正,否则难以成为社会需要的人才。首先,要为学生整“思想枝”。其次,要为学生整“心态枝”。再其次,要为学生整“行为枝”。

13. (1)①社会因素。社会心理学认为,一个人的发展,在很大程度上取决于社会心理环境,材料一中,“中小学教师国家级培训计划”和“中小学教师专业能力建设项目系列指南”等内容,体现了国家政策对教师专业发展的影响。②群体因素。教师不是孤立存在的,他生活、工作在一定的群体之中,群体组织对于个体成长的影响和作用是十分明显的。材料二中不同教育工作者根据自己对教育教学的思考和经验所编辑的书籍,便是各教师之间的思想交流与学习。③学校因素。学校是教师进行教育教学工作的主要场所,更是教师专业发展的主阵地。④个体因素。个体因素是影响教师专业发展最直接、最主要、也是最根本的因素。材料二中的教师自费订阅了二十多种教育报刊,并长期在教育书店邮购书籍。多年的阅读让他受益匪浅,教育教学能力得到很大提升,教学效果得到学生、同行和家长的一致认可,先后获得特级教师等多项荣誉称号。该教师通过阅读、学习,促进了自身专业发展。这体现了个体因素对教师专业发展的影响。

(2)新时代中学教师应具备的专业素养包括:①教师的职业道德素养,包括对待事业,忠于人民的教育事业;对待学生,热爱学生;对待集体,团结协作;对待自己,为人师表。②教师的知识素养,主要有政治理论修养、精深的学科专业知识、广博的科学文化知识、必备的教育科学知识和丰富的实践知识。③教师的能力素养,包括语言表达能力、组织管理能力、组织教育和教学的能力、自我调控和自我反思能力。④职业心理健康,主要表现为高尚的师德、愉悦的情感、良好的人际关系、健康的人格。

(3)作为新任教师,可以通过入职培训、在职培训和自我教育等提升自身的专业素养。此外,积极参加跨校合作(如教师专业发展学校)、专家指导(如讲座、报告)以及政府教育部门和教研机构组织的各类专业培训和交流活动也是促进自身专业发展的途径。

14. (1)在个体身心发展方面,张老师持有遗传决定论(内发论)的观点。这种观点强调内在因素,如“需要”“成熟”,强调人的身心发展的力量主要源于人自身的内在需要,身心发展的顺序也是由身心成熟机制决定的。张老师认为“龙生龙,凤生凤”,父母是农民的李××不是块读书的料,没人能教好,这说明张老师过分关注遗传素质在人的身心发展中的作用,忽视了环境、教育、个体主观能动性等因素对个体身心发展的影响。

(2)张老师没有做到热爱、尊重学生,公平对待学生。热爱学生包括热爱所有学生,对学生充满爱心,经常走到学生之中,忌挖苦讽刺学生、粗暴对待学生。热爱学生要求教师一视同仁,平等对待,不偏爱某些或个别学生;理解和宽容学生;了解学生的特点,理解学生特定情境下的行为,给他们反思和纠正不良行为的机会。张老师因小林同学聪明、考试成绩优异对他加以表扬,因李××成绩不好就对他进行严厉批评,且言语间对李××的学习进行了全盘否定,这说明张老师没有做到热爱、尊重学生,也没有做到一视同仁,平等对待学生。

(3)张老师忽视了学生是发展中的人。学生不是成人,他们正处于身心发展最迅速的时期,生理和心理两方面都不太成熟,具有很大的发展的可能性与可塑性。学生具有发展的巨大潜在可能性。张老师仅仅因为李××现在成绩倒数第一,就对他进行严厉的批评和指责,认为他不是块读书的料,谁都教不好,这说明张老师没有看到学生发展的可能性与可塑性。

15. 这是一堂非常成功的科学课。从教师职业理念的角度,案例中老师的教学行为体现了素质教育的教育观、学生观和教师观。

(1)案例中的老师的教学行为体现了素质教育的教育观。素质教育观认为,教育活动应当指向人的整体的、全面的素质发展,使得人的整体品质、全面素质得到提升。素质教育要以培养学生的创新精神和实践能力为重点。该老师给学生上科学课,安排学生走出课堂,到大自然里寻找有生命的物体,这正是对他们实践能力的锻炼。

(2)案例中的老师的教学行为体现了素质教育的学生观。全面发展的学生观,是把学生看作有主体需求、能够主动发展的个体;把学生作为一个整体;把学生作为有差异、有个性的人。该老师做到了以上几点,鼓励学生主动地去寻找有生命的物体,体现了以学生为主体,把学生当作一个完整的人来看待。当学生给出自己的观点时,该老师还及时表扬学生,并对他提出更高的期望,可见老师把学生当作有发展潜力的人。当有学生扯掉小鸟的羽毛的时候,该老师并没有批评学生,而是安慰学生,进而让学生领悟到生命的可贵。

(3)案例中的老师的教学行为体现了素质教育的教师观。教师的角色不只是向学生传授某方面的课本知识,而是要根据学生的发展实际以及教育目标、要求,在特定的环境中采用特定的教学方法,通过特定途

径来促进学生的成长，教师角色的性质就在于帮助学生成长。该老师的角色正是学生学习的促进者和引导者。在教学活动中，以学生为主体，引导学生表达自己的观点，最后启发学生对生命的理解和珍惜。

16. 刘老师的教学行为符合现代学生观，具体分析如下：

(1)学生是处于发展过程中的人。作为发展中的人，意味着学生还是不成熟的人，是一个正在成长的人。把学生作为发展中的人来对待，就要理解学生身上存在的不足，就要允许学生犯错误。当然，更重要的是要帮助学生解决问题，改正错误，从而不断促进学生的进步和发展。刘老师在发现小月同学有些自卑后，决定召开主题班会帮助同学们克服自卑心理，说明刘老师把学生当成了发展中的人，重视学生心理问题的解决。

(2)学生是独特的人。学生并不是单纯的、抽象的学习者，而是有着丰富个性的、完整的人，每个学生都有自身的独特性。刘老师让同学们互相写出别人的优点，帮助同学们发现自己的优点，培养他们的自信心，正是因为刘老师关注到了每个学生的独特性和差异性。

(3)学生是具有独立意义的人。每个学生都是独立于教师的头脑之外，不以教师的意志为转移的客观存在，教师不能随意支配学生，也不能把自己的意志强加给学生。刘老师通过主题班会引导学生们发现自己的优点，进而克服自卑心理，而不是直接进行说教，说明刘老师把学生当成具有独立意义的人，尊重了学生的主体地位。

17. (1)学生是发展中的人，要用发展的观点认识学生。学生具有巨大的发展潜能。案例中，陈老师班里“有的同学老是找不到学习的方法，也不愿意发言，习惯当听众，小明就是这样的孩子，有次陈老师让小明发言，小明站起来紧张得面红耳赤，陈老师示意小明坐下，课后……在陈老师的多次鼓励下，小明慢慢克服了胆怯，也敢上台发言了”。这就体现了陈老师把学生当作发展中的人来看待，相信每个学生都有巨大的发展潜能，并通过积极的鼓励来促进学生的发展。

(2)学生是具有独立意义的人。首先，每个学生都是独立于教师的头脑之外，不以教师的意志为转移的客观存在。其次，学生是学习的主体。教师主导对学生客体的教育与改造，只是学生发展的外部条件和外因，学生的主体活动才是学生获得发展的内在机制和内因。案例中的陈老师在语文教学中，总是先让学生明确学习目标，然后提出问题，让学生围绕问题各自探索并在小组内进行交流。大家都解决不了的问题，就由陈老师来讲解。这体现了陈老师把学生当成学习的主体，鼓励学生发挥主体作用，不但帮助学生收获了知识，还增强了学生解决问题的能力。

18. 根据材料的调查可知，教师在实际教学过程中，并没有树立正确的学生观。在新课改背景下，我们倡导：

(1)学生是发展中的人，要用发展的观点认识学生。作为发展中的人，学生的不完善是正常的，十全十美并不符合实际。把学生作为发展中的人来对待，就要理解学生身上存在的不足，就要允许学生犯错误。当然，更重要的是要帮助学生解决问题，改正错误，从而不断促进学生的进步和发展。

(2)学生是独特的人。每个学生都有自身的独特性，他们的兴趣、动机、性格、智能等方面各不相同。差异不仅是教育的基础，也是学生发展的前提，应将其视之为一种财富而珍惜开发，使每个学生在原有基础上都得到完全、自由的发展。教师在教育学生时应做到因材施教，不能将教育方法简单化，只采用奖惩的手段处理学生问题。

(3)学生是具有独立意义的人。每个学生都是独立于教师的头脑之外，不以教师的意志为转移的客观存在，教师不可以对其随意支配或任意捏塑；学生是学习的主体，在教育过程中教师只有充分调动学生的主体性，才能达到较好的教育效果；学生是责权主体，学校和教师必须保护学生的合法权利，不能随意体罚、讽刺、挖苦学生。

19. (1)契诃夫的叔叔作为老师的做法是不正确的。

(2)①契诃夫的叔叔没有站在小猫的角度来进行教学，反映在教学当中就是教师要树立正确的学生观，因材施教。②契诃夫的叔叔在小猫的捕鼠本领还未完全发育的时候便训练小猫捉老鼠，忽略了小猫的发展水平。这启示我们：教师在教学过程中要顺应学生的身心发展的顺序性，循序渐进地促进学生的发展。③契诃夫的叔叔缺乏自我反思意识，在小猫没法捉老鼠时，就失去耐心，把猫送人，说它太笨了，什么也学不会。这启示我们：在教学过程中教师要注意反思自己的教育教学方法。④契诃夫的叔叔没有合理地利用惩罚。科学的惩罚应先教后罚、及时施惩、尽量少用惩罚、多用剥夺式惩罚。在小猫没有学会抓老鼠时，应先给小猫确定惩罚规则，避免不必要的惩罚，应尽量少用惩罚，需要惩罚时多用剥夺愉快刺激的形式，少用施予式惩罚。

20. (1)树立以人为本的学生观，就是要关心、尊重、爱护学生，把学生看作发展中的人，把学生当作完整的人，把学生当作具有独立个性和创新精神的人，充分尊重学生的权利。以人为本的学生观要求教师在教育教学活动中必须尊重学生，关心爱护学生，必须意识到学生的发展潜力；公平公正地对待每一个学生，不因性别、民族、地域、经济状况、家庭背景和身心缺陷等歧视学生；对学生严慈相济，做学生的良师益友；保护学生安全，关心学生健康，维护学生权益；不讽刺、挖苦学生，不体罚或变相体罚学生。案例中的张老师发现莎莎的耳朵脏，就叫莎莎站起来给大家看，作为一个反面的教材，引起了全班同学的大笑。这说明张老师没有做到关心爱护学生，尊重学生的人格。

(2)“以人为本”要求以学生为本，在教育教学活动中做到以学生的全面发展为本。学生是处于发展过程中的人。作为发展中的人，意味着学生还是不成熟的人，教师要理解学生身上存在的不足，就要允许学生犯错误。当然，更重要的是要帮助学生解决问题，改正错误，从而不断促进学生的进步和发展。莎莎因为在数学课上被嘲笑过，以后再上张老师的课时，总是低着头，她的数学成绩也越来越差。张老师把原因归结于莎莎上课不认真，没能集中注意力去听课。这说明张老师没有深入了解莎莎数学成绩差的根本原因，仅仅把责任归结于莎莎上课不认真，没有把学生作为发展中的人来看待，没有做到主动帮助学生解决问题，改正错误。

21. (1)新型师生关系的特点主要包括：①人际关系——尊师爱生；②社会关系——民主平等；③教育关系——教学相长；④心理关系——心理相容。

(2)①学生是发展中的人，要用发展的观点认识学生。学生的身心发展是有规律的；学生具有巨大的发展潜能；学生是处于发展过程中的人；学生的发展是全面的发展。②学生是独特的人。把学生看成是独特的人，包含三个含义：学生是完整的人；每个学生都有自身的独特性；学生与成人之间存在着巨大的差异。③学生是具有独立意义的人。把学生看成是具有独立意义的人，包含三个基本含义：每个学生都是独立于教师的头脑之外，不以教师的意志为转移的客观存在；学生是学习的主体；学生是责权主体。

(3)①教师方面：教师要了解和研究学生；树立正确的学生观；提高教师自身的素质；热爱、尊重学生，公平对待学生；发扬教育民主；主动与学生沟通，善于与学生交往；正确处理师生矛盾；提高法制意识，保护学生的合法权利；加强师德建设，纯化师生关系。②学生方面：学生要正确认识自己和正确认识老师。③环境方面：加强校园文化建设，确保校园文化的相对独立性、完整性和纯洁性；加强学风教育，促进良好学风的养成，使学生在一个良好的学风氛围下健康地学习。

22. 高老师的课程评价方式体现了发展性评价的理念。

(1)特点：①以学生的素质全面发展为目标，评价的根本目的是促进学生的发展。高老师发给学生的课程导航中关于学生考评的内容体现了促进学生全面发展的评价目的。

②关注人的发展，强调评价的民主性和人性化的发展，重视被评价者的主体性与评价对个体发展的建构作用。在“平时作业”的考评中，如果学生对自己的成绩很不满意，找出原因并改正后可重新拿回满分，这体现了评价的人性化。

③评价内容的综合化。高老师既有对学生理论知识的评价，也有对学生实践活动的评价，这体现了评价内容的综合化。

④评价方式多样化。高老师的课程评价将定性评价与定量评价相结合，在课程导航中对学生考评的说明分为五项，并且各项所占的比例也不相同，丰富了评价的方法，这体现了评价方式的多样化。

⑤评价主体多元化。高老师让同学们保管好导航，要经常使用这份导航来评价自己和他人。这体现了评价主体的多元化。

⑥关注评价过程。高老师对同学们说："学习是个过程，而不是一场考试，平时大家可以根据导航的指标看看自己在哪些方面可以做得更好。"这体现了关注评价的过程。

(2)意义：①发展性评价可以培养学生积极的学习态度、学生的创新意识和实践能力，促进学生身心健康发展，为学生的终身发展奠定基础。②评价标准的多元化可以适应社会对人才多样化的需求。③将定性与定量评价相结合，应用多种评价方法将有利于更清晰、更准确地描述学生、教师的发展状况。④评价变成了主动参与、自我反思、自我发展的过程，同时在相互沟通协商中，增进了双方的了解和理解，易于形成积极、友好、平等和民主的评价关系，这将有助于评价者在评价进程中有效地对被评价者的发展过程进行监控和指导，帮助被评价者接纳和认同评价结果，促进其不断改进，获得发展。⑤关注过程，评价才可能深入学生发展的进程，及时了解学生在发展中遇到的问题、所做的努力以及获得的进步，这样才有可能对学生的持续发展和提高进行有效地指导，评价促进发展的功能才能真正发挥作用，与此同时，也只有在关注过程中，才能有效地帮助学生形成积极的学习态度、科学的探究精神，才能注重学生在学习过程中的情感体验、价值观的形成，实现"知识与技能""过程与方法"以及"情感态度与价值观"的全面发展。

23. (1)校本课程开发要树立"学生为本"的课程理念，校本课程开发要基于学生的实际发展需要，尤其重视学生个体有差异的学习需要，同时兼顾社会的需要。案例中的"茶道课"引起了学生的学习兴趣，同时能够改变不健康的习惯，符合"学生为本"的课程理念。

(2)校本课程开发要体现"全员参与"的合作精神。在校本课程开发过程中，要充分发挥校长、学生家长、学生和社区代表等的作用，形成一个开发校本课程的合作共同体，大家都有权对课程发表自己的看法，集思广益，最终形成一个最优的课程方案。案例中校本课程的开发是由家长提议，得到了班主任和家长委员会的积极响应，学生也积极参与，体现了"全员参与"的合作精神。

(3)校本课程开发要善于利用蕴藏在当地社区和学校师生中的各种课程资源，更好地反映学生的实际生活。校本课程开发要根据已有的条件进行资源重组，开发出适合自己学校的、具有特色的、学生喜欢的课程。案例中的"茶道课"是在学生家长提议、家长委员会购买茶具、由研究茶文化的学生家长担任教师等因素的组合下开发出来的课程，这充分利用了已有资源，开发出了学生喜欢的特色课程。

24. (1)材料中的课明显体现了教学过程中传授知识与思想品德教育相统一的规律，即教育性规律。教师要上"具有文化味道的课"的原因：①在教学过程中，学生掌握科学文化知识和提高思想品德修养是相辅相成的。知识是思想品德形成的基础，思想品德修养水平的提高为学生积极地学习知识提供动力。②脱离知识进行思想品德教育，这会使思想品德教育成为无源之水、无本之木，不仅不利于学生品德修养水平的提高，而且还影响系统知识的教学。③只强调传授知识，忽视思想品德教育，不利于学生的成长。教学的教育性必须要经过教师给学生施加积极影响，必须通过启发、激励，使学生对所学知识产生积极的态度，教学的教育性才能得以实现。在教学过程中要注意把二者有机结合起来。

(2)教学的基本任务包括：①引导学生掌握系统的科学文化基础知识和基本技能、技巧；②发展小学生的智力，培养小学生的能力，教会小学生学习；③发展小学生的体力，提高小学生的健康水平；④培养小学生高尚的审美情趣，养成良好的思想品德和行为习惯，为形成科学世界观和良好的个性心理品质打下基础。

(3)促进教师专业发展的方式包括：①师范教育；②入职培训；③在职培训；④教师的自我教育。此外，跨校合作、专家指导、政府教育部门和教研机构组织的各类专业培训和交流活动等也是教师专业发展的途径。

25. (1)在教学过程中，教师的主导作用和学生的主体作用是辩证统一的。案例中，郝老师采用的"三少"教学法有利于调动学生的主动性，但是由于在教学中没有充分发挥教师的主导作用，没能结合学生的实际情况进行及时引导和调整，最终导致教学效果不佳。教师在教学过程中除了做到"三少"，还要做到"三多"，即要"多看""多听""多交流"，这样才能及时了解学生的学习动态，掌握学生学习的第一手资料，真正实现课堂的高效性。

(2)在实际教学中，要提高教学效果，既要充分发挥教师的主导作用，又要充分发挥学生主体参与教学的能动性，把二者有机地结合起来。①发挥教师的主导作用是学生简捷有效地学习知识、发展身心的必要条件。只有借助于教师的教导和帮助，才能以简捷有效的方式掌握人类创造的基本文化科学知识，迅速提高自己的身心发展水平，成为社会需要的人才，就连学生的学习主动性、积极性的正确发挥都有赖于教师的引导。②调动学生的学习主动性是教师有效地教学的一个主要因素。教师的教是为了学生的学，在教学过程中，必须充分调动学生的学习主动性、积极性。学生的学习主动性是以教学为前提的，是对教师的教的积极配合，是在教师引导下自觉、专心、刻苦学习，善于创造性地完成独立作业。背离教师的主导作用，学生的积极性就会具有盲目性，进而使学生在学习上费力而不讨好，成效甚微。可见，在教学过程中，充分发挥教师的主导作用是学生简捷掌握知识的必要条件，而要使学生自觉掌握知识主要靠调动学生个人的主动性、积极性，如果师生双方能积极配合就能获得教学的最佳效果，这是教师主导作用与学生主动性之间的必然联系。

26. (1)案例中的孙老师在教学中贯彻了直观性原则和因材施教原则。①直观性原则是指在教学活动中，教师应尽量利用学生的多种感官和已有的经验，通过各种形式的感知，使学生获得生动的表象，从而比较全面、深刻地掌握知识。这一原则的提出是由学生的年龄特征决定的。孙老师针对小学生的学习特点，让学生走向大自然，在观察自然的过程中感受春天，体现了对直观性教学原则的运用。②因材施教原则是指教师在教学中，要从课程计划、学科课程标准的统一要求出发，面向全体学生；同时又要根据学生的个别差异，有的放矢地进行有差别的教学，使每个学生都能扬长避短，获得最佳的发展。孙老师根据全班学生的能力差异，布置程度不同的作业，说明其注意到了学生的个别差异，做到了因材施教。

(2)①贯彻直观性原则的要求包括：正确选择直观教具和教学手段；将直观教具的演示与语言讲解结合起来；重视运用言语直观。②贯彻因材施教原则的要求包括：要坚持课程计划和学科课程标准的统一要求；教师要了解学生，从实际出发进行教学；教师要善于发现每个学生的兴趣、爱好，并创造条件，尽可能使每个学生的不同特长都得以发挥。

27. (1)王老师在教学中主要贯彻了启发性教学原则。启发性原则是指在教学活动中，教师要调动学生的主动性和积极性，引导他们通过独立思考、积极探索，生动活泼地学习，自觉地掌握科学知识，提高分析问题和解决问题的能力。案例中的王老师首先向学生提出了一个问题，然后引起学生们活跃的讨论，纷纷从不同的角度阐述自己的观点，最后得出了一致的结果。王老师的做法调动了学生学习的主动性和积极性，引起了学生的思考和探索，使问题得到了解决。这表明王老师在教学中主要贯彻了启发性教学原则。

(2)王老师运用的教学方法是讨论法。讨论法是全班或小组成员在教师的指导下，围绕某一中心问题发表自己的看法和见解，从而进行相互学习的一种方法。案例中的王老师让同学们围绕"再别康桥"这个题目

中的“再别”是否应该改成“告别”这一问题展开讨论，发表自己的看法和见解。这表明王老师运用的教学方法是讨论法。

28. (1)讲授法可以充分发挥教师的主导作用，使学生在短时间内获得大量系统的科学知识，并且能结合知识传授进行思想品德教育。老师们口若悬河，给学生留下来许多知识是讲授法优点的体现。

(2)讲授法不易发挥学生的主动性和积极性，不利于因材施教，容易造成“填鸭式”“满堂灌”的教学效果。案例中，教师在课堂上口若悬河，给学生灌输了很多知识，但是由于没有照顾到学生的个别差异性，也没有对学生进行因材施教，因而无法调动学生学习的主动性和积极性，不能使学生很好地掌握和吸收知识，这是讲授法缺点的体现。

因此，教师要正确运用讲授法，注意启发诱导学生，采用启发式而不是灌输式的教学方法进行教学。

29. (1)案例中的教师主要运用的教学方法是讨论法。该教师运用讨论法的不足之处主要在于没有在讨论过程中启发诱导学生。

(2)讨论法是全班或小组成员在教师的指导下，围绕某一中心问题发表自己的看法和见解，从而进行相互学习的一种方法。运用讨论法要求教师要善于引导学生围绕中心，联系实际，自由发表意见，并让每个学生都有发言机会。案例中的教师在布置完讨论任务后，马上将身体转向黑板，抓紧时间板书，没有做到关注、倾听学生的讨论内容，也没有对学生的讨论进行启发和指导。该教师的做法违背了讨论法的基本要求，因而是不正确的。

30. (1)该教师具有丰富的实践知识。教师的实践知识是一种个人化的知识，是体现教师个人特征和教学智慧的知识。案例中的教师在解决“鸡兔同笼”这样原本枯燥的问题时，用幽默诙谐的语气来讲解，引发学生的哄堂大笑，调动了学生的兴趣，培养了良好的课堂氛围。

(2)该教师的教学过程灵活地运用了谈话法(问答法)。谈话法是教师按一定的教学要求向学生提出问题让学生回答，通过问答、对话的形式来引导学生思考、探究、获取或巩固知识，促进学生智能发展的方法。案例中教师就是采用教师提问、学生回答这样的形式来完成教学内容的，在这一过程中，教师一直引导学生思考和探究，最终取得了良好的课堂效果。

(3)该教师的教学过程遵循了教师主导作用与学生主体作用相统一的教学规律。这一教学规律是指在教学中，教师的教依赖于学生的学，学生的学离不开教师的教，教与学是辩证统一的。案例中的教师在教学中充分发挥了教师的主导作用，同时也充分发挥了学生主体参与教学的能动性，最终在师生的积极互动中达到了良好的教学效果。

(4)该教师的教学过程运用了启发性教学原则。启发性原则是指在教学活动中，教师要调动学生的主动性和积极性，引导他们通过独立思考、积极探索，生动活泼地学习，自觉地掌握科学知识，提高分析问题和解决问题的能力。案例中的教师在提出问题后，引导学生思考解题的思路，最终帮助学生解决鸡兔同笼的问题，就体现了对启发性原则的运用。

31. (1)案例中的教师在运用讨论法教学时的优点：①有利于激发学生兴趣、活跃学生思维，有助于他们听取、比较、思考不同意见，在此基础上进行独立思考，因此能够促进学生思维能力的发展。此外，讨论法能够普遍而充分地给予每一个学生表达自己观点和意见的机会，调动所有学生的学习积极性，并且有效地促进学生口头语言能力的发展。案例中的教师在《孔乙己》的教学中，充分利用了讨论法，激发了学生的兴趣，调动了学生的学习积极性，锻炼了学生的口头语言表达能力。②运用讨论法时需要教师选好讨论题目，要选择一些有讨论价值的题目。案例中的教师积极肯定了学生A的问题的价值，并将其问题作为全班讨论的题目，充分调动了学生讨论的积极性。③运用讨论法时需要教师肯定学生的各种意见。“刚才同学们发言很踊跃，讲得也很有道理”说明案例中的教师做到了肯定学生的意见。

(2)案例中的教师在运用讨论法教学时也有不足之处:没有在学生讨论结束时对讨论中所反映出来的问题、结论、答案进行归纳与总结,从而在一定程度上影响了学生对所讨论问题的正确理解。

32. (1)材料中的教师主要运用了谈话法。谈话法也叫问答法,它是教师按一定的教学要求向学生提出问题让学生回答,通过问答、对话的形式来引导学生思考、探究,获取或巩固知识,促进学生智能发展的方法。谈话法能够充分激发学生的思维活动,并使教师通过谈话直接了解学生的学习程度,及时检验自己的教学效果,从而提出一些补救措施来弥补学生的知识缺陷,开拓学生的思路,使学生保持注意和兴趣。材料中的教师通过问答的形式使学生明白了"圆"的概念,是对谈话法的有效运用。

(2)上好一堂课的基本要求包括:①教学目标明确;②教学内容准确;③教学结构合理;④教学方法适当;⑤讲究教学艺术;⑥板书有序;⑦充分发挥学生的主体性。材料中的教师为了让学生明白"圆"的概念,通过谈话法,一步步引导学生获取"圆"的知识,发挥了学生学习的主动性和积极性。这说明该教师的教学目标明确、教学内容准确、教学方法适当,而且充分发挥了学生的主体性。

33. (1)作为一名新教师,小佳老师对工作认真负责,努力向优秀教师学习,但教学效果却不理想,这可能是因为:①小佳老师盲从优秀教师的教学经验,缺乏对自己教学实践的反思。教学反思是指教师以自己的教学活动为意识对象,对自己的教育理念、教学行为、决策以及由此所产生的结果进行认真的自我审视、评价、反馈、控制、调节、分析的过程。案例中小佳老师可能只是一味地照搬照抄优秀教师的经验,没能进行自我反思,未能及时发现自己教学实际中存在的问题并进行调整。

②小佳老师在教学过程中没有充分发挥学生的主观能动性,违背了教师主导作用与学生主体作用相统一的教学规律。在教学过程中,既要充分发挥教师的主导作用,又要充分发挥学生主体参与教学的能动性,把二者有机结合起来。小佳老师虽然工作认真负责,充分发挥了教师的主导作用,但是假如没有充分发挥学生的主体性,教学效果也会不理想。

③小佳老师没能结合学生实际进行教学,没能做到因材施教。因材施教原则是指教师在教学中,要从课程计划、学科课程标准的统一要求出发,面向全体学生,同时又要根据学生的个别差异,有的放矢地进行有差别的教学,使每个学生都能扬长避短,获得最佳的发展。案例中,小佳老师可能只是一味地去模仿优秀教师的课堂教学模式,而没有针对本班学生采取适宜的教学手段,教学缺乏针对性。

(2)①在教学工作中,小佳老师应经常进行教学反思,做教育教学的研究者,利用反思日记、交流讨论、行动研究等方法及时总结教学过程中的问题,以便及时改进教学;②在教学过程中,小佳老师要坚持教师主导作用与学生主体作用的统一,在发挥主导作用的同时,也要充分调动学生学习的积极性,做学生学习的促进者和引导者;③在教学过程中,小佳老师应深入了解本班学生的特点,全面掌握所教学生的知识基础和心理特点,从而有针对性地进行教育;④小佳老师要主动与学生进行沟通和交流,深入到学生之中,建立良好的师生关系,从而促进教学活动顺利进行。此外,小佳老师还要重视学生学业的检查与评定,而不仅仅是上好课。

34. (1)中小学起始年级班额人数坚决控制在国家和省规定的标准内(小学45人、中学50人、省级以上示范性普通高中56人以内)。

(2)按照有关规定,班级学生数超过56人的班级称之为大班额,学生数超过66人的称之为超大班额。带来的不利影响包括:①不利于新课改理念的推行和教育质量的提高,影响了素质教育的全面实施。②增加了学校管理难度,容易造成安全隐患。③严重危害了学生的身心健康。④加重了教师的工作负担。⑤不利于学校均衡发展,农村学生向县城集中,县城学生向市区集中,城市学生向热点学校集中,让城市的热点学校成为"大班额"困扰的焦点。每到招生季,城区学校的校长就倍感压力,一肩挑着为政府办学的责任,一肩挑着办人民满意学校的重托,面对的却是无能为力的现状。将"大班额"带来的危害降低到

最低限度，力争2020年彻底消除“超大班额”“大班额”，已成为亟待解决的严重问题。

35.（1）材料内容揭示了虽然每个教师都能够意识到在教学过程中应该给学生提供均等的学习机会，但在实践中却难以做到。

（2）产生这种现象的主要原因是现行的教学组织形式影响了学生在教学过程中获得均等的教育机会。由于班级授课制是一种面向学生集体的教学组织形式，如何保证学生享有均等的学习机会，一直是班级教学中的一个难题。

（3）克服班级授课制的上述缺点，促进教学过程中的机会均等，可从以下几个方面改进课堂教学组织形式：①缩小班级规模，实行小班教学，使学生获得更多的学习机会；②适当压缩集体教学时间，增加个别辅导时间；③增加辅导教师，实施小队教学；④组织小组合作学习，发动学生辅导同伴；⑤按能力或兴趣分组，进行分组教学。

36.（1）预设即事先设计好的教学流程，包含教学目标、教学内容、教学过程、教学方法、教学手段、教学情境等，也就是我们常说的备课，具体体现为教案。生成就是形成、达成，即课堂上实际发生的教学情况，通常我们总是把它当作课堂上的“突发事件”或“偶发事件”。预设具有明显的科学主义的取向，生成具有明显的人文主义的取向，二者是共存、互补的关系。预设是生成的起点，在实践中，生成往往基于预设，以预设为基础，是对预设的丰富、拓展或重建。

（2）专家点评说陈老师的课最大的优点和缺点都是完美，这是因为在实际教学过程中，精心的预设无法全部预知精彩的生成。课堂是一个动态生成的过程，难免会发生诸多的意外，一旦出现，就需要教师灵活应对，而不能一味拘泥于事先准备好的教案，教师应巧妙利用“生成”，使之成为课堂的一个预料之外的精彩。

37.（1）备课就是教师根据学科课程标准的要求和本门课程的特点，结合学生的具体情况，选择最合适的表达方法和顺序，以保证学生有效地学习。备好课是教好课的前提。对教师而言，备好课可以加强教学的计划性，有利于教师充分发挥主导作用。教师要在平时的学习、生活中有意识地收集教学资料，为上课做准备。

（2）①备课要体现预设与生成的统一。材料中“有些经过教研组集体合力打磨的课，展示时总感觉太失真，作秀太明显”，这种情况的出现就说明教师在备课时忽视了学生的兴趣和经验，不能有效地引导学生生动、活泼、主动地进行新知识的探究活动。②备课要体现尊重学生差异性的理念。材料中“一些教师精心准备的课，却受到学生的冷遇，台上教师口若悬河，台下学生却昏昏欲睡”，这就体现了教师在备课时没有正视学生的个体差异，不能充分发挥学生的潜能，使其各有所得，因此就没有收到良好的教学效果。③备课要体现教学方式与学习方式转变的理念。材料中“教师备课不应只是备课本，更要关注学生学情，并由此出发有针对性地设计教什么、怎么教的问题”，即在教学中要从以教为中心变为以学为中心，充分发挥学生的主体性。

（3）①教师备课要做好三方面的工作，即钻研教材、了解学生、设计教法，也即备教材、备学生、备教法；②写好三种计划，即学年（或学期）教学计划、课题（或单元）计划、课时计划（教案）。

（考生可适当结合材料加以阐述，言之有理即可）

38.（1）作业是结合教学内容，要求学生独立完成的各种类型的练习。作业的作用在于加深和加强学生对教材的理解和巩固，帮助学生掌握相关的技能、技巧。通过作业的布置、检查和批改，教师可以及时发现学生在知识或技能方面的缺陷并加以纠正，同时对学生的作业完成情况做出评价并提出进一步学习的建议。

（2）①作业内容符合课程标准的要求；②考虑不同学生的能力需求；③分量适宜、难易适度；④作业形式多样,具有多选性;⑤要求明确,规定作业完成时间;⑥作业反馈清晰、及时;⑦作业要具有典型意义和举一反三的作用;⑧作业应有助于启发学生的思维,含有鼓励学生独立探索并进行创造性思维的因素;⑨尽量同现代生产和社会生活中的实际问题结合起来,力求理论联系实际。

39. (1)传统的考试和评分制度的弊端主要体现在以下四个方面:①用分数表示学习成绩,而分数又不能全面、准确地反映学习的质量、水平(学力),导致学生被片面评价。②考试的内容和方法不从教学的实际出发,不为教学服务,而是为考而教,考试被绝对化了。③考试的基本功能——反馈作用被严重地削弱,教育评价也因之而丧失了增值功能。④滥用考试分数,以考试成绩为依据进行不必要的名次等第排序,人为地制造了不良竞争,损害了学生的尊严,贬低了人的价值。

(2)该校的教育评价观主要有以下特点:

①在指导思想与根本目的上,致力于促进学生个性的全面发展和弘扬学生的主动精神。现代教育评价主张从每个学生发展的内在需要和实际状况出发,评价他们各自的发展进程。主张让学生成为教育评价的积极参与者,并通过学生的自我评价发展学生的评价能力。材料中的小学邀请家长参与学生评价过程,鼓励家长、教师、学生共同参与,形成开放式多元评价。给学生对自己的活动进行评价的机会,学生通过分析自己的活动,实现自身的独立自主发展。

②在评价功能上,主动发挥评价的教育功能。教育评价的功能从根本上说具有教育和管理两大功能。现代教育评价越来越重视评价的诊断、反馈、改进、激励、强化等教育功能。材料中的学校邀请优秀的学生担任“大法官”“裁判员”,并给他们免考的奖励。这些做法对学生既是一种激励,也是一种督促。

③在评价的类型上,现代教育评价注重实施形成性评价。形成性评价即过程性评价,这种评价是在教学过程中进行的,它是教育过程的有机组成部分。材料中的学校摒弃一张试卷考学生、按照考试分数排名次的做法,实施多维度学科板块式评价改革,主要内容实际是在传统评价体制的基础上,从品德发展、学业水平、身心健康、学习生活幸福指标四个维度评价学生的机制,更关注学生的过程性评价。

④在评价方法上,现代教育评价注重采用绝对评价法。传统的选拔教育观受到了新的发展教育观的批判和否定。与这种发展教育观相适应,教育评价的目的不再是把学生按照考试分数进行分等与分类,而是为了“获得和处理用以确定学生水平和教育有效性的证据”。材料中的小学摒弃一张试卷考学生、按照考试分数排名次的做法,实施多维度学科板块式评价改革,实现了评价方法的转变。

(3)新课程理念下,教师教学行为的变化主要表现为:①在对待师生关系上,强调尊重、赞赏;②在对待教学关系上,强调帮助、引导;③在对待自我上,强调反思;④在对待与其他教育者的关系上,强调合作。

40. (1)新的教学模式即在线教育,它是运用互联网、人工智能等现代信息技术进行教与学互动的新型教育方式,是教育服务的重要组成部分。线上教育打破了空间的壁垒与教育资源的不平衡,很大程度上实现了教育的普惠性与公平性。因新冠肺炎疫情对教育事业的影响,线上教育能够最大限度地降低危害,确保师生身体健康、生命安全,保证正常的教育教学秩序,促进教育发展和社会稳定。但线上教育在具体运用过程中,优缺点并存,要多总结线上教育经验,从而提升线上教育质量。

(2)网络教学不仅是教学内容的网络化和教学手段的革新,而且是教学思想、教学模式和教学方法的变革,最重要的就是教学模式的网络化。作为新教师,要改变传统的教育思想、教育观念,从“以教师为中心”转变为“以学生发展为中心”,具体讲,就是教师由“权威者”转变为“合作者”和“指导者”,将学生从“吸收者”转变为“主动参与”者;学习先进的教育方式,自觉利用网络技术手段组织教学,发挥网络工具的作用;树立终身学习理念,主动充实先进的教育理论,提高自身运用现代教育技术手段的能力,培养自身的信息素养。

41. (1)小学低年级到中年级的学生更多地关注“有趣、好玩、新奇”的事物。因此,学习素材的选取与呈现以

及学习活动的安排都应当充分考虑到学生的实际生活背景和学习活动本身的趣味性，使他们认识到学习是一件有意思的事情，从而愿意主动学习。而创设故事化情境就是一条非常适合低年级学生的方式。在设置故事化情境时，教师绘声绘色、富有感情的描述十分重要。把教材中的一幅幅画面所反映的问题情境编成简短的小故事，使学生产生身临其境的感觉，增加课堂教学的趣味性，有效地调动学生的学习积极性，使学生全身心地投入到学习活动中去。

(2)从教学与生活、社会的结合点入手，设计教学情境。实践证明，只有当学习内容和其形成、运用的社会与自然情境结合时，有意义的学习才可能发生，所学的知识才易于迁移到其他情境中再应用。只有在真实情境中获得的知识和技能，学生才能真正理解和掌握，才可能到真实生活或其他学习环境中解决实际问题。现代课程改革与现代社会发展紧密相关，教学内容和社会生活以及生命、信息、环境等现代科学前沿内容有着广泛而深刻的联系。设置相应的课堂教学情境，是一种常用的方式。知识、技能和情感来源于生活，植根于生活，把知识、技能、情感生活化，可以让学生从直接的生活经验与背景中，亲身体验情境中的问题，不仅有利于学生理解学习内容的情境特征，而且有利于学生体验到生活中知识、技能和情感的建构过程，培养学生的观察能力和初步解决实际问题的能力。

(3)教学情境的设计要考虑学生能不能接受，要设计好合适的“路径”和“台阶”，便于学生将学过的知识和技能迁移到情境中来解决问题。由于知识和技能的迁移总是受个人能力以及情境因素的影响，所以，教师提供的情境一定要符合学生的生理和心理发展特点，同时经过精心地选择和设计，由近及远、由浅入深、由表及里。因为，只有适合学生的东西，才能被学生理解和接受，发挥其应有的作用。在这样的情境中学习，才可能使学生获得知识与技能，才可能使学生解决具体问题的经验日趋丰富，才可能在新情境中实现相应的学习迁移活动。

(4)在本材料中，王老师把枯燥乏味的数学题目与学生感兴趣的“六一儿童节”结合在一起，在创设教学情境时，从故事化、生活化情境入手，贴合小学生的生活实际，使学生易于接受教学内容，这一做法是值得我们学习的。

42. 课堂教学艺术一般是指教师富有创造性地运用各种手段唤起学生的学习兴趣，使学生愉快、主动地获取知识，并得到深刻印象的教学方式。案例中张老师的课堂教学艺术主要表现为：

(1)张老师的课堂教学采用了直观演示的导入方法。该方法是指老师上课之始，通过展示图片、图表、音像片等直观教具，先让学生观察实物、模型、图表、幻灯片、投影、电视或运用形象化的语言等，引起学生对即将讲授内容的关注，然后引导学生在观察中提出问题，并提出相应的要求，引导学生观察、思考、分析，从而使学生直接进入寻求新知识的活动的一种导课方式。直观演示对于引起学生的学习动机，增强其感知，具有直接作用。这种导入方式既能加深学生对事物的印象，又能激发学生的学习兴趣。张老师通过播放动画片这种小学生所喜闻乐见的形式给孩子们留下了深刻的印象——磁铁非常喜欢机器人瓦力，一见到瓦力就会和它紧紧拥抱在一起，同时也成功地激发了学生的学习兴趣。

(2)张老师的课堂教学设计巧妙地运用了环环相扣的组织艺术。环环相扣是针对教学进程的设计而言的，教师要注意按照学生学习的心理规律来组织教学，使教的活动适应学的活动。教师在组织教学过程中，应使各个环节环环相扣，循序渐进，并结合教学实际发展学生多方面的能力。案例中的张老师将课程分成三个主题，且主题名称鲜明生动富有启发性。在张老师的引导下，这三个主题活动环环相扣，循序渐进地实施。张老师还针对授课对象——小学生的年龄特点，采用直观性原则和演示法，提供了大量直观教具，让孩子们亲自动手去操作，使学生在教学过程中掌握有关磁铁的科学知识。

(3)张老师在课程结束时采用了总结式的结课方法。总结式结课是指在结课的时候，教师自己或组织学生用准确简练的语言把整个课的主要内容加以总结归纳，给学生以系统完整的印象，促使学生加深对所学内容的记忆、理解、把握和巩固,培养其综合概括能力。实验结束后,张老师让孩子们把今天实验探究的发现进行归纳整理得出“磁铁可以吸引铁质物品,还可以隔物吸引铁质物品,隔物越厚所需要的磁性越大”的结论。这种总结不仅培养了学生归纳总结的能力,而且进一步加深了学生对所学知识的理解和记忆。

43. (1)材料中的老师主要运用了温故导入的方法。

(2)①有效的课堂导入能够牢牢吸引学生的注意力,使学生迅速进入课堂角色;②有效的课堂导入可以强烈地激发学生的学习兴趣和求知欲,使学生迅速做好学习新知识的心理准备,并产生学习期待;③有效的课堂导入能够使学生明确学习目标,建立新旧知识之间的联系,营造和谐的课堂氛围等。材料中的老师在使用温故导入时,吸引了学生的注意力,启发了学生的思维,能够使学生能迅速进入课堂角色,也有利于建立新旧知识之间的联系。

44. (1)这是课堂导入环节的一段教学实录,教师的目的很明确,就是引导学生围绕课题自主质疑,激发学习欲望,调动探究积极性,充分体现学生的主体地位。多年来,授课导入从“疑题”开始的教学方式被广大教师采用,这是可行的。但仔细推敲教学片段一中学生的质疑部分,我们不难发现,学生对课文内容是熟悉的,“小骆驼一开始就自豪吗?”“小骆驼后来因为一件什么事感到自豪?”这些疑问里隐含着课文叙述的内容。由此不难想象,学生对自己提出的问题也一定知道答案。学生之所以能够提出这些疑问,其实是迎合了教师的提问“看到这篇课文的题目,你的头脑中产生了哪些疑问”,于是“无疑中寻疑”。这样的质疑、探究是对“自主学习”形式的追求,毫无教学意义可言。

(2)课堂教学的目的是促进学生的发展,关注学情是发展学生的基础。在教学片段二中,教师首先设疑:“‘自豪’的意思是什么? 你曾经因为什么事情感到自豪?”接着引入课题:“题目‘我应该感到自豪才对’中的‘我’是谁? 为什么说‘应该自豪’? 你还能从题目中提出哪些问题?”教师关注学情,精心设疑,才能科学合理地确定教学内容、教学方式、教学手段;设置让学生质疑的“点”,才能让学生真正经历“质疑—探究—释疑”的过程,从而最大程度地获取知识、习得方法、发展能力。

45. (1)知识仅储存在书本中的时代已经过去了,网络时代知识无处不在,就是说在任何时间、任何地点都可以通过网络获取你所需要的知识,下载需要的资料。因此学会用现代信息手段寻找知识,已经成为现代人的基本素养。我们要学会利用知识,学会利用现代信息平台和现代信息技术手段获取和掌握知识。

(2)针对手机使用向低龄化、日常依赖化发展的趋势,作为教师,要引导学生在运用手机网络获得更多、更新的知识的同时更要多读书,利用书本把知识体系化,以方便在现实生活中运用,引导学生将理论与实践相结合,重视培养学生的动手能力,使学生明确学习的目的在于应用。此外,教师还应积极组织学生参与社会活动,让学生在社会活动中学习知识,学会交往,学习人性,也学习思维方法,丰富学生的课余生活,开阔学生的视野,克服学生对手机的依赖。

46. 刘老师的做法遵循了以下德育规律:

(1)德育过程是对学生知、情、意、行的培养与提高的过程。学生的思想品德由知、情、意、行四个心理因素构成。学生思想品德的形成与发展,即这四个心理因素的形成与发展的过程。案例中,刘老师通过组织学生们观看纪录片、进行分组讨论和集体交流等方式提高了学生们对“献爱心”的认识,激发了他们的道德情感。

(2)德育过程是一个促进学生思想内部矛盾斗争的发展过程,是教育与自我教育相结合的过程。学生思想品德的任何变化,都依赖于学生个体的心理活动。任何外界的教育和影响,都必须通过学生思想状态的变化,经过学生思想内部的矛盾斗争,才能发生作用,促使学生品德的真正形成。刘老师在听到学生的“嘀咕”后,因势利导,通过有计划的活动提高了学生的自我意识,发展了他们的自我教育能力,同时也

促进了他们品德的发展。

(3)德育过程是组织学生的活动和交往,统一多方面教育影响的过程。个体的思想品德是在活动和交往的过程中,接受外界教育影响,逐渐形成和发展,并通过活动和交往的过程表现出来的。刘老师通过精心设计并实施活动,促进了学生品德的发展。

47. (1)教师是学校教育工作的主要实施者,根本任务是教书育人。案例中的老师通过向学生征求意见的方式让学生了解到学习是自己的事情,并且培养学生对于时间观念的正确认识,做到了教书育人。

(2)现代学生观认为,学生是具有独立意义的人,是学习的主体。案例中的老师教育学生"学习是自己的事情",并就本学期打算迟到的次数来征求学生的意见,让学生举手表决,发挥了学生的主体性,有助于培养学生的自我教育能力。

(3)教师在教育过程中应合理运用疏导原则。疏导原则是指进行德育时要循循善诱、以理服人,从提高学生认识入手,调动学生的主动性,使他们积极向上。贯彻疏导原则要求教师讲明道理,疏通思想,因势利导,循循善诱。案例中的老师针对学生迟到这一常见问题没有强制要求学生不能迟到,而是首先说明学习是自己的事情,然后就本学期打算迟到的次数征求学生意见,引导学生主动做出选择,并且在学期结束时收到了很好的效果。这一做法正是合理运用疏导原则的体现。

48. (1)①刘老师的做法违背了尊重信任学生与严格要求学生相结合的原则。该原则是指在德育过程中,教育者既要尊重信任学生,又要对学生提出严格的要求,把严和爱有机地结合起来,使教育者的合理要求转化为学生的自觉行动。刘老师用无记名的方式评选了三名"差生",其用意是严格要求学生,让学生引以为戒,但是没有做到尊重信任学生,致使学生情绪低落、逃避上学,因此难以达到期望的效果。

②刘老师的做法违背了教育影响的一致性和连贯性原则。案例中的刘老师对于"差生"的教育,没有主动与家长联系、沟通,协调多方面的教育力量,发挥教育的整体功能,因而教育效果不佳。

③刘老师的做法违背了依靠积极因素,克服消极因素的原则。该原则是指在德育工作中,教育者要善于依靠、发扬学生自身的积极因素,调动学生自我教育的积极性,克服消极因素,以达到长善救失的目的。肖亮虽然"劣迹斑斑",但在音乐上却极有才华,还经常参加表演、比赛,并屡获佳绩。刘老师应该针对肖亮的这一优点,发扬其积极因素,调动其自我教育的积极性,从而克服其消极因素,但显然,刘老师并没有意识到这一点。

(2)假如我是班主任刘老师,我将对肖亮采取如下措施:①尊重信任肖亮,在严格要求他的同时,从实际情况出发,提出适度的要求,逐步帮助肖亮改正缺点;②客观评价肖亮的优点和不足,有意识地创造条件,将肖亮在音乐上的热情迁移到学习上去,提高其学习成绩;③保持与其家长的联系,与家长配合,统一步调和影响,保证教育影响的连续性、系统性,使肖亮的思想品德循序渐进地发展。

49. (1)①捕捉亮点,正面引导。如案例中小叶初二时新来的班主任那般,善于发现小叶身上的亮点——亲近动物,并对小叶进行正面引导。②善于发现学生的爱好,并针对其爱好进行引导教育。如案例中新来的班主任发现小叶喜欢上生物课,于是就找小叶谈话,针对小叶的爱好,让其当动物兴趣小组的小组长。③用欣赏的眼光看待学生。案例中新来的班主任就是以欣赏的眼光看待小叶。④善于发现每一个学生的优点,以表扬为主,鼓励学生进步。⑤培养自己的观察能力,同时多和学生接触以创造"机缘"。⑥肯定学生行为中合理的地方,赞赏学生解决问题的创造性。⑦包容学生的过失,能用期待的心情等待学生的每一点进步,用喜悦的语气去赞许学生的每一份成功。⑧创造条件,给予学生成功的机会,增强他们战胜困难的信心。

(考生可结合案例适当阐述,言之有理即可)

(2)①教育者要用一分为二的观点,全面分析,客观地评价学生的优点和不足;②教育者要有意识地创造条件，将学生思想中的消极因素转化为积极因素；③教育者要提高学生自我认识、自我评价能力，启发他们自觉思考，克服缺点，发扬优点。

50.（1）德育过程是一个促进学生思想内部矛盾斗争的发展过程，是教育与自我教育相结合的过程。①学生思想品德的任何变化，都依赖于学生个体的心理活动。②在德育过程中，学生思想内部的矛盾斗争，实质上是对外界教育因素的分析、综合过程，斗争的过程也就是学生品德不断发展的过程。③学生的自我教育过程，实际上也是他们思想内部矛盾运动的过程。案例中的王老师公开小兰写的情书并通知其家长，导致小兰受到家长责骂和同学耻笑，说明王老师没有重视培养小兰的自我教育能力，没有发挥小兰在德育过程中的主观能动性。

（2）教师在德育过程中要坚持尊重信任学生与严格要求学生相结合的原则。①尊重信任学生与严格要求学生相结合原则是指在德育过程中，教育者既要尊重信任学生，又要对学生提出严格的要求，把严和爱有机地结合起来，使教育者的合理要求转化为学生的自觉行动。②贯彻这一原则的要求：教育者要有强烈的事业心、责任感以及尊重热爱学生的态度；教育者应根据教育目的和德育目标，对学生严格要求，认真管理；教育者要从学生的年龄特征和品德发展状况出发，提出适度的要求，并坚定不渝地贯彻到底。案例中的王老师在班会上公开小兰写的情书，是不尊重、不热爱学生的表现。在德育过程中，只有把尊重学生与严格要求学生紧密结合在一起，才能取得最佳教育效果。

（3）正确做法：本着尊重、信任学生的原则，运用说服教育、自我教育等德育方法教导学生，让学生意识到自己行为的不当，并改掉自身不当行为。同时，还要与小兰家长积极沟通，与其家长一道解决小兰的问题，而不是单纯地向家长告状。

51.（1）班主任的做法遵循了依靠积极因素，克服消极因素的原则。该原则是指在德育工作中，教育者要善于依靠、发扬学生自身的积极因素，调动学生自我教育的积极性，克服消极因素，以达到长善救失的目的。贯彻这一原则的要求之一是：教育者要有意识地创造条件，将学生思想中的消极因素转化为积极因素。材料中的班主任支持小明担任篮球队长，在发挥小明积极因素的同时，克服了他沉迷篮球电子游戏等的消极因素。因此，班主任的做法遵循了这一原则。

（2）班主任的做法遵循了因材施教原则。因材施教原则是指教育者在德育过程中，应根据学生的年龄特征、个性差异以及品德发展现状，采取不同的方法和措施，加强德育的针对性和实效性。贯彻这一原则的要求之一是：注意学生的个别差异，因材施教。材料中的班主任没有像过去那样让体育委员组织球队，而是让班级同学选举的队长来组织球队。这体现出班主任根据小明的具体情况，采取了不同的办法。因此，班主任的做法遵循了这一原则。

（3）班主任的做法遵循了知行统一原则。知行统一原则是指教育者在进行德育时，既要重视对学生进行系统的思想道德的理论教育，又要重视组织学生参加实践锻炼，把提高认识和行为养成结合起来，使学生做到言行一致。贯彻这一原则的要求之一是：组织和引导学生参加社会实践，通过实践活动加深认识，增强情感体验，养成良好的行为习惯。材料中的班主任通过引导和指导小明和他的队友参加篮球联赛，从而使小明养成了良好的行为习惯。因此，班主任的做法遵循了这一原则。

（4）班主任的做法遵循了集体教育和个别教育相结合原则。该原则是指在德育过程中，教育者要善于组织和教育学生热爱集体，并依靠集体教育每个学生，同时通过对个别学生的教育，来促进集体的形成和发展，从而把集体教育和个别教育有机地结合起来。贯彻这一原则的要求之一是：开展丰富多彩的集体活动，充分发挥学生集体的教育作用。材料中的小明在班主任和体育老师的指导下，刻苦训练、努力比赛，并得到了全班同学的加油呐喊，还为班级赢得了冠军奖杯。这体现出班主任通过集体来教育小明，使他开始主动认真地学习，和同学相处极为融洽。因此，班主任的做法遵循了这一原则。

52.(1)案例中班主任的谈话遵循了导向性、疏导性、尊重信任学生与严格要求学生相结合的德育原则。

①导向性原则是指进行德育时要有一定的理想性和方向性,以指导学生向正确的方向发展。案例中,班主任王老师通过谈话引导学生正确看待中学生化妆问题,提高了学生的认识水平,贯彻了导向性原则。

②疏导原则是指进行德育时要循循善诱、以理服人,从提高学生认识入手,调动学生的主动性,使他们积极向上。案例中班主任王老师就化妆问题与学生进行悉心探讨,让学生明白青少年应有自然朴素的美,应该有蓬勃向上的气质。

③尊重信任学生与严格要求学生相结合的原则是指教育者既要尊重信任学生,又要对学生提出严格的要求,把严和爱有机结合起来,使教育者的合理要求转化为学生的自觉行动。案例中班主任的谈话过程体现了对学生的尊重,同时班主任明确指出了中学生妆容的要求,做到了尊重信任学生与严格要求学生相结合。

(2)案例中班主任的谈话过程中运用了说服教育法、陶冶教育法。

①说服教育法是通过语言说理,使学生明晓道理,分清是非,提高品德认识的德育方法。这是一种坚持正面理论教育和正面思想引导、增强辨别是非能力、促进道德发展的重要方法。案例中班主任王老师通过谈话正面引导学生,加深学生对化妆的理解,体现了对说服教育法的使用。

②陶冶教育法是教师利用环境和自身的教育因素,对学生进行潜移默化的熏陶和感染,使其在耳濡目染中受到感化的德育方法。案例中班主任王老师先是同学生交流观看电视节目的感受,从学生的情感体验入手,逐渐切入中学生化妆问题,最终取得了良好的教育效果,使学生真切地感受到自然朴素的美。

53.(1)①班主任贯彻了因材施教原则,因材施教原则是指教育者在德育过程中,应根据学生的年龄特征、个性差异以及品德发展现状,采取不同的方法和措施,加强德育的针对性和实效性。案例中,班主任针对女生经常上课迟到,且对于批评已经"习以为常"的特点,采取"旁敲侧击"的方法去教育、影响、鼓励她,体现了因材施教原则。

②班主任贯彻了疏导原则,疏导原则是指进行德育时要循循善诱、以理服人,从提高学生认识入手,调动学生的主动性,使他们积极向上。案例中,班主任因公务迟到后,因势利导,主动向同学们承认错误,讲明道理,并请大家监督,从而帮助女生认识到自己的错误,并加以改正,这符合疏导原则的贯彻要求。

③班主任贯彻了尊重信任学生与严格要求学生相结合的原则。德育过程中,教育者既要尊重信任学生,又要对学生提出严格的要求,把严和爱有机地结合起来,使教育者的合理要求转化为学生的自觉行动。案例中,班主任没有正面批评指责女生,而是采取"旁敲侧击"的方法去教育、影响、鼓励她,对学生提出每天准时上下课的要求,这体现了尊重信任学生与严格要求学生相结合的原则。

(2)班主任运用的是榜样示范法。榜样示范法是用榜样人物的优秀品德来影响学生的思想、情感和行为的德育方法。案例中,班主任在迟到后,主动向学生承认错误,并请学生监督的行为,为学生树立了良好的榜样,促使女生主动承认了以前的错误。该方法的运用要求为:①选好学习的榜样。选好榜样是学习榜样的前提。班主任结合女孩的实际情况,通过自己的言行为其树立了良好的榜样,促进了女孩的进步与成长。②激起学生对榜样的敬慕之情。要使榜样能对学生产生力量,推动他们前进,就需要引导学生了解榜样,使他们在心灵上对所学榜样产生敬佩之情。班主任在课堂上主动承认错误并请大家监督其改正错误的行为,激发了女孩的敬佩之情。③狠抓落实,引导学生用榜样来调节行为,提高修养。要及时地把学生的情感、冲动引导到行动上来,把敬慕之情转化为道德行动和习惯,逐步巩固、加深这种情感。班主任把学生对自己的敬佩之情转化为学生的行动,促使了女孩改正错误,不再迟到。

54.(1)①案例体现了家庭教育中的榜样示范法。榜样示范法是指在家庭教育中,家长以自己和别人的好思想、好言语、好行为,形象生动地影响孩子的一种方法。以身作则,身教重于言教,既是家庭教育的优良传统,也是家庭教育的重要方法,对于思维发展处在具体形象阶段的年幼孩子来讲,这一方法则更为重要。

②这种家庭教育方法的好处:榜样示范法可以通过榜样的言行,把高深的政治思想原理和抽象的道德规范具体化、人格化,使受教育者从这些富于形象性、感染性和可信性的榜样中受到深刻的教育,从而增强思想品德教育的吸引力和有效性。这一方法还与青少年爱好模仿的心理特点相适应。

(2)作为班主任可以借助该素材对学生开展思想品德教育。开展这一教育的途径包括:①思想品德课(思想政治课)与其他学科教学;②社会实践活动;③课外、校外活动;④共青团、少先队组织的活动;⑤校会、班会、周会、晨会、时事政策的学习;⑥班主任工作。

55. (1)德育智慧是智慧与德育的结合,是教师在"以学生为本"的前提下,对学生心理的深入了解,对德育规律的科学把握,对德育环境的巧妙选择,对德育方法的灵活运用。

(2)班主任的德育工作通常是伴随班级管理进行的,而班级管理又常常是伴随着学生引发的各种问题或产生的各种错误展开的。班主任在班级管理和对犯错误学生的教育中,要讲究方式方法。案例中,张老师在张浩乱扔垃圾后,放弃了疾风暴雨式的批评,而是请同学们谈一谈对乱扔垃圾的看法,并鼓励同学们畅所欲言,从而引导学生内省,认识自己的错误,并产生改变的愿望。这表明张老师对待学生的错误有正确的心态,能够对德育方法进行灵活、有效的选择。

(3)从班主任张老师的工作中,我们可以看到,班主任除了要具备较高的道德修养水平、丰富的知识,还需要聪明和机智,要善于创新各种德育手段,善于化解各种突发事件,掌握巧妙灵活的德育艺术。

56. (1)①进行德育时要注重引导学生把思想政治观念和社会道德规范的学习同参与生活实践结合起来,把提高道德认识与养成良好道德行为结合起来,做到心口如一,言行一致。材料中陶行知先生指出,"我们希望担任训育的人,要打破知识、品行分家的二元论,而在知识品行合一上研究些办法出来",就体现了这一思想。

②理论学习要结合学生生活实际,切实提高学生的思想。思想认识是行为的先导。在德育中,以一定的道德观念和思想政治理论教育学生是必要的。道德源于生活,品德养成于生活。注重实践,培养道德行为习惯。德育要以生活为基础,要寓于经常的活动与交往之中。材料中陶行知先生所指出的"把教育看作知识范围以内的事,训育看作品行范围以内的事,以为学习知识与修养品行是受不同的原理支配的,甚至于一校之中管教务与训育者不相接洽,或背道而驰",就违背了这一思想。

(2)德育的基本途径:①思想政治课与其他学科教学;②社会实践活动;③课外、校外活动;④共青团、少先队组织的活动;⑤校会、班会、周会、晨会、时事政策的学习;⑥班主任工作。

(3)导向性原则;疏导原则;因材施教原则(从学生实际出发);知行统一原则;集体教育和个别教育相结合原则;尊重信任学生与严格要求学生相结合原则;正面教育与纪律约束相结合原则;依靠积极因素,克服消极因素的原则(长善救失原则);教育影响的一致性和连贯性原则。

(考生可适当结合材料加以阐述,言之有理即可)

57. (1)班风即班级风气,是班级成员的精神状态,主要表现为班级成员中占主导地位的群体意识、情绪状态、价值倾向和行为取向等。班风是班级精神文化的主体,优良的班风是无声的命令,它使学生自觉地约束自己的思想言行,抵制和排除不符合班级利益的各种行为。班风优良的班级应该能够使班级成员在这个集体中得到各种满足,即:"懂"的满足,知识的认识领会;"会"的满足,技能的形成和发展;"变好"的满足,品德的转化和提升;"快乐"的满足,解放感的获得;"得到承认"的满足,获得归属感;"有用"的满足,贡献和成果的问题。

(2)①把握时机,早抓早管。班风的好坏对一个班级的影响是至关重要的,班主任必须高度重视。李老师在刚接手班级时,要先做好对学生的调查工作,了解自己班级学生的特点,思考建立怎样的班风,并运

筹和设计每个环节和步骤,抓班风建设宜早不宜迟。

②明确方向,针对实际,确立共同的奋斗目标。班级目标应当是成员自己提出的属于自己的专利性目标,而不是班主任强加于他们的精神压力。同时,班主任要经过卓越的努力,使班级在目标的逐个实施中,始终处于积极向上的状态中。那么,优良的班风就会呈现出良性发展的态势。

③选配干部,培养骨干,形成班级的领导核心。李老师可在班级中选择品行端正、组织能力较强的学生作为班干部,使这些学生在班级中发挥模范带头作用,带领班级同学养成良好的学习习惯,使班内逐渐形成良好的学习氛围。此外,可进行班干部轮换制,使所有学生都有机会参与班级管理,提高每个学生的主人翁意识,以促进良好班风的建设。

④正面教育,弘扬正气,树立正确的集体舆论。李老师可以充分利用班级的墙报、黑板报、少先队活动等,建立正确的班级舆论阵地,并利用这些舆论阵地来宣传好人好事、好思想、好作风等,扩大舆论的影响力,不断提高学生判断是非的能力。

⑤建立班级标识。李老师应该鼓励学生共同创作班训、班歌等班级的精神标识,设计班服、班旗等班级的物质标识。通过建设具有本班特色的班级标识,增强班级的凝聚力,促进学生的发展。

⑥提倡民主型的班主任领导方式。李老师要采取民主型的领导方式,民主型的班主任领导方式最有利于学生形成健康的情感体验,从而有助于良好的班级风气和班级舆论的形成。

58. (1)作为班主任,要改变该班“散、差、乱”的面貌,张老师应注意:①健全制度,民主制订班规班约;②民主选举或毛遂自荐当班干部;③建立自主评价、竞争奖励机制;④教师要民主管理,让学生值日轮岗;⑤寻找不足,增强“危机感”。

(2)后进生通常指那些学习积极性不高、学习成绩暂时落后、不太守纪律的学生。后进生是一个相对概念,运用时应谨慎。后进生的心理特征一般表现为不适度的自尊心;学习动机不强;意志力薄弱。张老师在转化后进生时应注意:①关心爱护后进生,尊重后进生的人格;②培养和激发学习动机。

59. (1)贺某的班级管理方式偏重于专断型,缺乏民主性。在班级管理中采用体罚和取外号的方式极其不妥,侵犯了学生的生命健康权与人格尊严权,没有做到依法执教与关爱学生。此外,贺某虽承认自己管理学生的方式不对,但并没有对自己的不当行为作出道歉和处理,违背了为人师表的师德规范。

(2)合理的班级管理方法应该具备以下特征:

①教育性。班级是学校的组成单位,学校的一切工作都是为了教育学生。学校对班级的管理,班主任对学生的管理,协调班级内外的各种关系。不管怎样,班级管理的任何方法都是为达到教育学生的目的服务的,具有明显的教育性。

②针对性。一个班集体中众多的学生,他们有着千差万别的个性特征,各不相同的生活经历,形形色色的家庭环境,千姿百态的思想实际和行为习惯。这样,就不可能对他们采用千篇一律的管理方法,笼统为之。同时,各种班级管理方法也有各自的特殊性和局限性。这就要求实施班级管理方法时要有针对性,做到“因材施教”“一把钥匙开一把锁”。正确分析时间、地点、对象等因素的制约作用,达到合理周密地计划,有的放矢地实施。

③示范性。管理者在运用管理方法的过程中,是和被管理者——学生共同参与活动的。因此,管理者的方法措施及工作作风等,无不影响着他们的成长。此外,班级管理方法的运用过程和结果,对学生也有示范作用。

④全面性。班级管理方法系统涉及班级人员的各个方面。其中包括对全班学生的整体教育和对不同学生的特殊教育,并且通过多种渠道,对全班学生实施德、智、体、美、劳全面发展的教育。管理者的工作范围也很广泛,扩充到学生活动的一切时间和空间。校内,协调学校、教师、学生之间的关系;校外,协调学校、

社会、家庭对学生的教育影响,使学生处在一个良好健康的环境中,接受教育。

⑤实践性。任何班级管理的方法都是管理者在长期的实践中,经验总结的升华。这些方法又是班级管理活动所必须具备的。所以,它的价值在于回到实践中去发挥作用,并不断得到补充和完善。随着社会的发展,受教育者身上也会不断出现新的问题。这就对班级管理者提出了更高的要求。管理者必须深入实际,分析研究新情况,在实践中,不断改进管理方法或创立新的方法,以适应新形势下班级管理的要求。

60. (1)举行主题班会,培养正确的班级舆论。通过举行"走近医护人员"主题班会,让学生了解到医护人员的光荣和伟大,鼓励学生学习医护人员不畏艰难的优秀品质。同时,让学生进行自我教育,开展批评与自我批评,使学生认识到自己的错误。

(2)通过组织各种活动,促进正确舆论的形成。开展为医护人员送温暖活动或其他志愿者活动,让学生们在活动中提高认识,自觉处理集体舆论和自我思想斗争的关系。

(3)结合班级学生的实际,及时进行批评和表扬。对于班级中出现的好的典型,及时进行表扬和鼓励,对于表现较差的学生,要以正面教育为主,引导他们积极向上。

(4)充分发挥班干部的带头作用,通过集体的力量来对个别学生进行教育,引导整个班级的舆论走向。

(5)发挥榜样作用。发挥"疫情中的英雄"的榜样作用,利用榜样的力量对学生进行教育,从而引导正确的班级舆论。

(6)个别学生要个别引导。对于个别表现较差的学生,应该分析原因,对症下药,用爱心、耐心、热情感化教育他们,并将这项工作作为一项长期的任务,逐步提高这类学生的思想觉悟。

61. (1)家校冲突时有发生,家校共育缺乏协调。学校和家长在家校共育过程中的责任边界不明确;学校开放度不够,家长参与学校工作不够深入,对孩子在校情况缺乏必要的了解;学校和家长对教育理念共识度不高,难以形成合力。材料中"九成以上班主任认为家校沟通存在问题,家长参与沟通积极性不高,家校教育理念存在差异"等是家校共育缺乏协调的体现。

(2)①在学校章程建设中完善家校共育的条款设计,指导学校通过家长委员会、家长代表、全体家长会等形式,了解国家关于家长不同于学校和老师的监护责任和权力、权利,帮助家长区分自己和学校的学生安全责任分工,为预防、缓解、消除家校矛盾做好铺垫。②指导家长"言传身教",营造良好家庭氛围,塑造学生良好的社会性,纠正其片面化的升学竞争观念。③进一步完善家校联系机制,明确家长学校和家长委员会的管理体制、创新运行模式,设立家庭教育专项基金。④不断完善妇联、村(社区)及学校对家庭教育的指导、支持,帮助家长树立正确的保育、教育观念,掌握科学的教育知识与方法,不断改善家庭教育功能正常履行所需要的物质条件、政策空间。⑤通过政策解读、专题培训、主题研讨、现场指导、案例展示等灵活多样的方式方法,帮助家长明确家庭教育的监护权和教育权。⑥通过加强教师和家长的日常交往联系,增进家校信任。

62. (1)①教师要开展丰富多彩的活动,促进学生全面成长。任老师设计、组织了一项长期的班级活动——家长讲座,在实际活动中,学生自己策划组织活动流程,充分发展了学生的组织能力;家长在讲座活动中分享自己的人生经历和工作感悟,有助于丰富学生的认识,提高学生的社会适应性。

②教师要以学生为主体,充分发挥学生的主观能动性。任老师在家长讲座活动中,让学生们自己策划和组织活动流程,这一过程既能提高学生参与活动的积极性和主动性,又能锻炼学生的实践能力。

③教师要发挥桥梁作用,与学生家长保持密切联系,形成教育合力。任老师组织的家长讲座活动邀请全班学生的家长积极参与进来,家长在讲座活动中分享自己的人生经历和工作感悟,给学生们带来了深刻的影响,有利于学生正确认识自己。

(2)我作为班主任,将会通过以下工作来促进家校合作:

①举办家长学校。学校举办家长学校的主要目的是要有计划地向家长宣传国家的教育方针、政策,宣传、推广、普及科学的教育方法,从而提高家长的教育能力,提高家庭教育的质量和效益。

②召开家长会。在家长会上学校领导及教师要把学校的办学方向、办学水平和教改的成果及举措告诉家长,也可介绍一些科学的育人方法,请有经验的家长做交流,老师和家长相互交流孩子在校、在家的表现,也可让学生参加,让他们亲身感受到老师和家长都在关心他们、帮助他们,为他们操心,从而激发学生奋发向上、自我教育的意识。

③教师定期家访。教师家访要仪表端庄,语言文明,一分为二地评价学生,与家长达成一致意见,切忌家访时附带其他与孩子无关的事,否则有损教师形象。家长要认真了解孩子在校的表现,主动向老师介绍孩子的优缺点、个性及特长,与教师共同研究教子良方,使家庭教育与学校教育相得益彰。

④建立“家长信箱”。通过博客或微信群建立“家长信箱”,便于及时了解家长对学校的反映,对本校教师教育教学工作的反映。学校对家长反映的情况进行整理,会同相关部门及老师共同解决,争取做到公正、求实、快捷、有效。

专题二　心理学

1. 李老师对待成绩较差和成绩优异的学生的态度,体现了心理学中的晕轮效应。晕轮效应是指当我们认为某人具有某种特征时,就会对他的其他特征做相似判断。王刚学习成绩不好,李老师就认为他各方面都不行,一无是处。因此,当王刚起来擦黑板时,老师说他不负责任。

李老师的这种做法会在学生中造成很坏的影响:被教师宠爱的学生往往自以为是、目中无人,一旦不如意或偶尔不受教师重视,则会由爱生恨而导致师生关系紧张;受教师冷淡或厌恶的学生,则会从教师的言行中意识到教师的偏心和歧视,因而也以消极的态度对待教师,不理会或拒绝教师的要求,在学习上或品行上表现出“破罐破摔”,不求进步。

为防止晕轮效应带来的不良后果,教师应实事求是、全面地掌握学生的信息,切忌一叶障目。仅凭对学生的点滴了解而对学生作出的评价,往往与学生的实际不相符。只有全面了解学生的心理行为特点,才能有针对性地教育学生,避免因对学生的不公正的评价而损伤学生的自尊心。

2. (1)该案例体现了以下心理规律:①有无明确的识记目的和任务直接影响识记的效果。案例中,“员外”由于缺乏识记的目的,所以即使演了很多次,也依然记不住自己的台词。②识记在很大程度上依赖于活动任务的性质和要求。案例中,“管家”虽然听了无数次“员外”的念白词,但由于与自己无关,因此也没记住。这正是由于识记时没有任务要求而记不住相关内容的体现。

(2)为了提高学生的学习效果,教师在教学实践中可以:①合理安排教学;②教师应根据不同的教学内容,向学生提出明确的识记任务;③使学生处于良好的情绪和注意状态;④充分利用无意识记的规律组织教学;⑤使学生理解所学内容并把它系统化;⑥培养学生良好的记忆品质,提高其记忆能力。

3. (1)“早晨起床后和晚上临睡前的记忆效果好”的现象体现了系列位置效应。“早晨起床后和晚上临睡前的记忆效果好”是因为只受“单一抑制”的影响,即早晨起床后只受倒摄抑制的影响,不受前摄抑制的影响;晚上临睡前只受前摄抑制的影响,不受倒摄抑制的影响。其中,前摄抑制是先学习的材料对识记和回忆后学习的材料的干扰作用;倒摄抑制是后学习的材料对保持和回忆先学习的材料的干扰作用。

(2)存在的问题:

①存在不良情绪和学习动机不足。甲同学有偏科现象,对文科存在畏难心理,平时学习也缺乏主动

性，他的不良情绪和动机影响记忆效果。

②识记方法不合理。以理解为基础的意义识记比机械识记的效果好得多。甲同学在复习时总以为“文科就靠背”，可以不求甚解。他采用机械识记的方法，从而记忆效果不好。同时，对于形象的知识和抽象的知识采用相同的学习方法，因此难以取得相应的记忆效果。

③复习方法较单一。甲同学在复习时，采用单一的反复识记的方法，这不利于提高记忆效果。

④学习程度不够。甲同学没有进行过度学习，总是刚能背诵就停止学习，因此记忆效果不好。

⑤复习时间不足且复习的内容数量过多。甲同学总是考前“临时抱佛脚”，造成复习时间紧、任务重，因此学习效果欠佳。

改善措施：

①在学习时保持积极的情绪状态和适当的动机水平。在学习时，要端正学习态度，培养学习兴趣，积极寻求帮助，克服畏难心理。

②加强对学习内容的理解并将其系统化。在学习时，不死记硬背知识，对于没有明显意义的学习材料，要尽力找出它们之间的联系，甚至人为地加以联系，以帮助识记。

③采用合理的复习方法。在复习时，采用分散复习与集中复习相结合、运用多种感官参与复习、尝试回忆与反复识记相结合等方法，使复习方法多样化，避免复习方法单一，提高记忆效果。

④把握好复习的时间。在学习后要及时复习，即在遗忘开始前就进行复习。同时合理安排复习内容和时间，提高复习效率，不“临时抱佛脚”。

⑤把握好复习的数量，并进行适当的过度学习。每次复习时，学习材料的数量不宜过多，同时使学习的熟练程度达到150%，提高记忆效果。

4.（1）记忆品质包括敏捷性、持久性、准确性和准备性。

①记忆的敏捷性是指能够在较短的时间内记住较多的东西，是记忆速度和效率方面的特征。材料中有些同学记忆力非常好，仅读几遍，就能够顺利地背出来，记得很快，这是记忆敏捷性良好的体现。

②记忆的持久性是指能够把知识经验长时间地保留在头脑中，甚至终身不忘，是记忆内容在记忆系统中保持时间长短方面的特征。材料中有些同学背得很流利，声情并茂，而且记忆深刻，是记忆保持性良好的体现。

③记忆的准确性是指对于所识记的材料，在再认和回忆时，没有歪曲、遗漏、增补和臆测。材料中有些同学能够顺利、正确地背出古诗词，这体现的是记忆的准确性。

④记忆的准备性是使人能及时、迅速、灵活地从记忆信息的储存库中提取所需要的知识经验，以解决当前的实际问题。材料中有的同学背得磕磕巴巴，在多次提醒后才能勉强背出来是记忆的准备性不好的体现。

（2）记忆过程包括识记、保持、再现（再认或回忆）三个环节。从信息加工的角度来看，记忆过程是对输入信息的编码、储存和提取的过程。信息的输入编码是识记过程，信息的储存相当于保持过程，信息的提取是再认或回忆过程。

①识记。识记是记忆过程的第一个基本环节，是个体获得知识经验的过程。它具有选择性的特点。

②保持。保持是指已获得的知识经验在人脑中的巩固过程，是记忆过程的第二个环节。识记的材料在保持过程中总会发生不同程度的变化和遗忘。保持的量随着时间的延长而趋于减少。

③再认或回忆。再认是指人们对感知过、思考过或体验过的事物，当它再度呈现时，仍能认识的心理过程。回忆是过去经历过的事物不在面前时，人们在头脑中把它重新呈现出来的过程。

（3）教师在教学过程中运用记忆规律包括两方面：第一，依据记忆规律合理安排和组织教学。①合理

安排教学;②向学生提出具体的识记任务;③使学生处于良好的情绪和注意状态;④充分利用无意识记的规律组织教学;⑤使学生理解所学内容并把它系统化;⑥培养学生良好的记忆品质,提高其记忆能力。第二,依据记忆规律有效地组织复习。①复习时机要得当;②复习方法要合理;③复习次数要适宜;④重视对记忆品质的培养;⑤注意用脑卫生。

5.(1)及时复习。遗忘发展的规律表明,识记后遗忘很快就会发生。因此,对于新学习的材料,为了防止遗忘,必须"趁热打铁",及时进行复习。所谓及时复习就是在初期大量遗忘开始之前就进行复习。案例中王老师要求学生每天课后对所学的新内容进行及时回顾,运用的就是及时复习。

(2)精加工策略。精加工策略是指把新信息与头脑中的旧信息联系起来从而增加新信息意义的深层加工策略。把材料编成顺口溜帮助学生记忆,运用了精加工策略中的记忆术。

(3)过度学习。过度学习是指学习达到恰能背诵之后再继续学习。实验证明:过度学习达到50%,即学习的熟练程度达到150%时,学习的效果最好。王老师要求学生记忆学习内容的时候,不要刚会背诵就停止了,还要再多背几遍,运用的就是过度学习。

(4)避免倒摄抑制。后学习的材料对保持和回忆先学习的材料的干扰作用,称为倒摄抑制。睡前在脑海中回想当天所学内容,没有后续活动的干扰,记忆效果较好。

6.(1)4~5岁(中班)儿童的无意想象中出现了有意成分,但仍以无意想象为主。具体来说有以下特点:①想象的主题易受外界的干扰而变化,内容零散,无系统。材料中冬冬在画纸上随意涂画,不知道该画什么,当他看到邻座的亮亮在画气球,他便开始画气球,冬冬的气球还没画好,又发现文文画了个"小兔"很好玩,便改变主题开始画起了小兔。这体现了冬冬想象的主题易受外界的干扰而变化,内容零散,无系统。②想象过程受兴趣和情绪的影响。材料中冬冬让老师看他画的小兔子,老师让他等一会儿,之后老师来看时他便不高兴地对老师说:"小兔子生气跑走了。"这体现了冬冬想象的过程容易受情绪的影响。③以想象的过程为满足。材料中冬冬一会儿画气球、一会儿画兔子,这体现了冬冬的想象以想象的过程为满足的特点。④想象具有夸张性,该特点的表现之一是把希望发生的事情当成已发生的事情来描述。材料中冬冬听了去广州出差回来的爸爸给家人讲在广州的见闻后,就告诉幼儿园的老师和小朋友:"我前几天去广州旅游了,那里可美了!"。这体现了冬冬的想象具有夸张性的特点。

(2)教师在教学中可以采取以下措施培养幼儿的想象力:①丰富幼儿的表象,发展幼儿的语言表现力;②在文学艺术等多种活动中,创造幼儿想象发展的条件;③在游戏中,鼓励和引导幼儿大胆想象;④在活动中进行适当的训练,提高幼儿的想象力;⑤抓住日常生活中的教育契机,引导幼儿进行想象;⑥引导幼儿的想象符合客观规律。

7.(1)①运用启发式方法,调动学生思维的积极性、主动性。教师在教学中要激发学生产生疑问,提出问题,充分调动学生的求知欲望和思考问题的积极性。在本案例中,许老师在讲授新课时,通过提出问题,鼓励学生提出不同的观点,从而激发了学生探究问题的欲望。

②发挥定势的积极作用,抑制定势的消极影响。教师在教学过程中要注重培养学生变更解题方法的意识,培养学生一题多解的能力。在本案例中,许老师通过问题,积极引导学生进行多维思考,探讨问题的多种解决方法,从而打破了学生固有的"平均分"的思维意识。

③加强对学生创造性思维的培养。教师在教学过程中应培养学生将发散思维与集中思维相结合的能力,营造自由、宽松的课堂气氛,鼓励学生大胆猜测。在本案例中,许老师提供问题,鼓励学生重新思考,诱发了学生"不平均分"的创造性思维。

④此外,老师在教学过程中还应加强对学生的言语训练,注重培养学生解决实际问题的思维品质。

(2)许老师的做法给我带来的启示有:①遵循学生的认知发展规律进行教学,就必须激活学生的主体意识，最大限度地调动学生参与学习活动的主动性、积极性与创造性。②必须激活学科形态，让学生充分感受与理解知识的发生发展过程。③必须激活学生的思维，不断提高学生的创造性思维能力。

（考生可结合自身实际加以阐述，言之有理即可）

8.（1）相对于小方的回答，我更欣赏小明的回答。小明的回答体现了发散思维。

（2）发散思维是指人们解决问题时，思路朝着各种可能的方向扩散，从而求得多种答案。发散思维的过程是从给予的信息中产生多种信息的过程。在生活中，人们通常会按照习惯或传统经验从某一方面思考问题，这时如果能从不同的角度去思考问题，则有利于创造性思维的发展。小方回答砖头的用途都是沿着用作"建筑材料"这一方向思考出来的，几乎没有变通性。而小明不仅想到了砖头可用作建筑材料，还想到了砖头可用作防身的武器、敲打的工具，这样的发散思维变通性就好，其新颖的思路和想法，有利于创造性思维的发展。

9.（1）①小学生感、知觉的发展。小学生在观察事物时，往往注意新鲜、感兴趣的东西，要达到对事物清晰、精确、本质的认识尚需一个过程。

②小学生记忆的发展。小学生记忆能力迅速发展，表现在：从机械记忆占主导地位逐渐向理解记忆占主导地位发展；从无意识记为主向有意识记为主发展；从具体形象记忆向抽象逻辑记忆发展。

③小学生思维的发展。小学生思维发展的基本特征是从具体形象思维为主逐步过渡到抽象逻辑思维为主，但这种抽象逻辑思维在很大程度上仍然与感性经验相联系，仍然具有很大程度的具体形象性。

④小学生想象的发展。小学生想象的有意性逐渐增强；想象中的创造成分日益增多；想象的内容逐渐接近现实。

⑤小学生注意的发展。从无意注意占优势逐渐发展到有意注意占主导地位。

正是根据小学生认知发展的以上特点，李老师采用轻松形象的授课方式，最终取得了良好的教学效果。

（2）①注重启发式教学；②充分利用直观教学手段，多种教学方法相互结合；③注重间接经验与直接经验相结合；④关注学生身心发展特点，让学生学会自主学习、探究学习和合作学习；⑤构建民主、平等、和谐的师生关系。

10.（1）预备铃声和课前陈老师的提醒，有助于影响学生注意的转移品质。注意的转移是根据新的任务，主动地把注意从一个对象转移到另一个对象或由一种活动转移到另一种活动的现象。预备铃声和课前陈老师的提醒，有助于学生主动地把注意力转移到课堂活动中去，积极主动地服从教学安排。

（2）①加深对目的任务的理解。目的越明确、越具体，随意注意就越容易保持。在本材料中，陈老师在进行"如何把6颗糖分成3份"的教学时，逐步引导学生得出平均的分法，让学生初步体会平均分的意义，并最终明确学习的目的及任务。陈老师的这些做法有利于加深学生对目的任务的理解，促进随意注意的保持。

②合理组织活动。要合理地组织教学活动，采取具体措施促使学生保持随意注意，如向学生提出问题，在学生刚开始注意分散时给予提示和批评，使智力活动与实际操作相结合等。在本材料中，陈老师在发现学生做小动作时，悄悄提醒，没有打断课堂环节；在学生出现认真听课的良好行为时，及时强化这一行为。陈老师的这些做法是合理组织教学活动的体现。

③对兴趣的依从性。间接兴趣是一种对活动结果的兴趣。有了这种间接兴趣，尽管活动本身枯燥，但随意注意仍能保持很长时间，使人长久地从事这种活动，直到任务完成。在本材料中，陈老师用评选星级作业的方式，激发了赵同学想要被评为"五星级"作业的间接兴趣，引起和维持了赵同学对作业的随意注意。

④排除内外因素的干扰。外界的刺激物、机体的某些状态（如疾病、疲劳等）、无关的思想和情绪等都可

能干扰正在进行的活动,因此要采取措施,排除干扰。在本材料中,陈老师课前提醒个别仍未做好上课准备的同学调整好状态;在发现学生做小动作时悄悄予以提醒。这些行为能够排除无关因素对学生的干扰,增强学生的随意注意。

11. (1)人们把狼又请进丛林中,鹿就面临着生存的威胁,就不会安逸少动。安逸的环境不利于鹿的生存和发展,同样的,安逸舒服的环境也不利于培养学生坚强的意志力。培养学生坚强的意志力,应从以下几个方面做起:①加强生活目的性教育,树立科学的世界观、远大的理想和信念,培养学生行为的目的性,减少其行动的盲目性;②加强养成教育,培养学生的自制能力;③组织实践活动,在困难环境中锻炼学生的意志,让学生取得意志锻炼的直接经验;④教育学生正确地对待挫折;⑤根据学生意志品质上的差异,采取不同的锻炼措施;⑥发挥教师、班集体和榜样的模范作用,给予必要的纪律约束;⑦加强自我锻炼,从点滴小事做起。

(2)案例中鹿的生存转变说明了竞争的重要性。同样的,在对学生进行教育的过程中,学生也需要有竞争。有竞争才会激发出学生更加强烈的学习热情,让学生在学习时更加充满活力。另外,教师在教育学生过程中,要注意控制竞争的程度,适当的竞争可以促进学生的发展,过度的竞争会造成学生互相攀比、相互倾轧等不良影响。

12. (1)小明的意志存在动摇性,具有动摇性的人或缺乏坚定的行动目的,对既定目的持怀疑态度,或对实现目的缺乏信心和决心。小刚的意志存在执拗性,具有执拗性的人不能根据形势的变化而灵活调整自己的思想行为;他们常常在明知自己的主张和观点错误时,仍然固执己见,违背客观规律而一意孤行。两者均缺乏意志的坚韧性。

(2)①意志的自觉性是指一个人清晰地意识到自己行动的目的和意义,并且能够主动地支配自己的行动,使之符合既定目的的意志品质。具有自觉性品质的人,在对行为的目的深刻认识的基础上采取决定,不随波逐流,不屈服于外界的压力,能独立判断,独立地采取决定和执行决定。②意志的果断性是一种善于辨明是非、抓住时机、迅速而合理地采取决定并执行决定的意志品质。具有果断性品质的人善于审时度势、对问题情境做出正确的分析和判断、洞察问题的是非真伪。③意志的自制性是一个人善于控制和支配自己的情绪,约束自己言行的品质。具有良好自制性的人,一方面善于控制自己去执行所采取的决定,具有较强的组织性和纪律性;另一方面又善于控制自己的困惑、恐惧、慌张、厌倦和懒惰等消极情绪,表现出较强的忍耐性。④意志的坚韧性是一个人在行动中坚持决定,百折不挠地克服重重困难去达到行动目的的品质。目标越大,需要付出的努力越多,需要花费的时间越长。如果没有坚持不懈的意志品质很难达到远大的目标。

(3)①加强生活目的性教育,树立科学的世界观、远大的理想和信念,培养学生行为的目的性,减少其行动的盲目性;②加强养成教育,培养小学生的自制能力;③组织实践活动,在困难环境中锻炼学生的意志,让学生取得意志锻炼的直接经验;④教育学生正确地对待挫折;⑤根据学生意志品质上的差异,采取不同的锻炼措施;⑥发挥教师、班集体和榜样的模范作用,给予必要的纪律约束;⑦加强自我锻炼,从点滴小事做起。

13. (1)①归属与爱的需要,也称社交需要,是指每个人都有被他人或群体接纳、爱护、关注、鼓励及支持的需要。尊重需要是在生理、安全、归属与爱的需要得到基本满足后产生的对自己社会价值追求的需要,包括自尊和受到别人的尊重两个方面。②在上述材料中,王同学家庭关系破裂,这会导致其归属与爱的需要缺失;李同学受到班主任的公开辱骂,其尊重需要没有得到满足。③根据马斯洛的需要层次理论,这两种需要均属于缺失需要,对于我们适应社会来说有重要的积极意义。较低级的需要至少必须部分满足之后才会出现对较高级需要的追求。王、李两位同学均因为低级需要的缺失而使得学习动机降低，学习成绩下降。

(2)对于王同学，要满足其归属与爱的需要。教师和家长要尽可能地给学生以爱，要为学生创造一个良好和善的学习环境；要重视师生之间的交互作用，要让王同学在集体中受到欢迎和接纳，得到友情、友谊。

对于李同学，要满足其尊重需要。首先，班主任应对其伤害李同学的行为给予公开道歉，并在以后的教育教学中尊重学生的人格尊严；其次，要使李同学有成功和获得赞许的机会，使他从中获得成功的体验，同时要重视和珍惜他的每一点进步和每一次成功。

14. 学习兴趣培养和激发的途径有：(1)通过各种活动发展学生的兴趣；(2)通过提高教学水平，引发学生兴趣；(3)引导学生将广泛兴趣与中心兴趣结合起来；(4)要根据学生的年龄特征来提高学生的学习兴趣；(5)根据学生的知识基础培养学生的学习兴趣；(6)通过积极的评价使学生的兴趣得以强化；(7)充分利用原有兴趣的迁移。

案例中的刘老师在课堂中运用启发式教学，让学生充分参与活动，开动脑筋，使他们能生动、活泼、主动地学习，这是通过各种活动来发展学生的兴趣。在教学过程中刘老师以有趣、生动的教学方式吸引学生，使学生感到"有趣、有味、有奇、有感"，充分调动了学生的学习兴趣。刘老师对学生的回答及时给予鼓励与表扬，使学生体验到成功的喜悦，及时有效的评价使学生的学习兴趣得以强化。

(考生还可从发散思维、教师期望效应、学习动机的激发和培养等角度进行阐述，言之有理即可)

15. (1)①小赵是多血质。多血质的人反应迅速、有朝气、活泼好动、动作敏捷、情绪不稳定。材料中小赵积极承认错误，答应一定改，可还犯同样的错误，体现了多血质的特征。②小钱是胆汁质。胆汁质的人精力旺盛、粗枝大叶、表里如一、刚强、易感情用事，整个心理活动笼罩着迅速而突发的色彩。材料中小钱没等老师说就气急败坏，愤怒暴躁，体现了胆汁质的特征。③小孙是黏液质。黏液质的人稳重，但灵活性不足；踏实，但有些死板；沉着冷静，但缺乏生气。材料中小孙犯错后到老师办公室，一句话也不说，然后默默地走了，体现了黏液质的气质特征。④小李是抑郁质。抑郁质的人敏锐、稳重、体验深刻、外表温柔、怯懦、孤独、行动缓慢。材料中小李犯错后到老师办公室，满脸忧郁，感觉天都要塌了，体现了抑郁质的气质特征。

(2)针对小李的气质类型，对他进行教育时应采取委婉暗示的方式，对其多关心、爱护，不宜在公开场合下指责，不宜过于严厉地批评，培养他们亲切、友好、善于交往、富有自信的精神，培养其敏感、机智、认真、细致、高自尊的优点。

16. 学生优良性格的培养要做到：(1)加强人生观、世界观和价值观的教育。吴明的父母忙于农活，并且文化水平不高，对吴明缺乏教育，老师要多注意这一点，加强对吴明人生观、世界观和价值观的教育。(2)及时强化学生的积极行为。吴明对于学习马马虎虎，每次作业都是应付了事，老师应多注意观察他的积极行为，并给予他及时的强化。(3)充分利用榜样人物的示范作用。教师应经常给学生讲解优秀人物的事迹，激励学生向他们学习。吴明成绩排名靠后，可以利用品学兼优的学生作为他的榜样，帮助他树立学习目标。(4)利用集体的教育力量。一个好的集体是锤炼并完善一个人的大熔炉，生活在一个具有良好组织纪律性和凝聚力的集体里，才能让学生产生集体荣誉感和归属感，并在集体活动中锻炼自己坚韧不拔的毅力，通过与他人的合作、交流建立良好的人际关系，逐步完善自己的性格。应该加强班集体对吴明的吸引力，让他真正成为班级的一分子，改掉对集体利益漠不关心的态度。(5)提供实际锻炼的机会。学生的性格是在后天经过各种实践活动不断形成的，性格的不断发展与完善也还要通过具体的实践活动才能实现。老师在为吴明提供实际锻炼机会的同时，要给他提出明确的锻炼要求与目的。(6)及时进行个别指导。个别指导在性格培养中特别重要。教师在对学生进行性格培养时，既要考虑学生的共性，也不

能忽视个别性。吴明的情况比较特殊，老师应该给予特别的关心和个别辅导，帮助他更快地形成良好的性格。(7)提高学生的自我教育能力。做任何事情想要成功都要有强烈的自觉能动性，外因只是起辅助作用，而内在的主观能动性是决定性的因素。因此，应注重培养吴明的自我教育能力，养成良好的自我教育习惯。

专题三　教育心理学

1.(1)材料中体现的初中生心理发展的一般特点有以下四条：

①过渡性。初中生处于少年期，是从幼稚走向成熟发展的一个过渡时期，是一个半幼稚、半成熟的时期，是独立性和依赖性、自觉性和盲目性并存的充满矛盾的时期。案例一中，孩子跟家长唱反调，不听从老师的管理，体现了初中生要求独立性的心理发展特点。

②闭锁性。初中生的内心世界逐渐复杂，自我、独立意识逐渐增强，开始不大轻易地将内心活动表露出来，显示出闭锁性。案例二中家长和孩子的相处、交流时间减少，不给家长沟通的机会，导致家长不太能够了解孩子的内心活动，体现了初中生心理发展的闭锁性。

③社会性。与小学生相比，初中生的心理常有更大的社会性，因为中学生心理发展在很大程度上取决于社会和政治环境的影响。案例二中孩子周末经常和同学出去打篮球，这体现了初中生心理发展的社会性。

④动荡性。初中生思想比较敏感，对现实变化常常会引起迅速反应，心理起伏大，感情变化快，兴趣容易转移。这个年龄阶段的学生的心理很不稳定，易变化，可塑性大，这是心理成熟前动荡不稳的时期，因此，初中生的培养和教育工作在一个人一生的教育中，起着关键性的作用。案例一中孩子的性格倔强、个性刚硬、自尊心特强，逆反心理十分严重，经常和父母及老师发生冲突、顶撞，有很强的抵触情绪，体现了初中生心理发展的动荡性。

(2)如果我是邓老师，我会通过以下方法来教育、引导小林这类学生。

①尊重学生，善于沟通。作为老师我会深入到小林的学习和生活当中，主动和小林做朋友，努力成为小林的“知心人”，发挥其主动性，引导小林的心理朝着积极、健康的方向发展。

②家校合力，共同引导。我会主动和小林的家长进行沟通，告诉家长小林目前出现的情况是初中生的正常表现，让家长不用过多担心。同时，针对小林目前出现的情况和家长一起讨论想办法解决，利用学校和家庭环境中积极健康的因素对小林进行引导。

③开展班会，进行教育。我会在班级开展一次班会，针对初中生出现的一些现象进行心理健康教育，让学生对自己有一个正确的认知，引导中学生主动地与家长、老师和同学相互交流、了解，帮助他们走出心理闭锁和阴影。

(3)亲爱的家长：

您好!

非常感谢您愿意和我分享孩子的一些情况，作为孩子的老师，我也非常愿意与您共同关注孩子的成长，让每个孩子都能成为更好、更棒的人。

首先，我要和您说并不是只有您的孩子存在这样的问题，这是青春期的一种常见现象。处于这个年龄段的孩子对成人有较强的反抗心理。他们的自尊心高度发展，一方面，他们总以为自己正确，听不进别人的意见；另一方面，他们又感到别人似乎总用尖刻和挑剔的态度对待他们，议论他们的一言一行，所以会出现逆反心理，比如和家长唱反调、不服从家长和老师的管理、不愿意和家长交流等，这是青春期孩子们的共性。只要我们共同努力帮助他们顺利度过这一阶段，他们的成长就会迈进新的阶段。

其次，处于青春期的孩子开始逐渐意识到自己是一个独立的人，他们有自己的思想，作为家长我们不能再用简单、粗暴的方法来对待他们，那样只会适得其反。我们要做的是重视他们的一言一行，在日常生活中多花一些时间来和孩子沟通，了解孩子的所思所想，以平等、尊重、接纳的心态来对待他们，成为孩子无话不谈的好朋友。

最后，希望我的回答可以帮助到您，期望我们可以携起手来，共同成为孩子健康成长的守护者。

黄老师

××××年×月×日

2. (1)根据皮亚杰的认知发展阶段理论可知，2～7岁的儿童处于前运算阶段，具有以下方面的特征：①早期的信号功能；②自我中心性(中心化)；③不可逆运算；④刻板性；⑤不能够推断事实；⑥泛灵论；⑦不合逻辑的推理等。7～11岁的儿童处于具体运算阶段，具有以下方面的特征：①去自我中心性(去中心化)；②可逆性；③守恒；④分类；⑤序列化。

(2)根据案例中的实验结果并结合皮亚杰的认知发展阶段理论分析可知，案例中3～6岁的儿童处于前运算阶段，思维具有不可逆性，尚未形成“守恒”的概念。他们在做出判断时，不能将细高杯子中的水在心理上倒回原来的杯子中，表现出思维的不可逆性；他们倾向于运用一种标准或维度，如长的多、密的多或高的多，还不能同时关注两个维度，表现出思维的刻板性。案例中7岁以上的儿童可能处于具体运算阶段，思维具有可逆性，获得了“守恒”的概念。他们在做出判断时，认为杯子中的水倒入细高的杯子，总量是不变的，表现出思维的可逆性、守恒性和补偿性。

3. (1)“最近发展区理论”是著名心理学家维果斯基提出的，他认为，学生有两种发展水平：一是学生的现有水平，即由一定的已经完成的发展系统所形成的学生心理机能的发展水平；二是学生可能达到的发展水平。这两种水平之间的差异，就是最近发展区。也就是说，最近发展区是学生在有指导的情况下，借助教学的帮助所能达到的解决问题的水平与独自解决问题所达到的水平之间的差异，实际上是两个邻近发展阶段间的过渡状态。因此，在教学中，要让学生站在“学生的现有水平”上，跳一跳摘到“桃子”。学生跳起来的空间就是“最近发展区”，而“桃子”就是“学生可能达到的发展水平”，通过教学不断地将“可能达到的发展水平”转化为“学生的现有水平”，使全部教学工作走在学生发展的前面，最终跨越“最近发展区”而达到新的发展水平。

(2)上述教学案例通过运用“最近发展区理论”实施有效教学，值得我们学习和借鉴，案例中的教师具体是从以下几个方面入手的：

①创设学习情境，引导有效教学。在片段一中，该教师以故事背景提出问题，让学生对学习内容产生浓厚的兴趣，并由“鱼的呼吸”联想到人类呼吸的原理。该片段中的教师将教学中的问题情境建立在学生浓厚的兴趣上，必能使学生以愉快的心情探索问题的答案，激发思维的灵活性，并且在这种活跃的氛围中设置问题，能使学生由惊奇转入积极的思维状态，让学生展开想象的翅膀，思考问题的答案。该教师的教学手段值得我们学习借鉴。

②准备恰当的垫脚石，帮助学生建构知识体系。在课堂教学过程中，教师的教应以满足学生的学为前提，但一味地主张学生的主体性，又难免使教学陷入另一种窘境。因此，我们可以学习片段二中教师的做法，一边调动学生“放出”问题，一边引领学生“收回”问题，在宽松的对话、沟通中进行教学。即在教学中，教师要适时地提供恰当的垫脚石，帮助学生顺利地建构知识体系，明确学习目标直至到达“可能的发展水平”。

③组织实践活动，探究获取真知。在片段三中，教师鼓励学生进行观察实验，让学生科学探究“土壤中有什么”。该教师的做法真正落实了学生在学习中的主体地位，使得学生既学会了知识、方法与技能，又提高了学生的能力，较好地促进了学生实践素养的形成。因此，在教学中，我们应学习该教师的做

法，将实践探究活动与教学内容、教学目标有机地结合起来，把教学内容与学生生活有关，但又存在难点的部分作为教学的“探究点”，让学生在探究中获取真知。

4.（1）①从场独立型和场依存型的角度分析，陈明属于场独立型，罗亮属于场依存型。场独立型的学生对客观事物的判断常以自己的内部线索（经验、价值观）为依据，不易受到周围环境因素的影响和干扰，倾向于对事物的独立判断；场依存型的学生对客观事物的判断常以外部线索为依据，其态度和自我认知易受周围环境或背景（尤其是权威人士）的影响，往往不易独立地对事物做出判断，而是人云亦云，从他人处获得标准；行为常以社会为定向，社会敏感性强，爱好社交活动。案例中，陈明在学习上遇到问题时，常利用个人经验独立对其进行判断，并且很少受到同学与老师建议的影响，故属于场独立型的认知风格；罗亮更愿意听老师和同学的建议，并以他们的建议作为分析问题的依据，另外还喜欢察言观色，关注社会问题，故属于场依存型的认知风格。

②从沉思型与冲动型的角度分析，陈明属于冲动型，罗亮属于沉思型。冲动型学生面对问题时总是急于求成，不能全面细致地分析问题的各种可能性，有时还没弄清问题的要求，就开始对问题进行解答，解决问题时强调的是速度而非精度，他们更多的是使用整体加工方式；沉思型学生总是把问题考虑周全以后再做反应，他们看重的是解决问题的质量，而不是速度，他们多采用细节性加工方式。案例中，让陈明和罗亮从一个复杂的图形中找出另外一个简单的图形，陈明会找得很快，而罗亮则会花费很长的时间，这说明陈明的认知风格是冲动型，而罗亮的认知风格是沉思型。

（2）①创设适应学生认知差异的教学组织形式。为了适应学生的智力差异，我们常常采用的教学组织形式包括：分校、分班、班内分组（同质分组）、复式教学、升留级、跳级、开设特长班和课外兴趣班等。②采用适应认知差异的教学方式，努力使教学方式个别化。掌握学习、个别指导教学法和个人化教学系统就是其中的三种教学方式。③运用适应认知差异的教学手段。当前，直接应用于教学的现代技术设备主要有计算机辅助教学、多媒体计算机辅助教学（电视及录像设备、电声设备、光学投影设备、教学机器）等。

5.（1）不同学习者在学习中对于感觉通道的偏爱有区别，主要可分为视觉型、听觉型和动觉型。动觉型以动手、动口方式进行学习时效果最好，他们喜欢接触和操作事物，对于能够动手参与的活动兴趣浓厚。故小川属于动觉型学习者。听觉型对听觉刺激敏感，在学习时甚至喜欢戴着耳机听音乐，在学习语言时，他们喜欢的方式是多听多说，不太关心具体单词的写法或者句型结构。故龙龙属于听觉型学习者。

（2）采取与学习者认知风格一致的教学策略，即匹配策略。教师应分别为小川和龙龙选择的匹配教学策略为：小川是动觉型的学习风格，以动手操作的方式进行学习时效果最好，教师可通过动手参与的活动提升小川的学习兴趣，发挥她在动作技能上的优势，比如，小组探究学习法对于动觉型的学习者有利。龙龙是听觉型的学习风格，擅长通过听觉信息进行学习，那么教师就应该注意如何发挥他在听觉上的优势，比如，讲授法对于听觉型的学习者有利。

6.上述5个实例中对学生不当行为的处置措施，集中体现了行为主义学习理论在学校教育中的运用。行为主义学习理论把个体行为改变的过程视为条件反射的形成与消除过程，而影响这一过程的重要条件是强化、惩罚和消退等外部条件。

（1）例1中的教师运用的方法是消退法。依据行为主义学习理论的观点，一种行为若不予以强化就会消退。他对学生“做鬼脸”的行为采取不理睬、忽视的态度，最终使其消退。如果教师对学生的错误行为做过激的反应，反而会成为一种强化。

（2）例2中的教师运用的方法是隔离法。他对学生采取“孤立”的措施，目的是将违规学生与其他学生“隔离”开来，防止其不当行为因部分学生的支持、赞赏而得到强化。

（3）例3中的教师运用的方法是惩罚法。该学生行为的错误性质较严重，予以忽略是不恰当的。教师采用严厉的批评、写检查等惩罚性措施，使其错误行为受到禁止，或使其发生的概率降低。

(4)例4中的教师运用的方法是餍足法(过度满足法)。他在采用其他方法无法终止学生违规行为的特殊情况下，让学生过量地重复其原有行为，使其因得不到强化、失去意义而自动消退。

(5)例5中的教师运用的方法是强化法。他对平时在课堂上经常讲闲话的学生"不再讲闲话"的表现，及时予以表扬，实际是通过强化与学生原有错误行为不相容的行为，来制止学生的错误行为，并培养其良好的行为习惯。

7. (1)在小学阶段，小明在学习进步或者承担家务后，都得到父母给予的奖励(零花钱或允许他玩游戏)。这是一种正强化，是一种外部奖励。在小学阶段，这种强化方式有一定的作用。等到中学以后，因为小明需要的变化，父母给予同样的强化物起不到以前的强化效果。小明父母对小明进行奖励的时候没有选择持续性、长效的强化物，对小明的内部学习动机有一定的破坏作用，致使他到中学后再得到同样的奖励，感觉有无奖励也无所谓。小明父母需要根据小明的具体情况进行奖励，选择合适的强化物。

(2)小学阶段，在学习进步或者承担家务后，小明都会等到父母给予的奖励。这促进他努力学习以获得更多的奖励。上中学后，小明认为有无奖励无所谓，即使父母加大奖励激发他努力学习，效果也不明显。小明行为变化的原因是归属与爱的需要没有得到满足。研究表明，归属与爱的需要与内在动机有关，处于有安全感和归属感的环境中，个体表现出更多的内在学习动机。父母没有关注小明、没有感受到小明真正的心理需求，选择的强化物不是小明所需要的。

(3)①家校之间应保持良好的沟通；②学校应对家庭教育进行一定的指导；③家长应多学习心理健康教育知识，多了解学生的身心发展特点以及学生常出现的心理问题；④家长可以及时向学校反映学生的身心状态及出现的具体问题；⑤学校和家长应积极配合对方，共同做好学生的心理健康教育工作。

8. (1)根据班杜拉的观察学习理论分析：案例A中学生所受到的强化属于直接强化，即观察者因表现出观察行为而受到强化；B中学生所受强化属于替代强化，即观察者因看到榜样的行为被强化而受到强化；C中小雯的强化属于自我强化，即对自己表现出的符合或超出标准的行为进行自我奖励。

(2)①班杜拉在对行为习得过程的叙述中指出了人类的观察学习模式，为教育上解释学习行为的自律问题提供了依据。教师应把学习刻苦、自觉守纪、品德优良的学生典范确立为其他学生学习的榜样，使学生沉浸在一种良好的氛围中，充分发挥榜样的作用，从而使学生自觉向好的方向发展。案例B中，教师对关心集体这种行为的鼓励为学生确立了好的榜样，使学生能自觉地做出积极的行为。

②按照班杜拉的观点，自我奖惩标准是在个人成长过程中逐步确立起来的。个体可以通过模仿父母、同伴或权威人物的示范行为获得评判标准，在个人成长过程中，由于父母、教师或其他年长者对符合他们信念和标准的行为予以奖励，不符合者予以惩罚，使个体将这些信念和标准内化为自己的标准，掌握道德的、伦理的评价尺度。例如，案例A中，教师鼓励学生向老师请教的这种行为，使得该学生将此行为内化为自己的积极行动方式，克服了害怕的心理。个体也可凭借榜样作用，学习怎样借助道德的要求或论点为自己的标准提供合理的依据。例如，案例B中，教师通过对好的行为进行表扬和奖励，对不好的行为进行批评与惩罚，引导了学生对良好行为的模仿与学习以及对不好行为的避免。因此，教师要在儿童自我奖惩标准确立的过程中起到方向标的作用，指引他们前进的方向，使得他们能够像小雯一样自主确立奖惩标准。

9. (1)人本主义心理学认为心理学应该探讨完整的人，强调人的价值，强调人有发展的潜能，而且有发挥潜能的内在倾向，即自我实现倾向。人本主义者的教育理想是培养"躯体、心智、情感、精神、心力融汇一体"的人，要想实现这一教育理想，应该有一个现实的教学目标，这就是"促进变化和学习，培养能够适应变化和知道如何学习的人"。因为作业的繁重和家长的看管，学生冰冰自由支配学习的时间少，自主学习的机

会也比较少。学生家长也没有关心冰冰的个性需要。家长的做法和冰冰现在的学习状态不符合人本主义学习理论的基本观点。

(2)有意义学习主要具有四个特征:①全神贯注,整个人的认知和情感均投入到学习活动之中;②自动自发,学习者由于内在的愿望主动去探索、发现和了解事件的意义;③全面发展,学习者的行为、态度、人格等获得全面发展;④自我评估,学习者自己评估自己的学习需求、学习目标是否完成等。

(3)①教育者应无条件积极关注学生,为学生提供学习的手段和条件,促进学生自由地成长;②教育者应尊重学生,把学生看作学习活动的主体,相信学生可以自己指导自己,具有"自我实现"的潜能;③教育者应该尊重学生的意愿、情感、需要,为学生的成长提供帮助;④教育者应培养学生学习的积极性和主动性,并为此做出努力。

(考生可适当结合案例加以阐述,言之有理即可)

10. (1)布鲁纳的学习观认为学习的实质在于学生主动形成认知结构,通过把新得到的信息和原有的认知结构联系起来,积极地建构新的认知结构。在实际教学中,教师会先让学生理解学科的基本结构,在学生理解学科基本结构的基础上,让学生进行主动探索,形成自己的认知结构。

(2)奥苏贝尔认为有意义学习的实质就是以符号为代表的新观念与学习者认知结构中原有的适当观念建立起非人为的和实质性的联系的过程。所以教学应当联系新旧知识。在实际教学中,教师会以先行组织的方式呈现出引导性的材料,以便与新知识建立联系,让学生通过新旧知识联系更快切入课堂。

(3)维果茨基认为学生存在最近发展区,所以教学应该走在发展的前面。在实际教学中,教学的最佳效果产生于最近发展区,教学创造着最近发展区,教师在教学过程中也会根据学生的最近发展区来进行教学。

(4)孔子的这句话说明了兴趣在学习中的重要作用。兴趣对学生的学习具有定向和动力功能,在实际教学中,教师通过开展活动、创设问题情境等措施来激发学生的学习兴趣,使学生的学习得到进一步发展。

11. (1)在本案例中小明学习是为了获得老师和家长的认可,故小明的学习动机属于附属内驱力,同时也是一种外部学习动机。

(2)针对小明的情况,老师帮助小明的正确做法有:①帮助小明保持一种适度的学习动机,避免其过度紧张和焦虑;②由于小明的学习动机为外部动机,所以作为老师应激发他把外部学习动机转化为内部学习动机;③帮助小明树立正确的成败观,并保持良好的心态来对待考试的过程和结果;④作为老师应该改进自己的评价方式,通过适当的表扬对小明的学习活动予以强化,以巩固其学习动机;⑤帮助小明正确面对来自老师和家长的批评,将其变为前进的动力,并与家长合力给予小明一个宽松的心理环境,减轻小明的心理负担;⑥针对案例中小明成绩失利的表现,作为老师可以帮助小明做"努力归因"和"现实归因",进而提高小明学习的积极性和克服困难的勇气,增强其自信心。

12. (1)帮助菲菲改变其不合理的信念。常见的不合理的信念之一是糟糕至极,即表现为一旦遇到什么挫折,就产生一种非常糟糕、甚至是灾难性的预期的非理性信念,从而陷入悲观、抑郁的情绪中而不能自拔。在本案例中,菲菲因为两次的成绩不理想,就认为同学们会轻视她,从而陷入自怨自艾中,逐渐失去自信。作为老师,应帮助菲菲改变这种"成绩决定一切"的不合理信念,帮助其建立起合理的信念,消除她的不良情绪。

(2)训练菲菲进行正确的归因,引导菲菲在做努力归因的同时,也要做现实归因。即针对这两次月考成绩没上总分优秀榜的情况帮助她分析除努力这个因素外,影响学习成绩的因素还有哪些,是智力、学习方法,还是家庭环境、教师等因素。这些因素在多大程度上影响她的学习成绩,并尽力帮助她找出解决这些问题的方法,来提高菲菲克服困难的勇气,增强其自信心。

(3)提高菲菲的自我效能感。在本案例中,菲菲因为两次的考试成绩不理想而逐渐对自己产生怀疑,作为老师可以通过为菲菲选择难易适当的任务，增加其成功体验，进而提高其自我效能感水平；也可以通过获得替代性经验和强化等手段来提高菲菲的自我效能感，使其确信自己也有能力完成相应的学习行为，从而推动其学习的进行。

(4)培养和激发菲菲的内部学习动机。在本案例中，菲菲认为学习成绩是自己获得地位和自尊心的根源，这属于一种外部动机。作为老师，应该帮助菲菲把外部动机转化为稳定的内部动机，激发其好奇心和求知欲，调动其学习的积极性。

(考生可结合实际加以阐述，言之有理即可)

13. (1)运气属于外部、不稳定、不可控的归因。归因于运气，会使学生对自己的学习不负责任，不利于学习动机的激发。

(2)①教师根据学生的自我归因可预测其此后的学习动机；②长期消极的归因不利于学生的人格成长，这就需要教师利用反馈的作用，并在反馈中给予鼓励和支持，帮助学生正确归因，重塑自信；③通过归因训练改变学生消极的自我认识，提高学习动机。

14. (1)原因：实验组的狗产生了习得性无助的现象。习得性无助是指由于连续的失败体验而导致个体产生的对行为结果感到无力控制、无能为力的心理状态。材料中实验组的狗在第一个笼子中，再三努力而无法逃脱，最后根本不再挣扎。随后，在容易逃脱的笼子中也不再尝试逃脱，这正是由于多次失败而产生了习得性无助的现象。

(2)做法：实验者需要把它们带到笼子的另一边，即没有电击的一边，从而逃脱电击。用行为主义的知识解释就是，实验组的狗把在第一个情境中习得的经验不恰当地泛化到了第二个情境中，尽管隔板的高度是狗可以轻易跳过去的，但它们表现出的却是先前习得的行为。因此，要让狗学会逃避电击，实验者必须把狗带到没有电击的一边，使它们懂得笼子中的电击是可以逃避的。

15. (1)以上的教学方式会产生德西效应。德西效应说明，在学生感兴趣的学习活动中，过度的奖励刺激不仅不能提高学生学习的主动性，反而有可能弄巧成拙。案例中指出一些教师喜欢采取物质奖励的形式，虽然使得课堂上出现了气氛高潮，场面也很热烈，但是如果学生将主要的学习目标置于脑外而着重于奖励，会使他们原有的学习热情降低，从而产生德西效应。

(2)对于学生学习动机的培养与激发，老师要注重合理运用外部奖赏。外部奖赏主要指的是物质上的奖励。个体在行为的过程中，常常要对行为的原因加以探究，或者产生自我决定感，或者产生他人决定感。对学生的某一行为，如果多次受到外部奖励，个体就会产生他人决定感，或从自我决定感变为他人决定感。在没有外部奖励的条件下，就会表现出行为动机的丧失。因此，教师在运用外部奖励时，应持谨慎态度。对那些已有内部动机的活动最好不要轻易运用物质奖励；只有对那些缺乏内部动机的活动予以物质奖励，才可能产生积极的激励作用。本案例中老师应合理地分析学生对学习所产生的动机，合理运用物质奖励，激发学生的学习动机。

16. (1)材料中老师通过合理组织教学，适当予以强化，激发了学生学习成语的兴趣。最初学生缺乏学习成语的动机，教师便设置奖惩制度，并适当开展学习竞争，以此激发学生学习成语的外部动机，即在学习活动以外由外部的诱因激发出来的学习动机。如材料中描述学生为得到橡皮、笔记本等学习用品，而积极学习成语。逐渐地，学生开始对成语本身产生了极大兴趣，即学生因对活动本身发生兴趣而产生的动机，属于内部学习动机。材料中的学生由最初的因对橡皮、笔记本等外在奖励感兴趣而学习成语，逐渐转变为对成语本身感兴趣而学习成语，体现了学生的学习动机由外在动机转变为内在动机。

(2)学习动机的培养：①了解和满足学生的需要，促进学习动机的产生；②重视立志教育，对学生进行成就动机训练；③帮助学生树立正确的自我概念，获得自我效能感；④培养学生努力导致成功的归因观；

⑤培养对学习的兴趣;⑥利用原有动机的迁移,使学生产生学习的需要。

学习动机的激发:①创设问题情境,激发兴趣,维持好奇心;②设置合适的目标;③根据作业难度,恰当控制动机水平;④表达明确的期望;⑤提供明确的、及时的、经常性的反馈;⑥合理运用外部奖赏;⑦有效地运用表扬;⑧对学生进行竞争教育,适当开展学习竞争。

17.(1)甲同学对学习丧失信心的原因有:①兴趣和好奇心未得到正确的激发。该生本来对数学学科很感兴趣,教师和家长应利用其兴趣和好奇心将其转变为稳定的内部学习动机,而不是注重成绩,以一次成绩论成败。②不良的家庭教育环境。家长未对甲同学成绩不理想的原因进行了解和分析,而是一味地责骂,降低了甲同学学习的主动性和积极性。③不正确的学习归因。甲同学对自己的成绩不佳进行了错误的归因,想要取得好成绩但又认为自己做不到,久而久之形成了习得性无助的自我感觉,最终对学习丧失了信心。④教师错误的反馈。教师对甲同学作业的评语过于激进,给了甲同学错误的信息反馈,打击了其自信心。

(2)教师激发学生学习动机的措施有:①创设问题情境,激发兴趣,维持好奇心;②设置合适的目标;③根据作业难度,恰当控制动机水平;④表达明确的期望;⑤提供明确的、及时的、经常性的反馈;⑥合理运用外部奖赏;⑦有效地运用表扬;⑧对学生进行竞争教育,适当开展学习竞争。

18.(1)①自我效能感由班杜拉首次提出,是指人对自己能否成功从事某一成就行为的主观判断。当个体确信自己有能力进行某一活动,他就会产生高度的“自我效能感”,并努力实施该活动。自我效能感的影响因素有:个人自身行为的成败经验、言语暗示、情绪唤醒和替代经验。

②材料中的黄老师运用言语暗示的方式鼓励东东进行朗读活动,东东通过朗读,发现了自己的优势,体验到了成功的快乐,增强了其自我效能感,从而激发了学习动机,不但学习成绩提高了,而且口吃也好了很多。

(2)①激发小学生的内部动机。第一,培养学生具有正确的学习态度,是激发学习动机的前提;第二,要加强目的教育,培养小学生长远的学习动机;第三,激发小学生的好奇心和求知欲;第四,让小学生经常获得成功的体验;第五,帮助学生正确归因,建立积极的自我概念;第六,利用以前所获得的成功感进行动机迁移,产生新的学习动机。材料中黄老师鼓励东东上台分享作文,并帮助东东获得了成功的体验,有利于提高东东的自我效能感,激发东东的内部学习动机。

②培养小学生的外部动机。第一,坚持反馈与评价相结合;第二,正确运用表扬和批评,强化学习动机;第三,适当运用竞争与合作;第四,利用学习任务激励学生。材料中黄老师表扬东东的作文文笔优美、感情真挚、观察细腻,这有利于增强东东的学习动机;黄老师通过给东东提出学习任务,经常邀请东东和其他作文写得好的同学一起朗读作文,以此来激发和培养东东的学习动机。

19.(1)①根据案例中的描述可知,在处理既重要又紧急的事情时,A、B两个学生都投入了一定的时间。但是,造成时间管理效果差异的是重要但不紧急的事情。A学生对于重要但不紧急的事情,能够提前规划,并花费较多的时间;B学生却不善于规划,总是花较少的时间去处理。这说明A学生能够有规律、有计划地完成任务,掌握时间的主动权,而B学生没有做到高效地管理时间。

②根据A、B两个学生在不重要又不紧急的事情上的时间使用情况可知,A学生在一段时间内只做一件事情,花费时间相对较多;B学生同步做几件事情,花费时间相对较少。A学生在不重要又不紧急的事情上耗费了大量的时间,这样就减少了处理既重要又紧急和重要但不紧急的事情的时间,成为了一种变相的拖延。高效的时间管理,需要把精力放在处理既重要又紧急和重要但不紧急的事情上。

(2)①帮助学生统筹安排学习时间。教师应指导每个学生根据自己的总体目标,对时间做出总体安排,并通过阶段性的时间表来落实。对每一天的活动,都要列出一张活动优先表来。在制订学习计划时,要注意将学习计划落实在学习成果上。在执行学习计划时,要有效防止拖拉作风。

②教导学生高效利用最佳时间。在不同的时间里,人的体力、情绪和智力状态是不一样的。因此,每个学生要根据自己的模式来安排学习内容,确保状态最佳时学习最重要的内容。首先,要根据自己的生物钟安排学习活动;其次,要根据一周内学习效率的变化安排学习活动;再次,要根据一天内学习效率的变化来安排学习活动;最后,要根据自己的工作曲线安排学习活动。

③指导学生灵活利用零碎时间。首先,可以利用零碎时间处理学习上的杂事。其次,读短篇或看报刊杂志,拓宽自己的知识面,或者背诵诗词和外文单词。此外,可以进行讨论和通讯,与他人进行交流,在轻松的气氛里与人交流,有助于启发创造性思维。利用零碎时间的技巧很多,例如,让学生准备一个可随身携带的小本子,记上要背的知识点,在排队、等车或其他零碎时间里拿出来读一读;在起床、洗脸、刷牙、就餐等活动场所的墙上,贴上一个与视线等高的小夹子,夹上记着单词、公式的卡片等。

20. (1)①在本案例中,李老师只是重复机械地讲述某一知识点,没有利用灵活的教学方法激起学生的学习热情,没有加强教学内容的新颖性,最终导致教学效果差、学生对知识掌握不牢的结果。因此,李老师应改善教学方法,增强教学吸引力,注意教学的新颖性和启发性,激发学生的求知欲。

②在本案例中,李老师面对学生的错误,只是一味地进行责怪,最终打击了学生的自信心。赞扬、奖励一般比批评、惩罚更具激励作用。因此,李老师应改进教学评价方式,有效地运用表扬,但是对学生的表扬应适当,不可滥用。

③在本案例中,李老师对学生的责怪、批评是导致学生丧失学习兴趣的主要原因。因此,李老师可以利用教师期望效应激发学生的学习兴趣。在教学中向学生传递对他的积极期望,把学生看作积极的、有强烈的成长动机的学习者,避免向学生传递他们一无是处的思想。

④在本案例中,该生面对多次讲述的知识点还会出错,说明其缺乏正确的学习策略。因此李老师应教授学生学会学习的策略,如帮助学生学会使用精加工策略、资源管理策略等学习策略进行学习,帮助学生提高学习效率。

(2)学习策略的训练原则有主体性原则、内化性原则、特定性原则、生成性原则、有效监控原则和个人效能感原则。

①内化性原则是指在学习策略的学习过程中,学生能够不断实践各种学习策略,逐步将其内化成自己的学习能力,熟练掌握并达到自动化的水平,从而能够在新的情境中灵活应用。在本案例中,学生一直在一个知识点上重复出错,这说明学生没有理解该知识,没有将知识内化成自己的学习能力。因此,李老师应该帮助学生运用学习策略灵活掌握知识,发挥学习策略的效力。

②特定性原则说明在教学过程中应该因材施教,学习策略也应该适合学习目标和学习类型。在本案例中,李老师将知识点反复讲了很多遍,学生还是一直出错,这说明李老师在教学过程中没有遵循特定性原则。因此,李老师在教学中应当因材施教,针对不同学生采用不同方法,帮助学生选择学习策略或改善对其学习不利的策略。

③个人效能感原则是指学生在执行某任务时对自己胜任能力的判断和自信程度。在本案例中,李老师在学生出错时只是一味地责备学生,最终导致学生自信心下降,这说明李老师没有在教学中遵循个人效能感原则。因此,李老师应该在教学中给学生一些机会,使学生感觉到学习策略的效力,进而提升学生的自信心。

(考生可结合实际加以阐述,言之有理即可)

21. (1)配合运用正例和反例。正例又称肯定例证,指包含着概念或规则的本质特征和内在联系的例证;反例又称否定例证,指不包含或只包含了一小部分概念或规则的主要属性和关键特征的例证。一般而言,

概念或规则的正例传递了最有利于概括的信息，反例则传递了最有利于辨别的信息。在该案例中，蔡老师通过探究问题，让学生积极思考能被磁铁吸引和不能被磁铁吸引的物品，及时引导学生，得出结论。

(2)正确运用变式。变式就是变换使用不同形式的直观材料或事例说明事物的属性，使本质属性保持不变而非本质属性或有或无，以便突出本质属性。在该案例中，学生在发现固体可以隔物吸铁后，又被蔡老师引导思考液体能不能隔物吸铁，蔡老师充分使用不同形式的变式，使学生进一步得出磁铁可以隔物吸铁的结论。

(3)科学地进行比较。比较主要有两种方式：同类比较和异类比较。同类比较是关于同类事物之间的比较。异类比较即不同类但相似、相近、相关的事物之间的比较。在第二个实验中，学生通过观察比较发现，硬币有着能被磁铁吸引和不能被磁铁吸引的差别，最终得出能被磁铁吸引的为铁质硬币。

(4)启发学生进行自觉概括。为了促进知识的获得，在实际的教学情境中，教师应该启发学生去进行自觉的概括，鼓励学生自己去总结原理、原则。在该案例中，蔡老师对学生积极引导，引发学生进行探究，最终得出磁铁吸铁、磁铁可以隔物吸铁等实验结论。

22. 心智技能也称为智力技能、认知技能，是通过学习而形成的合乎法则的心智活动方式。我国教育心理学家冯忠良通过教学实验，提出了心智技能的形成理论，具体阶段为：

(1)原型定向。原型定向就是了解原型的活动结构，从而使主体明确活动的方向，知道该做哪些动作和怎样去完成这些动作。材料中，教师运用运算规律进行算式的变形，帮助学生明确计算的方向，即教师引导学生进行了原型定向的过程。

(2)原型操作。原型操作是依据智力技能的实践模式，把学生在头脑中已建立起来的活动程序计划以外显的操作方式付诸实施，获得完备的动觉映像的过程。材料中，教师通过出一些类似的题目引导学生进行纸笔操作练习，这是进行原型操作的过程。

(3)原型内化。原型内化，即智力活动的实践模式(原型)向头脑内部转化，由物质的、外显的、展开的形式变成观念的、内潜的、简缩的形式的过程。材料中，学生通过纸笔操作练习，从而产生言语表征，形成熟练的心算技能，这是进行原型内化的过程。

23. (1)材料中影响问题解决的因素是问题情境与知识表征方式。问题情境是指问题呈现的知觉方式，知识表征是指信息在人脑中的存储和呈现方式，二者都能影响问题解决。

(2)问题情境与知识表征方式对问题解决的影响有以下几点：①问题情境中问题元素的空间集合方式不同，影响问题解决的难易。②问题情境中提供的条件刺激太多或太少都不利于问题解决，太少可能遗漏信息，太多则会产生干扰。③问题表征的方式与主体的认知结构之间的关系影响问题解决。一般而言，问题表征的方式与主体的认知结构越接近，越利于问题解决；反之，则越难。

材料中第一组的问题描述过于复杂，提供信息过多，对解决问题产生了干扰作用。第二组的问题描述与个人的认知结构更相近。因此，第二组解答问题的正确率和速度均明显优于第一组。

24. (1)定势(即心向)是指重复先前的操作所引起的一种心理准备状态。案例中，阿西莫夫的回答，受到汽车修理工所给情境的影响，产生了思维定势，认为盲人买剪刀也是做手势，但实际上盲人可以开口说话，这是在定势的影响下，以同样的思维习惯对刺激情境做出反应，所以该案例反映了思维定势的心理效应。

(2)定势对学生的学习既有积极作用，也有消极作用。积极作用：在同样的思维范式下，学生举一反三，可以快速地解决问题，提高学习效率；消极作用：总是采用惯用的方式学习，可能导致错误理解问题情境，从而出现错误。

25. (1)客观方面，该学生产生不良行为的原因主要是家庭教育失误。该学生的父母老来得子，对其非常宠爱，因而对其采用了放纵型的教养方式，最终导致该学生任性、幼稚、自私、野蛮、无礼、独立性差。

主观方面,该学生产生不良行为主要受以下因素的影响:①缺乏正确的道德观念和道德信念;②道德意志薄弱;③不良行为习惯的支配;④性格上的缺陷等。

(2)如果我是他的班主任,我将采取的措施是:①培养深厚的师生感情,消除疑惧心理和对立情绪。犯错误的学生常常在心理上有一道防线,对别人存有戒心,有敌意,并心虚、敏感。且该学生正处在初中阶段,叛逆心也较强,所以此时不要急于批评他,而是要更加关心他、爱护他、信任他,使之深受感动。②培养正确的道德观念,提高其明辨是非的能力。联系生活实际,注重该学生身心发展的特点和接受能力,进行有效的说服工作,帮助学生形成正确的是非观念和是非感。③保护和利用学生的自尊心,培养集体荣誉感。充分利用集体的力量,和其他学生一起做他的思想转化工作,帮助和鼓励他培养自尊心,使其自爱、自重、自强,并在此基础上鼓励他和同学一起共同参加集体活动,培养其集体荣誉感。④锻炼其同不良诱因作斗争的意志力,巩固新的行为习惯。要有意识、有控制地对该学生进行信任性考验,并不断演化,以锻炼其与不良诱因作斗争的意志力。在改变其不良行为习惯的同时需要帮助他建立新的良好行为习惯。

26. (1)学生的失范行为主要表现为越轨行为与违法行为两类。学生的越轨行为主要是指违背教育习俗、教育规章的行为,即违规、违纪行为,具体包括不诚实行为、逃学行为、欺骗行为、违纪行为等。学生的违法行为主要是指违背教育法律以及国家其他法律、法规的行为,即普通违法行为和犯罪行为。最常见的违法行为是小偷小摸、打架、流氓行为、赌博、违反交通规则等。题干中三位学生的失范行为表现在违纪、违规方面,属于越轨行为。

心理学上主要有两种观点来解释学生的失范行为。一种是“心理缺陷说”,一些心理学家力图把越轨、犯罪解释为“心理缺陷”的结果,认为正常人知道限制他们的越轨冲动,但“心理缺陷者”却不知道限制他们的越轨冲动。而“心理缺陷”主要是因童年的社会化失调造成的。在童年时代,孩子如果遭到双亲的遗弃,就会使孩子正常的社会化过程中断,使他们在心理和情感上受到严重的挫折,难以发展出健全的人格和自我,将来就难以适应社会环境,容易产生越轨和犯罪行为。

另一种是“挫折—侵犯”说,他们认为越轨行为是一种由挫折产生的针对他人和社会的侵犯形式。而挫折的程度是以需要强度或者受阻程度为基础的,进而推断侵犯的强度与挫折的强度有关。

(2)对规范学生失范行为的建议:

①将学校教育与社会生活相结合,丰富学生的学习生活;

②纠正学校教育的指导思想,将德育作为教育的首要任务,使学生形成正确的人生观、价值观;

③提高教师自身的素质和教育教学水平,在教学过程中以学生为本,尊重关心学生的学习与生活,运用科学正确的方法教导学生;

④聘用专业的心理教师对学生进行心理健康教育,帮助学生认识自己、认识自己与他人的关系、确定有益于个人与社会的生活目的,使之在学习、工作、人际关系方面,发挥自己的潜能,实现学校、家庭和社会生活的最佳适应;

⑤在学校生活中加强法制教育,教育学生知法、守法、用法、护法,使学生认识到遵纪守法是每一个公民的义务,树立法制观念,对保障青少年健康成长具有十分重要的意义;

⑥建议家长改变自己的教养态度,采用民主式教养方式,建立和谐的家庭气氛。

27. (1)案例一反映的问题有:①为合作而合作,流于形式。在合作学习中切忌为合作而合作。合作是一种手段,是为学习服务的,并不是所有的教学内容都有必要以小组合作的方式来进行。开展合作学习的任务选择非常重要,学习任务必须具有一定的挑战性、开放性、探索性。合作小组必须明确学习的任务,分组要做到按需而分,有明确的目的性。案例一中的两个现象都没有明确合作学习的目的和任务,只是为

开展小组合作学习而开展。②时间不足,草草收场。在开展小组合作学习的过程中,学生讨论或尝试的进展如何,是否有眉目,所给的时间是否充足,学生是否正兴致勃勃处在关键处应当适当延长时间,都应在教师的考虑之内。案例一中“不到两三分钟就叫停止,进入下一个教学环节”,这体现出给学生小组合作学习的时间不充足。

开展小组合作学习需要的前提条件有:①调动每个学生参与小组合作学习的积极性;②要有明确的小组合作学习的目的和任务;③根据小组合作学习的实际情况,把握好小组合作学习的时间。

(2)①选择适当的合作学习时机。并非课堂教学中的任何时候都适宜组织学生合作学习,它需要一定的情境、时机。比如:问题难度较大学生思考出现困难时、当学生的意见发生分歧时等。案例一中的老师“短短四十分钟,总共进行了五次小组合作学习的方式”的做法没有很好地把握合作学习的时机。

②提供合理的合作学习时间。教师应根据任务的难易程度和现场的进展情况为学生提供合理的合作学习时间。那种只因预定时间已到而强行打断学生讨论兴致的做法,不仅无益于合作学习的质量,更会败坏学生可贵的参与热情。案例一中的老师“不到两三分钟就叫停止,进入下一个教学环节”的做法没有给学生提供合理的合作学习时间。

③建构合理的合作学习小组。教师在仔细观察、调查的基础上,综合分析学生的个性、成绩、能力、思维特点等多个方面,进行合理的分组。案例二中“大家互相推诿,并没有真正地讨论”的现象源于建构的合作学习小组不合理。

④建立一套有序的合作常规。合作学习时,小组成员间应合理分工,明确各角色的职责,使人人有“事”干,以便发挥每个学生的长处和作用。小组合作学习的过程中每个学生都可以积极参与、踊跃发言。另外,教师也应做到在观察、巡视或参与中,要及时给予指导和帮助,对他们的努力和进步要及时予以表扬。案例二中出现“有些小组在不断地分工,几分钟过去,还没有确定谁来发言”的现象是因为没有建立一套有序的合作常规。

⑤合理调控合作过程,加强学习指导。教师应参与其中,与学生共同讨论,同时,也可以了解各组的合作进展情况,并根据所掌握的情况合理调控合作的过程。案例二中的老师参与到学生的小组讨论中去时,才发现学生的实际表现情况,这表明教师要合理调控合作过程,指导学生更好地进行合作学习。

⑥给学生提供交流的机会。学生在小组内的讨论是一种交流,各小组向全班同学汇报讨论结果也是一种交流,而且是更大范围的交流。这对于丰富和完善学生的认识无疑是有益的。案例一中的老师没有让学生展示小组讨论的结果就进入下一个教学环节和案例二中的学生相互推诿、不想发言的现象,都表明学生没有交流小组讨论的结果。

28. (1)根据案例描述可知,出现课堂失控,教师方面的主要原因有:①教师的教学能力有待提高;②教师的教学设计能力有待提高;③教师的领导方式存在问题,缺乏教师威信。

(2)创设良好的课堂气氛可从以下方面入手:

①发挥教师的主导作用。教师在营造良好的课堂氛围的过程中起着主导作用。如果教师能精心组织课堂教学,巧妙把握语言艺术,善于用良好的情绪情感感染学生,处理课堂问题,就更容易创造出良好的课堂氛围。

②尊重学生的主体地位。创造良好的课堂氛围,关键在于教师能否切实调动学生学习的主观能动性,使学生真正成为学习的主体。因此,教师必须调动学生参与的积极性和主动性,让学生保持最佳的学习心态。

③构建和谐的师生关系。课堂中的师生关系,直接影响课堂气氛。建立和谐的课堂人际关系,这是创设积极课堂气氛的基础。可以采取以下措施来使师生关系更加和谐:第一,师生民主平等;第二,树立一定

的教师威信;第三,教师要关心爱护学生。

29.(1)评价:课堂规则是教师和学生一起讨论制定出的全体学生一致遵守的行为标准,它的制定与实施都离不开学生。案例中,韩老师在制定课堂规则这件事上,并没有采取由教师一个人说了算的办法,而是将其转换为若干问题抛给学生,让学生自己提出看法和修改意见。班主任韩老师的做法充分体现了建立课堂规则的民主原则,即教师应尊重学生的人格与意见,同学生一起制定课堂规则,尽量使学生自愿、自然地接受规则,并表现出符合课堂规则的行为;让学生养成自尊和尊重他人的态度,遵守规则的习惯。

(2)影响:课堂规则由师生共同商讨的方式来确定,这样做有以下好处:

①集思广益,使目标的确立更切合实际,增强可行性。教师和学生思考的角度不同,得出的结论可能千差万别。教师想到的,学生未必想到,反之亦然。由师生共同制定课堂规则,在观点上能够互补,使得最终制定出的课堂规则更加周全。

②满足学生的情感需要,增强激励性。中小学阶段,学生有参与集体活动,获得集体归属感的需要。学生参与制定课堂规则,让学生感受到自己是班级的一员,有助于学生养成班级主人翁意识。

③促进学生和教师情感沟通,增强师生之间的合作,形成较强的凝聚力。师生共同制定课堂规则的过程中,学生能够体会到教师对自身的尊重与肯定,感受到教师对自己的喜爱。师生间若能借共同制定课堂规则,建立起相互接纳、相互喜欢的情感连接,不仅有助于构建良好的课堂学习环境,还有益于提高学生学习的质量。

④可以培养学生自我调整、自我教育的能力。共商的过程就是学生自我教育的过程,学生参与课堂规则的制定,能够让他们有机会更深入地对"为什么课堂规则如此重要""课堂规则是以怎样的标准制定出来的"等问题做出回答,让他们明白遵守课堂规则确实能给他们自己带来好处,而不是教师强加在他们身上的、用以剥夺他们自由的"没用的东西"。

因此,在课堂规则的建立过程中,教师应当运用民主性原则,确定平等的师生关系、生生关系,做到尊重学生、理解学生、信任学生,让学生有充分表达自己意见的机会。

30.(1)针对子骞上课不专心,并有违反课堂纪律的问题,可以从以下几个方面入手:

①合理组织课堂教学。对于子骞要因势利导,增加子骞参与课堂教学的机会,树立良好的班风,营造浓厚的学习气氛,让其自觉地投入到学习中去,实现在无形中转化的目标。

②培养学生的自律品质。首先,要对学生提出明确的要求,加强课堂纪律的目的性教育;其次,引导其对学习纪律持有正确、积极的态度,产生积极的纪律情感体验,进行自我监控;最后,利用集体舆论和集体规范促使其形成和发展自律品质。

③建立有效的课堂规则。

④做好课堂监控。强化正面影响,纠正不良行为。教师应能及时预防或发现课堂中出现的一些纪律问题,并采取言语提示、目光接触等方式提醒学生注意自己的行为。

(2)运用的心理原则有:

①发展性原则。该原则要求教师必须以发展的观点来对待学生,要顺应学生身心发展的特点和规律,以发展为重点,促进全体学生获得最大程度的发展。案例中,朱老师观察后认为子骞的年纪还小,出现这些问题都是可以理解的,并认为可以循序渐进地引导和改变子骞的行为,体现了发展性原则。

②教育性原则。该原则要求教育者在进行心理健康教育的过程中,要根据具体情况,提出积极中肯的分析,始终注意培养学生积极进取的精神,帮助学生树立正确的人生观、价值观和世界观。案例

中，朱老师根据子骞的身心发展情况和喜欢关注其他同学的特点，采取了相应的教育措施，培养子骞积极进取的精神。

③主体性原则。该原则要求教师的心理健康教育要充分尊重学生的主体地位，充分发挥学生的主体作用。案例中，朱老师针对子骞喜欢关注其他同学的特点让其担任纪律委员，之后其上课乱动的情况减少了，体现了主体性原则。

31.（1）学生违反课堂纪律的原因有：①教师的注意。小方表现出不良行为是为了获得教师的注意，哪怕是消极的注意，教师的斥责对他而言起到了强化作用。②同伴的注意。小方表现出不良行为的另外一个原因，就是为了获得同学的注意和赞赏。③逃避不愉快的状态或活动。不良行为第三个重要的强化是逃避烦闷、挫折、乏味和不愉快的活动。根据行为主义学习理论，逃避不愉快的刺激就是一种强化。那些在学校里反复遭受失败的学生把许多事都看作是不愉快、烦闷、挫折和疲惫的，他们会频繁请求上洗手间、削铅笔，在自习课上做作业时比听讲时更容易提出这些请求，因为课堂作业使他们更容易感到挫折和焦虑。因此，小方在课堂上随意发言是为了逃避不愉快的活动。

（2）课堂问题行为的矫正包括：①预防。这是处理一般问题行为的最好方式。在教学中，教师可以通过呈现生动有趣的课程，确定清晰的课堂规则和程序，使学生进行有意义的活动等来预防问题行为的发生。此外，变化课程内容、运用不同的材料和方法进行教学，教师显示出幽默和热情，以及让学生进行合作学习等也都能够减少学生因疲劳而引发问题行为的可能性。

②非言语暗示。由于一般问题行为大都是一些暂时性的干扰，教师在处理这些行为时，通常只需要运用简单的非言语线索进行暗示，就可以得到既制止问题行为又不影响课堂教学进程的双重效果。

③表扬。对许多学生来说，表扬是一种强有力的激励。此外，表扬其他学生的良好行为也可以促使出现问题行为的学生表现出类似的良好行为，从而达到消除问题行为的目的。

④言语提醒。当非言语线索不能制止学生的问题行为时，教师采用适当的言语提醒也有助于让学生回到学习活动中来。

⑤有意忽视。个别学生有时为了引起教师和其他同学的注意，做出一些问题行为。这时，如果教师直接干预，正好迎合了学生的目的，从而对其问题行为起到强化作用。在这种情况下，教师采取有意忽视的态度，装作视而不见，是比较合适的处理方式。

⑥心理辅导。对于课堂问题行为的根本矫正不仅在于改变学生的外部行为表现，形成新的行为模式，而且要把良好的行为模式内化为学生的自觉意识与行动。这就要求教师善于运用心理辅导的原理和技术来矫正学生的课堂问题行为。心理辅导主要是通过改变学生的认知、信念、价值观念和道德观念来改变学生外部行为的一种方法。良好的心理辅导取决于师生间的认知距离和情感距离的缩短，因此教师在进行心理辅导时首先要尊重学生的认知和情感体验，信任和鼓励学生改正课堂问题行为；其次教师要引导学生真实地表达情感，积极地对学生进行心理疏导。

⑦转移注意。对于一些自尊心比较强的学生所表现出来的问题行为，如果教师当众直接制止，可能会产生适得其反的效果。这时，教师可以采用比喻、声东击西等方法加以暗示，并转移其注意力，从而终止其问题行为。有时，对于个别学生来说，教师也可以采用暂时隔离的办法，即让出现问题行为的学生暂时离开座位，到教室的某一角落，远离其他同学；或是到教室外面的过道上；或是到校长办公室；甚至可以到另一位教师的班级去。由于这种方法很可能引起学生对教师的不满甚至对抗，教师在使用时应当特别慎重，不宜滥用。

总之，无论采取什么方法处理学生的问题行为，教师首先一定要认清真正的问题行为所在，找出行为发生的原因，然后针对症结做出有效处理。

32. 我认为案例中的做法是治标不治本的做法，不能从根本上解决学生的问题行为。案例中第一种设“隔离带”的做法，反而给问题学生设置了心理障碍。另外给他们设“隔离带”，也会让问题学生产生距离感和孤独感，他们会感到生活和学习单调无聊，更谈不上改正错误。第二种设“专座”的做法既伤害了问题学生的自尊心，又造成了问题学生心理上的孤独。第三种“游击式”的做法，使问题学生的精力不能很好地集中，而且周围学生的情绪也会受到他的影响，更不利于课堂的有效管理。

因此，对于课堂纪律差的学生的管理，可以从以下几个方面入手：

(1)教师要正确对待学生的纪律问题。教师应认识到课堂问题行为是一种普遍行为。课堂问题行为普遍存在，不管是优秀生还是学困生都有可能产生问题行为。在学生出现问题行为时，要充分分析学生出现问题的原因，然后再着手去解决。

(2)营造良好的班级气氛，在潜移默化中转化课堂纪律差的学生。对于课堂纪律差的学生，必须改“堵”为“梳”，改“打压”为因势利导，树立良好的班风，营造浓厚的学习气氛，让他们自觉地投入到学习中去，实现在无形中转化课堂纪律差的学生的目标。

(3)教师可以从培养学生的自律品质入手。首先，要对学生提出明确的要求，加强课堂纪律的目的性教育；其次，引导学生对学习纪律持有正确、积极的态度，产生积极的纪律情感体验，进行自我监控；最后，利用集体舆论和集体规范促使学生形成和发展自律品质。

(4)教师可以用行为控制策略，管理课堂纪律差的学生。对于课堂纪律差的学生，可以强化其良好行为，以良好行为控制其问题行为；也可以选择有效方法，及时终止其问题行为，如表扬、言语提醒、有意忽视、转移注意等方法。但无论采取什么方法管理课堂纪律差的学生，教师首先一定要认清真正的问题行为所在，找出行为发生的原因，然后针对症结做出有效处理。

(5)教师可以争取家长配合，家校合作，循序渐进地教育和管理课堂纪律差的学生。

(考生可结合实际加以阐述，言之有理即可)

33. (1)小华可能存在的心理健康问题是考试焦虑症。考试焦虑是一种复杂的情绪现象，是在一定的应试情境下，受个体认知评价能力、人格倾向与其他身心因素制约，以担忧为基本特征，以防御或逃避为行为方式，通过一定程度的情绪反应所表现出来的心理状态。其表现是：随着考试临近，心情极度紧张；考试时注意力不集中，知觉范围变窄，思维刻板，出现慌乱，无法发挥正常水平。题干中，小华只要听到“测验”“考试”，他就高度紧张，甚至吃不香、睡不好。对此，他很着急，也非常迷茫，这些都是典型的考试焦虑症的表现。

(2)“耶克斯—多德森定律”表明，动机不足或过分强烈都会影响学习效果。①动机的最佳水平随任务性质的不同而不同。在比较容易的任务中，学习效果随动机的提高而上升；随着任务难度的增加，动机的最佳水平有逐渐下降的趋势。②一般来讲，最佳水平为中等强度的动机。③动机水平与学习效果呈倒U型曲线。

(3)作为教师，可以从以下几个方面激发学生的学习动机：①创设问题情境，激发兴趣，维持好奇心；②设置合适的目标；③根据作业难度，恰当控制动机水平；④表达明确的期望；⑤提供明确的、及时的、经常性的反馈；⑥合理运用外部奖赏；⑦有效地运用表扬；⑧对学生进行竞争教育，适当开展学习竞争。

34. (1)学校恐惧症是指学生一进入学校就不由自主地产生一种严重的焦虑和恐惧感。学校恐惧症主要表现为儿童害怕上学，严重者还会害怕与学校有关的东西，如怕老师、害怕去教室等。也有些儿童会产生上学前身体不舒服等保护性行为。学校恐惧症会导致儿童不能正常学习，成绩落后。根据小明的表现可以判断他出现了学校恐惧症。

(2)①具体目标与短期目标:消除小明对上学的惧怕;在日常生活中适当运用放松技术或积极的自我对话,以降低焦虑水平,改变其对学校的认知模式;增强其自信心。②最终目标与长期目标:完善小明的个性,帮助其形成客观、完善的正确的自我认识和自我观念;提高其有效处理各种生活挫折的能力;增强其自信心和人际交往以及抗挫折能力;促进其心理健康发展,人格完善。

(3)①系统脱敏法是治疗恐惧症最常用的方法;②认知疗法;③放松训练。

35. (1)李某的症状属于考试焦虑症。考试焦虑是一种复杂的情绪现象,是在一定的应试情境下,受个体认知评价能力、人格倾向与其他身心因素制约,以担忧为基本特征,以防御或逃避为行为方式,通过一定程度的情绪反应所表现出来的心理状态。

(2)针对李某的问题,教师应该:①采用认知矫正程序,指导学生在考试中使用正向的自我对话,如"我能应付这个考试";②锻炼学生的性格,提高挫折应对能力,帮助学生增强自信心和心理承受能力;③引导学生调整好考前情绪;④进行考试策略方面的辅导;⑤纠正学生对考试成绩的错误看法。

36. (1)①学困生的思维能力差,表现为:推理能力差;概括能力差;想象能力差。

②学困生的思维品质不良,表现为:思维的独立性差;思维缺乏深刻性;思维缺乏敏捷性与灵活性;思维缺乏逻辑性;思维不精确。

(2)培养学困生思维能力的方法有:①加强科学思维方法论的训练;②运用启发式方法调动学生思维的积极性、主动性;③加强语言交流训练;④发挥定势的积极作用;⑤培养学生解决实际问题的思维品质。

37. (1)①具有坦荡和求真务实的态度;②能够正确评价和合理运用自己的威信;③努力开拓进取,不断完善自我;④始终做学生的榜样。案例中李老师在学生提出老师自己也在自习课上玩手机时,应该及时意识到自己的错误示范,坦诚地承认自己的错误,这样不仅不会损害自己的威信,也能给学生做出示范,告诉学生上课玩手机是错误的。另外对于学生上课玩手机这一行为适当的言语提醒和惩罚是必要的,但不应当把学生赶出教室,把学生的手机扔到垃圾桶,这样做会损害自身的威信。

(2)把学生的手机扔进垃圾桶,侵犯了学生的财产权。把学生赶出教室,侵犯了学生的受教育权。同样把学生赶出教室,让学生在教室外面站一个小时属于变相体罚,也侵犯了学生的人格尊严权。根据我国《教师法》第三十七条规定,教师有"体罚学生,经教育不改的;品行不良、侮辱学生,影响恶劣的。"由所在学校、其他教育机构或者教育行政部门给予行政处分或者解聘。

(3)①学生主体原则。班主任在班级工作中,应该把学生当作教育过程的主体和重心,充分尊重并发挥学生的主体作用。案例中的李老师只重视自己的权威,没有把学生当作教育过程的主体和重心,也没有充分尊重并发挥学生的主体作用。

②因材施教原则。班主任在工作中根据班级学生的时代特点、年龄特征、个别差异以及发展现状,向每个学生提出恰当的教育要求,有针对性地采用不同的教育措施,使每个学生都能得到最好的发展。案例中的李老师对这位男学生进行个别教育,做到了因材施教。

③集体教育原则。班主任在工作中要注意依靠学生集体,即将学生集体看作教育的对象,也将其视为教育的主体,充分发挥集体在教育中的作用。案例中的李老师先是惩罚了这位玩手机的男学生,然后又要求全班学生上课期间不玩手机,做到了对集体进行教育。

④民主公正原则。班主任要保护学生的人格和尊严,尊重学生的个性和差异,尊重学生的意愿和利益,实施民主管理,一视同仁地对待学生,准确、客观地评价学生。案例中的李老师为维护自己的威信,没收学生的手机并扔到垃圾桶里,而且把学生赶出教室并罚站,没有做到尊重学生。

⑤严慈相济原则。班主任要真诚地热爱和关心每一个学生的成长,在关爱的基础上向学生提出恰如其分的要求,并帮助学生努力实现。案例中的李老师大声训斥学生、把学生的手机没收并扔到垃圾桶里

面、将学生赶出教室并罚站，这些做法都没有做到热爱和关心学生。

⑥以身作则原则。班主任在工作中要严格要求自己，自正其身，率先垂范，为学生树立良好的榜样，用“身教”来影响和感染学生。案例中的李老师在上晚自习课的时候玩手机，没有给学生树立良好的榜样。

38. (1)自我效能感是指人对自己能否成功从事某一成就行为的主观判断。提高班主任的班级管理效能感应：①从教师所处的外部环境出发。首先，在社会上，必须树立尊师重教的良好风气；其次，在学校内，必须建立一套完整、合理的管理制度和规则并严格加以执行，以及努力创立进修、培训等有利于教师发展，有利于教师实现其自身价值的条件；另外，良好的校风建设、提高福利待遇等措施也会对教师的效能感产生积极的影响。②从教师自身出发。首先，要形成科学的教育观，这需要教师不断地学习和掌握教育学与心理学的知识，在教育实践中运用这些知识，通过自身的教育实践验证并发展这些知识；其次，向他人学习，如观摩优秀教师教学、学习其他教师的良好经验等，增强教师的自信心。当然教师自己也要注意总结和反思。班主任班级管理效能感的提高需要社会、学校、个人的共同努力，其中，个人是内因，学校和社会是外因。班主任通过个人主动积极的努力，再借助学校和社会的积极支持，才能提高自身的效能感。

(2)①从教师期望效应的角度分析。教师期望效应即教师的期望或明或暗地传递给学生，会使学生按照教师所期望的方向来塑造自己的行为。教师自身的因素是教师期望效应发生的重要心理因素。赵老师没有充分信任学生，积极主动地调动学生的积极性，认为学生自己选的黑板报不一定有能力在学校的评比中获得名次；赵老师也认为自己的学生调皮、事多、难管。赵老师的期望是造成班级现状的原因之一。

②从人本主义心理学的角度分析。人本主义心理学强调人的价值，认为教师只是一个“为学习提供便利条件的人”“学习的促进者”。促进学生学习的关键在于真诚、尊重、关注、接纳、移情性理解等心理氛围。赵老师没有认真听小刘的解释，没有做到理解、关心学生，没有给予小刘尊重的需要，没有起到“促进者”的作用。

③从心理发展的特点角度分析。赵老师管理的是小学班级，小学生具有自己独特的心理发展特征。赵老师的教育要结合小学生心理发展的特点进行，不能脱离学生的实际发展。赵老师还要根据学生的个体差异，因材施教。

④从班级管理的角度分析。现代班级管理强调以学生为核心，建立一套能够持久地激发学生主动性、积极性的管理机制，确保学生的持久发展，要有目的地训练学生自我管理班级的能力。赵老师的班级管理方式偏重于专断型，学生被动地按照教师的要求去做，缺乏自主性，不能满足学生发展的需求。

⑤从学生管理的角度分析。教师既要凭借必要的规章制度约束学生的行为，也要坚持正面引导，耐心教育。赵老师只对小刘进行严厉的批评，没有耐心倾听学生的心声，容易使师生之间产生误解，造成师生关系紧张。

此外，考生还可从师生关系的类型、正确使用惩罚和批评等角度分析。

39. 根据新教师和老教师的教学数据分析可知，两位教师教学过程的差异体现在以下方面：

(1)维持学生注意的差异。在维持学生注意上，专家型教师有一套完善的维持学生注意的方法；新手型教师则相对缺乏。材料中，在学生课堂注意的时间比例上，老教师能使学生的注意在课堂教学时间的95%左右都维持在课堂上，而新教师只能使学生的注意维持在课堂教学时间的70%左右，这说明专家型教师更善于在课堂中维持学生的注意力。

(2)课堂练习的差异。在课堂练习方面，专家型教师针对全体学生，且学生的课堂作业效果较好；而新手型教师只关注自己关心的学生，不顾其他学生，且学生的课堂作业效果一般。材料中，老教师的课堂练习作业“好”的比例为75%，且练习针对全体学生；而新教师的课堂练习作业“好”的比例仅为44%，且练习主要针对中等生。这说明专家型教师的课堂练习更具针对性，且效果较好。

(3)课堂规则的制定与执行的差异。专家型教师制定的课堂规则比较明确,并能坚持执行;新手型教师的课堂规则较为含糊,不能坚持执行下去。材料中,老教师的课堂中学生执行课堂规则的情况为“优”,而新教师的课堂中学生执行课堂规则的情况为“中”。这说明了二者在课堂规则的制定与执行上的差异。

(4)教学策略的运用存在差异。专家型教师具有丰富的教学策略,并能灵活运用;新手型教师缺乏或不会运用教学策略。在提问策略与反馈策略上,专家型教师比新手型教师更善于提问和追问,从而让更多的学生获得反馈。材料中,老教师对于学生的回答反馈忽略较少,仅为5%,同时善于鼓励和追问学生;而新教师的反馈策略则较差,容易忽视对学生的回答反馈。这说明专家型教师具有丰富的教学策略。

40. (1)①社会因素,即教师职业的声望压力;②职业因素,即教师担当的多种角色所产生的角色职责压力、角色冲突、学生问题、升学考试压力等;③工作环境,即教师与学生、家长、领导、同事之间的人际关系压力,学校的考评、聘任制度所带来的压力;④个人因素,即教师个人的认知方式和应对紧张的策略与心理压力的产生密切相关。

(2)①个体的自我干预。个体干预的目的是通过改变个体自身的某些特点来增强其适应工作环境的能力。个体干预的主要方法有:放松训练、人际压力管理、时间管理、社交训练、压力管理和态度改变等。

②组织有效的干预。组织干预的思路是通过削减过度的工作时间、降低工作负荷、明确工作任务、积极沟通与反馈、建立有效的社会支持系统来防止和缓解职业倦怠。学校对教学的评价机制是影响教师工作的积极性和创造性的重要因素,改善学校领导方式是缓解教师职业压力的有效途径。

③构建社会支持网络。学校应提倡过程性和发展性评价,为教师建立有效的社会认同支持系统,正确认识教师的教育教学成果。另外,要为教师提供深造及参与学校民主决策的机会,增强教师对学校的认同感和归属感。

专题四　小三门(新课改、师德、法规)

1. (1)案例中的现象主要体现的是我国当前基础教育评价中的问题。当前我国基础教育评价中存在的主要问题有:评价内容仍然过多倚重学科知识,特别是课本上的知识,而忽视了实践能力、创新精神、心理素质以及情绪、态度和习惯等综合素质的考查;评价标准仍然过多强调共性和一般趋势,忽略了个体差异和个性化发展的价值。有人所认为的,考试不是教育的最终目的,但常常扮演着风向标和指挥棒的角色,所以考试的内容和方式、考试的标准和答案,对实现怎样的教育而言尤为关键。虽然考试要有题目,但只有客观题才需要确定的答案。像作文、阅读理解等开放性题目,只有允许给出不一样的答案,才能赋予学生创新的无穷可能、发挥才智的无穷空间。即便有标准答案,学生的答案不一致时,也不妨遵照“只要合乎题解,即可视为正确”的评分原则,给考生打出合理的分数。考生言之有理、自圆其说,就不应该一概判错。像案例中的“一支铅笔多少钱”“溪水是什么颜色”这样的问题,答案就不是只有一个。

(2)针对上述问题,我们可以在教学方法、评价制度上相应地做出变革。教学方法、评价制度的改革可以简单地归纳为:一是重视学生的主体性,引导学生积极参与教学活动;二是不仅重视学习的结果,更重视学习的过程,在教学中留有足够的时间和空间让学生自己思考;三是鼓励学生创新,敢于提出与众不同、与教师不同的见解,敢于坚持自己正确的意见;四是评价标准多元化,很多问题不只是一种答案,尤其是社会科学,要允许有不同的见解。

2. (1)①从教师与学生的关系看,教师是学生学习的促进者。教师不仅传授知识,而且重在检查学生对知识的掌握程度。教师应成为学生学习的激发者,各种能力和积极个性的培养者。教师还是学生人生的引路人。案例中的内容只体现了教师传授知识的作用,因此是片面的。②从教学与研究的关系看,教师是教育教学的研究者。教师的任务不仅仅是教学,还要以研究者的心态置身于教学情境之中。③从教学与课程的关系看,教师是课程的开发者和建设者。教师不应仅仅是课程实施的执行者,按照教科书的内容传授给学生知识,更应成为课程的开发者,开发出新的课程,提高学生学习的积极性。案例中的内容对老师的定位仅仅是课程实施的执行者,因此也是片面的。

(2)王老师的担忧不会成真:①教师劳动具有复杂性。即教师不仅要传授科学文化知识和训练学生的技能,发展学生的智力,培养学生的能力,还要培养学生一定的思想品德,促进学生的身心健康发展。案例二中“由于获取知识的途径越来越多,学生完全可以不通过教师来获取知识,教师对学生的作用也越来越小”这句话忽视了教师对学生思想道德方面的影响。②教师劳动具有专业性。教师劳动的专业性突出表现在教师对育人的崇高敬业精神和道德修养上,对教育教学专门化知识和技能的掌握和教育活动的自主权上。案例二仅仅从教师传授知识的角度来说明不需要教师职业,并没有意识到教师职业还有育人的作用。③教师劳动具有示范性。教师应以自己的思想、学识、言行和人格,通过示范方式去直接影响学生。案例二中仅仅提到了学生可不通过教师学习知识,并没有意识到教师对学生学习知识和形成良好道德有示范、榜样的作用。④教师劳动具有创造性。教师是教学这部“交响乐”的指挥者,其作用主要不在于给学生提供资源,而在于合理调动并组合各种学习资源,设计并促进学生的自主学习过程,实现教学最优化。案例二中虽然提到学生获取知识的途径越来越多,但是获取的知识却是广泛、零散的,需要教师职业调动并组合各种学习资源。

(3)①密切课程内容与生活和时代的联系。加强课程内容与学生生活以及现代社会和科技发展的联系,关注学生的学习兴趣和经验,精选终身学习必备的基础知识和技能。②改善学生的学习方式。倡导学生主动参与、乐于探究、勤于动手,培养学生收集和处理信息的能力、获取新知识的能力、分析和解决问题以及交流与合作的能力。教师不应把学生当成接受知识的容器,而应该发挥学生学习的主观能动性;不应仅仅教授给学生知识,还应该教给学生学习知识的方法与方式。③建立与素质教育理念相一致的评价与考试制度。建立促进学生全面发展的评价体系,使评价不仅关注学生在语言和数理逻辑方面的发展,而且要发现和发展学生多方面的潜能。因此,教师在传授给学生知识之外,还应该促进学生德体美等方面的发展。

3.“家庭学校”的出现对学校教育提出了挑战,具体表现在以下几个方面:

(1)基础教育要勇于创新。教育形式要适应时代发展,与时俱进,要不断拓展和完善学校教育制度,重新审视家庭教育的地位,发展有中国特色的家庭教育,既重视青少年团队精神的塑造,又注重个性和创造力的培养,以适应经济社会的发展与时代的进步。

(2)观念层面应该革新。从材料中可以看出,“家庭学校”对学校教育也形成了一定的挑战,正是由于学校教育存在着种种弊端或者缺漏之处,致使家长会选择“家庭学校”的方式对自己的子女进行教育。也突出反映了现今学校教育效率低下、质量不高等问题,学校提供的教育无法满足时代进步的需求,从而需要对学校教育进行革新,使学校教育能够跟上时代的脚步,也能够满足不同家庭对学校教育的需求。

(3)技术手段上要革新。在学校教育的手段上,可以采用一些先进的教学手段,诸如多媒体和互联网技术,让学校教育在技术层面上不落后于时代的脚步。利用这些教学手段可以提高教学效率,改进教学质量,而且利用这些先进的技术手段作为学校教育的突破口和教学的亮点,改善学校教育的形象,对学生的吸引力也会加强。同时,也应加强对教师在应用现代信息技术上的培训,让教师能够充分地掌握这些先进的教学手段,在实践中能够很好地运用于教学,最终改善学校教育的质量。

(4)提倡素质教育。应大力推进素质教育,各级各类学校都要全面推进素质教育。推进基础教育课程改革,改革人才培养模式、教育内容和教学方法,减轻学生的课业负担,克服片面追求升学率的倾向。加强德育教育,改变重智育,轻德、体、美育的倾向,加强和改进学校体育和美育,倡导和组织学生参加各种有益的生产劳动、社会实践和公益活动,开展丰富多彩的校园文化活动。改革和完善考试评价制度,建立符合素质

教育要求的学生学习和成长、学校教育质量和教学效果的评价体系。在全社会形成推进素质教育的良好环境。让学校教育逐渐符合家长的期待和愿望,让家长明白学校教育是一种不可以取代的教育形式。

4. (1)问题:案例中反映的主要问题是教师没有做到以人为本,违背了新课程的核心理念。新课程改革的核心理念是:为了中华民族的复兴,为了每一位学生的发展。新课程强调以人为本,关注人是新课程的核心理念在教学中的具体体现。它意味着:①关注每一位学生。每一位学生都是生动活泼的人、发展的人、有尊严的人,在教师的课堂教学理念中,包括每一位学生在内的全体学生都是自己应该关注的对象。而有些老师在课堂上却只提问"尖子生""种子选手"和学习成绩稳定的学生,忽视了其他学生,没有做到关注每一位学生。②关注学生的情绪生活和情感体验。教学过程应该成为学生的一种愉悦的情绪生活和积极的情感体验。案例中老师以学习成绩稳定的学生的出色回答来彰显自身教学的做法,可能会对班级中部分学生产生打击和抵触,从而影响这些学生的学习。

(2)改变措施:①新课程倡导教学关注学生更要关注人。老师在以后的教学中应当关注全体学生,在教学过程中关注学生的情绪生活和情感体验、道德生活和人格养成。②在对待师生关系上,新课程强调尊重、赞赏;在对待教学关系上,新课程强调帮助、引导。老师首先应当尊重学生、赞赏学生;其次引导学生积极思考,正确运用启发式教学;最后还应当给学生及时反馈,鼓励学生的积极行为。

5. (1)①"为了每一位学生的发展"是新课程的核心理念。为了实现这一理念,教师必须尊重每一位学生做人的尊严和价值。教师不仅要尊重每一位学生,还要学会发现学生的闪光点,学会赞赏每一位学生:赞赏学生所取得的哪怕是极其微小的成绩;赞赏学生所付出的努力和所表现出来的善意。案例中,平时数学成绩很差的张明,在考试前认真地做了一些练习题,取得了较之前不错的成绩,王老师非但没有及时表扬他的进步,反而批评他依旧拖了班级的后腿。由此可见,王老师没有做到尊重和赞赏每一位学生。

②新课程倡导"立足过程,促进发展"的课程评价,这不仅仅是评价体系的变革,更重要的是评价理念、评价方法与手段以及评价实施过程的转变。改变课程评价过分强调甄别与选拔的功能,发挥评价促进学生发展、教师提高和改进教学实践的功能。现代教育评价的理念是发展性评价与激励性评价。以被评价者的发展为本,重视被评价者的起点和发展过程中的各种问题。评价的根本目的是促进评价对象的发展,它基于评价对象的过去,重视评价对象的现在,更着眼于评价对象的未来。案例中的王老师只看到张明依然是全班倒数第一,又拖了班级的后腿,却没有看到张明的进步,王老师没有树立新课程倡导的新的评价观。

(2)张明通过努力学习,在考试后成绩取得了进步,心中十分喜悦。此时如果我是王老师不会打击张明的自信心,而是应该从这次考试中看到使张明努力学习的契机。

首先,使张明形成正确的归因。根据归因理论,学生将成败归因于努力比归因于能力会产生更强烈的情绪体验。努力而成功,体验到愉快;不努力而失败,体验到羞愧;努力而失败,也应受到鼓励。因此,教师在给予奖励时,不仅要考虑学生的学习结果,而且要联系学生学习进步与努力程度的状况来看,强调内部、稳定和可控制的因素。因此,作为王老师的我要奖励张明此次努力学习取得的进步成果。

其次,要增强张明在学习上的自我效能感。自我效能感是指人对自己能否成功从事某一成就行为的主观判断。影响自我效能感的因素有:①个人自身行为的成败经验;②替代经验;③言语暗示;④情绪唤醒。张明自己进步的经验和喜悦心情的这种情绪唤醒已很好增强了他在学习上的自我效能感,此时作为王老师的我应通过言语激励的暗示进一步提高他学习的自信心,逐步提高张明在学习上的自我效能感。

6. (1)在"动物学校"中,所有的动物都要学习跑步、跳跃、爬行、飞行、游泳这五种课程,但显然这些课程并不适合于所有的动物。由此可见"动物学校存在的问题主要有:

①违背了新课程改革"为了每位学生的发展"的核心理念。"动物学校"只开设了跑步、跳跃、爬行、游泳、飞

行五门课程。许多鼠类动物子弟没有到“动物学校”学习，因为学校拒绝增开挖掘课。这就违背了“为了每位学生的发展”的理念。

②课程设置存在问题。首先，课程结构的设置不能有效促进各种动物的个性发展，而是需要动物去适应课程；其次，课程内容统一设置，不注重各种动物的选择与需求。

③违背了新课程所倡导的“立足过程，促进发展”的课程评价。“动物学校”对所有学生的评价都依据五门功课的总成绩，因此各门成绩都普普通通的泥鳅成了成绩最高的学生，而在某门课程上表现优异的学生却成绩不佳。由此可见，动物学校的评价没有结合各种动物学习过程的实际情况来综合给出合理的评价。

④违背了新课程倡导的师生关系。在对待师生关系上，新课程强调尊重、赞赏。动物学校的老师一味地按照自己的方式来严格要求学生，对于表现出色的动物也没有给予表扬，不利于良好师生关系的建立。

(2)材料中“动物学校”违背了教师主导作用与学生主体作用相统一的教育规律，而且还违背了因材施教的教学原则。

(3)解决方法：①遵循“为了每位学生的发展”的核心理念，遵循以人为本的理念，在课程的设置上，要更加综合，体现整体性、开放性、动态性，培养学生综合的视角和综合的能力，以适应科学技术既分化又综合的现实。②在课程内容的选择上，要努力与社会生活相联系，与学生已有的经验相联系，加强教学内容的“生活化”，使学习更有意义。③在教学评价上，倡导发展评价观，重视学习的过程性评价，通过评价发挥促进学习的作用而不只是检查验收的作用。④在教学中遵循因材施教原则。因材施教原则是指教师在教学中，要从课程计划、学科课程标准的统一要求出发，面向全体学生，同时又要根据学生的个别差异，有的放矢地进行有差别的教学，使每个学生都能扬长避短，获得最佳的发展。⑤在教学中要遵循教师主导作用与学生主体作用相统一的规律(双边性规律)。在教学中，教师的教依赖于学生的学，学生的学离不开教师的教，教与学是辩证统一的。

7. (1)材料中李老师的做法说明她积极践行新课程理念，在教学方法上大胆尝试、勇于创新，在教学过程中注重发挥学生的主体作用，她的初衷是好的，但由于对新课程理念的理解有偏差，教学方法使用不当等导致学生的学习效果差。

①新课程改革要求建立一种“对话·互动”式的新型师生关系。对话就是通过语言形式所进行的交流，它与权威式的“告诉”或“灌输”不一样，它是主体之间的交流；互动则是主体之间的相互作用，它具有交互性特征。这就要求教师成为学生自主学习、自我建构知识和经验的指导者，在教学过程中处理好教师主导作用与学生主体地位的关系。李老师的课堂教学完全采用自由讨论和小组合作的方法，一方面说明李老师在教学过程中注重学生的主体地位，但同时也暴露出李老师忽视了教师在教学过程中的主导作用，没有很好的承担起学生学习的指导者角色。

②提倡启发式，反对注入式，是当代运用教学方法的指导思想。但衡量一种教学方法是否具有启发性，关键是看教师能否促进学生积极主动地去学习，而不是单从形式上去加以判断。李老师认为传统的教学方法已经过时了，在四十余人的课堂上几乎从不讲授知识点，这说明李老师对讲授法的认识存在误区，讲授法可以充分发挥教师的主导作用，使学生在短时间内获得大量系统的科学知识，它是中小学各科教学的一种主要教学方法。

③教师选择与运用教学方法应考虑多方面的因素，如教学目的和任务的要求，课程性质和特点，每节课的重点、难点，学生年龄特征，教学时间、设备、条件，教师业务水平、实际经验及个性特点等。李老师不顾学生的年龄特征、班级规模、教学内容等，所有课程都使用自由讨论及小组合作的方法，这是导致学生掌握的知识不够系统，学习效果差的一个重要原因。

(2)建议：①正确理解新课程理念，对于传统教育理念应取其精华、去其糟粕，而不是完全摒弃；②在教学

过程中处理好教师主导作用与学生主体地位的关系，当好学生学习的指导者、促进者；③教学方法的选择与运用应考虑多方面因素。

8. (1)案例中这些学校和教师的做法不符合关爱学生、为人师表的教师职业道德规范要求。关爱学生要求教师不讽刺、挖苦、歧视学生，不体罚或变相体罚学生；为人师表要求教师语言规范，举止文明。而某些学校教师侮辱学生的行为却层出不穷，这表明一些教育工作者缺乏应有的职业道德素养。

(2)案例中这些学校和教师的做法违背了以人为本的学生观。学生是发展中的人、独特的人和具有独立意义的人。教师要理解学生身上存在的不足，允许学生犯错误，做到因材施教，以促进学生全面而有个性的发展。在对待学生不听话、违反纪律的问题上，案例中某些学校和教师的处罚失当，这是不可取的，教师应该学会循循善诱，调动学生的主动性，以帮助学生改正问题行为。

(3)案例中这些学校和教师没有做到新课程强调的尊重、赞赏学生。教师必须尊重每一位学生做人的尊严和价值，学会发现学生的闪光点，学会赞赏每一位学生。案例中出现的标签式评语、收取"不听话押金"、盖"蓝印章"、戴"绿领巾"等现象都表明这些学校和教师存在羞辱、嘲笑学生的行为，这会伤害学生的自尊心。

(4)案例中某些教师对学生的评价不符合发展性评价和激励性评价理念。我们强调评价的根本目的是促进评价对象的发展，而案例中某些教师采取标签式评语的方式非常不利于学生的身心发展。

9. 吴振华校长的行为符合爱岗敬业、关爱学生、教书育人的师德规范。

(1)爱岗敬业是教师职业的本质要求。要做到这一点，教师必须对工作高度负责。吴振华校长在条件简陋的工作环境中，身兼数职，坚守教育岗位30多年，做到了爱岗敬业。

(2)关爱学生是师德的灵魂。这要求教师保护学生安全，关心学生健康，维护学生权益。吴振华校长担起保安角色，经常担任着学生的安全保卫工作，体现了对学生的关爱。

(3)教书育人是教师的天职。"育人"是教师职业劳动的本质，通过"教书"的途径，培养全面发展的人，才是教师工作的根本目的。吴振华校长在简陋的条件下，极力营造以中国传统美德为核心的学校文化，取得了显著的教育教学成绩，学生均顺利进入高一年级学习，有的学生甚至升入南京航空航天大学、西安交通大学等著名学府。这说明吴校长做到了教书育人。

10. (1)叶老师的教育方式符合现代学生观。学生是具有独立意义的人。学生是学习活动的主体，教学过程在于建构学生主体。案例中的叶老师在对学生提问的过程中，耐心引导学生，鼓励学生思考，充分发挥了学生的主体作用，体现了叶老师对学生主体地位的尊重。

(2)叶老师的教育方式体现了启发性教学原则。该原则是指在教学活动中，教师要调动学生的主动性和积极性，引导他们通过独立思考、积极探索，生动活泼地学习，自觉地掌握科学知识，提高分析问题和解决问题的能力。案例中的叶老师在罗飞一开始回答不出问题的情况下，引导他不断思考，最终完整地回答出了问题的答案，并激发了罗飞对英语的学习兴趣，体现了对启发性原则的运用。

(3)叶老师的教育方式体现了教书育人的教师职业道德规范。教书育人的师德规范要求教师循循善诱，诲人不倦，因材施教。符合教书育人要求的教师职业劳动行为应当是"耐心"的、"引导"的、充满教育"热情"的，而且能够实施针对每一个学生"量身定做"的教育。案例中的叶老师对罗飞的耐心引导起到了很好的效果，说明叶老师做到了循循善诱，遵循了教书育人的师德规范。

11. (1)关爱学生。关心爱护学生要求教师保护学生安全，关心学生健康，维护学生权益。李芳老师关心学生冷暖，为没钱回家的学生买车票，提醒学生不要玩水玩火，甚至用自己的血肉之躯，保护学生的生命安全，这些都体现了她对学生的关爱。

(2)爱岗敬业。爱岗敬业要求教师对工作高度负责，不敷衍塞责。李芳老师中师毕业后就去了条件最艰苦的乡村小学教书。从教29年，她始终没有离开过乡村小学的讲台，这充分体现了她对教师岗位的高度负责和热爱。

(3)为人师表。李芳老师在生活和工作中不争不抢、宽厚大度、乐于助人，去学生宿舍前，她还会特地换上走路声音小的软底鞋，这体现出她对自己严格要求，以自己的行为作为他人，特别是学生的楷模，做到了为人师表。

12. 小张的做法违背了2008年修订的《中小学教师职业道德规范》中"关爱学生"的要求。

(1)"关爱学生"要求教师关心爱护全体学生，尊重学生人格，平等公正对待学生。小张老师更多采纳"好孩子"们的意见，而不注意其他学生的感受，没有做到关心爱护全体学生，不符合教师职业行为要求。

(2)"关爱学生"要求教师对学生严慈相济，做学生的良师益友。关爱学生不是不要严格。严格要求学生，也是对学生的成长负责；然而严格不意味着没有宽容，学生成长总会出现这样那样的问题。所以，要严慈相济。小张因为害怕镇不住那些调皮的学生而严厉地对待学生，没有做到严慈相济。

(3)"关爱学生"要求教师不讽刺、挖苦、歧视学生，不体罚或变相体罚学生。这是对教师在与学生关系上的禁止性规定。在教育学生的方法上，采用体罚和变相体罚，是教师职业道德不容许的。小张采用变相体罚的方式惩罚犯错误的学生，是错误的、不被容许的。

(4)"关爱学生"要求教师保护学生安全，关心学生健康，维护学生权益。小张采取罚款，不许学生进教室，甚至罚站、罚跑步等变相体罚的方式来惩罚犯错误的学生，严重影响了学生的身心健康。

13. (1)上述材料中主人公的事例主要体现了以下职业道德：

①爱岗敬业。爱岗敬业的教师职业道德规范要求教师忠诚于人民的教育事业，志存高远，勤恳敬业，甘为人梯，乐于奉献。材料中支月英老师自愿成为一名深山女教师，在条件异常艰苦的山村教学长达36年，体现了她对教育事业的忠诚，做到了爱岗敬业。

②关爱学生。关爱学生的教师职业道德规范要求教师关心爱护全体学生，尊重学生人格，平等公正对待学生；保护学生安全，关心学生健康，维护学生权益。支月英老师无论刮风下雨、结冰打霜，都把孩子一个个送回家，像对待自己的亲人一般对待学生，体现了她对学生的关爱。

(2)支月英老师的事迹启示我：教师要不断提高自身的素质，树立高尚的师德。高尚的师德要求教师：①热爱教育事业，富有献身精神和人文精神。热爱教育事业，是搞好教育工作的基本前提。②热爱学生，诲人不倦。热爱教育事业具体体现在热爱学生上。爱学生是教师的天职，是教育好学生的重要条件。

14. (1)徐老师的做法不合理。原因：①将小青爸爸移出家长微信群不利于家校合作；②为人师表的师德规范要求教师应语言规范，举止文明，尊重同事，尊重家长。徐老师与小青爸爸互呛，并且将家长移出微信群的行为违背了为人师表的师德规范。③"拒收小青到本校学习""下学期学校将不接收小艺入学"侵犯了小青和小艺的受教育权。

(2)教师在"微信群"中与家长沟通时应注意：①文明用语，举止规范；②经常与家长保持交流沟通，与家长保持良好的人际关系；③及时反馈学生在校的良好表现；④从家长方面多了解学生以便对学生进行针对性教育；⑤传播正能量，以表扬鼓励学生为主，树立良好榜样。

15. (1)李老师的行为违背了《中小学教师职业道德规范》中"关爱学生"的要求。"关爱学生"的职业道德规范所规定的具体职业行为要求有：关心爱护全体学生，尊重学生人格，平等公正对待学生；对学生严慈相济，做学生的良师益友；保护学生安全，关心学生健康，维护学生权益；不讽刺、挖苦、歧视学生，不体罚或变相体罚学生。

(2)①李老师在教学过程中，首先要注意提高自己的职业道德素养。良好的职业道德素养要求教师要热爱学生。热爱学生是教师职业道德的核心，是教师高尚道德品质的表现。案例中，李老师用粗暴的语言

批评学生和打骂学生的行为,说明李老师并没有做到热爱学生。所以,李老师应该注意提升自身的职业道德素养,热爱学生,拉近与学生的距离。②良好的道德修养要求教师做到为人师表。教师的言行举止、品德才能、治学态度等方面都会对学生产生潜移默化的影响,成为学生学习的对象。案例中,李老师把粉笔头扔在某个男生眼睛上,致使其眼睛红肿,却视而不见,不承认错误,更别提主动道歉,这种不负责任、不敢承认自己错误的行为说明其没有做到为人师表。所以,李老师今后应该做到为人师表,加强自身的道德修养,成为学生的榜样。③李老师在教学过程中还应努力构建良好的师生关系。要做到尊重学生,尊重学生的人格尊严,主动关心学生,正确处理师生间的矛盾,构建尊师爱生、民主平等、教学相长、心理相容的新型师生关系。

16. (1)终身学习是教师在处理其与自己发展的关系时所应遵循的原则要求。终身学习的师德规范要求教师潜心钻研业务,勇于探索创新,不断提高专业素养和教育教学水平。案例中的刘老师为了做好本职工作不断加强业务理论学习,提高业务能力,改进教学方法,是遵循终身学习的师德规范的体现。

(2)爱岗敬业的教师职业道德规范要求教师认真辅导学生。学生的学习是有个性的、有个体差异的,因而集体教学与个别辅导必须结合起来。案例中的刘老师热爱自己的工作,并且在进行集体教学的同时兼顾了学生明明对上课没兴趣的个性特点,进行了有针对性的个别教学。这是刘老师遵循爱岗敬业的师德规范的体现。

(3)教书育人的教师职业道德规范要求教师在教学中能够做到循循善诱,诲人不倦,因材施教。案例中的刘老师针对不同学生的特点因材施教即遵循了这一师德规范

(4)为人师表的教师职业道德规范要求教师尊重家长。在处理与家长的关系时,主动与学生家长联系,认真听取家长的意见和建议,尊重学生家长的人格等。案例中的刘老师为了达到家校共育的目的,经常与家长沟通,虚心接受家长提出的合理化建议即遵循了这一师德规范。

(5)关爱学生的教师职业道德规范要求教师关心爱护全体学生,尊重学生人格,平等公正对待学生。关爱学生的范围是全体学生,关键是做到对学生平等公正。案例中的刘老师关心每一位学生的成长即遵循了这一师德规范。

17. (1)①教师是履行教育教学职责的专业人员,承担教书育人,培养社会主义事业建设者和接班人、提高民族素质的使命。师德师风建设是造就高素质教师队伍的内在要求和重要保证。因此,应该把师德师风建设摆在首要位置,激励广大教师努力成为“四有”好老师,着力培养德智体美劳全面发展的社会主义建设者和接班人。②立德树人的成效是检验学校一切工作的根本标准,师德师风是评价教师队伍素质的第一标准。因此,应该把师德师风建设摆在首要位置,将社会主义核心价值观贯穿师德师风建设全过程,倡导全社会尊师重教。

(2)提高教师职业道德修养的方法有:①加强学习;②勤于实践磨炼,增强情感体验;③树立榜样,虚心向他人学习;④确立可行目标,坚持不懈努力;⑤学会反思;⑥努力做到“慎独”。

(3)2008年修订的《中小学教师职业道德规范》的主要内容包括:爱国守法、爱岗敬业、关爱学生、教书育人、为人师表和终身学习。

18. (1)朱老师的言行违反了《中华人民共和国宪法》《中华人民共和国教育法》《中华人民共和国义务教育法》《中华人民共和国教师法》《中华人民共和国未成年人保护法》等法规的相关规定。我国《宪法》第三十七条规定,中华人民共和国公民的人身自由不受侵犯。朱老师命令班长对学生进行仔细的盘问和搜身,侵犯了学生的人身自由权。我国《义务教育法》第二十九条规定,教师应当尊重学生的人格,不得歧视学生,不得对学生实施体罚、变相体罚或者其他侮辱人格尊严的行为,不得侵犯学生合法权益。朱老师让学生无记名投票选出“小偷”,并当众公布,侵犯了学生的人格尊严权。

(2)①依法执教就是要求教师在教育教学活动中,按照教育法律、法规使自己的教育教学活动法制化和规范化。朱老师的行为违背了依法执教的要求,作为一名教师不仅要具有专业的学科知识和相应的教学技能,更要提高自己的法律意识,依法执教。

②班级其他同学维护朱老师错误做法的行为反映了一种传统的师道尊严的伦理关系,师生之间缺乏民主和平等,师生之间的权利义务关系比较混乱,学生权利得不到应有的保护。因此,首先教师要树立教育民主思想,尊重学生的权利与尊严;其次要提高法制意识,保护学生的合法权利。这不仅需要教师依法执教,学生也要提高自己的法律意识,明确自己的权利与义务,学会用法律来维护自己的合法权益,也不侵犯他人的合法权益。

19. (1)违法主体是苏奶奶、美容产品店店主和网络直播平台。

①根据《中华人民共和国未成年人保护法》第十六条规定,未成年人的父母或者其他监护人应当履行下列监护职责:为未成年人提供生活、健康、安全等方面的保障;对未成年人进行安全教育,提高未成年人的自我保护意识和能力;保障未成年人休息、娱乐和体育锻炼的时间,引导未成年人进行有益身心健康的活动;等等。材料中,苏奶奶作为苏同学的监护人,在苏同学持续长时间晚归的情况下,没有及时了解真实情况。同时,在向苏同学询问后,苏同学对其撒谎,苏奶奶也没有向学校核实苏同学说明的情况,说明苏奶奶履行监护职责不到位,没有做好家庭保护。

②根据《中华人民共和国未成年人保护法》第六十一条规定,任何组织或者个人不得招用未满十六周岁未成年人,国家另有规定的除外。材料中,美容产品店店主为了营销产品,与正在上初一的苏同学进行签约,付费让其每天直播1小时,因此店主的行为违反了上述规定。

③根据《中华人民共和国未成年人保护法》第七十六条规定,网络直播服务提供者不得为未满十六周岁的未成年人提供网络直播发布者账号注册服务;为年满十六周岁的未成年人提供网络直播发布者账号注册服务时,应当对其身份信息进行认证,并征得其父母或者其他监护人同意。材料中,网络直播平台同意了上初一的苏同学注册直播账号,网络直播平台监管不到位,违反了上述规定。

(2)周老师践行了自觉爱国守法、关心爱护学生、坚守廉洁自律的职业行为准则。

①自觉爱国守法,要求教师要忠于祖国,忠于人民,恪守宪法原则,遵守法律法规,依法履行教师职责;不得损害国家利益、社会公共利益,或违背社会公序良俗。材料中,周老师自觉遵守法律法规,并依法履行教师应尽的义务,在店主不能认识和改正自身的错误行为时,及时采取法律手段向有关部门举报,这属于自觉爱国守法的体现。

②关心爱护学生,要求教师要严慈相济,诲人不倦,真心关爱学生,严格要求学生,做学生良师益友;不得歧视、侮辱学生,严禁虐待、伤害学生。材料中,周老师关注学生的学习情况,必要时进行家访,并及时制止有害于学生的行为。这属于关心爱护学生的体现。

③坚守廉洁自律,要求教师要严于律己,清廉从教;不得索要、收受学生及家长财物或参加由学生及家长付费的宴请、旅游、娱乐休闲等活动,不得向学生推销图书报刊、教辅材料、社会保险或利用家长资源谋取私利。材料中,面对店主的讨好,周老师不为所动,这属于坚守廉洁自律的体现。

20. (1)根据《中华人民共和国教师法》第三十五条规定,侮辱、殴打教师的,根据不同情况,分别给予行政处分或者行政处罚;造成损害的,责令赔偿损失;情节严重,构成犯罪的,依法追究刑事责任。在本材料中,高某散布李老师收取高额回报的谣言、诬告李老师进行有偿补课,这些行为违反了《中华人民共和国教师法》第三十五条规定,因此可对高某给予行政处罚。

(2)校长的做法是不正确的,没有履行维护教师合法权益的义务。

根据《中华人民共和国教育法》第三十条规定,学校及其他教育机构应当履行"维护受教育者、教师及其

他职工的合法权益”的义务。在本材料中，作为学校负责人的校长，在高某四处散布李老师索取高额回报的消息时，不但没有认真核实调查这一消息，反而为了避免事件扩大，要求李老师向高某道歉。因此，校长的做法是不正确的。

(3)《新时代中小学教师职业行为十项准则》是教师职业行为的基本规范，主要包括坚定政治方向、自觉爱国守法、传播优秀文化、潜心教书育人、关心爱护学生、加强安全防范、坚持言行雅正、秉持公平诚信、坚守廉洁自律、规范从教行为十项内容。

①李老师遵守了“自觉爱国守法”的准则。“自觉爱国守法”要求教师忠于祖国，忠于人民，恪守宪法原则，遵守法律法规，依法履行教师职责；不得损害国家利益、社会公共利益，或违背社会公序良俗。在本材料中，李老师规范使用微信群，不在群里公开学生成绩或布置家庭作业，这体现了李老师遵守法律法规，依法履行教师职责。

②李老师遵守了“秉持公平诚信”的准则。“秉持公平诚信”要求教师坚持原则，处事公道，光明磊落，为人正直；不得在招生、考试、推优、保送及绩效考核、岗位聘用、职称评聘、评优评奖等工作中徇私舞弊、弄虚作假。在本材料中，李老师针对学生家长高某发布广告的行为，在群里再三提醒，未能奏效，便发布严正警告，这体现了李老师坚持原则，处事公道，光明磊落。

③李老师遵守了“坚守廉洁自律”的准则。“坚守廉洁自律”要求教师严于律己，清廉从教；不得索要、收受学生及家长财物或参加由学生及家长付费的宴请、旅游、娱乐休闲等活动，不得向学生推销图书报刊、教辅材料、社会保险或利用家长资源谋取私利。在本材料中，李老师果断拒绝高某送的礼物，做到了“坚守廉洁自律”。

④李老师遵守了“规范从教行为”的准则。“规范从教行为”要求教师勤勉敬业，乐于奉献，自觉抵制不良风气；不得组织、参与有偿补课，或为校外培训机构和他人介绍生源、提供相关信息。在本材料中，李老师没有参与有偿补课，做到了“规范从教行为”。

21. (1)《学生伤害事故处理办法》中的规定明确了教育机构依法负有对未成年人的教育、管理和保护的义务，如果因过错没有尽其相应的义务，致使发生学生伤害事故的，学校应当承担与其过错相应的民事责任。因此，教育机构对学生伤害事故的责任，在性质上是违反法定义务的过错责任。根据《学生伤害事故处理办法》第十二条规定，在对抗性或者具有风险性的体育竞赛活动中发生意外伤害的，学校已履行了相应职责，行为并无不当的，无法律责任。本案例中张某在篮球比赛这种对抗性、风险性体育活动中受到意外伤害，学校行为并无不当，因此学校没有过错。

(2)根据《学生伤害事故处理办法》第二十六条规定，学校无责任的，如果有条件，可以根据实际情况，本着自愿和可能的原则，对受伤害学生给予适当的帮助。因此，学校不需要承担张某的医疗费用，但可根据实际情况，适当给予人道主义的补偿。

22. (1)李某父母在家中偷偷查看了李某的QQ聊天记录，侵犯了李某的隐私权。根据《中华人民共和国未成年人保护法》第三十九条规定，任何组织或者个人不得披露未成年人的个人隐私。对未成年人的信件、日记、电子邮件，任何组织或者个人不得隐匿、毁弃；除因追查犯罪的需要，由公安机关或者人民检察院依法进行检查，或者对无行为能力的未成年人的信件、日记、电子邮件由其父母或者其他监护人代为开拆、查阅外，任何组织或者个人不得开拆、查阅。

(2)李某父亲将李某反锁至家中不让其上学，侵犯了李某的受教育权。根据《中华人民共和国未成年人保护法》第三条规定，未成年人享有受教育权，国家、社会、学校和家庭尊重和保障未成年人的受教育权。材料中学生的家长侵犯学生上课学习的权利是侵犯学生受教育权的表现形式之一。

23. (1)有权利申诉。依据《中华人民共和国教师法》规定:“教师享有从事科学研究、学术交流,参加专业的学术团体,在学术活动中充分发表意见的权利”,教师享有科学研究权,李老师认为学校的认定侵犯了自己的科学研究权,所以从此角度出发,该教师可以对学校的认定意见提出自己的申诉。

(2)不会同意。虽然教师具有科学研究的权利,但是任何权利的行使,不是没有条件的,李老师事先未向学校请假而造成教学损失,违反了《中华人民共和国教师法》第三十七条规定,教师故意不完成教育教学任务给教育教学工作造成损失的,由所在学校、其他教育机构或者教育行政部门给予行政处分或者解聘。因此,案例中李老师没有履行好学校所安排的教育教学工作,所以学校有权按照学校管理规定,给予处分或者解聘,认定为教学事故。

24. (1)学校的行为不符合法律规定,根据《中华人民共和国教师法》《教师资格条例》的规定,国家实行教师资格制度,中国公民在各级各类学校和其他教育机构中专门从事教育教学工作,应当依法取得教师资格。然而学校却聘用了没有取得教师资格证的小李。

(2)小李对小明受同学欺负未进行干预的行为不合法,属于不作为违法侵权行为。不作为侵权行为是指行为人以一定的不作为致人损害的行为。根据《中华人民共和国教师法》《中华人民共和国未成年人保护法》的规定,学校和教师负有保护学生的法定义务。如果教师没有积极履行保护职责或阻止有害学生的行为即构成不作为侵权行为。

(3)小明父亲辱骂李老师的行为不合法。根据《中华人民共和国教师法》第三十五条规定,侮辱、殴打教师的,根据不同情况,分别给予行政处分或者行政处罚;造成损害的,责令赔偿损失;情节严重,构成犯罪的,依法追究刑事责任。

25. 根据《中华人民共和国未成年人保护法》的规定,案例中班主任戚老师的行为侵犯了学生的人格尊严权和隐私权。

(1)侵犯学生的人格尊严权。根据《中华人民共和国未成年人保护法》第二十一条规定,学校、幼儿园、托儿所的教职员工应当尊重未成年人的人格尊严,不得对未成年人实施体罚、变相体罚或者其他侮辱人格尊严的行为。案例中班主任戚老师在短信中说:“80分都达不到的成绩是垃圾成绩!某某只考了29分,简直是垃圾中的垃圾!”这种带有侮辱性的语言侵犯了学生的人格尊严权。

(2)侵犯了学生的隐私权。根据《中华人民共和国未成年人保护法》第三十九条规定,任何组织或者个人不得披露未成年人的个人隐私。隐私权是指公民生活中不愿为他人公开或知悉的个人秘密的不可侵犯的人身权利。学生的成绩也属于学生隐私的一种,因此,案例中班主任戚老师使用学生的真实姓名向所有家长群发关于成绩的短信的行为,侵犯了学生的隐私权。

26. (1)邓老师在教育李铭同学过程中的不当之处有:①隐私权是指公民生活中不愿为他人公开或知悉的个人秘密的不可侵犯的人身权利。邓老师未经李铭同意翻看他的手机短信,并在班上宣读短信内容,这侵犯了李铭的隐私权。②学校和教师必须尊重学生的人格尊严,严禁对学生实施体罚、变相体罚或其他侮辱人格尊严的行为。邓老师批评指责李铭“思想堕落,道德败坏”,这侵犯了李铭的人格尊严权。③个人的财产所有权是指公民对个人所有的财产依法进行占有、使用、收益和处分的权利。学生的合法财产受法律保护,教师不得侵占、破坏或非法扣押、没收等。邓老师没收李铭的手机不予归还,这侵犯了李铭的财产权。

(2)①创设有利的环境。可以通过说理教育、榜样教育、制定课堂规则、培养良好的校风和班风、形成正确的集体舆论等措施影响学生,逐步帮助学生形成良好的观念。②培养学生积极稳定的学习动机。在教学中注意因材施教,创设问题情境,激发学生的兴趣和好奇心,从而激起学生的学习动机。③培养学

生与不良诱因作斗争的意志力。可以锻炼学生抗诱惑的意志力，提高他们对不良诱因的“免疫力”，从而帮助学生形成和巩固良好的行为习惯。④积极关心爱护学生，满足学生归属与爱的需要。作为教师应以真挚深沉的爱激发学生积极向上的健康情感，满足学生的缺失需要。⑤开展普法教育，做到依法执教。作为教师应依法进行教育教学活动，同时也要注意培养学生的法律意识，在不侵害学生合法权益的基础上进行教育教学活动。

27. (1)不合理，原因有：①学生的考试成绩属于学生的个人隐私，老师公开公布的做法侵犯了学生的隐私权。②老师公布学生的考试成绩排名，可能会对一些没考好、心理脆弱的学生产生额外的心理压力和负担，不利于学生学习成绩的提高和心理的健康成长。

(2)原因有：①我国法律的明确规定；②有利于保护学生的隐私，减轻学生的心理压力，促进学生的身心健康发展；③有利于建立良好的学生发展评价体系。

28. (1)①暴力教育会导致学生没有自信，甚至自卑；②暴力教育会导致学生不能真正地认识到自己所犯的错，可能出现错误的认识，在处理事情上采取暴力方法，认为只有暴力才能解决问题；③暴力教育可能会使学生对老师产生怨恨，甚至会走上歧途；④暴力教育还会使一些学生产生叛逆、抵抗心理。

(2)①教师要关心爱护学生。严慈相济，诲人不倦，真心关爱学生，严格要求学生，做学生良师益友；不得歧视、侮辱学生，严禁虐待、伤害学生。②教师要潜心教书育人。落实立德树人根本任务，遵循教育规律和学生成长规律，不得违反教学纪律，敷衍教学。③教师要坚持言行雅正。为人师表，以身作则，举止文明，作风正派，自重自爱。

29. (1)①两段材料反映的是中小学生作业负担过重的现象。

②造成中小学生作业负担过重的原因：第一，单一的刷题，抄写类作业过多；第二，当前教育模式还没能形成因校制宜、因材施教的教育管理机制，考试时为了增强区分度，考题越来越难，老师人为拔高了教学标准和作业标准；第三，一些教师教学方法陈旧，课后不得不依靠大量“刷题”来弥补课堂教学的不足。

(2)推进减负重在落实，要减少重复性作业，精准减负。具体包括：①严格控制作业的时长。通过学生评价、家庭评价、教育督导等严格落实“减负令”，杜绝重复性作业，尽可能根据学情，因人而异，分类或分层布置有针对性的差异化作业。②提高课堂效率，改变评价体系。③树立正确的家庭教育观念。学校教育要多向家长传递正确的教育观念，减少家庭自主增负。④“互联网+”或可提供布置作业新思路。科技快速发展，或可为学校作业提供解决新思路：如借鉴一些培训机构做法，通过APP指导学生完成作业，人工智能批改，配以讲解视频，学生还可以在线随时向老师求助。

30. (1)案例中杨某的做法是不正确的，不仅违反了《中华人民共和国义务教育法》和《中华人民共和国未成年人保护法》等相关规定，还违背了教师职业道德规范。

(2)《中华人民共和国义务教育法》和《中华人民共和国未成年人保护法》等相关规定中，明确指出不得对学生实施体罚或变相体罚。在案例中，杨某因学生不遵守纪律的行为而对其进行体罚，这不仅对学生的身体造成了伤害，还侵犯了学生的人格尊严权。

(3)教师职业道德规范中关于关爱学生方面所规定的具体职业行为要求有：关心爱护全体学生，不讽刺、挖苦、歧视学生，不体罚或变相体罚学生等。在案例中，杨某对学生拳打脚踢的行为违反了关爱学生的职业道德规范。

(考生可结合案例加以阐述，言之有理即可)

31. (1)该校的这种做法是不正确的。根据《中华人民共和国义务教育法》第四条规定，凡具有中华人民共和国国籍的适龄儿童、少年，不分性别、民族、种族、家庭财产状况、宗教信仰等，依法享有平等接受义务教育的权利，并履行接受义务教育的义务。根据《中华人民共和国未成年人保护法》第十八条规定，学校应当尊重未成年学生受教育的权利，关心、爱护学生，对品行有缺点、学习有困难的学生，应当耐心教育、帮助，不得歧视，不得违反法律和国家规定开除未成年学生。在本案例中，各班班主任根据模拟成绩将班内学习成绩较差的学生家长叫到学校进行谈话，让其孩子"自愿"退学，不参加考试。学校的这种做法侵犯了学生的受教育权，是不正确的。

(2)根据《中华人民共和国教育法》第四十三条规定，受教育者享有对学校给予的处分不服向有关部门提出申诉，对学校、教师侵犯其人身权、财产权等合法权益，提出申诉或者依法提起诉讼的权利。在本案例中，学校的行为侵犯了学生的受教育权。因此，学生和家长应当向当地教育行政部门提出申诉。

32. 根据《学生伤害事故处理办法》第十二条规定，学生自杀、自伤的，学校已履行了相应职责，行为并无不当的，无法律责任。在本案例中，虽然王某受到批评觉得不公平，服毒自杀，但教师的行为是合法正当的。并且在学生王某自杀后，学校及时地进行了救助并通知其家长，学校和教师已经履行了相应的职责。因此，学校和教师都不应承担相应的刑事责任和民事赔偿责任。

33. (1)①《中华人民共和国义务教育法》第十二条规定，适龄儿童、少年免试入学。地方各级人民政府应当保障适龄儿童、少年在户籍所在地学校就近入学。父母或者其他法定监护人在非户籍所在地工作或者居住的适龄儿童、少年，在其父母或者其他法定监护人工作或者居住地接受义务教育的，当地人民政府应当为其提供平等接受义务教育的条件。在该案例中，A小学因外来生源多而学位有限，采取考试入学的方式，违反了该条规定。

②《中华人民共和国义务教育法》第四十九条规定，任何组织和个人不得侵占、挪用义务教育经费，不得向学校非法收取或者摊派费用。在该案例中，A小学因学校经费管理、使用不够规范，存在虚报、挪用少量代课金现象，违反了该条规定。

③《中小学教师违反职业道德行为处理办法》第四条规定，教师组织、参与有偿补课的，应予处理。在该案例中，A小学的个别教师在校外进行有偿补课，违反了该条规定。

(2)郑校长践行了爱国守法、爱岗敬业、为人师表以及终身学习的教师职业道德规范。

①郑校长践行了爱国守法的教师职业道德规范。"爱国守法"方面所规定的具体职业行为要求有以下几点：全面贯彻国家教育方针，自觉遵守教育法律法规，依法履行教师职责权利，不得有违背党和国家方针政策的言行。在该案例中，郑校长组织全体教职员工系统学习教育法律法规，提高依法执教和依法治校的思想认识，对各项管理工作建章立制，践行了这一职业道德规范。

②郑校长践行了爱岗敬业的教师职业道德规范。"爱岗敬业"方面所规定的具体职业行为要求有以下几点：对工作高度负责，认真备课上课，认真批改作业，认真辅导学生，不得敷衍塞责。在该案例中，郑校长工作兢兢业业，坚持深入教学第一线，承担一门课程的教学任务，践行了这一职业道德规范。

③郑校长践行了为人师表的教师职业道德规范。"为人师表"方面所规定的具体职业行为要求有以下几点：坚守高尚情操，知荣明耻；严于律己，以身作则；衣着得体，语言规范，举止文明；作风正派，廉洁奉公。在该案例中，郑校长对于各项规章制度，以身作则，模范遵守；为人和蔼可亲，善于沟通激励，并且公平公正，铁面无私，对于违纪的老师拒绝熟人说情。这些方面体现了郑校长践行了这一职业道德规范。

④郑校长践行了终身学习的教师职业道德规范。"终身学习"方面所规定的具体职业行为要求有以下几点：崇尚科学精神，树立终身学习理念，拓宽知识视野，更新知识结构；潜心钻研业务，勇于探索创新，不断提高专业素养和教育教学水平。在该案例中，郑校长积极参加进修学习和课题研究，努力提高自身科学管理水平，践行了这一职业道德规范。

模块六　教育教学设计

1.(一)教学目标

(1)回忆班级生活中温暖有趣的故事,激发学生的集体感;

(2)寻找班级的优点和存在的不足,积极为班级建设和发展提出改进建议;

(3)培养学生的主人翁意识,热爱班集体,愿意为班集体做贡献。

(二)导入环节

1. 游戏导入

师:同学们,你们了解我们班吗?让我们玩个游戏,名字叫《班级默契度大考验》。(出示抢答题)

师:大家对我们的班级很了解,我们每个人都是集体的一员,是班级的小主人。

2. 谈话导入

师:同学们,我们在一起学习已经三年多了,三年多的班级生活给我们留下了许多美好的回忆。请同学们举手发言,说一说自己对我们班的印象。

教师总结:我们在班集体中慢慢地长大。并引出课题“与班级共成长”。

2.(一)教学目标

(1)知识与能力:①能朗读、背诵《天净沙·秋思》。②了解有关作者的文学知识。③了解关于“散曲”的文体知识。

(2)过程与方法:①通过探究学习,了解作者及写作背景,把握诗歌主旨。②掌握朗读技巧,反复朗读全曲。③通过小组合作探究,品味诗歌的语言,体会诗歌的情味,领悟诗歌的意境,培养想象力,陶冶情操。

(3)情感态度与价值观:体味诗歌中的意境,体会作者抒发的思想感情,感受中国优秀传统文化。

设计意图与理论依据:《义务教育语文课程标准》(2011年版)中提出:学生是学习的主体。所以以上教学目标鼓励学生自主阅读、自由表达,积极倡导自主、合作、探究的学习方式。教学目标的设计着眼于语文素养的整体提高,通过自主阅读,小组探究,能够深入认识中华文化的博大精深。《天净沙·秋思》是元曲中的代表作之一,也是表达秋思的佳作,被称为“秋思之祖”。初中学生正处于世界观、人生观、价值观塑造的重要阶段,接受传统文化的熏陶,有利于提高思想文化修养,促进自身精神的成长。

(二)教学重难点

(1)教学重点:①有感情地朗读课文,理解此曲的内容,品味曲中意趣。②背诵、默写全曲。

(2)教学难点:①通过反复诵读全曲,培养语感。②从语言角度分析全曲,领会曲中情感,提升文学鉴赏能力。

设计意图与理论依据:这样设计教学重难点,符合《义务教育语文课程标准》(2011年版)中初中学段对阅读部分的要求,用普通话正确、流利、有感情地朗读,注重积累、感悟和运用,提高自己的欣赏品味。

(三)课时安排:1课时

(四)教学环节

环节一:创设情境,导入新课

我国古代诗歌的发展,在不同的历史时期有不同的体式,如唐诗、宋词、元曲。《天净沙·秋思》就是元曲中的一首佳作。元曲是继唐诗宋词后兴起的一种艺术形式,是一种新的诗体,包括杂剧和散曲两部分。散曲又分小令和套数。《天净沙·秋思》属于散曲中的小令,也被称为“秋思之祖”。

马致远是元代前期著名的杂剧家和散曲家,是一位“姓名香贯满梨园”的作家,与关汉卿、郑光祖、白朴一起被誉为“元曲四大家”。

设计意图与理论依据：该导入运用了讲授法，清晰简洁，能够充分发挥教师的作用，将知识系统连贯地传授给学生，有利于学生在较短时间内获得较多的知识，培养学生的逻辑思维能力。

环节二：初步感知文本

(1)播放配乐朗读，学生闭眼聆听，感受文本魅力。

(2)学生自主朗读，注意有感情朗读，注意断句。

设计意图与理论依据：通过朗读感知文本，既能在朗读中纠正字音，又能锻炼学生的语感。且符合《义务教育语文课程标准》(2011年版)中初中阶段的阅读目标：能用普通话正确、流利、有感情地朗读。

环节三：合作探究

学生再读课文，分小组从内容、思想感情、艺术特色等方面进行讨论、交流，然后师生共同总结。

(1)曲的前三句描绘了怎样的画面？表达了作者怎样的心情？用词上有何特点？

三句诗用了九个名词，一字一词，一词一景。第一句中的“枯”“老”“昏”，第三句中的“古”“西”“瘦”等词蕴涵着无限凄凉悲苦的感情，又点染出一种让人生愁、生闷的“哀景”。

(2)曲的最后两句各自写的是什么？

“夕阳西下”点明了特定的时间，也照应了前文的“昏”字，属于写景铺垫。“断肠人在天涯”直抒天涯游子之悲，属于卒章显志。此句为全篇的主旨。

(3)同学们再细读全曲，看看写法上有何特点？

①静景与动景相应；②景色与情思相融。

设计意图与理论依据：《义务教育语文课程标准》(2011年版)中提出：语文课程必须根据学生身心发展和语文学习的特点，爱护学生的好奇心、求知欲，鼓励自主阅读、自由表达，充分激发他们的问题意识和进取精神，关注个体差异和不同的学习需求，积极倡导自主、合作、探究的学习方式。教学内容的确定，教学方法的选择，评价方式的设计，都应有助于这种学习方式的形成。因此，在教学过程中应充分发挥学生的主体作用，引导学生自主、合作、探究的学习，提升学生的学习能力。

环节四：板书

天净沙·秋思

枯藤 } 写景触情
老树 } 秋野黄昏
昏鸦　悲凉
小桥 } 孤独
流水 }
人家　思乡
古道 } 游子惨状
西风 }
瘦马　惆怅之情
断肠人在天涯——→全文主旨

设计意图与理论依据：全曲前三句一词一景，如此板书，有助于加强学生记忆，便于背诵，且能深层次分析曲中感情，学生能更深入地理解作者的感情。

环节五：学习反馈

(1)用散文的语言，描绘曲中的意境。

(2)全文背诵并默写。

3.(1)研究目标

了解学生质疑能力的现状；根据所获得的资料来分析造成学生质疑能力偏低的因素；指出改进的建议，探讨实现学生学习方式与方法发生改变的具体措施，为学生质疑能力的提升提供帮助。

(2)研究内容

①现状调查研究

了解当前学生在现实生活中提出问题、发现问题的能力，了解中小学教师以及家长对学生质疑能力的反映。

②原因分析研究

教师的影响；学校教育理念的影响；家庭氛围的影响。

③对策研究

在上述研究的基础上，指出在学生学习过程中存在的问题，并提出相应的改进建议，为今后学生质疑能力的提升提供帮助。

(3)研究方法

本研究以教育理论研究为基础，探求提升学生质疑能力的实践探索。搜集资料时综合采用观察法、调查法(问卷、访问、个案调查等)和文献法。整理资料采用教育统计方法和内容分析方法。

(4)研究步骤

①准备阶段，进行研究设计，制定研究工作计划。

②实施阶段：搜集、获取资料，整理分析资料。

③总结阶段：包括撰写研究报告和论文，总结研究工作和评价研究成果。

4.第2课　线条的动与静(人教版第七册)

课型：造型·表现

课时：1课时

教材分析：

线条的平直与弯曲，会使人产生动或静的感觉。平行的线条，会使人联想到平直的地平线，有静止的感觉，而弯曲的线条，会使人联想到蜿蜒的河流，有流动的感觉。充分运用线条的各种造型，已经成为重要的表现手段，而且对美化画面和深化主题也具有不可或缺的作用。引导学生发现存在于自然景物和人文景观中的线条，并能巧妙地利用它们去塑造形象，能够赋予作品鲜明的艺术感染力。从教材的例图中，我们可以深切地体会到线条能赋予画面的生动性和悦目性。

学情分析：

这个年龄阶段的学生，大部分能较好地表现平面形象、立体造型，并能大胆地发挥想象，作品内容丰富，富有生活情趣，有较高的创新意识和较好的心理品质。但还有一部分学生空间感较弱，线条的运用能力较差，有待进一步提高。

教学目的：

(1)观察弯曲和平行的线条，使学生认识线条的曲直在视觉反应上产生的流动和静止的感觉。

(2)运用线条和色彩进行练习，表达静止或流动的感觉。

教学重点：感受线条的动与静。

教学难点：用不同的线条表达流动和静止的感觉。

教具准备：课件、绘画工具。

教学过程：

(1)组织教学

(2)导入新课

①复习以前学过的《点、线、面》中的线条的种类。

师小结:板书——线条有粗、细、曲、直。

②请同学说一说线条给人的感受,引出课题(板书)——线条的动与静。

(3)讲授新课

①欣赏课件(流动的河流、静止的公路、地平线等),说一说,看到了什么样的线条,给人什么感觉?

师小结:流动的河流展现的是曲线,有动感,而公路和地平线是静止的直线。

②请同学回忆大自然中还有哪些静态和动态的线条,它们各是什么样子。

师小结:平直与弯曲的线条会使人产生静与动的感觉。

以直观的图片让学生感受线条的曲直与动态的关系。

③请学生欣赏课本范例,进一步感受线条的动与静。

师小结:想一想,线条在绘画中的作用。

④教师结合上节课所学的知识《色彩的冷暖》讲解线条与色彩在不同画面中的运用。

a.暖色和曲、直线的配合,产生的视觉反应

暖+直=温暖、平和

暖+曲=热烈、欢快

b.冷色和曲、直线配合

冷+曲=宁静、幽远(如蜿蜒的河流)

冷+直=单调、呆板

通过欣赏范图、教师讲解,让学生了解该如何更好地应用线条。

(4)作业布置

用平直或弯曲的线条,表达静止或流动的感觉并上色。

(5)学生作画,教师指导

倡导学生在作业中的创新意识,对学生的创新画法给予表扬,及时鼓励好的作业。

(6)作业展评

①个人分析画的内容,画面好在哪里?

②同学互评,找出你最喜欢的一幅作业,说一说它的优点。

③教师简评。

(7)拓展

教师展示不同材料、不同形式的作品,请学生欣赏。

(8)课堂小结

这节课你有什么收获?

板书设计:

三区域板书,将板书分为三部分,中间为文字型板书,左边为教师范画,右边为学生展示区域。

教学反思:

现在有一种材料叫作"毛根",性质柔软,色彩艳丽,利用它在课堂上讲解示范线条的曲与直,特别直观。一个好的教具的选择可以取得良好的效果。

5. 1. 活动主题:爱公益爱劳动

2. 活动目标:

(1)使学生认识到劳动的重要性,帮助学生树立劳动光荣的观念;

(2)培养学生独立生活的能力,并掌握一些基本的知识和技能;

(3)使学生体会到劳动的辛苦,做到尊重劳动者及其成果,激发学生参加公益劳动的积极情感。

3. 活动准备:

班主任准备好活动方案及班会所需的课件、教具等物品。学生准备好自己的发言稿,协助班主任做好布置教室等事宜。

4. 活动过程:

(1)《劳动最光荣》引入主题。

(2)“这些我来做”深化意识。通过小组合作的方式,让学生共同探讨出生活中可以自己动手完成的事情,并形成“这些我来做”小公约,培养学生爱劳动、勤动手的意识。(学生自由回答在生活中动手完成的事情)

(3)通过参加劳动技能竞赛体会劳动的乐趣。通过劳动技能竞赛,让学生在劳动中接受锻炼,体会劳动的乐趣,使他们成为生活中的小能手。(鼓励学生积极分享自己参加劳动活动的体验)

(4)“这些事情我要做”升华主题。每位同学以“这些事情我要做”为主题,写一写可以做哪些公益劳动,如义务植树、义务大扫除、青年服务等。

5. 活动评价:班主任自评此次班会的效果,再由家长评价学生在班会中的表现,最后学生互评在班会中的表现。

6. 班会主题:让学生明白网络的危害性,学会享受健康的网络生活。

班会主持人:班主任。

班会步骤:(1)探讨网络的好处;(2)认识网络的危害;(3)探讨如何享受健康的网络生活。

班会过程:

一、网络沟通无极限

1. 主持人宣布开始班会。

2. 播放视频《享受网络,享受生活》,让学生初步感受到网络越来越受到人们的喜爱,了解网络给生活带来的便利。

3. 主持人:网络的普及给我们的生活带来了前所未有的便利。针对这一事实,今天我们现场做一个调查:上过网的同学请举手,玩过网络游戏的同学请举手,有网友的同学请举手。(现场调查结果:绝大多数同学都有这三种经历)

主持人:看来同学们都是一只只小网虫啊! 说起网络,大家可能和我有同样的感受:它正在逐步改变人们的生活方式,为我们的学习、工作和生活带来许许多多的便捷,让我们得到更多的享受。

主持人:你认为网络有怎样的神奇作用呢? 请大家各抒己见(提示学生可举事例来说明,注意结合学生的亲身体会,运用学生已有生活经验),谈谈网络的神奇作用。

二、网络的危害

主持人:可是大家看一下下面大屏幕上的内容,你又会产生什么感想呢?

网络的世界是精彩的,面对精彩的网络世界,我们有时候又是无奈的。我们可以看出,互联网也给我们的生活带来了不少危害。

主持人展示课件内容,帮助学生认识网络的危害,与学生共同探讨网络的危害性。

(一)不良信息向我们袭来

互联网传递的信息中裹挟着不少不良信息,对青少年有很大负面影响,比如网上色情、暴力、反动信息等内容。这些不良信息对于身体、心理都正处于发育期,而是非能力、自我控制能力和选择能力比较弱的青少年来说,实不足以抵御。据调查,有34.6%的青少年网民承认自己曾经浏览过色情网站,有4.9%的人承认"经常"去看。很多青少年因此而荒废学业,成为"电子海洛因"的吸食者,对身心健康造成了严重损害。

(二)网络游戏的毒害

1. 现场调查:有玩游戏的同学请举手。

主持人:游戏并不是不能玩,而是要适度。要把玩游戏作为一种休闲娱乐,不要沉溺于游戏中,不要玩暴力游戏,否则,游戏就如"电子海洛因"一样,使人越来越难控制好自己,最终越陷越深,难以自拔。

2. 思考:出示网络成瘾症的表现及危害,学生根据网络成瘾心理测试了解自己的网络成瘾状况。

3. 预防办法:

(1)遵守校规校纪,养成健康的学习、生活习惯,不到校外网吧上网,绝对杜绝通宵上网。

(2)学会利用网络进行科学研究,学会利用网络发展自己,充分利用网络资源提高学习效果、综合素质。

(3)遵守网络公共道德规范,严格自律,杜绝不健康上网方式。

(4)要培养其他的兴趣爱好,丰富业余生活。

(三)网络犯罪的危害

出示网络犯罪的案例,如网络诈骗、通过网络诱拐未成年人等。

主持人:谨防网络伸出的"黑手"。与学生共同探讨在上网时如何保护好自己。

总结:

(1)不要把姓名、住址、电话号码等与自己身份有关的信息资料作为公开信息。

(2)没有征得家长或监护人的同意,不要轻易向别人提供自己的照片。

(3)当有人无偿赠给你财物时,不要轻易接收。当有人以赠送财物为由要求你去约会或提出登门拜访时,应当高度警惕,最好婉言拒绝。

(4)一旦发现令你感到不安的信息,应立即告诉你的父母或监护人。

(5)千万不要在父母或监护人不知道的情况下安排与别人进行面对面的约会,即使父母或监护人同意你去约会,约会地点也一定要选在公共场所,且最好要有家长或监护人陪同。

(6)不要轻信网上朋友的信息资料,因为一些别有用心者在上网前往往会用假信息资料巧妙地把自己伪装起来。

三、发起"享受健康的网络生活"的倡议

主持人:网络是工具,是时代发展的产物,代表着世界科技潮流,拥有无可比拟的信息量。上网可以提高青少年的综合素质,培养全面健康的人。不过面对良莠不齐、泥沙俱下的网络信息,我们要睁大双眼,辨别真伪,加强自律。为增强青少年自觉抵制网上不良信息的意识,团中央、教育部、文化部、国务院新闻部、全国青联、全国少工委、中国青少年网络协会向全社会发布了《全国青少年网络文明公约》,请同学们看大屏幕。(课件播放)

主持人:同学们,网络在我们面前展示了一幅全新的生活画面,同时,美好的网络生活也需要我们用自己的美德和文明共同创造,让我们共同响应倡议,从我做起,从现在做起,遵守网络规则,拥有健康的网络生活。

7. 针对高中三年级(1)班的"感恩父母"主题班会设计:

(1)活动目的

引导学生从生活中寻找与父母相处的点点滴滴,学会感恩抚养自己多年的双亲,进而在以后的学习生活中体谅父母,理解父母,与父母友好相处,而不是一味地叛逆、顶撞、伤害父母;并且将父母的爱化作学习的动力,全力投入到学习中去。

(2)活动背景

处在青春期的高中生,常常会做出一些与父母期望相背离的事情,如热衷于参加社会活动、着装打扮成人化、逃课、私会网友,等等。他们听不进父母善意的建议,总觉得父母思想落后,喜欢干涉自己的私事,根本无法沟通。不少同学除了向父母要钱外,不愿再与父母讲别的……有鉴于此,策划了“感恩父母”主题班会,想借此给同学和父母们提供一个交流的平台,消除孩子与家长之间的误会和隔阂,并引导学生理解父母的艰辛,从心底感恩自己的父母。

(3)活动准备

①找部分学生谈心,了解其与父母相处的情况;

②布置小作文,要求学生写写自己跟父母相处时的种种事情与感受;

③给部分学生家长发邀请信,并搜集家长的反馈信息。

(4)活动过程

第一板块　感恩的呼唤

主持人甲:在这个世界上,在芸芸众生中,你可以没有朋友,没有同学,没有同事,甚至没有兄弟姐妹。但是,你不可能没有父母。

主持人乙:父母赋予我们血肉之躯,养育我们长大,教会我们认识自己、认识世界,让我们成为对世界、对社会有用的人。

主持人(合):所以,请感恩我们的父母。

第二板块　深沉的父爱——对父亲的感恩

主持人甲:我们也许现在还小,还不知道什么叫大恩大德,还不能真正体会到父亲严格要求我们的深层含义。但是,在你成长的过程中,你只要记下你生活中感觉幸福的一点一滴,你一定能感觉得到他们那无尽的关爱。也许有一天你会发现——原来那个老是冲着自己发火的爸爸,其实是很爱自己的。

下面,请小潘和小张同学讲述自己的“父亲”。

潘:从小我就很爱哭,遇到任何事情都哭着面对……

张:我从来没讲过关于我和父亲之间的事,因为我总觉得不好意思。其实,我爱我的父亲……

第三板块　温和的母爱——对母亲的感恩

主持人乙:父爱是山,而母爱是海,母亲的爱温暖无私,淳朴而又细腻。她教会我们如何去善待世界上的每一个人和每一件事。下面请小蒋、小陈同学讲述母亲教育自己的故事或感受。

蒋:从小,妈妈就教育我要做一个对别人有帮助的人……

陈:我是从平行班跳到1班来的……

主持人甲:学会感恩,不要再理所当然地认为父母该帮我们做任何事情……

第四板块　我的忏悔——对父爱和母爱的理解

…………

第五板块　全班合唱《感恩的心》

…………

第六板块　心与心的交流——小王同学与父亲的对话

…………

第七板块　母爱的伟大——母亲的话

…………

第八板块　感恩——我们的责任

…………

(5)班会反思

这次主题班会学生投入了真实的感情,回想自己生活中与父母的点点滴滴,都觉得愧对父母。同时,家长代表也说出了心里所想所望,班会起到了促进孩子与家长交流沟通的作用。

8.【主题】体验不同职业,造就别样人生

【设计依据】职业体验是培养中小学生综合能力、培养创新思维和弘扬劳动精神的重要载体;也是中小学开展素质教育,进行劳动技术教育、拓展性学习的新途径;此外,它还是普通中小学师生了解新技术、新工艺、新设备、新职业的新平台。

【活动目标】

(1)了解各种职业的具体工作内容。

(2)能根据社会的需要和自身的兴趣特长,早日为今后的职业发展定下目标。

(3)知道人们的生活和社会的发展需要各种各样的职业,树立正确的职业观。

【活动内容与过程】

1. 活动准备

教师与学生一起撰写活动策划书,教师在活动中进行教育、指导。

2. 活动过程

(1)开设职业体验课程

学校积极联系校外各类职业技能体验机构和培训单位(如社区学校、区内中等职业学校等),让不同职业的人员到学校对学生进行教育、引导;学生在相关单位的培训师或职校专业教师指导下,进行具体的专业技能和技术课程的学习体验,使学生体会到不同职业的人生都是精彩的,树立正确的职业认知。

(2)设立职业体验日

①在职业体验日组织学生进行一定的职业场所参观、调研等活动体验。与不同职业的工作人员进行交流、访谈,走进不同职业的岗位,切身体验到不同职业带来的快乐以及辛苦等。

②营造职业场景,项目设计贴近生活,结合校园特色文化和真人图书馆,开展“大国工匠进校园”“劳模进校园”“优秀职校生校园分享”等活动,体现职业教育专业的时代性、职业性和应用性。

(3)组织学生进行班会活动

开展“多样的职业”主题班会活动,让学生畅谈理想。自由交流职业体验的感受,并开展讨论会,讨论不同职业的不同价值,并请学生明确自己的努力方向。教师总结,引导学生选择适合自己的职业。

【活动评估效果】

(1)活动结束后组织学生进行座谈会,围绕职业价值和职业选择进行提问,判断学生是否树立了正确的职业观。

(2)观察学生的平时表现,是否朝着自己的职业理想而努力奋斗。

模块七　教育写作

1.【范文】

疫情下网课的利与弊

当突如其来的新冠肺炎疫情打乱了学校的开学计划,学校不能如期开学时,孩子们怎么上课成了一个难题。俗话说:“车到山前必有路,船到桥头自然直。”“停课不停学”的要求让老师们在线直播授课成了这个时期最好的选择。小时候常常想如果不去学校就能在家里听老师讲课那是多么不可思议的事情啊!

没想到今天的孩子们是在这种情况下被迫在家中接受网上授课的。而线上教学相对于传统教学来说,有优势也有不足。

“停课不停学”对保障正常教学秩序和维护社会稳定意义重大,但也需要防止落实过程中的异化和走偏。有一线教师反馈,个别学校超前讲授,以“不停学”之名,行提前教学和假期补课之实。还有个别在线教育机构和平台提前上线新学期学习资源,以免费公益之名,行市场推广之实。不仅给仍处于假期中的学生增加额外负担,导致新的“教育焦虑”产生,也让“停课不停学”的内涵被曲解,背离了假期定位和政策初衷。面对延长的假期,确保“停课不停学”好经不被念歪,已成当务之急。

学校、教育机构都应严格遵守假期规定,确保假期属性。严格意义来讲,只要各地没有宣布正式开学,就仍处于假期当中,相关教学安排,特别是义务教育阶段的教学安排就需符合假期定位。个别学校把疫情期间看成“弯道超车”的机会,在原有寒假作业基础上布置新的在线学习内容,还有一些家长要求孩子大量学习在线教育机构提供的免费学科类课程,这些都在一定程度上给学生增加了额外负担。从这个角度来说,之前发生的小学生“组团”给一些在线教育平台和工具打“一星差评”,留言“还我假期”的现象就不难理解了。

除此之外,还应明确“不停学”究竟该“学”什么。因为疫情,这个假期承载了特殊而厚重的教育使命。在寒假和延期开学阶段,广大教师、机构应以身心健康为核心倡导对学生进行生命教育、科学教育、健康教育、艺术教育等,通过引导学生自主阅读、自主锻炼、自主劳动、自主探究,实现更有价值的自主成长。

每临大事有静气,教育尤是如此。我们期待,在这个特殊的假期,更多学校、在线教育机构、家长能保持一份静气与定力,让教育始终沿着有情怀、有温度的方向稳健前行。这不仅是学生之需,也是未来之需,更是国家和民族之需。

2.【范文】

让教育回归育人

教育评价反映一个国家在一个时期的教育价值观。教育价值观直接影响教育的评价标准、评价方式和评价能力。从国家利益出发,教育要培养全面发展的高素质公民;从家长的利益出发,考试分数却是实实在在的,能够兑现教育利益。从社会发展的角度看,职业教育是国民经济的重要支撑;从家庭利益的角度看,普通教育却能带来个人和家庭社会地位的改变。而在课堂教学中,应以“育人”为基础,充分发挥学生的主观能动性,将“教”和“学”有机结合起来。

教育评价改革是一场必须进行的治理体系改革。作为一名语文教师,下课之余我最喜欢的地方是学校的图书馆,偶然间有幸读到了《让教育回归人性》这本书。这本书对于我而言如醍醐灌顶,读完这本书,脑海中就跳出来四个字:救救孩子! 百年大计,教育为本。教育即生长,生长就是目的。教育不等于灌输知识,现在有多少孩子是被“填鸭式”的教育喂养长大的? 当然,生长的过程中我们的确需要一些引导,所以我们提出了“智育、德育、美育”。我们把这些定义为一些狭隘的规范的灌输,比如智育仅限于知识,美育仅限于技能,而德育仅限于规范。却不知真正的更好的定义应该是:智育是发展好奇心和理性思考的能力;美育是要培育丰富的灵魂;德育是鼓励崇高的精神追求。这些,并不等同于灌输知识、灌输技艺、灌输规范。引导错误比不引导更应该使人产生恐慌。难道我们对一个合格孩子的要求只是局限于会写,会默,会倒背如流“社会主义核心价值观”“五讲四美三热爱”吗?

美好的教育要尊重学生的个体差异,尊重学生的个性发展,为学生提供多样化的教育资源,促进每个学生发现自己、发挥潜能、发展个性,做最好的自己。正如于漪老师所言:我们讲的“个性发展”,是根据一个孩子的特点把其潜能变成发展的现实。关注个性发展,呵护学生的独立性、独特性和创造性,把学生当成有自主意识的主体而不仅仅是教育客体来看待，要推动学生生动活泼地成长，而不是试图塑造或代替他们的发展。在教育理念上要以学生为主体，变“要我学”为“我要学”；在教学方式上，要创造以学生自主探究为主的深度、跨界、翻转等学习方式；在培养目标上要体现层次化，让每一个学生都有发挥长处的机会，让每一个孩子都能得到被认可的角色，由此培养孩子的自信心和幸福感。

科学有效地开展课堂教学评价不仅可以深层次地促进课堂教学立德树人的有效落实，也将直接影响教育评价整体改革的进程与成效，还能充分发挥学生潜能，让他们感悟生命的意义。教育兴则国家兴，教育强则国家强。无论是基础教育还是高等教育，每一次改革都牵动着无数家庭的心，也关系着国家发展、社会进步的方向。

3.【范文】

智慧教育对教师专业发展的影响

信息技术的快速发展促进了教育观念和教学方式的变革。随着物联网、云计算、移动互联网等新一代信息技术的发展，随时随地的师生互动、无处不在的个性化学习、智能化的教学管理和学习过程跟踪评价、一体化的教育资源与技术服务、家校互通的学习社区、师生共同成长的校园文化等新型智慧教育模式已展现在人们面前。智慧教育研究已成为当前教育领域关注的热点，智慧教育对教师的影响也逐步引起人们的重视。

教师专业发展的内容突出体现在教师专业理念、专业道德、专业知识、专业能力等四个方面，影响教师专业发展的因素可分为内因和外因两大部分。教师的自身素质、从业动机、职业理念、自我反思能力、专业发展欲望等都是影响教师专业发展的内部因素。在智慧教育的环境下，教师角色重新定位、对智能技术的掌握、教学设计和教育策略的转变等都是影响教师专业发展的外部因素。

智慧教育的发展和普及，将对教师的专业发展产生广泛和深远的影响。智慧教育将导致大量的智能化电子产品、智能教具和形式丰富的各类教学资源在教育中的应用，这对教师的教育技术能力提出了新的更高的要求。在智慧教育的环境下，教师不再是学生获取知识的唯一来源，学生在某些知识方面超越教师是常有的事，这就要求教师必须具备更高的专业素养。

教师要适应智慧教育的发展，提高智慧教育的绩效，就必须转变教育思想、掌握智慧教学技能、提高专业素养和信息技术素养、调整教育策略、改进教学方法、提高资源建设和利用的水平、积极开展教学科研，不断提高自身的主体意识和研究意识，成为学生探索新知识、获得有效学习方法的引导者。同时，教师要不断扩展自己的专业知识，努力提高专业素养，这样才能在教学中发挥主导和引领作用。

在智慧教育环境下，各种智能技术和教育理念被广泛使用，智慧教育为教师内在专业素质的提高提供了更多机会和更好的条件，智能技术在教学中的应用也为教师教学实践的改进提供了更好的环境和资源。另一方面，由于教师受到观念、技能等的局限，他们又成为被指责和批判的对象。教师处于更加严峻的工作环境中，需要更高的专业标准和更强的专业能力。因此，智慧教育在促进教师专业发展的同时，又对教师专业发展提出了更高的要求。

智慧教育与教师专业发展的关系既相互制约，又相互促进，这就需要我们这些教师积极探索，寻找其相互促进的方法，提高自己的专业发展，提高智慧教育的进程。

4.【范文】

致小明妈妈的一封信

尊敬的小明妈妈：

您好！

您反馈的意见我已经向学校领导反映，感谢您一直以来对我们工作的大力支持和信任，正是因为有

了您的支持和热情参与，我们的各项工作才能更加顺利地开展起来。

现在班上的孩子即将步入高三，离高考越来越近了，孩子们的课业负担也越来越重。为了让每一位学生都能在高考中考出理想的成绩，学校经过对老师们的严格考评，慎重考虑后确定了高三任课老师的名单，选出来的老师无论从专业技能还是备考经验方面，都是完全能够胜任高三教学工作的。与此同时，为了全面保障高三学生的学习质量，学校的领导们还为高三年级制订了成熟的帮带制度。高三年级的每个学科组都拥有备考经验非常丰富的老师，每星期都会组织各学科组的内部讨论学习，以保证整个高三的教学质量，希望您能够相信学校的安排，相信老师的能力。

每一位新的任课老师进入全新的班级，首先需要了解学生的学习情况，加强对新班级的了解，还需要花费一定的时间了解每个学生的性格特点，加强班级管理。同时，还要了解学生的基础，以及学生对以前的知识的掌握情况，这会是一个需要花费很长时间的过程。

学生面对一位新的老师当然是崇敬、欢喜的。但新的老师有新的教学模式和教学方法，对学习有不同的要求，上课有新的方式。不同的老师教学风格会有很大的差异，有的老师讲得详细，容易接受；有的老师讲得重点突出，详略分明。如果临时更换地理老师，学生既要适应新老师的教学模式，又要达到新老师的学习要求，学生也需要一定的时间适应。

如果地理老师的具体教学方法、策略和过程行为等有需要改善的，欢迎您提出宝贵的意见和建议，地理老师一定会合理采纳，及时改进。感谢您对学校教育教学工作的关注和支持，希望今后您可以和学校保持交流和沟通，家校形成合力，从而更好地促进学生的成长。

此致

敬礼！

×××

××××年×月×日

5.【范文】

平视——人生最美的视角

平视是一种严肃的人生态度，是超越功利的公正，是不带个人色彩的客观，是抛却杂念的单纯。平视源于对自我客观冷静的评价，对他人坦诚相待的尊重。平视是宠辱不惊、淡泊致远的心境，是不畏强权、凛然正气的坦然。

不去妄自菲薄，也不去妄自尊大，平视自我，是对自我的深刻认知，是对生命的深层思考。冷静地平视自我，会除去心灵的尘埃，让生命回归最本真的状态。“富贵不能淫，贫贱不能移，威武不能屈”，道出了平视自我的人生哲学。生活中，阳光与风雨一路随行，无论喜怒还是哀乐，我们都应当冷静地平视。

穷人渴望富人的平视，乡下人渴望城里人的平视。失意时，渴望家人的平视；失败时，渴望对手的平视；落魄时，渴望上帝的平视……其实，一切都源于自己，请站稳脚跟，挺直胸膛，平视自己，平视现实！

不去虚情假意，也不去故作姿态，平视他人，是源自内心的真诚，是兼容并蓄的博大。淡定地平视他人，会彰显你人格的魅力和不俗的修养，让灵魂从芜杂走向超脱圆融。平视超出自己的人，体现不卑不亢的自尊；平视旗鼓相当的对手，体现勤学善思的睿智；平视不如自己的人，体现海纳百川的气度。

懂得平视穷人，才有莫扎特为穷人倾情演奏的余音；懂得平视对手，才有蔺相如对廉颇屈己待人的宽容；懂得平视他人，才有钱学森礼贤下士、善待厨师的佳话；懂得平视他国，才有周总理在外交时的彬彬有礼；懂得平视平民，才有柏杨“不为君王唱赞歌，只为苍生说人话”的从容；懂得平视下属，才有“撼山易，撼岳家军难”的神话……

不懂得平视对手，就有了庞涓对孙膑的耿耿于怀；不懂得平视智者，就有了周瑜对诸葛亮郁结于心的嫉妒;不懂得平视他国,就有了清政府故步自封的千古遗恨;不懂得平视胜利,就有了拿破仑惨遭滑铁卢,在荒岛了却余生的落寞……

因此,学会平视,无论对己,还是对人,都是我们人生的必修课。学会平视,需要的是虚怀若谷的胸襟;学会平视,需要的是平等待人的心态;学会平视,需要的是善于发现美的眼睛;学会平视,需要的是一视同仁的正气;学会平视,需要的是设身处地为他人着想的情怀。

学会平视,保持人格的尊严;学会平视,坚守心灵的纯净。抬起头,挺直腰板,微笑着平视自己,微笑着平视每一个人,你会赢得同样尊重的目光!

6.【范文】

浅谈中学生良好行为习惯的培养

美国心理学家詹姆士有一句格言:“播下一个行动,收获一种习惯;播下一种习惯,收获一种性格;播下一种性格,收获一种命运。”我国著名教育家叶圣陶先生也说过:“什么是教育?简单一句话,就是养成良好的习惯。德育就是要养成良好的行为习惯,智育就是要养成良好的学习习惯,体育就是要养成良好的锻炼身体的习惯。”可见良好行为习惯的养成对一个人的成功影响很大。基础教育阶段是学生身心迅速发展又极具可塑性的阶段,应当紧紧把握住这个有利时期,培养学生良好的行为习惯。

“没有规矩不成方圆。”要培养中学生良好的行为习惯,必须制定相应的行为规范,让其言行举止有章可循,明白哪些事能做,哪些事不能做,哪些话能说,哪些话不能乱说。《中学生守则》《中学生日常行为规范》都是约束言行的规范。只有细致入微的指导,才能培养出真正的好习惯。甚至可以说,没有细节的指导,就没有习惯养成教育。

培养学生的行为习惯,要从小处入手,从细微处抓起。“勿以恶小而为之,勿以善小而不为”“细节决定成败”说的就是这个道理。平时应注意学生在校时的仪容仪表、交际交往、桌椅整齐、地面整洁等细节方面的规范训练。要求学生不随手乱扔垃圾、少吃或不吃零食、不乱倒剩饭剩菜、见到老师要主动打招呼问好等。经过训练,一定会取得良好的效果。

学生从道理上明确了养成良好习惯的重要性,还要从感情上激发他们产生强烈的形成良好习惯的愿望。这既需要班主任做好各方面的工作,也需要其他任课教师的示范作用。如教师板书工整、美观,说话风趣、生动,可激发学生产生把字写好、把话讲好的欲望。另外,充分利用学生中的典型事例,在班级里让先进的同学带动后进的同学,对纠正学生的不良习惯,养成或保持良好习惯,会收到事半功倍的效果。

著名教育家曼恩说:“习惯仿佛一根缆绳,我们每天给它缠上一股新索,要不了多久,它就会变得牢不可破。”对于好习惯,每重复一次,就牢固了一些。而坏习惯如果开了头,每重复一次,以后想要改掉就困难了。培养学生良好习惯不能想起来就要求一下,想不起来就听之任之。教师要有坚强的教育意志,立下规矩之后就应要求学生坚守。经过日复一日的训练,学生定能养成好习惯。

7.【范文】

教育扶贫

教育扶贫是阻断贫困代际相传的重要手段,更是精准扶贫的有效途径之一。公平的教育资源,是实现教育公平的基础,也是落实好教育扶贫的重要因素。目前,贫困地区教育发展相对滞后。教育经费投入不足,发展绝对数量不足,优质资源相对短缺和分配不均,致使地区之间、城乡之间优质教育资源分布差距不断扩大。

治贫先治愚、扶贫先扶教。教育扶贫,是我国扶贫助困的治本之策。我们常说:学习改变命运,知识改变未来。这也鼓励更多贫困山区的孩子通过努力学习走出大山,融入城市,改变贫困的命运。

教育好一个孩子,可以彻底挖掉一个家庭的穷根。教育扶贫不是让每个孩子都去上大学,更重要的

意义在于让适龄的孩子读书，接受完整的、系统的、良好的教育。在我国贫困人口中，绝大多数没有受过教育或受过很少的教育，生产能力和自身素质的低下导致他们没有获得社会平均收入职业的机会。因此，要解决这部分人口的贫困问题，关键在于发展教育。

教育扶贫通过给每个人提供取得收入所需要的受教育机会，向他们传授知识和技术，提高其劳动技能、技术水平和自身素质，改变他们的劳动形态，增加收入。教育扶贫，不仅为广大贫困地区孩子提供了物质上的帮助，还带给这些山里孩子崭新的精神世界和文化熏陶。有了更多的见识和渴望，或许更能让他们憧憬未来人生的幸福，激励学习动机。

尽管这样的过程会很漫长，而且艰辛，但是因为有了希望，我们才会有和贫困不断对抗的动力和支撑。这就是教育扶贫的治本功能。

8.【范文】

网络安全教育，刻不容缓

网络就像一把“双刃剑”，既是交流思想、获取知识、休闲娱乐的重要平台，也是传播反动、迷信甚至色情信息的“隐藏地”，这些负面影响无时无刻不在侵蚀着青少年的思想和灵魂，使他们一步步走向“漆黑的深渊”。而青少年过度迷恋网络，也已成为社会各界关注的焦点。

当今社会已经进入了以互联网为标志的信息时代，当网络逐渐成为青少年生活和学习中不可或缺的工具时，其负面作用也逐步显现出来。特别是涉世未深的青少年，他们正处于价值观、人生观与世界观初步形成的阶段，缺乏辨别是非的能力，容易受外界各种因素的影响，自控能力和自制能力差，从而导致一系列沉迷网络的问题出现。而预防网络成瘾，有两大阵地——家庭和学校。

良好的家庭环境是克服网络成瘾的关键。如果父母与子女建立一种良好的亲子关系，会促使青少年建立良好的社会关系和人际关系，会让青少年无形中产生高度的信任感、安全感和自信心。高度的安全感、信任感和自信心，会促使青少年在面临人生中的挫折、问题和困难时，勇于积极地想各种办法来解决问题，或者适时地寻求他人帮助，而不会采取逃避问题、寻求网络慰藉等消极的方法。养成良好的上网习惯，青少年就会为自己的人生目标、计划去努力，学会对自己的生活负责任。不会再觉得生活无聊和失败，也就不会在网络上浪费更多的时间，所以这也是有效预防青少年网络成瘾的好办法。

创造良好的学校环境是避免青少年沉湎网络的重要条件。学校要为青少年创造一个优美而安静的校园环境、良好轻松的学习氛围。在传统的观念下，教师是青少年心目中的权威人物，他们是除父母以外与青少年保持长久而密切关系的主要成年人。教师作为学生知识的传授者、人生的引领者，义不容辞地应担当此使命：在教育教学的过程中，引导青少年树立正确的价值观、人生观和世界观。教师的个性、能力，以及教学教育风格都对青少年心理的发展有着重要的影响。因此，需要教师在教学过程中保持情绪稳定、态度平和、处理事情公平不偏袒的教学态度。

目前，青少年网络成瘾问题仍然严重，尤其是中国青少年网络成瘾率远高于世界平均水平，所以我们更应该关注青少年成长过程中的心理变化，做到不忽视，不轻视，不歧视，正确引导青少年摆脱心理问题，在传播知识的同时，丰富青少年内心世界，加强网络安全教育。

9.【范文】

教育乃立国之本

古人说：“民为邦本，本固邦宁。”一个国家的基础稳固不稳固，全看国民受教育程度。国民如果受过相当的教育，能够同舟共济，努力为国家负责，国基一定稳固。又云：人民贫，非教育莫与富之；人民愚，非教育莫与智之；党见，非教育不除；精忠，非教育不出。从先人的教导中我们可以体味到：教育确实关乎到一个国家的兴衰，教育实乃立国之本。

教育兴则国兴，教育强则国强。以色列建国之初，只有8%的可耕土地，工业基础为零，而40多年之后，以色列却拥有了一大批高科技产业，其人均国民生产总值也从1950年的1710美元增至11000美元。而这种发展的奇迹，正得益于以色列高度重视教育与科技发展的国策。以色列教育长说，以色列教育体制是一个火车头，它为人们创造一个平等竞争的机会。几十年来，以色列的教育经费一直稳定在很高的比例，以色列人想尽一切办法，把民族的历史、文化、宗教以及现代科技成果等通过大众媒体和各种渠道"灌输"给每个公民。在这种教育制度下不断培养出来的大批高质量人才，对以色列经济的持续发展及科技进步起到了至关重要的作用。

教育是立国之本，是民族兴旺的标志，一个国家有没有发展潜力看的是教育，这个国家富不富强看的也是教育。那么，教育的质量又该如何保证呢？我认为关键是抓好教师队伍建设。

教育部部长袁贵仁曾指出："教育是一个民族最根本的事业，是发展科学技术和培养人才的基础。当前，要大力推进素质教育，关键在大力提高教师素质；要创建世界一流大学和学科，关键在有世界一流的教师；要满足社会发展和人民群众不断增长的对更多优质教育的需求，关键也在培养更多的高素质教师和创办更多的优质学校。"教师作为教育工作者，教书育人是必做之事。培育出什么样的人，正是表明我们国家的未来可能就是什么样的。所以，我们决不可把教师当作一个普普通通的职业来认识。

教育乃立国之本，有了优良的师资队伍，有了高质量的教育，有了高精尖的人才，相信我们的国家也会日益兴旺、富强。

10.【范文】

以德立教，爱岗敬业

中国古代教育家孔子提出"其身正，不令而行。其身不正，虽令不从""学而不厌，诲人不倦""躬自厚而薄责于人"；唐代韩愈，著有《师说》一文，指出教师三大任务是"传道、授业、解惑"；十七世纪捷克著名教育理论家夸美纽斯强调教师应是道德卓异的优秀人物，要无限热爱学生，反对学校中使人变得呆笨的棍棒纪律；叶圣陶先生曾提出"教育工作者的全部工作，就是为人师表"。这些论述无一不体现着践行教师职业道德的重要性。

但丁曾说："道德可以弥补智慧的不足，而智慧却无法弥补道德的不足。"因此，对于一位教师来说，最重要的是要具备基本的职业道德素养。

也正因为如此，杭州学军中学原校长陈立群才会在退休后依然坚守工作岗位，无偿到贵州省台江县民族中学担任校长，发挥自身余热；贵阳市白云三中教师刘芳才会在双目失明的情况下依然奋发向上，创办心理咨询室，用砥砺自我、关爱他人的精神影响着身边的师生；贵阳市兴农中学校长蒲邦顺才会一生节俭，却用自己微薄的收入资助来自各地的寒门学子，圆了无数孩子的上学梦。

教师的职业是神圣的，担负着培养、教育下一代人的艰巨任务，他们用知识的力量去激励学生求知的欲望，以严爱之心架起师生间友谊的桥梁。不仅得到过崇高的赞誉，也被赋予着更多的要求。教师作为"人类灵魂的工程师"，不仅要教好书，还要育好人，各个方面都要为人师表。知识经济时代更是要求教师要比以往任何时候都要更加重视提高自身的思想政治素质和职业道德水平。

作为新时代的教师，应坚持以人为本、以德立教、爱岗敬业、为人师表，不断提高自己的政治思想素质和职业道德修养；并紧紧围绕新时期师德素质要求和师德规范，切实转变工作作风，全面推进素质教育，以高尚的情操引导学生德、智、体、美的全面发展。做一个为人民服务的教师，做一个让人民满意的教师。

11.【范文】

为师之道

特级教师于永正曾经说道:“做一名好老师的秘诀是:做不太像老师的老师,上不太像课的课!”我们应该改变“先生讲,学生听”的局面,努力践行学生主体,教师主导的教学理念。在这方面,外国的同行做得确实好。下面的例子不知胜过多少大道理!

一位英国的老师调任一个差班的班主任,这些孩子都很调皮,爱捣蛋。这位老师第一堂课就跟他们玩,玩得天昏地暗。下课了,老师对他们说:“孩子们,你们要是把学习成绩搞上去,我就去吻校外牧场里的一头猪。”这些调皮的孩子问:“老师,这是真的吗?”老师说:“而且我要吻的是一头你们认为最大的母猪。”孩子们都希望老师去吻一头猪。从那天起,他们的课堂纪律变好了,学习积极性变高了。即使有贪玩的,别的孩子也会提醒:“难道你不希望看到老师去吻那头肥猪吗?”半年后,孩子们的学习成绩有了很大的进步。圣诞节的前夜,孩子们对老师说:“老师,你可以去吻那头猪了吗?”老师说:“当然可以。”于是,老师带着这群孩子穿过公路,来到牧场。孩子们在猪圈里找到了一只特大特肥的猪。老师走近那头肥猪,轻轻地吻了它。孩子们在猪圈外笑得前仰后合。

这个故事在一些老师听来可能觉得荒唐可笑,可能还不以为然——作为一名老师去亲吻一头猪,成何体统!我们一些老师之所以不能接受这种事情,除了风俗民情中外有别之外,更多的是由于我们执着固守的教育理念。

自古以来,老师的地位都很高,特别讲究尊严;收入不丰,却特别崇尚斯文。老师的举手投足总带着“人师”的味儿,半点也苟且不得。庄重圣严,凛然可畏,仿佛就是老师永恒的标准。久而久之,我们似乎就有了一个放不下的“架子”。正是因为如此,老师就端居圣坛之上,学生就匍匐在讲台之下。于是乎,我们的教育就没有了民主、平等,失去了亲近、自由,缺少了和谐、欢愉。

少些理性,多些情趣吧!少些严肃,多些活泼吧!少些包办,多些自主吧!少些限制,多些引导吧!放下架子,走下讲坛,把自己置于和学生平等的地位吧!不要太像老师,不要太像上课。太像那么回事,就不是那么回事了。

12.【范文】

让孩子像孩子那样长大

因为池塘的限制,鱼的眼界不可能超越池塘而看到外面的世界,所以它想象中的奶牛必然有自己的影子;青蛙虽然见过真实的奶牛,但它向鱼描述奶牛的样子时,也必然经过了“头脑”的加工。它们脑中呈现的奶牛形象已不再是陆地上吃草的奶牛,也许带上了鱼尾,也许是四肢会跳跃……

那么,我们应该笑它们愚蠢,傻得可爱,还是要强行纠正它们,让它们对奶牛甚至是其他事物有一个标准的理解?答案是否定的。

鱼和青蛙一样,都对这个世界充满了好奇,就如同天真的孩子一样,对大自然中的一切事物都有着极强烈的认知欲望。我们都一样,每一种想象都是从头脑中储存的固有形象出发,经过加工,再创造,形成自己对事物的一种理解。这种既有的知识或概念,极大地影响着我们的学习、工作和生活。例如,我们教孩子认识恐龙的形象,告诉他们恐龙是远古时期非常恐怖的一种生物,那么孩子们只会根据自己在现实中见到过的恐怖动物展开想象,也许它像藏獒,矮小却凶残;也许它像鲨鱼,长着一张血盆大口,在水中称霸。假如你再告诉他们恐龙长得很高大,孩子们可能又会拿他们跟陆地上的大象、海中的蓝鲸做比较,把它想象得无比巨大。

从某种程度上说,孩子们的认知更多地依赖他们已有的知识经验。如果我们希望他们真的理解什么是恐龙,最好给他们看一些真实的图片或影像资料,或带他们去博物馆实际看看;如果我们希望他们真的理解什么是奶牛，最好让他们通过电视或带他们去牧场真真切切地认识一番。要学会带领孩子去正确地认识事物，要让他们丰富阅历、积累经验，不断增长新知识。

每个孩子都是一个独特的个体，不同的成长阶段，他们有自己应该呈现出的成长状态，包括认知、智慧、品德等各个方面。我们应该尊重他们的成长规律，在特定的时间教给他们特定的东西，不要急于揠苗助长。但现实社会，“不要让孩子输在起跑线上”的风气愈演愈烈，家长们忙着给自己的孩子报各种学习班，想让他们琴棋书画无所不能，一个个变成小超人。殊不知，有些知识如果灌输得过早、过多，反而是害了孩子。我们不能违背孩子的认知规律，更不能违背教育的一般规律。

让孩子成为孩子，让教育自然发生。教育的理想就是引领孩子们一心一意、时时刻刻去追求本来就应该属于他们的幸福，使他们成为他们本来就应该成为的人。所以，我们要关注每个孩子，使每个孩子都能在自己的成长空间自由、充分、和谐地发展。

13.【范文】

粤港澳大湾区教师的角色定位与自我价值实现

当今世界的综合国力竞争，说到底是人才竞争，人才越来越成为推动经济社会发展的战略性资源，教育的基础性、先导性、全局性地位和作用更加突显。《粤港澳大湾区发展规划纲要》中关于教育相关内容的提出正是为了实施人才强国战略，打造粤港澳大湾区教育和人才高地。

粤港澳大湾区是国家建设世界级城市群和参与全球竞争的重要空间载体，更应该注重教育的发展，而教育离不开教师，因此，粤港澳大湾区教师的角色定位与自我价值实现成了必须要考虑的问题。

在新课标倡导的教师角色中，教师不再是习题的“研究者”和考试的“指导者”，而是拥有先进教育理念、懂得现代教育技术、善于学习、善于合作的探究者。新课标不仅要求教师的观念要更新，还要求教师从课堂单一的知识传授者逐步向学习活动的组织者、引导者和合作者转变。

首先要明白，教师是学生学习的促进者，能教给学生知识，提高学生的能力，同时也能对学生树立正确的世界观、人生观、价值观起到重要作用，成为学生成长的引路人。其次，教师是教育教学的研究者，教师在教学过程中要审视和分析教学理论与教学实践中的各种问题，对自身的行为进行反思，对出现的问题进行探究，对积累的经验进行总结，最终形成规律性的认识，以提升自身的专业能力。再次，教师是课程的开发者和建设者，教师必须在课程改革中发挥主体作用，倡导民主、开放、科学的课程理念，将课程与教学相互整合。最后，教师还是社区型开放的教师，教师不仅仅是学校的一员，还是社区的一员，是整个社区教育、科学、文化事业的共建者，要强调学校与社区的互动，重视挖掘社区的教育资源。

在粤港澳大湾区，作为提升其核心竞争力的基石，每个教师都要找到自我价值实现的准确途径，为国家的发展做贡献。

教师自我价值的实现需要教师爱岗敬业。教师要始终牢记自己的神圣职责，志存高远，把个人的成长进步同社会主义伟大事业、同祖国的繁荣富强紧密联系在一起，并在深刻的社会变革和丰富的教育实践中履行自己的光荣职责。教师自我价值的实现需要教师教书育人。教师必须遵循教育规律，实施素质教育，培养学生良好品行，激发学生创新精神，促进学生的全面发展。教师自我价值的实现需要教师终身学习。倡导“终身学习”就是要求教师做终身学习的表率。教师必须树立终身学习的理念，不断提高专业素养和教学水平。教师自我价值的实现还需要教师为人师表、关爱学生、爱国守法等，这是一个长期而艰难的过程，需要教师持之以恒，坚持到底。

粤港澳大湾区的发展离不开教师，因此教师的角色定位与自我价值实现就成了重中之重，教师只有在时代的发展洪流中正确地找到自己的位置，并为实现自我价值而努力，才能创造一个美好的未来。

14.【范文】

“教学反思”主题交流会发言稿

各位老师：

你们好！

很荣幸我能站在今天这个位置上和你们一起交流、学习，希望我的发言能帮到你们，也希望你们能给我提出更多、更好的意见和建议。

苏格拉底说：“没有反思的生活，是不值得的生活。”教学反思是教师通过批判性的思维，以提高教学领悟能力和自身教学质量的行为。反思活动是教育理念与课堂实践之间的对话，它寄寓着教师专业成长的人生价值，渗透在教师实践智慧的提升之中，不仅促进教师分析问题能力的提升，也促使课堂成为有生命、有挑战性的学习场所，为教师开展行动研究提供了无限可能。

新课程理念积极倡导：教师不仅是课程的实施者，更是反思型的实践者。一方面反思可以及时发现问题，有利于教师对教学手段和教学方式进行大胆创新；另一方面反思有助于教师捕捉灵感，积累教学经验，进行形式多样的个性化教育。同时，加强教学反思，思考自己的教育教学与其他教师的不同，尝试总结经验，关注学生的特点及认知水平，从而进行灵活有效的教学，形成自己的教育教学风格，也是我们成长为“研究型”教师的必经之路。

反思是一种意识，反思是一种能力，反思是一种习惯，它对整体提高教师素质和教学能力有着积极的作用。所以我们要时时事事不忘反思，努力提升自己，教书育人。

15.【范文】

把时间还给孩子

每逢周末、节假日或寒暑假，我们经常会看到一些孩子或独自一人或由家长带领，匆忙赶往各种补习班参加培训学习；也会经常看到在各中小学门口，一些拿着花花绿绿宣传单的青年男女走来走去，大声吆喝着引起家长或学生注意；偶尔也会从别人口中听到，有教师在课余时间大肆招揽学生，对他们进行集中辅导……

类似的现象在全国各地普遍存在，不胜枚举，而几乎所有的中小学生都有参加课外补习的经历。分析现象，究其根本，原因种种。有的是因为家长跟风，在家长看来，别人家的孩子课余时间都还在学习，琴棋书画样样精通，自己的孩子怎么能落后呢？于是这些家长纷纷给孩子报各种课外班，让孩子们进行着超负荷的学习。有的是孩子学习成绩确实不好，而补习班的存在正好迎合了家长望子成龙、望女成凤的心理，于是就有大批熊孩子被“押往”补习班，进行魔鬼训练。而有的则是老师自己为了贴补家用，私下设立一些补习班，以增加收入。但根本原因是当前学校教育存在不足，无法满足孩子们的学习需求。

也许有人认为，孩子们参加补习班是有好处的，至少增长了知识，拥有了一技之长。但不能否认，参加补习班同样存在缺陷。首先，浪费了孩子大量的时间，但收效甚微。补习班一般上课时间较长，且老师多采用讲授的方式，这样孩子真正思考的时间变少，注意力可能还没有在学校上课时集中，其学习效果可想而知。其次，孩子上补习班大多是被动的。很多孩子上补习班并非是自己的本意，而是由家长硬推过去的，这就导致孩子在补习班里是被动学习的，而非主动学习，长此以往，会让孩子丧失宝贵的学习能力。最后，补习班管理不完善。要么是硬件设施跟不上，要么是学习环境嘈杂，致使孩子根本无法静下心来学习。因此，补习班现象必须改善，或从根本上遏制。可从以下几方面尝试：

其一，理性对待。在课外补习上，我们不能搞“一刀切”，因为总有孩子是有疑难问题需要解决的，总有基础差的学生想上进的，也总有因病缺课的学生想把缺的课补回来的，所以，在适当的时间、适当的地点,允许存在一定程度的课外补习。

其二,家长的观念要改变。大部分孩子参加补习班都是家长的意志,殊不知,孩子有自己喜欢的东西,有自己更愿意做的事情,也有自己绝对不想涉足的领域。家长应该站在孩子的立场充分考虑,尊重他们的爱好,尊重他们的个性,让他们做自己真正想做的事情,进而放飞自我。

其三,当前学校要反思,要完善。之所以有那么多孩子纷纷涌入补习班学习,最根本的还是学校教育存在很大漏洞,所以补习班才有机可乘。因此,广大教育者要深刻反思当下教育存在的弊端,及时补漏,及时完善,用更加尽善尽美的教育把孩子的兴趣吸引回来,让孩子学到更多有用的东西。

把时间还给孩子吧!让他们放飞心灵去展示自我,让他们放飞梦想去实现价值,让他们放飞灵魂去释放天性,让他们放飞人生去拥抱未来!

16.【范文】

关于爱眼护眼的发言稿

各位家长、老师、同学:

你们好!

在会议开始之前,我想问一个问题。你们知道6月6日是什么日子吗?很多人都不知道啊,那我告诉你们吧,6月6日是全国爱眼日。给你们讲一下全国爱眼日的由来吧。1992年9月25日,天津医科大学眼科教授首次向全国倡议,在国内设立爱眼日,并在天津召开了全国爱眼日第一次研讨会,这一倡议受到眼科学界和眼科专家们的响应。1996年,国家卫生部、国家教育部、团中央、中国残联等12个部委联合发出通知,将爱眼日活动列为国家节日之一,并确定每年6月6日为“全国爱眼日”。

今天的会议主题就是“爱眼护眼,拥有明亮的眼睛”。

大家都知道,眼睛是心灵的窗户。人人都有一双明亮的眼睛,这双眼睛可以看到五彩缤纷的大千世界,但现在,清晰的视野却离我们越来越远。这是为什么呢?因为许多同学没有规律地用眼,不顾卫生地擦拭眼睛,不注意距离地看电视、用电脑、看书等,所以导致视力越来越差。也许有的同学错误地认为:“只要我学习好就行了,视力不好可以戴眼镜。”更有的人认为戴眼镜是有知识的象征。但现实生活告诉我们:一旦戴上眼镜,会给你的学习和生活带来很多不便。

眼睛可以让我们去认识世界、学习知识,如果我们失去了明亮的眼睛,我们的世界将是黑暗的。所以同学们在日常生活和学习中一定要自觉注意科学用眼,家长和老师也要认真督促,共同呵护孩子们的眼睛。下面,我向大家提几个建议:

1.看书写字时眼睛与书本的距离要保持30厘米左右,姿势要端正。

2.连续书写50分钟后,休息10分钟左右。

3.不要在光线太强或太弱的地方看书。

4.走路或乘车时不要看书。

5.不要躺在床上看书。

6.坚持做好眼保健操。

同学们你们知道吗?眼睛是人类感官中最重要的器官,大脑中大约有一半的记忆和知识都来自于眼睛。我们有什么理由不保护眼睛呢?

常言道:冰冻三尺非一日之寒,水滴石穿非一日之功。保护眼睛也不是一朝一夕就能做到的,注意用眼卫生、科学用眼贵在坚持,只有这样,才能预防近视的发生及近视程度的加深。

婀娜多姿的山河,绚丽多彩的万物,一切的一切都需要眼睛来观察,让我们一起努力爱眼护眼,拥有一双明亮的眼睛!